中国高教研究名家论丛

韩延明 张茂聪 主编

U0745323

大学创新发展的理性与行动

眭依凡 著

山东教育出版社

·济南·

图书在版编目（CIP）数据

大学创新发展的理性与行动／眭依凡著. -- 济南：
山东教育出版社，2024.12. --（中国高教研究名家论丛／
韩延明，张茂聪主编）. -- ISBN 978-7-5701-3322-2

Ⅰ. G649.21

中国国家版本馆 CIP 数据核字第 2024DV5855 号

ZHONGGUO GAOJIAO YANJIU MINGJIA LUN CONG

DAXUE CHUANGXIN FAZHAN DE LIXING YU XINGDONG

中国高教研究名家论丛　　　　　　　韩延明　张茂聪　主编

大学创新发展的理性与行动　　　　　　眭依凡　著

主管单位：山东出版传媒股份有限公司

出版发行：山东教育出版社

　　　　　地址：济南市市中区二环南路 2066 号 4 区 1 号　邮编：250003

　　　　　电话：（0531）82092660　　网址：www.sjs.com.cn

印　　刷：济南精致印务有限公司

版　　次：2024 年 12 月第 1 版

印　　次：2024 年 12 月第 1 次印刷

开　　本：787 mm×1092 mm　1/16

印　　张：26.5

字　　数：356 千

定　　价：128.00 元

（如印装质量有问题，请与印刷厂联系调换）印厂电话：0531-88783898

总　序

习近平总书记在党的二十大报告中强调，要"加快建设教育强国、科技强国、人才强国"，"加快建设高质量教育体系"，"加快建设中国特色、世界一流的大学和优势学科"。这些重要论述，为新时代高等教育高质量发展提供了根本遵循。在推进中国式现代化建设的当下，党和国家对高等教育高质量发展的期盼比以往任何时候都更为迫切。新形势下要实现高等教育高质量发展，需要有清醒的判断和正确的选择；需要进一步拓宽视野，守正创新；需要积极应对新技术和新方法给高等教育发展带来的新挑战；需要研究探索新时代高等教育服务治国理政和国家重大发展战略的新路径与新方法。

山东师范大学与山东教育出版社联袂推出的这套《中国高教研究名家论丛》（以下简称《论丛》），着眼于国家重大需求，探讨了高等教育发展的内在规律，回应了社会各界对高等教育发展的重大关切，是按照理论研究的科学范式和实践探索的应用要求编撰而成的一套高水平的高等教育书系。

《论丛》不拘一格，尊重每位学者的兴趣和专长，初定学术专著20本，分2辑出版，共600余万字。《论丛》站在高等教育的学科前沿，紧紧围绕"高等教育发展与前瞻"的主旨，遵循理论研究与实践应用相结合、应然建构与实然建设相结合、国际借鉴与国内经验相结合、历史回眸与未来前瞻相结合的原则，采用多学科、多视域、多元化的研究方法，以专题探索与体系构建为根基，以传承、改革、发展为主线，以国内外高等教育理论研究和实践经验探索为主题，从高等教育大系统、大拓展、大革新、大跨越的角度，对高等教育发展战略与宏观政策、高等教育组织与治理、高等教育研究何为、高等教育学及其理论问题、中国高等教育的时代命题、高等教育的理论探究、改革时代的高等教育发展、学科与研究生教育高质量发展，以及大学转型、大学治理、大学创新、大学文化、大学的未来等诸多层面和视角进行了全景式理论研究和全方位实践探索。《论丛》站位高远、立意新颖、中外结合、古今贯通，设计前卫、异彩纷呈，以国际视野打造中国高等教育的实践案例，彰显教育创新精神，凸显扎根中国大地办教育的理念，是新时代具有高等教育舆论导向、决策参考、理论指导和实践应用价值的精品力作。

本《论丛》的作者包括中国高等教育学科创始人、厦门大学资深教授潘懋元先生在内的20多位高等教育学界专家，分别来自厦门大学、北京大学、中国人民大学、浙江大学、中国教育科学研究院等全国知名高校和科研院所。这些作者绝大部分我都比较熟悉，有的已经认识、交往多年，也经常读到他们的论文或著作，他们在高等教育理论领域躬耕多年，贡献了许多真知灼见。他们扛起了高等教育学科理论大旗，创榛辟莽、研精覃思，坚守学术责任，攘袂引领国家教育改革决策，为中国高等教育改革和发展作出了重要贡献。

据韩延明教授介绍，潘懋元先生生前对这套《论丛》很支持、很关心，曾一度答应为丛书作序，这彰显了这位国内外著名教育家对我国高等教育研究的高度重视和对后辈学人的鼎力扶持。我和潘先生是多年的学界挚友，我一直视他为我的先辈，40多年来，我们的交往最多、最频繁、最亲密。现在他走了，但他的精神永存，我们永远怀念他！

"最是书香能致远"，欣闻《中国高教研究名家论丛》即将出版，甚为高兴，聊抒所感，是为序。

2023年5月25日于北京

编撰说明

党的十八大以来，习近平总书记站在中华民族伟大复兴战略全局的高度，对新时代教育强国、高等教育高质量发展、建设世界一流大学等，作出了一系列重要指示批示，深情似海，厚望如山。《中国高教研究名家论丛》（以下简称《论丛》）正是在这一宏阔发展愿景和踔厉奋进背景下由山东师范大学和山东教育出版社联袂策划、组织、编撰、出版的一套接续性大型理论研究丛书。

（一）《论丛》基于新时代教育强国建设的使命担当

习近平总书记在党的二十大报告中强调，要"加快建设教育强国、科技强国、人才强国"。2023年5月29日，他在主持中共中央政治局第五次集体学习时又明确指出："建设教育强国，是全面建成社会主义现代化强国的战略先导，是实现高水平科技自立自强的重要支撑，是促进全体人民共同富裕的有效途径，是以中国式现代化全面推进中华民族伟大复兴的基础工程。"而"建设教育强国，龙头是高等教育"。这些重要论述，指明了新时代教育强国和高等教育高质量发展的方向，开启了高等教育强国建设的新征程。我国高等教育要立足实现中华民族伟大复兴，心怀"国之大者"，勇攀世界高峰，提升高等教育服务强国建设的能力和水平，强化高质量高等教育支撑中国式现代化建设的责任意识和使命担当。

（二）《论丛》致力于打造高水平的高教研究智库

本丛书整合集聚了国内高等教育学界领航专家和全国知名高校教授有影响力、有代表性的创新学术成果，倾力打造高等教育高水平研究与高质量发展的理论智库、决策智库与实践智库，致力于为新时代高等教育发展编撰一套具有学术价值、实践指导、高水平决策咨询作用的精品书系。

作者队伍由来自北京大学、中国人民大学、北京师范大学、大连理工大学、华东师范大学、上海师范大学、苏州大学、南京师范大学、浙江大学、厦门大学、中国石油大学（华东）、山东师范大学、华南师范大学、云南大学、西北工业大学、兰州大学、中国教育科学研究院等全国知名高校（以教育部官网公布的《全国高等学校名单》排列）和科研院所的高等教育专家学者构成。这些作者扛起高等教育学科理论大旗，为高等教育研究、改革、发展作出重要贡献。特别是著名教育家、中国高等教育学科创始人、中国高等教育学会高等教育学专业委员会首任理事长、厦门大学原副校长、资深教授潘懋元先生，更是殚精竭虑、建言献策、著作等身，构建了中国高等教育的学科体系、学术体系、话语体系，开创了中国特色、中国风格、中国气派的高等教育理论。

在遴选内容上，《论丛》着眼于国家重大发展战略，聚焦于高等教育发展规律，旨在与国家发展大局同向同行、与社会发展布局同频共振、与教育发展格局相辅相成。书稿均是经作者反复斟酌、精心选择的具有较高学术价值的代表性学术成果。有的成果虽已公开发表，但作者也进行了适当的修改和完善，还有一些是首次正式发表的具有学术含量的论文、报告、演讲、随笔、访谈、政论等，凝练了高等教育的中国智慧、中国方案和中国实践。有的著作还研究、解析、借鉴了国外高等教育发展的经验和创见。

（三）《论丛》科学建构高等教育的理论研究体系

《论丛》站在高等教育研究与发展的前沿，以多学科、多视域、多元化研究路径，按照理论研究的科学范式和实践探索的应用要求，遵循高等教育科学方法论，深入探讨创新人才培养、科研成果转化、教学质量提升、大学文化传承以及人文精神培育等高等教育实践中的热点、难点和焦点问题，为高等教育理论研究"描全貌"，为高等教育实践探索"留档案"，为高等教育发展"绘蓝图"。

《论丛》由潘懋元先生担任编委会主任，教育部原副部长、教育部普通高等学校本科教育教学评估专家委员会主任、中国高等教育学会副会长（主持工作）林蕙青任编委会副主任，临沂大学原校长、山东师范大学特聘教授韩延明与山东师范大学副校长张茂聪教授任丛书主编，计划分2辑出版（共20册），倾力打造国内高等教育理论研究丛书中的标志性、创新性书系。

　　《论丛》在编撰出版过程中，得到了教育部领导、全国相关专家学者、山东省委宣传部、山东师范大学、山东教育出版社的大力支持。潘懋元先生生前多次电话催问和指导《论丛》的编撰工作；著名教育家、教育部教师教育专家委员会主任、中国教育学会名誉会长、北京师范大学原副校长、资深教授顾明远先生不仅多次悉心指导，还在百忙中为《论丛》撰写"总序"；林蕙青同志欣然担任《论丛》编委会副主任，为圆满完成潘先生的遗愿而尽心竭力；各位作者认真梳理、修改、完善文稿，精益求精，付出了艰辛劳动；厦门大学教育研究院副教授陈斌博士，为搜集、整理、校对潘懋元先生《教育的未来》一书的文稿精辑细核、倾情奉献；山东教育出版社杨大卫社长、孟旭虹总编辑积极筹划、悉心组织；李红主任、郑伟副教授协助丛书主编做了大量相关工作。在此，我们一并表示诚挚的感谢！

　　由于编撰出版时间紧迫，加之面广量大，难免有疏漏，不妥之处，恳请同人和读者批评指正。

　　　　　　　　　　　　　　韩延明　张茂聪　谨识
　　　　　　　　　　　　　　2023年11月10日于济南

自序

以大学理性引领大学创新发展

2013年11月，亦即大约10年前，北京大学出版社的《北大高等教育文库·大学之道丛书》收入并出版了我的一部文集，书名即《理性捍卫大学》。该文集在2015年获得了教育部高等学校科学研究（人文社会科学）优秀成果二等奖，由此可见该文集在高教界的确被广泛关注，并产生了一定影响。故此，当我在构想用什么标题为这部被山东教育出版社收入《中国高教研究名家论丛》第一辑且即将出版的新著《大学创新发展的理性与行动》一书撰写序言时，立即涌入我脑海的就是"以大学理性引领大学创新发展"。

凡熟识我的学者无不知晓，我有不少学术报告或论文的题目亦都喜欢以"理性"为题。何故如此？这当然与我擅长做理论研究有关，但更与我治学与治校的经历有关。我自1985年踏足高等教育领域并一发不可收地热衷于高等教育研究至今，包括担任十多年大学校领导期间亦未辍笔。所以我是完全有资格自诩在高等教育研究领域深耕40年的学者，是故当我在2013年6月获得中国高等教育学会"从事高等教育逾30年高等教育研究有重要贡献学者"的表彰时，清晰地记得自己是坦然接受来自我国最具权威性的高等教育研究学术社团授予我这份荣誉的。若有人问我何以甘之如饴于高等教育研究？大而言之，我会说因为高等教育研究是我梦之所想、情之所系、心之所往，它已经成为我终身热爱、酷爱、痴迷甚而愿为之殉道的事业；若具体而言，我则会告诉问者这里有我真的十分自豪、自醉且经长期积淀凝练而成的两个高教研究领域：大学理性与大学文化、大学治理与大学领导力。前者是仰望星空的，是关于大学的价值研究；后者是脚踏实地的，是将前者的研究成果付诸大学办学治校育人及知识创新的行动研究。话说至此，细心的读者便已经能揣度到我何以对大学理性情有独钟了。

事实亦然。作为最早提出并系统研究大学理性的学者之一，早在2000年我就在《高等教育研究》第4期发表了《关于大学组织特性的理性思考》一文。2004年9月，我又在《中国高等教育》第17期发表了《大学：向科学理性的组织回归》，在该文中我明确提出了"大学应是理性的结果"之学术立场，且敏锐地提到"受外力和利益的驱使，大学并非都是理性的组织"，从而导致其行为存在诸多非理性的问题，回归大学本真才是大学改革与发展之道。基于对观念决定大学的位向、文化是大学的灵魂、学术是大学的立身之本、管理是大学的效率保证的逻辑判断，我于2010年以"大学的观念理性、大学的文化理性、大学的学术理性和大学的管理理性"为研究框架设计的"大学理性"选题，被人民教育出版社确定为当年该社重点出版选题。

后来我出于想把这本著作作为自己治学后期具有大学哲学研究价值的封笔之作的考虑，2014年我选择在北京大学出版社先行出版本文开篇提及的《理性捍卫大学》一书。该书为我当时近5年关于大学理性研究成果的集大成之作，既有理论性又有现实针对性，其中不仅分析了大学问题及其产生的深层次原因，同时探讨了大学走出困境的对策，对大学的改革发展如何按大学自身规律办学治校具有很强的指导意义。这或许是该书受到学界广泛关注的原因所在。之后，我关于以大学理性引领大学的办学治校育人、大学的内部治理现代化、大学的高质量发展和大学的创新发展研究持续至今。

理性谓之何也？其何以会成为伴随我学术生涯一生的学术概念、思维方式及研究领域？我对理性的界定即认识主体对事物或社会之本质及其规律的一种全面的、完整的、深刻的认识和对规律的遵循，亦即认识主体对事物的属性、价值及规律做出的正确判断及其守持。西方哲人包括黑格尔关于理性强调的是人们对事物本质的认识，我在此基础上不仅加入了对事物发展规律的认识，而且特别强调了在认识基础上对事物本质属性的守持及其规律的遵循。可以说这是我关于理性概念深化的一个学术贡献。大学是由一大群因为探索知识、传播知识及学习知识而富有思想理性的人构成的组织，换言之，大学是学者及学生云集的以知识传承和创新为己任的学术共同体。大学的这一基本属性不仅决定了其是一个高度理性的学术组织，而且决定了大学必须以高度的理性去引领其办学治校育人的实践。

大学理性源于对大学的本质属性及其内在价值和自身规律的认识，这种认识赋予了大学存续的价值，并规定了大学创新发展的方向。大学要成为自觉自律并与人类社会发展与时俱进的自适应组织系统，其前提就在于它必须是具有大学应有理性的组织，大学理性使大学及其成员自觉于自己的角色认识并努力行使好自己的使命。众所周知，成熟的社会组织及其成员的行动皆受制于理性，理性通过决定组织行动的目的、目标以及如何行动，继而决定组织行动的效率和效果。大学尤其如此。由于大学理性支配大学及其成员的行动，即大学是根据自己持有的大学理性认识决定其活动的，是故大学组织的行动及其结果很大程度是由大学及其成员所持的大学理性决定的，尤其是大学之具有前无古人后无来者的创新发展行动，更需要大学理性的引领。

当今世界正处于百年未有之大变局极其特殊的时期，无论是由政治地缘关系导致的国与国之间的关系这一空间概念发生了全球化向逆全球化的巨变，还是以超乎人类智慧和想象力之人工智能为引领的新科技革命带来的时代巨变，作为象征社会文明且代表国家高新知识和高新技术竞争实力的大学，如何与时俱进以适应世界和时代巨变的创新发展已经成为大学不得不面对的紧迫课题。正是在这个世界时空发生重大变化的国际大背景下，党的二十大提出了"全面提高人才自主培养质量，着力造就拔尖创新人才""加快实现高水平科技自立自强""增强自主创新能力"的国家战略。大学作为在知识创新及拔尖创新人才培养方面具有很大垄断性的高等教育及有组织科研的专门机构，在推进现代化强国建设和提升两个"自主"水平的国家发展进程中具有极端的重要性，由此决定了大学必须与时俱进率先创新发展，并基于此才能担当好引领国家创新发展的历史使命与责任。然而，大学是由诸多要素构成并因此有其独特规律的学术生态复杂的组织系统，由此又决定了大学创新发展的高度复杂性及其理性指导大学创新发展的重要性。《大学创新发展的理性与行动》由"大学创新发展的理性思考""大学内部治理创新""人才培养模式改革创新""校长致辞"四大部分构成，旨在为我国大学的创新发展提供理性的指导，尤其为大学有效推进内部治理现代化的大学治理创新和旨在提升人才培养质量的人才培养模式创新等，提供基于大学创新基本规律的理性引领及行动方案。

关于对大学理性的认识及自觉于理性引领办学治校，先于美国大学强盛的德国大学堪为榜样。亦是基于探究德国大学何以能先于世界各国包括美国大学更重视理性办学治校的原因，笔者于2009年在国家留学基金管理委员会的资助下，前往德国柏林自由大学做了半年高级研究学者。做访学研究期间，笔者慕名考察访问了始建于1386年坐落于巴登-符腾堡州的极富大学理性的海德堡大学。海德堡大学是德国最古老的大学，该校作为世界著名学府，其在各学科领域产生了许多享誉世界的杰出科学巨匠及人文大师，如神经外科专家卡尔·冯·巴赫曼，物理化学学科奠基人吉布斯、亥姆霍兹、本生、基尔霍夫及门捷列夫，音乐家舒曼，哲学家费尔巴哈、黑格尔、伽达默尔，社会学家马克斯·韦伯，等等。由于海德堡大学是理性办学的典型代表，故把有感于访问海德堡大学的诗《海德堡之恋》（写于2009年8月）作为本序言的结束。

海德堡之恋

仰慕你，是一座世界闻名的学府，
我来一睹知识圣殿，
数百年历史底蕴的深厚，
重温一个学子向往象牙塔，
久久不能释怀的旧梦。

崇尚你，是新教的发祥圣地，
我来朝拜宗教改革家，
挑战千年教廷传统的勇猛，
倾听马丁·路德与奥古斯丁新旧两派
激烈的论辩交锋。

敬畏你，是博大精深的文化重镇，
我来寻觅哲学家
曾经踱步的小道，
体悟黑格尔深邃的思想，
如何在宁静寂寞中萌发，然后永恒。

心仪你，是歌德永远的宠爱，
马克·吐温挥之不去的怀念，
我来求解伟大诗人，
何以会把心
遗失在你的城池，

好奇是什么力量，让一代文豪

爱得如此深沉……

海德堡，你的聪慧睿智，

是喧嚣世俗的远离，

在星辰月色下，

尽享宁静致远的清冷。

你的历久不衰，

源于奥登林山生命盎然的灵动，

内卡河流淌不息，

给你永久的滋润；

你的魅力，

是对知识真理的渴望，

一代又一代学人，永无止境

对学问的求索……

海德堡，我爱你始于十三世纪

古典建筑的精致，

更爱你，欧洲文化艺术的辉煌和凝重。

我爱你的青山绿水

把一座座白墙红瓦怀拥；

更爱你满目疮痍，

而不失王者之气的城堡的威雄；

我爱沿着你充满灵秀的河畔，

在豪普特街道悠然散步，

更爱听你，圣灵教堂洗礼灵魂的钟声响彻云空。

我爱你，九拱石桥的历史和古老，

更爱雅典娜女神，

不舍昼夜守护在你身边的挚忠……

海德堡呀，

你是我的小城之恋，

与你相见，就想与你重逢……

于悠然屋

2024年3月6日

目录

第一章

大学创新发展的理性思考

第一节　引领高等教育发展：
改革开放以来大学文化及其思想演进与实践研究

改革开放40多年来，我国高等教育的发展进步举世瞩目。大学作为高新知识的储集者、创新者、传播者及在一定意义上的垄断者，对国家的兴衰及人类文明的进退具有不容置疑的决定性影响。基于这一学术观点去审视大学，不难发现大学的改革发展不仅是顺应时代进步需要做出的选择，亦是大学认识到高等教育之于国家发展之重要性后不断完善并提升自己做出的自觉选择，而后者即大学文化理性引领的结果。考察改革开放逾40年来我国大学的发展历程，其实就是一段"大学文化发展建设及大学文化思想不断成熟和完善的历程"[1]。基于笔者前期对大学文化及其思想系统研究的系列成果，就引领我国高等教育改革发展的大学文化及其思想的演进及实践，循改革开放的时序加以系统梳理、总结和讨论。有必要在开篇加以强调的是，党的二十大报告在题为"推进文化自信自强，铸就社会主义文化新辉煌"的第八部分，专门阐明了"全面建设社会主义现代化国家"与"建设社会主义文化强国"的密切关系。大学作为文化属性的组织，当之无愧是国家先进文化的代表和实现中华民族伟大复兴不可或缺的文化力量，必须通过强化自身文化的建设以引领高等教育强国及文化强国的建

---

[1] 眭依凡、俞婷婕、李鹏虎：《大学文化思想研究——基于改革开放30多年大学文化发展的线路》，载《北京大学教育评论》2016年第1期。

设，从而为"不断提升国家文化软实力和中华文化影响力"及"推动中华文化更好走向世界"作出应有的积极贡献。大学文化及其思想研究因此有了更深远的意义。

一、关于大学文化认识的发展

改革开放以来，我国大学文化建设经历了从实践的"行"上升为理性的"知"，再由理性的"知"指导实践的"行"的发展完善过程。时至今日，我国高等教育界对大学文化的专门研究和系统建设已有40余载的历史积淀，重视大学文化已然成为大学之理性自觉。

（一）大学文化概念与要素的认识及提炼

通过对文化研究成果的总结，人们对文化的内涵及特征达成了如下的共识：文化为人类社会的创造，由价值观念、社会符号、文学艺术、社会制度和物理环境等构成；文化创造的基础来自文化的积淀、传承与借鉴，以及社会发展需要为文化创造提供的条件；文化作为对人们思维和行为方式具有导向作用的价值观和道德准则，其具有群体性之属性特征；文化发端于人类社会且依附于人类社会，其极具复杂性并表现为：一则随依附社群的不同，文化呈现出差异性；二则即便同一社群，其文化一致性及非一致性现象并存。基于笔者早前的研究成果，可以对文化概念定义如下：文化是社会创造的一切物质及精神的财富和人们赖以生存的环境，是人类社会生活方式的总和，以及人类为维持和满足社会之文明进步、组织之有序运行、丰富生活之需要所创造的一切精神的、规制的、物质的产品，它们相互关联，以各自的形态影响并决定社会及人们的思维和生活方式及其质量。[①]大学文化具有一般文化的基本属性和特征，但作为依附于大学组织的特殊文化，其特性如下：大学文化虽含有一般文化概念的基本内涵，但是对社会诸文化选择提炼其精髓并融入大学意志和个性的文化品类，是经大

---

① 眭依凡、俞婷婕、李鹏虎：《关于大学文化学理性问题的再思考》，载《清华大学教育研究》2015年第6期。

学历史的积淀与传承、选择与凝练、发展进步而成的高度成熟的并为大学组织及其成员所高度认同的以精神为核心的文化结构。[①]

关于大学文化概念，我们可以根据文化要素的层次及其属性将大学文化归纳为如下三类并加以讨论。其一，涵盖大学的价值体系、理想信念、思维方式、道德持守、学术精神及传统等构成的精神文化；其二，由对大学组织及权力架构及其运行机制做出规定的，包括大学章程等制度规范构成的制度文化；其三，由大学的物理和自然环境、物质设施及包括诸如各类学术讲座等组织活动所构成的环境文化。这三类文化构成一个以精神文化为轴心、制度文化居中、环境文化处外，看似关系松散，但层次分明且彼此相互影响的文化同心圆结构，即文化有机整体，并共同对大学的办学治校育人施加影响。其中，大学精神文化对制度文化的构建与环境文化的营造具有决定性作用。[②]

（二）大学文化的意义及作用讨论

大学文化的意义和作用，即大学文化的价值及其实践的具体效果。大学文化的意义可以解读为人们对大学文化的理性认识，而大学文化的作用则是大学文化价值实践的外在表现，二者分别属于大学文化的"知"与"行"，它们相互无法割裂的关系如下。[③]

其一，大学文化为大学奠定了守持大学组织属性和按规律办学治校的理性基础。所谓大学理性，即人们从文化视角对大学及其价值深刻认识后，对大学形成的文化自识，并据此在大学的办学治校育人行动中表现出的文化自觉、文化自信和文化自律。故大学理性之首要任务，即认识并遵循大学的本质属性及价值规律，以获得并提升具有文化觉醒意义的大学文化自识。

---

① 眭依凡、俞婷婕、李鹏虎：《关于大学文化学理性问题的再思考》，载《清华大学教育研究》2015年第6期。
② 同上。
③ 同上。

其二，大学文化是大学组织不可或缺且不能被取代的育人要素。大学文化自身的属性特征可以归纳为：其以文化特有的非强制性教育的形态和形式，主要通过营造优良的育人环境，让受教育者在潜移默化、春风化雨般的润物无声中，受到价值认同、思想感化、情操陶冶、行为养成的教育影响。大学文化之所以具有"行不言之教"或"不教之教"的教育作用，被人们誉其为"费力最小且成效极大的育人要素"，就在于大学文化能以潜课程方式融入大学人才培养的全过程。

其三，大学文化是大学善治得以实现的柔性治理要素。大学人才培养和知识创新的组织属性及以知识资源积累和开发为目的的智力劳动特点，决定了大学是组织要素繁多及其关系极为复杂的组织系统。基于此，大学是最不能依靠简单管控模式得以有效运行的组织。大学文化之所以能进入大学办学治校者的视野并受到高度重视，其原因就在于大学文化虽非刚性的管理工具，却能以价值引领等无形之手的作用，决定大学改革发展方向的选择及大学组织与其成员的思维和行为方式，并通过价值认同等凝聚大学组织及其成员共同努力于大学组织目标的达成，从而成为大学组织至关重要的治理要素并使大学的善治成为可能。

二、改革开放以来大学文化的演进及其建设

在对我国大学文化自改革开放以来是如何通过自身演进和建设来引领高等教育改革发展的系列研究中，笔者得出了我国大学文化经历了"校园文化之兴起""人文素质教育之高潮""大学文化之成熟"三大发展阶段的结论，以及大学经历"文化育人""文化治校""文化强国"之大学文化思想升华的研究结论。[①]为便于讨论，我们把上述三个阶段分别冠名为"关注大学校园文化的初型期""注重大学人文素质教育的转型期""强化大学文化整体

---

① 眭依凡、俞婷婕、李鹏虎：《大学文化思想研究——基于改革开放30多年大学文化发展的线路》，载《北京大学教育评论》2016年第1期。

建设的成熟期"。①

（一）关注校园文化：大学文化发展初型期的缘起与实践

大学文化初型期即校园文化的始生阶段，虽然短暂，但随着校园文化活动热度和影响力的增强，大学的办学治校者注意并逐渐认识到校园文化之于大学育人的意义和作用，从而把校园文化纳入了大学育人体系，并加快了积极建设校园文化的进程。

大学文化初型期的时间跨度为20世纪80年代初期至90年代中期，以校园文化的兴起至成熟为时间节点。就概念而言，所谓校园文化是以丰富并充实大学生的校园生活、满足和发展大学生的兴趣爱好、拓展大学生的能力专长为目的，以多样化学生社团组织为载体，由大学生群体为活动主体自发开展的丰富多彩活动构成的文化。②校园文化虽然具有"树立学生健康的文化意识""养成学生良好的行为习惯""促成学生的社会化"③的育人作用，但至今仍然有人把无论是内涵还是外延均不在同一层面的校园文化与大学文化混为一谈，是对二者概念的误解。当"大学文化"概念出现后，校园文化的概念即成为大学文化的一个组成部分，亦即其成为大学文化的下位概念。

校园文化之所以得以迅速发展，与改革开放初始阶段的历史背景紧密相系。高考制度自1977年恢复后，党和国家遵循高等教育规律办学育人的拨乱反正与恢复高考最初几年入学的大学生自觉把握机遇、励志勤学的高度契合，为具有育人导向之校园文化的萌发和生长营造了"生逢其时"的社会环境。同时，为国家发展加快培养人才的强烈愿望鼓舞了大学解放思想，而大学生高涨的渴望成才的求知热情和理想抱负，亦为校园文化的兴起和发展提供了良好契机和必要土壤。需要特别强调的是，大学有关部门对校园文化的高度认同及组织管理的强化，与1985年《中共中央关于教育

---

① 眭依凡、俞婷婕、李鹏虎：《大学文化发展和建设历程研究——基于改革开放30年来的发展脉络》，载《中国高教研究》2015年第10期。

② 同上。

③ 眭依凡：《校园文化：以环境创设影响教育绩效的教育手段——兼谈高校校园文化的偏失及构建》，载《吉林教育科学》1992年第2期。

体制改革的决定》中强调"增加实践环节，减少必修课""增加自学时间和课外学习活动"①不谋而合，从而在政策层面上起到了促进大学自觉于校园文化建设的作用。

自20世纪80年代中后期起，我国不少大学开始重视对校园文化的理论总结，把大学生社团活动文化纳入人才培养体系，加强校园文化建设以发挥校园文化育人的作用，成为大学的理论共识及实践自觉。1994年，党中央在《关于进一步加强和改进学校德育工作的若干意见》及国务院关于《中国教育改革和发展纲要》的实施意见中进一步明确提出大力推进校园文化建设，大学的校园文化建设进入了以素质教育为主题、以多样化、专业性的大学生课外活动等为特色的新阶段。

（二）注重人文素质教育：大学文化发展转型期的缘起与实践

我国大学文化发展的转型期自20世纪90年代初中期起至21世纪初。该阶段的主要特点为：大学大力倡导并加强人文素质教育。国家教委（现为教育部）于1992年召开的第四次全国高等教育工作会议，就大学必须牢固树立办学的根本目的是育人的理念及其实践方面提出了具体要求。此后全国掀起了一场影响广泛且意义深远的、以提高人才培养质量为主题的思想大讨论。以时任国家教委副主任周远清及华中理工大学校长杨叔子等为代表的高教界领导者以该讨论为契机，结合当时我国大学人才培养存在的实际问题并借鉴国外通识教育的理念及经验，倡导发起了大学人文素质教育运动。

1995年，国家教委公布了《面向21世纪教学内容和课程体系改革计划》，其明确提出："在我国高等教育面向21世纪的教学改革中，加强文化素质教育，并进而提高学生的全面素质，是一个重要而深刻的课题。"②同年，《关于开展大学生文化素质教育试点工作的通知》发布。此后，大学的人文素质教育活动全面启动，推动并加强人文素质教育不仅从思想讨论

---

① 中华人民共和国教育部：《中共中央关于教育体制改革的决定》，http://www.moe.gov.cn/jyb_sjzl/moe_177/tnull_2482.html，访问日期：2021年8月6日。

② 周远清：《周远清教育文集》第二卷，高等教育出版社2008年版，第152页。

层面进入实践操作阶段，而且很快发展成为大学的整体自觉行动。在国家教育主管部门的倡导和引领下，尤其是国家教委关于"提高大学生的文化素质，提高教师的文化素养，提高大学的文化品位与格调"[①]之育人理念的提出，使越来越多的大学把提高人文素质确定为人才培养的目标，人文素质教育因此从思想发动的阶段进入具体实施的阶段。

1998年，教育部在《关于加强大学生文化素质教育的若干意见》中再次阐明："加强文化素质教育是时代发展的要求、我国高等教育改革的需要、大学生全面发展的需要。"[②]尤其是1999年《关于深化教育改革全面推进素质教育的决定》的出台，[③]加强人文素质教育不仅成为全国大学人才培养模式改革的普遍举措，而且把基于人才培养质量提升目的的大学文化建设推向了高潮。

倡导和推行人文素质教育，不仅是我国高等教育关于人才培养观念的一场变革，更是我国大学人才培养模式本土化创新的一次实践。[④]人文素质教育的启动与推行具有鲜明的时代特征，其意义和价值不仅表现为大学人才培养模式的创新突破，更是我国大学在文化育人思想引领下之人才培养理念的创新实践。作为大学文化建设中的一个过程，人文素质教育对我国大学人才培养质量的提升及大学文化的建设本身不仅成效突出，而且产生了深远的影响。

（三）重视大学文化：大学文化全面建设期的缘起与实践

我国于21世纪初进入了大学文化的全面建设阶段。如前所述，大学文

---

① 周远清：《素质·素质教育·文化素质教育——关于高等教育思想观念改革的再思考》，载《清华大学教育研究》2000年第3期。

② 中华人民共和国教育部：《关于印发〈关于深化教学改革，培养适应21世纪需要的高质量人才的意见〉等文件的通知》，http://www.moe.gov.cn/srcsite/A08/s7056/199804/t19980410_162625.html，访问日期：2022年7月21日。

③ 中共中央、国务院：《关于深化教育改革全面推进素质教育的决定》，载《人民教育》1999年第7期。

④ 眭依凡、俞婷婕、李鹏虎：《大学文化发展和建设历程研究——基于改革开放30年来的发展脉络》，载《中国高教研究》2015年第10期。

化与校园文化及人文素质教育就概念的内涵及外延而言，呈上下位的包容关系，即大学文化是校园文化和人文素质教育的属。就笔者对所掌握文献资料的梳理来看，关于大学文化概念及大学文化建设逐渐受到高教界的重视，有必要提及如下相关的学术活动和学术组织。

一是于1999年5月由中山大学和台湾中原大学联合举办的"海峡两岸跨世纪大学文化发展学术研讨会"。来自两岸包括大学校长和学者在内的代表们针对当时大学文化建设状况及问题进行了深入探讨，基于对"大学精神文化缺失""必须推进大学精神文化建设"等问题的关切，与会者最终在"加快发展大学文化，提高大学文化水准，充分发挥大学文化在建立国家创新体系和培养创新人才中的积极作用"等方面达成了共识。[1]二是清华大学、北京大学和高等教育出版社于2002年9月在北京共同组建了大学文化研究与发展中心。作为研究大学文化理论与现实问题、推动大学文化建设的研究机构，该中心具有开展大学文化研究与促进大学文化建设的双重使命，从而受到了教育部及我国一批研究型大学的高度重视。该中心以课题研究和学术活动等推动大学文化建设，在组织及开展大学文化调查研究、研究成果和实践经验分享、国际学术交流等方面，尤其是在《中国大学文化百年研究系列丛书》出版等方面做了大量卓有成效的工作。

基于笔者对大学文化研究的结论，大学文化全面建设期具有如下特点：其一，为避免大学文化研究的碎片化，大学及其文化研究的学者把大学文化视为包含精神文化、制度文化和环境文化要素的整体加以研究，并认识到其之于大学办学治校育人的重要性；其二，大学文化研究的理论成果直接被运用于办学治校育人的实践指导，大学文化的全面建设已成为大学办学治校者的一种理性自觉。毋庸置疑，大学文化作为一个整体概念的出现并受到全国大学的普遍重视，主要缘于大学文化及其要素在大学无处不有、无刻不在，对大学的运行、改革和发展或直接或间接地产生了任何

---

① 罗海鸥：《通识教育与大学文化发展——海峡两岸跨世纪大学文化发展研讨会综述》，载《高等教育研究》1999年第4期。

其他因素不能替代的深刻影响和作用。

三、引领高等教育发展的大学文化思想演进及实践

所谓大学文化思想，即大学组织在一系列跨时空文化实践活动中产生和形成的关于大学文化的成熟的观念体系，是在大量大学文化实践活动基础上提炼出来的，对大学文化的属性、特征、规律及价值作用的系统认识，是引导大学文化发展及大学文化建设实践的理论体系。基于笔者关于我国的大学文化实践经历了"文化育人""文化治校""文化强国"之价值演进的前期研究结论，从上述三个层面建立归纳和分析大学文化思想的基本框架有其合理性。[①]

（一）大学文化育人思想及其实践的引领价值

育人乃大学存在与发展之道、立身强体之本，大学唯有守持育人为本的办学理念，其育人的核心使命方能有效践行。人才培养之于大学的首要性，促使大学在文化营造中首先必须深刻认识到文化育人的思想价值并加以落实到人才培养的实践中。改革开放之后，我国大学校园文化及人文素质教育之文化育人运动的缘起和发展，均为文化育人思想及其实践的体现，而人文素质教育更是在文化育人思想引领下对有关人才培养模式的探索及改革。人文素质教育之所以能被大学及其师生所广泛接纳且成效突出，原因就在于人文素质教育是在文化育人思想引领下对贯穿于人才培养模式改革全过程的大学文化实践的探索。"育人不仅是大学文化的基本作用，也是大学文化建设的逻辑起点。"[②]大学文化育人思想的意义和价值发挥，取决于大学文化育人思想如何实践。据人才培养目的及规律，大学文化育人思想的实践必须从以下方面加以强调。

---

① 眭依凡：《大学文化理性与文化育人之责》，载《中国高等教育》2012年第12期。
② 同上。

1. 培养大学生的理性精神

人才培养是大学的核心使命，培养什么人是大学人才培养目标必须首先明确的价值选项。培养大学生的理性精神之所以重要，是因为理性精神决定了具有改造社会之专业知识及能力的大学生能否具有社会担当及如何社会担当，这亦是我国为何如此重视立德树人的意义所在。强调大学文化育人之首要任务即培养大学生的理性精神，这绝不是对文化育人的一种强迫，而是大学文化确实有育人于理性精神的价值意义及现实作用，即通过蕴含于大学文化中的价值及信仰文化对大学生的熏陶浸染，有利于帮助他们树立崇真、向善、求美和社会担当的理想主义，从而使他们无论置身何时何处都能守持"知其伪而守其真，知其恶而守其善，知其丑而守其美"的理智与良知。2018年，习近平总书记在北京大学建校120周年校庆日来临之际与北京大学师生座谈时指出："人无德不立，育人的根本在于立德。这是人才培养的辩证法。"①2019年，习近平总书记在主持召开学校思想政治理论课教师座谈会时特别强调："要给学生心灵埋下真善美的种子。"②专业知识的传授及职业能力的培训并非大学人才培养目标之全部，养成大学生健全的人格及形成有利于国家、社会和人类文明进步的价值体系和思维方式亦具有不容忽视的重要性。③大学生是国家和民族的希望，守持理性精神对他们能否为国家的强盛和社会进步担当负责具有决定性影响。

2. 营造大学之学习化生态环境

大学之学习化生态环境营造的目的，即让大学生自觉并习惯把学习作为自己的一种生活方式。大学得以生存发展的根本理由，即大学是以知识积累、知识传承、知识创新为其社会职能的学术组织，其能否通过自身组

---

① 习近平:《在北京大学师生座谈会上的讲话》，http://www.gov.cn/xinwen/2018-05/03/content_5287561.htm，访问日期：2021年8月7日。

② 新华社:《习近平主持召开学校思想政治理论课教师座谈会》，http://www.gov.cn/xinwen/2019-03/18/content_5374831.htm，访问日期：2022年7月22日。

③ 眭依凡:《大学文化理性与文化育人之责》，载《中国高等教育》2012年第12期。

织文化的营造培育有利于知识积累、知识传承、知识创新的学术生态环境，直接关系到大学及其成员能否在诸多社会诱惑中独善其身，宁静于求知向学、致远于知识创造。2017年，习近平总书记在考察中国政法大学时强调："青年处于人生积累阶段，需要像海绵汲水一样汲取知识。""特别是要克服浮躁之气，静下来多读经典，多知其所以然。"①营造有利于大学生群体自觉而非被迫刻苦向学的学术生态，培养大学生形成"宁静于书卷、沉思于真理、沉潜于学问、热衷于创新"之知识分子应有的生活方式，养成绝不贪图享受和虚度年华的思维习惯，树立并致力于实现有利于社会的求学理想，此亦是大学文化育人思想实践的价值所在。

3. 培育大学之理想主义氛围

大学理想主义即"大学理想的集合，是大学对客观世界、社会生活以及大学自身寄予的美好期望所持有的观念体系，亦是大学对自己的使命、责任、目标和操守所持有的一种既符合大学规律又有崇高要求的价值认定和信念追求"②。大学理想主义作为最具理性价值的大学精神文化，是大学有别于其他社会组织的特征不变量，失去了理想主义文化的支撑，大学或许就不再是人们心目中具有人类文明旗帜、社会道德楷模高度的本真意义的大学。大学理想主义的存在使大学及其文化既可居人类社会的"庙堂之高"，又能处人类社会的"江湖之远"。尤其是大学理想主义之崇真、向善、求美、社会担当的要素及其本质，决定了理想主义文化氛围对大学及其成员之价值引领不可替代。培育大学之理想主义文化氛围，使大学及其成员形成并守持"崇真的科学信仰""向善的文化涵养""求美的道德修养""务实的社会责任担当"③，这既是大学理想主义的本质所在，亦是引领大学办学治校育人实践的文化理性。

---

① 《用青春书写华彩篇章——习近平对当代大学生的期待》，http://www.xinhuanet.com/politics/xxjxs/2019-10/31/c_1125176123.htm，访问日期：2021年8月7日。
② 眭依凡：《大学何以要倡导和守护理想主义》，载《教育研究》2006年第2期。
③ 同上。

（二）大学文化治校思想及其实践的引领价值

大学文化治校思想即人们关于大学文化治校的系统认识，包括大学文化之治校作用的属性、特征、机理、规律及如何发挥大学治校作用等一系列的认识。我国大学文化治校思想的形成和趋于成熟受益于两大因素：一是伴随着20世纪90年代后期大学文化研究的持续深入和文化育人不断取得显著成效，大学文化的实践价值亦得到深入发掘，由此为大学认识并把握文化治校奠定了思想基石；二是自21世纪初我国高等教育进入了以质量提升取代规模增长的理性发展阶段。由于高等教育的理性发展为大学创造了必须重视文化治校的观念环境及实践条件，尤其是近些年来党中央高度重视以高等教育内涵式发展为特征的高质量高等教育体系建设，不仅进一步强化了大学办学治校者对文化治校的价值认识，而且积极落实在大学治理体系和治理能力现代化的实践进程中。

在早前的研究中，笔者得出过有关大学文化是"大学治校结构中的不可或缺的基本要素""先于大学治校行动且指导行动的价值准则""驾驭大学权力行使的无形之手"的研究结论。[①]由此证明：大学文化虽非刚性的"管理工具"，却能以文化软实力的形态发挥其引领办学治校的积极作用。由于大学文化主要通过"价值确定""制度完善""环境营造"的实践路径来发挥其治校作用，且具有不变性，故笔者以此为框架切入，梳理并讨论我国大学文化治校思想的实践。

1. 大学之价值确定

由于价值观念对大学及其成员的影响及对大学改革发展的指导具有方向性，故大学的价值选择和确立即成为文化治校思想实践的首要任务。维持大学组织有序运行的治理要素，一是权责清晰的制度规范，二是凝聚组织成员的价值认同。对大学组织之本质属性及其规律的深刻认识并由此对大学做出的价值判断和价值确定，之于引领大学从过去简单

---

① 眭依凡、俞婷婕、李鹏虎：《大学文化思想研究——基于改革开放30多年大学文化发展的线路》，载《北京大学教育评论》2016年第1期。

依靠管控机制逐步转变为强调基于共同利益和价值认同的现代大学治理结构完善及治理效率提升极具重要性。一般而言，价值确定之于大学治校具有两大作用：其一，在大学决策者认识到大学"为什么要做"和"为什么要这样做"的前提下，确保大学决策的理性自觉和目标引领；其二，在大学各部门及成员了解和理解"应当做什么"和"应当怎么做"的前提下，保证大学在决策执行过程中整体行为的自觉性和目的性。[①]选择并确定引领大学健康发展的价值理性，此即大学治校文化思想实践的价值之一。

2. 大学之制度完善

大学制度对大学组织及其权力架构、运行机制具有决定性作用，换言之，有什么样的大学制度安排就有什么样的大学治理模式及由此导致的治理效率。这里有必要澄清的思想误区是，大学制度安排的目的绝非在于限制大学组织内部及其成员的学术积极性，更非遏制学术创新，而是旨在通过制度完善引导和调动大学组织内部及其成员的积极性、主动性、创造性和促进人才辈出。大学文化之于大学制度完善的重要性如下：大学制度不仅受大学制度设计的文化语境影响，而且也是大学文化的具象反映。从文化选择的视角来看，大学制度无疑是受制于大学决策者意志影响而被选择的一种大学文化，即大学的制度安排等无不被打上了办学治校者的文化意志烙印；就组织治理的视角而言，大学本质上是文化和制度相互交织的复合体，然而制度本身归根结底又是受制度设计者所持文化观念影响的产物。因此大学的制度完善有赖于大学文化的引领，此即大学治校文化思想实践的价值之二。

3. 大学之环境营造

任何社会环境无不是文化的呈现，文化和社会环境之间的密切关联促使文化形态有可能从抽象转换至具象，由此导致了文化的可视性，并强化

---

① 眭依凡、俞婷婕、李鹏虎：《大学文化思想研究——基于改革开放30多年大学文化发展的线路》，载《北京大学教育评论》2016年第1期。

其影响力。由此，我们可通过文化营造赋予社会环境以价值和意义，从而对生活于此的人们产生影响。由于人们只有置身于一定的社会环境才能从中感悟并适应其文化影响，因此人们价值观念的形成必须以所处社会环境内涵的文化为基本条件。由此，社会环境作为一种文化存在何以能够影响甚至决定人的思想和行为可以获得解释。就大学而论，由于大学环境不仅包括由天然和人工条件营造的物理环境，亦包括在大学文化诸要素影响下开展的各种各样的组织生活，它们相互交织、浑然一体为内涵丰富的"大环境"概念，由此决定了大学环境之于大学文化治校的意义及作用亦不可忽视。习近平总书记在2016年召开的全国高校思想政治工作会议上指出："一所高校的校风和学风，犹如阳光和空气决定万物生长一样，直接影响着学生学习成长。好的校风和学风，能够为学生学习成长营造好气候、创造好生态。"[1]大学环境必须针对大学组织的属性及其目的加以专门营造的意义就在于：大学环境既是大学育人体系不可或缺的要素，作为大学文化建设的可视成果，其亦是对大学治校极具鼓励、促进和支撑作用的办学条件。改善和营造良好的大学环境，其文化治校思想实践的意义如老子一语中的："圣人处无为之事，行不言之教。"此即大学治校文化思想实践的价值之三。

（三）大学文化强国思想及其实践的引领价值

2011年10月，党中央在《中共中央关于深化文化体制改革　推动社会主义文化大发展大繁荣若干重大问题的决定》中确定了"建设社会主义文化强国"的国家战略。[2]2017年，习近平总书记在党的十九大报告中提出了"文化兴国运兴，文化强民族强。没有高度的文化自信，没有文化的繁荣兴盛，就没有中华民族伟大复兴"的重要论断。[3]由于文化是国家参与国

---

① 侠客岛：《关于教育，这是习近平的最新思考》，载《光明日报》2017年第1期。

② 中华人民共和国中央人民政府：《中共中央关于深化文化体制改革 推动社会主义文化大发展大繁荣若干重大问题的决定》，http://www.gov.cn/jrzg /2011-10-25/content_1978123.htm，访问日期：2021年8月7日。

③ 中共中央宣传部编：《习近平新时代中国特色社会主义思想学习纲要》，北京人民出版社2019年版，第153页。

际竞争不可或缺的软实力，而"提高国家文化软实力，不仅关系我国在世界文化格局中的定位，而且关系我国国际地位和国际影响力，关系'两个一百年'奋斗目标和中华民族伟大复兴中国梦的实现"①。大学是国家先进文化的集大成者及推进者，尤其是自20世纪中叶人类社会进入了以知识经济为特征的文化时代，大学作为洋溢着理想主义和文化理性且高层次人才集中和高新知识集成的教育和学术组织，不仅是国家文化软实力的重要构成，更是提升国家文化竞争实力不可或缺的主力军。因此，大学在国家文化软实力提升和文化强国建设进程中绝非旁观者，必须在国家文化强国建设的过程中充分发挥引领和推动作用。文化强国思想不仅是大学文化主动服务国家发展需要具有战略高度的体现，也是大学文化建设的题中之义及战略选项，更是大学组织特有的文化属性与国家文化强国的战略发展需求高度耦合的必然结果。所谓大学文化强国思想，即人们对大学文化强国的系统认识，包括大学文化具有强国作用的属性、特征、机理、规律及如何发挥大学强国作用等一系列认识。

由于大学有诸多积极于文化强国得天独厚的条件，故而能为文化强国建设作出诸如观念引领、人才支撑、知识供给、理论创新、国际交流等有利于提升国家文化软实力的积极贡献。大学文化强国思想的实践及引领价值主要包括：

1. 致力于高等教育强国建设的成效

纵观世界各国的发展，高等教育事关国家的兴衰成败。高等教育强国无疑是文化强国的重要基础，换言之，文化强国必须以高等教育强国为条件。大学文化强国思想实践首先必须担负起的责任是致力于高等教育强国建设，为文化强国建设夯实人才资源和高新知识竞争的基础，以提升国家文化软实力及其国际话语权。在我国建设高等教育强国的进程中，当务之

---

① 习近平：《决胜全面建成小康社会 夺取新时代中国特色社会主义伟大胜利——在中国共产党第十九次全国代表大会上的报告》，http://www.gov.cn/zhuanti/2017-10/27/content_5234876.htm，访问日期：2021年8月7日。

急在于加速建成可与世界高等教育强国比肩的极具国际竞争力的高质量高等教育体系，推进高等教育强国建设的成效。在以智能化为特征的知识经济时代，国家竞争实力的基础有赖于高等教育体系强盛，尤其有赖于由一流大学支撑的高质量高等教育体系。习近平总书记在考察清华大学时指出："一个国家的高等教育体系需要有一流大学群体的有力支撑，一流大学群体的水平和质量决定了高等教育体系的水平和质量。"[①]没有大学尤其是一流大学的支撑，高等教育强国将失去高层次人才和高新知识的依托而成为不切实际的空想和口号。由于文化强国必须以高等教育强国为依托，而高等教育强国又必须以高水平大学尤其是一流大学群体为基础，这一逻辑关联把大学的高质量发展与高等教育强国建设及文化强国建设紧密相系。由此可以推断：致力于高等教育强国建设的成效，此即大学文化强国思想实践首要的价值目标。

2. 致力于先进文化使命践行的成效

作为民族文明的缩影，大学文化及其思想实践的价值不仅是民族文明的反映，更在于代表了国家最先进文化的水平。"民族的复兴需要强大的物质力量，也需要强大的精神力量"，并且有赖于"先进文化的积极引领"。[②]就享有国家精英文化地位与声誉的大学文化而言，引领国家文化发展及提升国家文化品位是大学文化先进性赋予大学的使命责任。关于大学文化的先进性，一方面源于大学的理想主义，因为充满理想主义的大学必须守持崇真、向善、求美及社会担当的大学本质属性，并以此担当起引领国家文明进步、文化强盛的责任；另一方面源于大学的文化理性，大学的文化理性不仅关乎大学自身文化的除弱留强、去伪存真、弃劣扬优，而且关乎国际社会对中国文明的评价，因为看一个民族的文化品位首先看其大学的文

---

① 《习近平在清华大学考察时强调"坚持中国特色世界一流大学建设目标方向，为服务国家富强民族复兴人民幸福贡献力量"》，载《光明日报》2021年4月20日第01版。
② 习近平：《坚定文化自信，建设社会主义文化强国》，载《求是》2019年第12期。

化品位。由于理想主义和文化理性，大学不仅有别于其他社会组织，而且引领民族文化发展的方向。由于大学文化的先进性要求，大学在办学治校育人的实践中不仅要自觉扮演人文精神和道德榜样的角色，更要充分发挥好对全社会具有导向意义的人文精神和道德榜样的作用。正是大学文化具有先进性，党的十八大特别强调要把培育和践行社会主义核心价值观融入包括高等教育在内的国民教育全过程。在"坚持中国特色社会主义文化发展道路，激发全民族文化创新创造活力，建设社会主义文化强国"①的进程中，大学能否致力于先进文化使命的坚守及担负好引领和推进民族文化发展创新的重任，此为检验大学文化强国思想实践成效的基本尺度。

3. 致力于国际话语权提升的成效

"提高国家文化软实力，要努力提高国际话语权。"②国际话语权不仅决定了一个国家在国际社会的主动权，也是一个国家文化软实力的构成要素。提升国际话语权既是提升文化国际竞争力的目的，也是提升文化国际竞争力的手段。作为文化历史悠久的大国，为了在国际竞争日益激烈的背景下发出中国声音、传播中国经验、发挥中国作用，就必须通过提升国际话语权以增强中国文化的国际影响力和竞争力。大学具有雄厚的人才和学术资源优势，又是国际文化交流的桥梁和纽带。提升国际话语权不仅是大学之使命责任所在，也是大学相较于其他组织所具有的实力和优势。在国际交流及合作的舞台上自觉宣传国家形象，以提升中华文化的国际影响力和国际认同度，这既是大学文化国际交流的目的，也是其责任。需要强调的是，大学在积极搭建国际学术交流平台、促成国际教育合作机会的同时，还应以自信、开放、包容及理性的态度来筛选、选择性地学习和吸收国外较具优势的文化成果，由此我们才能在推动构建人类命运共同体的进

---

① 习近平：《决胜全面建成小康社会 夺取新时代中国特色社会主义伟大胜利——在中国共产党第十九次全国代表大会上的报告》，http://www. gov.cn/zhuanti/2017-10/27 / content_5234876.htm，访问日期：2021年8月7日。
② 习近平：《建设社会主义文化强国 着力提高国家文化软实力》，http://www. xinhuanet.com/politics/2013-12/31/c_118788013.htm，访问日期：2021年8月7日。

程中融入国际文化环境并被国际社会所认同。致力于国际话语权和文化国际竞争力的提升，这是大学文化强国思想实践必须达成的目的，又是达成目的的必由之路。

大学的组织属性是由文化决定的，缺失了厚重的文化底蕴之支撑，大学也就不成为真正意义上的大学。由于大学文化及其思想是大学理性的反映，而高等教育又是由以实施高等教育为己任之大学集合构成的系统，因此大学文化思想不仅决定大学能否理性于办学治校育人及推动文化强国的实践，还对高等教育的整体改革和发展产生引领作用。

（原文《大学文化及其思想演进：一种历时的观照》发表于《教育研究》2023年第1期，第二作者是俞婷婕。原文有改动。）

第二节　大学内涵式发展：关于高质量高等教育体系建设路径选择的思考

关于高等教育内涵式发展，2018年笔者曾经发表过一篇题为《引领高等教育内涵式发展：高等教育研究适逢其时的责任》的论文。此文是针对我国高教界之于高等教育内涵式发展的反应过于冷清的问题，旨在呼吁高教研究应该率先对此加以重视，为我国高等教育的内涵式发展做一些理论引领的工作。由于大学是实施高等教育的主体，因此大学内涵式发展便成为高等教育内涵式发展得以实现的基础。又由于高等教育的内涵式发展是以高等教育的高质量高效率发展为目标及特征的，其与高质量高等教育体系建设存在密切联系，由此决定了如下逻辑成立，即大学内涵式发展在推进高质量高等教育体系建设过程中的意义重大。换言之，如果说构建高质量高等教育体系是我国高等教育改革发展的目标所在，那么以实施高等教育为职能之大学内涵式发展，则是把高质量高等教育体系建设具体落实于操作进程中的有效路径。基于这一认识，笔者试从"高等教育内涵式发展与高质量高等教育体系建设的背景""高质量高等教育体系与大学内涵式发展的概念解读及其存在的问题讨论""高质量高等教育体系建设的实践路径"等方面，阐释大学内涵发展何以是高质量高等教育体系的建设路径。

一、高等教育内涵式发展与高质量高等教育体系建设的背景

作为由中央政府推动的关于高等教育改革发展的方向和目标要求，高等教育内涵式发展可以追溯到2012年3月16日，教育部印发了《教育部关于全面提高高等教育质量的若干意见》。在这份旨在强调"大力提升人才培养水平、增强科学研究能力、服务经济社会发展、推进文化传承创新，全面提高高等教育质量"的文件中，其第一条就要求高等教育必须坚持以"牢固确立人才培养的中心地位，树立科学的高等教育发展观，坚持稳定规模、优化结构、强化特色、注重创新，走以质量提升为核心的内涵式发展道路"[①]。同年11月8日，习近平总书记在党的十八大报告中提出要"推动高等教育内涵式发展"。之后，在2017年10月18日召开的党的十九大上，习近平总书记在题为《决胜全面建成小康社会 夺取新时代中国特色社会主义伟大胜利》的大会报告中，在"优先发展教育事业、建设教育强国"主题下提出了高等教育发展的两大战略：其一，"加快一流大学和一流学科建设"；其二，"实现高等教育内涵式发展"。

如果说"加快一流大学和一流学科建设"是中央对极少数"双一流"建设高校必须致力于拔尖人才培养和知识创新以尽快缩小与世界高等教育强国之间的差距提出的目标要求，那么"实现高等教育内涵式发展"则是

---

① 《教育部关于全面提高高等教育质量的若干意见》，http://www.moe.gov.cn/srcsite/A08/s7056/ 201203/t20120316_146673.html。

针对所有高校都必须致力于高等教育质量提升尤其是人才培养质量提升提出的要求。在这次对我国改革发展具有继往开来历史里程碑重大意义的党的十九大上,党中央把"实现高等教育内涵式发展"与"加快一流大学和一流学科建设"并列作为未来高等教育改革发展的两大战略加以强调,不仅充分体现了我国对实现高等教育内涵式发展的高度关切,更重要的是从党的十八大提出"推动高等教育内涵式发展"到党的十九大强调"实现高等教育内涵式发展"的概念之变,不难发现党中央对我国高等教育内涵式发展提出了必须加以落实的时间表。高等教育内涵式发展何以如此重要和紧迫?可以归纳为两个原因:其一,实现高等教育内涵式发展是我国进入新时期后高等教育发展模式由注重规模速度发展向注重质量提升的转型;其二,实现高等教育内涵式发展是迎接高等教育国际竞争挑战日益激烈的形势,我国高等教育必须做出的时不我待的改革选项。

关于"建设高质量教育体系",这是党的十九届五中全会为实现2035年建成教育强国的远景目标,以及国家发展进入新阶段对我国教育发展提出的新定位、新主题和新要求。为了把党的十九届五中全会的这一精神落到实处,国家"十四五"规划纲要不仅明确将"建设高质量教育体系"作为提升国民素质、促进人的全面发展、建成教育强国的重要举措,而且特别强调要"提高高等教育质量"。众所周知,高等教育处于整个教育体系的最高层次,由于高等教育之知识创新和高层次专门人才培养的基本属性决定了其之于国家经济社会的影响具有直接性,尤其在以高新知识和高新技术为促进经济发展之手段的新时期,高等教育体系的强弱之于国家竞争力的大小具有决定性作用。举目世界,在国与国日益激烈的竞争中处于被动地位的国家,无一例外都是或者将来一定是高新技术、高新知识落后的国家,这既是无须怀疑的事实,亦是可以做出准确预测的未来趋势。基于此,国家的高等教育体系在以科技竞争及人才竞争为取胜要素和特征的国与国之间日益激烈的竞争中,扮演着越来越重要的甚至决定国家之兴衰成败的角色。一个缺失了富有竞争力之高等教育体系的国家是看不到前途和希望的。党的十九届五中全会提出了科教兴国战略、人才强国战略、创新驱动发展战略。布局科教兴国战略、人才强国战略、创新驱动发展战略，试问上述哪一项战略能够缺失高等教育的参与及其作为？由此不难理解，在国家新发展格局及国际竞争日益激烈的环境下高质量高等教育体系建设的重要性和紧迫性。

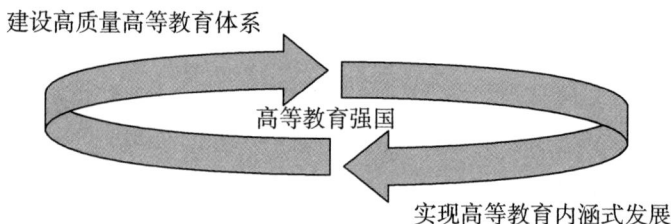

建设高质量高等教育体系

高等教育强国

实现高等教育内涵式发展

图1-1　高质量高等教育体系与高等教育内涵式发展关系

无论从理论层面的讨论还是从实践角度的观察，建设高质量高等教育体系与实现高等教育内涵式发展的关系十分清晰，如图1-1所示，均指向高等教育强国建设的不可或缺。如果说高质量高等教育体系建设是新时期我国高等教育发展的新目标，那么实现高等教育内涵式发展则是高质量高等教育体系建设目标得以实现的具体实践路径。二者处在互为需要、高度相关的逻辑中。作为高等教育强国建设的目标和手段，其背景可以概括如下。

其一，国家的经济发展模式发生了本质变化。我国经济已由高速增长阶段进入了高质量发展阶段，转变发展方式、转型产业结构、转换增长动力已经成为我国经济社会发展的战略选择，引领国家经济社会改革发展的动力所在是创新发展，而高等教育属性决定了其在思想创新、理论创新、知识创新和科技创新等方面对引领国家创新发展具有不可替代的作用。

其二，国家竞争力有待进一步提升。由世界经济论坛推出的《全球竞争力报告》把全球竞争力划分为"基础条件""效率增强"和"创新与精细化要素"3个一级指标，以及包括"制度建设、基础设施、宏观经济环境、卫生与初等教育、高等教育和培训、商品市场效率、劳动力市场效率、金融市场发展水平、技术就绪度、市场规模、商业成熟度以及创新水平"12项二级指标作为国家竞争力的依据。从2015年起我国全球竞争力排名连续3年稳定在28位，其中我国在市场规模及宏观经济环境等指标分别排在第1

和第8位，而高等教育排在第54位。①可以说高等教育在一定程度上拖了我国全球竞争力的后腿。表1-1、表1-2分别反映了2017、2018年度国际竞争力排名的情况，2017年到2018年我国的全球竞争力前进了1位，这个艰难的提升很大程度依赖于我们的高等教育提升了7位。由此可以推断：高等教育的提升是国家竞争力提升的基础，即国家竞争力与高等教育具有高度相关性。2011年我国在《中国的和平发展》白皮书中率先提出，要以"命运共同体"的新视角寻求人类共同利益和共同价值的新内涵。作为人类命运共同体建设的倡导者，中国理应率先在推动构建人类命运共同体的努力中作出应有贡献。然而，作为一个欲引领世界各国共同发展的国家不仅要有理想情怀，还必须有雄厚的国家实力，尤其是全球竞争力，否则我们既不会有推动构建人类命运共同体的底气和自信，更不具有引领世界的话语权和国家实力，而国家竞争实力提升的基础来自高等教育竞争力的提升。

表1-1　2016—2017年全球竞争力排名

	瑞士	新加坡	美国	荷兰	德国	瑞典	英国	日本	芬兰	中国
竞争力	1	2	3	4	5	6	7	8	10	28
高等教育与培训	4	1	8	3	16	15	20	23	2	54
创新能力	1	6	4	7	5	6	13	8	3	30

表1-2　2017—2018年全球竞争力排名

	瑞士	美国	新加坡	荷兰	德国	瑞典	英国	日本	芬兰	中国
竞争力	1	2	3	4	5	7	8	9	10	27
高等教育与培训	5	3	1	4	15	18	20	23	2	47
创新能力	1	2	9	6	5	7	12	8	4	28

注：数据来源于世界经济论坛发布的《2017—2018年全球竞争力报告》。

其三，我国还缺乏在比较意义上具有真正比较优势的世界一流大学。

---

① 眭依凡、李芳莹：《"学科"还是"领域"："双一流"建设背景下"一流学科"概念的理性解读》，载《高等教育研究》2018年第4期。

尽管在软科世界大学排名（简称"ARWU"）、英国夸夸雷利·西蒙兹（简称"QS"）、泰晤士高等教育（简称"THE"）、美国世界新闻排行榜（简称U.S. News）关于世界大学排名榜中，2017年我国内陆地区就分别有12所高校入选世界大学500强，尤其值得一提的是，清华大学和北京大学在上述四大排行榜中均进入100强，复旦大学和中国科学技术大学进入世界大学150强，上海交通大学和浙江大学进入世界大学200强。但是，若以是否作出了改变人类生活方式和生产方式的贡献及其是否培养出了作出上述贡献的卓杰创新型人才作为衡量世界一流大学的标准，相对于我们这样的高等教育大国而言，我们的世界一流大学还太少，因此我国距离高等教育强国还有一定的差距，对此我们应该有足够的清醒认识。

其四，就我国高等教育总体现状而言，我们的高等教育质量有待通过高等教育内涵式发展的体制机制改革加以提高。其实进入高等教育竞争日益激烈的新时期以来，高等教育发展模式向内涵式发展的转型，既是满足我国经济从高速增长向高质量发展的需要，更是高等教育自身从高速增长向高质量、高效率发展的必然选项。正是基于思想上的清醒和针对现实存在的问题，习近平总书记在2018年5月2日与北京大学师生座谈时特别指出："当前，我国高等教育办学规模和年毕业人数已居世界首位，但规模扩张并不意味着质量和效益增长，走内涵式发展道路是我国高等教育发展的必由之路。"

关于"高质量高等教育体系建设"和"高等教育内涵式发展"关系及其背景的清晰，我们不难得出如下结论："高质量高等教育体系建设"和"实现高等教育内涵式发展"是推进新时期高等教育改革发展的彼此关切、不可分割的目标和手段，它们共同构成高等教育改革发展的主旋律，其目的就在于高等教育强国的实现。

二、高质量高等教育体系与大学内涵式发展的概念解读及其存在的问题讨论

关于"大学内涵式发展：关于高质量高等教育体系建设路径选择的思

考"这一研究主题，涉及两个需要先予以明确的核心概念：其一，高质量高等教育体系；其二，大学内涵式发展。在此基础上，我们才能辨识大学内涵式发展与高质量高等教育体系之间的联系，进而明确和选择高质量高等教育体系建设的实践途径。

（一）高质量高等教育体系及其与大学的关系解读

关于高质量高等教育体系的解读可以将其视为"高质量"和"高等教育体系"的复合概念加以理解。"高质量"本质上还是一个关于质量的概念，加上形容词"高"以示此"质量"在水平、层次、效率、作用、贡献等方面更胜一筹，非同彼"质量"。然而"质量"是一个既抽象又空泛的内涵及其外延均十分丰富的概念，因此需要针对具体对象或社会活动方能界定和理解其概念，比如管理质量、服务质量、教学概念等。所以"高质量高等教育体系"可以根据高等教育之人才培养、科学研究的本质属性及其社会服务活动的价值作用，理解为是一个教育活动高水平、治理过程高效率、推进社会进步贡献大的高等教育系统。

在关于"高质量"的含义明确后，如何理解"高等教育体系"既是理论认识亦是实践进程中需要解决的问题。从严格意义上说，高等教育体系是一个与治理高度关联的概念，理解之的前提是明确其究竟由哪些要素构成。由于高等教育本身并不是一个空泛的概念，它是以高层次专门人才培养及知识创新为使命属性和社会职能特征的国家事业和社会活动，因此如果缺失了实施高等教育活动的具体组织及代表国家治理高等教育的管理机构，高等教育体系就是一个概念上的非实质的空洞系统。基于这一认识，笔者认为高等教育体系是由管控高等教育的政府体系与实施高等教育活动的大学集群共同构成的复合系统。如图1-2所示，高等教育体系主要是由支撑高等教育事业和实施高等教育活动的大学集群及治理高等教育的政府系统构成的金字塔。关于高等教育体系是由实施高等教育活动的大学集群的这一解读，高等教育体系与大学的密切关系则一目了然，亦为笔者何以将高质量高等教育体系建设与大学内涵式发展加以关联奠定了理论基础。

此外，必须进一步明确的是，高等教育的存在是社会需要的产物，是社会诸如政治、经济、文化等多种因素作用的结果。因此，高等教育体系的运行既要满足社会发展进步的需要，又要从社会获得充分的资源以保证高等教育体系的正常运行，来发挥其推动社会进步的作用。所以，高等教育体系是一个不能脱离社会存在且极大依赖社会的组织体系，就宏观的视角而言，其属于社会巨系统中的一个子系统，并受到来自社会的诸多影响。

图1-2　高等教育系统结构

（二）大学内涵式发展的概念解读

在回答什么是大学内涵式发展这个问题之前，有必要先厘清"内涵"及"内涵式发展"的概念。内涵与外延实际上是形式逻辑中关于概念界定的一对专业术语。内涵是指一个概念所反映的事物的本质属性的总和，是关于事物的质的规定性；外延指一个概念所确指的对象的范围，就是事物的量的规定性。内涵式发展是借用内涵及外延的概念来界定的，是一种相对更注重规模和速度发展的、以质量和效率为发展目标诉求的社会经济发展模式。由于外延式发展是强调规模和速度发展的传统发展模式，因此外延式发展强调加大投入以确保发展的规模和速度；而内涵式发展是以质量和效率为目标的现代发展模式，内涵式发展强调转变发展方式、优化发展结构、创新发展动力的改革。

关于大学的内涵式发展，笔者在《引领高等教育内涵式发展：高等教育研究适逢其时的责任》一文中作过如下的界定和讨论：大学内涵式发展是以大学本质属性要求及大学发展内在规律为驱动，以大学内部诸要素高效开发利用为基础，以提升大学发展运行的质量和效率为目的的一种发展模式；在发展形态上是一种办学规模适度、要素结构协调、资源配置合理，追求数量、质量、规模、结构、效益的统一的科学发展模式。[①]由于大学内涵式发展是相对大学外延式发展而言的发展模式，因此笔者还在该文中对大学的内涵式发展与外延式发展作了如表1-3所示的全面比较。通过这一比较，我们可以从概念、目的、理念、动力、特点及关系上清晰地认识到大学内涵式发展和外延式发展这两种不同大学发展模式的区别，从而在此认识的基础上坚定选择并坚持大学内涵式发展的实践。

表1-3　高等教育内涵式发展与外延式发展之比较

	内涵式发展	外延式发展
概念	根据大学的属性要求，遵循大学内在规律，以改善大学内部要素关系结构、充分开发大学内部要素潜力的、旨在提升高等教育质量效益的发展模式	以办学资源投入及办学条件改善为前提，旨在强调高等教育规模及发展速度的传统发展模式
目的	旨在提升发展的质量与效率，追求发展质的变化、学科实力的提升	旨在追求发展的数量、规模与速度
理念	效率优先，兼顾公平	公平优先，兼顾效率
动力	通过体制改革、制度创新激发发展活力	以增加资源投入为动力基础
特点	以自我完善为需要，具有强烈的内部结构完善的自觉性、主动性	具有强烈的外部资源依赖，以适应外部发展的需要为需要
关系	引领推动提升外延式发展	为内涵式发展提供基础

（三）大学内涵式发展存在的问题讨论

大学内涵式发展绝不是一个空洞的口号，而是必须加以实践落实的大学发展模式。大学的办学治校者对此必须予以认真思考。在"双一流"建设大学名单确定后，高等教育界出现了一道"亮丽"的风景线，即入围"双一流"建设名单的大学变得亢奋，其"双一流"建设也是热火朝天。

----

① 眭依凡：《引领高等教育内涵式发展：高等教育研究适逢其时的责任》，载《中国高教研究》2018年第8期。

因为这些入围使大学不仅有明确的建设目标，而且获得了来自政府的大量物质资源支撑，以及由此受到同样来自政府对其建设绩效加以评价的压力。遗憾的是，我们同时看到另一道风景线，这就是诸多大学对内涵式发展态度冷淡，积极响应者少之又少。表面看来这是受大众媒体过度关注"双一流"大学建设的议题设定影响的结果。事实如此，在近几年的高等教育改革发展实践中，受"议题设定"的影响，大众传媒一边倒地高度聚焦"双一流"大学建设的主题。受"双一流"建设名利双收的功利心驱使，不少非"双一流"建设大学也热衷于"双一流"目标的追逐。但深入考察结论并非如此简单，因为在我国忽视大学内涵式发展是大学普遍存在的现象。换言之，大学内涵式发展并未引起高教界的足够重视，并呈现出被诸多大学冷落的景象。同为党的十九大报告中提出的高等教育改革发展策略，大学内涵式发展何以没有得到重视？其存在的问题及其原因何在？

表面看来很多大学对内涵式发展缺乏热情，但实际上更严重的问题是这些大学在内涵式发展上既缺乏远景规划，也没有制度安排，更看不到改革的举措，由此导致无论在精力还是物力上对大学内涵式发展方面投入都极其不足。大学内涵式发展为什么会被忽视？这是需要从理论和实践层面讨论清楚的问题，否则大学内涵式发展难的问题就会无解而继续被悬置。归纳起来，如下原因必须引起重视：一是社会文化的影响。如前所述，大学本质上是社会需要并服务于社会的产物，尽管其人才培养和知识创新的学术属性要求大学必须区别于社会其他组织，具有按大学规律办学治校育人的组织理性。然而，当今大学早已不是与世隔绝的学术金字塔，作为依赖于社会而得以存在和发展的一类组织，其具有的强烈的社会文化属性，使其无法回避社会日益急功近利的价值取向，以及其受到大学排名及学术评估绩效主义的社会影响。此外，内涵式发展的效果滞后性也导致不少大学宁可选择忽视长远发展、整体发展及可持续发展的急功近利的道路。二是发展目标的影响。内涵式发展是指向质量和效率提升的发展模式，其根本不同于以发展规模及发展速度为目的的外延式发展模式。内涵式发展目标具有模糊性且难以用具体的指标去衡量、评价和判断。换言之，内涵式发展目标的模糊性使内涵式发展既没有指标衡量也缺乏评价标准，由此导致内涵式发展的对象似乎不甚清晰，亦缺少具体的抓手。众所周知，长期以来很多大学的办学动力来自各种评价、排名以及政府的项目，而非大学内部的属性驱动、规律驱动及自我发展需要推动。三是认识模糊的影响。笔者考察发现，大学对内涵式发展冷淡甚至无动于衷并非出于对内涵式发展思想上的不认同，更非抵触，而是对大学内涵式发展的概念、意义、要素、方法等缺乏足够的清晰的认识。这是一个具有普遍性的现象。作为大学理性的研究及倡导者，笔者坚持如下的学术观点：大学诸多不尽如人意的"实然"现象，都可以从大学对"应然"的不甚了解中找到原因。这也是笔者在《引领高等教育内涵式发展：高等教育研究适逢其时的责任》一文中呼吁高等教育理论研究必须针对高等教育内涵式发展尚未引起大学足够重视的问题，主动负起引领和推动大学积极于内涵式发展时代责任的原因。

三、高质量高等教育体系建设的实践路径

上述讨论不仅明确了大学与高等教育体系之间的基本关系，而且建立起了大学内涵式发展与高质量高等教育体系建设之间的逻辑联系，这无疑为本研究奠定了理论基础。回到"大学内涵式发展：高质量高等教育体系建设的实践路径"的主题，即大学内涵式发展如何进入高质量高等教育体系建设的操作层面并使之具有实践的价值意义。关于大学内涵式发展是高质量高等教育体系建设之实践路径的逻辑依据已经清晰，概而言之，即大学内涵式发展的实践就是旨在促进高等教育体系高质量建设的过程，故关于大学如何实现内涵式发展的讨论关系到高质量高等教育体系建设的探索。

关于高等教育内涵式发展自身的含义及其实践路径，教育部早在2012年的《关于全面提高高等教育质量的若干意见》中就有过表述，其第一条"坚持内涵式发展"强调：高等教育必须"牢固确立人才培养的中心地位，树立科学的高等教育发展观，坚持稳定规模、优化结构、强化特色、

注重创新，走以质量提升为核心的内涵式发展道路"①。其中所谓"稳定规模"，即保持公办普通高校本科招生规模相对稳定，高等教育规模增量主要用于发展高等职业教育、继续教育、专业学位硕士研究生教育以及扩大民办教育和合作办学；所谓"优化结构"，即调整学科专业、类型、层次和区域布局结构，适应国家和区域经济社会发展需要，满足人民群众接受高等教育的多样化需求；所谓"强化特色"，即促进高校合理定位、各展所长，在不同层次不同领域办出特色、争创一流；所谓"注重创新"，即以体制机制改革为重点，鼓励地方和高校大胆探索试验，加快重要领域和关键环节的改革步伐。②然而，具体到大学内涵式发展是一种因校而异的发展模式，由于大学的学科属性、发展历史及其条件等个性特征的不同，因此不存在适合所有大学的高度一致的内涵式发展模式。但是，相对于"双一流"大学建设仅是极少数大学的发展目标，大学内涵式发展则是对所有大学提出的要求，因此适用于所有大学内涵式发展的诸如动力与目的及其改革要素具有共通性。基于这一认识，笔者将从大学内涵式发展的动力、目的及其改革要素切入高质量高等教育体系建设的讨论。

（一）改革是大学内涵式发展的动力

如何实现大学的内涵式发展是所有大学在实施和推进内涵式发展过程中首先需要直面和回答的问题。习近平新时代中国特色社会主义思想明确全面深化改革的总目标是完善和发展中国特色社会主义制度、推进国家治理体系和治理能力现代化。那么全面深化改革的目的何在？中央对此非常明确地指出：不断推进国家治理体系和治理能力现代化，坚决破除一切不合时宜的思想观念和体制机制弊端，突破利益固化的藩篱，吸收人类文明有益成果，构建系统完备、科学规范、运行有效的制度体系，充分发挥我国社会主义制度的优越性。通过推动经济发展的质量变革、效率变革、动

---

① 《教育部关于全面提高高等教育质量的若干意见》，http://www.moe.gov.cn/ srcsite/A08/s7056/ 201203/t20120316_146673.html。

② 同上。

力变革，构建高生产力水平的产业体系和高效率的经济体制，以增强我国经济创新力和竞争力。国家现代化强国建设必须依赖于包括治理体系在内的深入改革，高等教育体系作为国家体系的一个部分，要实现内涵式发展，要建成高等教育强国，也必须依靠大学的改革、全面的改革。高质量高等教育体系建设岂能超然改革之外？高质量高等教育体系建设必须依赖实施高等教育的机构——大学的全面改革，而大学内涵式发展作为以质量和效率优先发展为目的的发展模式，其得以实现的前提就是通过创新发展动力以根本转变发展方式和优化发展结构的全面而整体的改革。对此，习近平总书记在北大与师生座谈时就对大学提出了如下要求："全国高等院校要走在教育改革前列，紧紧围绕立德树人的根本任务，加快构建充满活力、富有效率、更加开放、有利于学校科学发展的体制机制，当好教育改革排头兵。"[1]由此可以得出如下结论：全面深化改革是实现大学内涵式发展的必然选择，亦即富有成效的高质量高等教育体系建设的必然选择。

（二）有利于大学按规律办学治校育人是大学内涵式发展的根本目的

大学内涵式发展的根本目的究竟是什么？作为旨在高层次专门人才培养和知识创新的教育学术组织，大学有不同于社会其他组织的本质属性和规律，认识并守持其属性和规律办学治校育人，这既是大学的认识理性，亦是大学的实践理性提出的要求。否则，大学就不是本真意义的大学，也不能发挥其独立于其他社会组织应该具有的价值作用。基于这一学术认识和立场，笔者早在2008年发表的《科学发展观与大学按规律办学》一文中就指出："大学按科学发展观发展之实质就是按大学规律办学治校。"[2]随后，笔者把按规律办学治校育人视为大学必须守持的观念理性和实践原则，并在"双一流"大学建设和大学内部治理体系改革等研究中加以特别强调。无论是人才培养活动还是科学研究活动抑或利用人才和知识资源服

---

① 习近平：《在北京大学师生座谈会上的讲话》，载《人民日报》2018年5月3日第1版。

② 眭依凡：《科学发展观与大学按规律办学》，载《教育研究》2008年第11期。

务社会的活动，大学本质上属于其所有活动都是以智力劳动为特征的社会组织，而智力劳动有其不同于其他社会劳动的诸如劳动成果的思想性、创新性和非计量性，劳动过程的艰巨性、持久性，劳动者的独立性、积极性等不能违逆的规律。试想，如果大学及其组织成员不能按大学内在属性生成的自身规律去办学治校育人，那么大学是否还是本真意义上的大学？连本真意义上的大学都不是，又如何能够要求其办好学、治好校、育好人？由此可以推论，大学内涵式发展的根本目的亦然，就是通过从大学理念到治理结构等一系列的深化改革，有利于大学按自身规律办学治校育人及提升大学办学治校育人的质量，这亦是高质量高等教育体系建设的根本目的所在。

（三）大学内涵式发展改革的基本要素

如果说上述关于"大学内涵式发展的动力"及"大学内涵式发展的根本目的"的讨论是高质量高等教育体系建设必须依据的指导思想和原则，那么针对高质量高等教育体系建设的大学内涵式发展之改革要素的把握则关系到高质量高等教育体系建设的具体实践。一方面，由于大学的核心使命或社会职能是人才培养和知识创新，大学之社会存在及其发展的价值依据亦在于此。另一方面，又由于大学内部治理结构的好坏直接关系到大学能否履行好上述社会职能。故此，把人才培养和知识创新及大学内部治理结构作为大学内涵式发展改革的基本要素亦即高质量高等教育体系建设的基本要素之依据是充分的。

1. 改革和完善人才培养体系，提高人才培养质量

人才培养是一项涉及诸多要素且十分复杂的师生交往活动，其质量受制于如图1-3所示的由"培养目标""知识体系""培养模式""教学制度""大学文化"及"教师素质"等诸多要素构成的"人才培养体系"质量。毫无疑问，这些人才培养要素都有通过改革来完善的紧迫性，但人才培养目标首当其冲。因为人才培养目标不仅反映大学的人才观，更是大学对人才培养具有操作价值的专门要求和规格标准。人才培养不仅始于培养目标，而且以培养目标是否达成作为质量检验的标准。知识体系的设计、

培养模式的选择、教学制度的安排及大学文化的营造和教师素质的要求与遴选等无不是取决于培养目标的要求。由此可以得出结论：培养目标既是大学人才培养的出发点，又是大学人才培养工作的归宿，人才培养质量首先取决于培养目标的质量。而当前我们大学的人才培养目标还存在诸如"对人才培养目标之于人才培养的重要性认识不足""培养目标一般化，缺乏挑战性及高标准""培养目标不明确，缺乏可操作性"等问题。此外，大学培养模式单一落后，长期停留在"课堂教学""教材教学""教师教学""群体教学"的阶段，以及教学制度设计和大学文化营造等都不利于创新型人才培养。根据组织生态理论中关于"几乎所有的集体行为都发生在组织的背景下"的学术观点，大学作为组织生态独特的学术组织，其人才培养活动并非孤立的活动，而是在培养目标主导下构建的人才培养体系营造的特定学术生态环境下发生的现象，这就是人才培养体系改革完善的重要性所在。

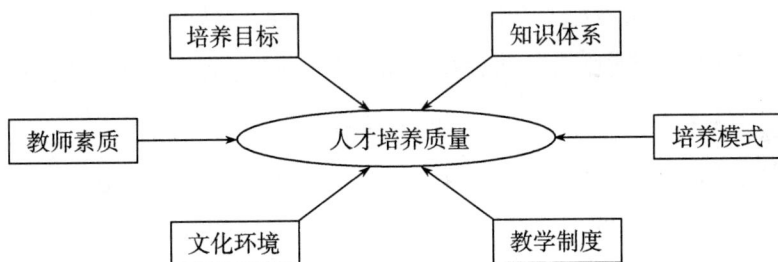

图1-3　大学人才培养体系

可以预见大学的未来发展有无限潜力，同时也伴随着诸多不确定性，但大学永恒不变的确定性就是人才培养，人才培养是大学不能放弃的核心使命，是大学存在和发展的基本逻辑。因此，以质量和效率提升为目的的大学内涵式发展首要解决的问题就是通过人才培养体系的改革和完善以提高人才培养质量。换言之，提高人才培养质量是检验高等教育体系建设是否达成了高质量目标的首要判据。尤其是在以颠覆性创新为特征的科学技术及工业革命时代，能否培养出具有知识颠覆性创新能力的人才，不仅决定大学竞争力的强弱，而且决定国家的兴衰。因此，任何大学尤其研究型大学，虽然不可能把所有学生培养成创新者，但必须培养一些能改变社会的创新者。习近平总书记强调："只有培养出一流人才的高校，才能够成为世界一流大学。"如果我们大学继续抱残守缺于传统的人才培养体系，且不说创新型人才难以培养，就是应有的人才培养质量也难以保证。提高人才培养质量及培养创新型人才，其前提是重视人才培养。然而遗憾的是，由于受诸如大学排名等学术绩效主义的影响，我国大学缺乏守持育人使命的理性，即忽视人才培养的问题具有一定的普遍性。为此，教育部在2018年6月召开的新时代全国高等学校本科教育工作会议上强调：要"把人才培养的质量和效果作为检验一切工作的根本标准"①。从教育部痛下决心整顿与人才培养高度相关的本科教育并受到社会的高度关注和大学的积极响应来看，我们大学人才培养体系确实到了需要认真反省并加以改革和完善的时候了。

2. 创新学术发展体制机制，促进知识贡献

通过科学研究作出知识创新贡献，这亦是大学与人才培养同样重要且不可或缺的核心使命，尤其是对研究型大学而言。对大学内涵式发展强调"创新学术发展体制机制，促进知识贡献"，既基于智能时代对大学提出的要求，亦基于大学学术组织属性的内在需要。

在高新知识及其物化的高新技术成为最重要的生产力要素且不可逆转地彻底改变了人类生活和生产方式，人类从物质和社会二元世界向物质、社会与信息三元世界演进的人工智能时代，"由于随着知识与技术创新复杂性、复合性程度日益增加，所谓的高新知识和高新技术主要依靠具有多学科综合优势的大学创造，且发展创造和运用高新知识和高新技术的人才亦由大学培养"②，大学作为高新知识及高新技术在某种程度上的垄断者及贡献者、传播者，亦即知识权力的拥有者，在国与国之间的激烈竞争中扮演着越来越重要甚而决定国家竞争实力强弱的角色，对国家兴衰、民族强盛

---

① 《坚持以本为本、推进四个回归、建设中国特色世界水平的一流本科教育》，http://www.moe.gov.cn/ s78/A08/moe_745/201806/t20180621_340586.html。

② 眭依凡、李芳莹：《"学科"还是"领域"："双一流"建设背景下"一流学科"概念的理性解读》，载《高等教育研究》2018年第4期。

负有不能他移的知识创新的重大使命责任。其实自文艺复兴及工业革命以来，人类文明进步多是大学及其知识成果引领改变的结果。随着知识经济时代尤其是人工智能时代的到来，大学之知识创新已经成为推进人类社会进步的基础动力。人类社会如此，国家亦然。这就是智能时代对大学提出"创新学术发展体制机制以促进知识贡献"要求的原因。

大学发生发展的逻辑起点是高深知识的探索，因此大学具有以学科为基本单位并以学科发展为目的即专门从事创造性智力劳动的学术组织属性，并因此具有自主性、艰巨性、持久性及伴随资源消耗等劳动特点。为了保证大学的学术组织及其成员能够专心从事创造性的智力劳动并获得知识创新的成果，就必须在制度设计和文化营造上有利于大学之学术组织及其成员的劳动自主性和积极性的保障和调动。这就是基于大学学术组织属性对大学提出"创新学术发展体制机制以促进知识贡献"要求的原因。

知识创新或学术发展取决于两个前提：一是新的发现，二是对旧的否定。我们有必要以此为原则，反思当前大学在学术制度设计上是否存在阻碍学术"新的发现"及"旧的否定"的问题。其实，受学术排名的学术绩效主义及"五唯"（唯论文、唯帽子、唯职称、唯学历、唯奖项）的影响，不少大学包括研究型大学都偏离了大学科学研究"知识创新"的真谛，追求学术GDP研究的功利性目的极其严重。当前的学术制度尤其职称评聘及劳动分配和奖惩制度设计既不利于鼓励学术组织及其成员做以获得"新发现"的艰苦的原创性科学研究，也不利于鼓励研究者敢于质疑和挑战学术权威。因此，创新学术发展体制机制，包括创新大学评价体制机制，显得尤为迫切。大学评价制度设计必须针对大学学术组织的特殊性，在评价指标体系设计上，必须有利于根本克服"五唯"的顽症。尤其在反映"学术成就""学术水平""学术地位"之"人才头衔""课题项目""成果奖项"等评审标准尚不科学、程序尚不严谨，特别是上述评审的客观性受到人为干扰导致评审结果的价值失真及其作用适得其反的现阶段，有必要从制度设计上减少甚至叫停既不利于学术创新又不利于学术健康环境营造的学术评审，从而为大学之学术组织及其成员安于做不是以急功近利为目的的、有利于原创性知识创新的学问。大学是以学术发展和知识贡献为立校之本的组织，唯有创新学术发展体制机制才有利于大学为国家和社会作出更多的知识贡献，尤其是原创性的知识贡献，而大学对国家和社会的知识贡献率尤其是知识创新的贡献率既是大学内涵式发展的目标，亦是检验高质量高等教育体系建设成效的重要判据。

3. 建立大学的善治结构，提升办学治校效率

把提升人才培养质量和促进知识贡献作为大学内涵式发展的两个要素，其逻辑依据在于人才培养和知识创新是大学的核心使命和社会职能，因此它们同样可以视为高质量高等教育体系建设的实践途径。然而，人才培养和知识创新均是大学内部有组织的活动，其活动的效果与质量很大程度取决于大学组织内部的治理结构及其运行效率。作为一个高度理性的学术组织，大学的人才培养及知识创新具有极大的内部性，即其活动的状态及质量很大程度上取决于大学组织内部如何办学治校。强调大学内部治理体系的现代化以建立大学内部的善治结构的重要性就在于此。所谓大学内部治理体系现代化，"是大学从以控制为手段的传统管理向以效率为目的现代治理变革和转型的过程，是按大学应有规律办学治校育人的，以人才培养及知识创新的高质量、高水平、高效率为目标追求的，富有国际竞争力的大学治理模式"[1]，其包括"大学治理理念的现代化""大学治理结构的现代化""大学治理能力的现代化"三大要素。而建立大学的善治结构必须通过大学内部治理体系改革创新才能实现。关于大学内部治理体系创新的指导思想及其原则和重点，如图1-4所示，笔者在《转向大学内部治理体系创新：高等教育治理体系现代化的紧要议程》一文中已有详细讨论，这里不再赘述。

---

[1] 眭依凡：《关于一流大学建设与大学治理现代化的理性思考》，载《中国高教研究》2019年第5期。

指导思想	→	有利于大学按自身规律办学治校育人
创新原则	→	效率优先；整体设计；民主决策；依法治校
重点解决问题1	→	构建完善科学高效咨询、决策及其执行的组织与权力框架
重点解决问题2	→	确保学术权力与行政权力的有效分离
重点解决问题3	→	健全完善大学章程，规范大学决策程序及运行机制
重点解决问题4	→	赋予学院提高办学积极性和运行效率的自主权

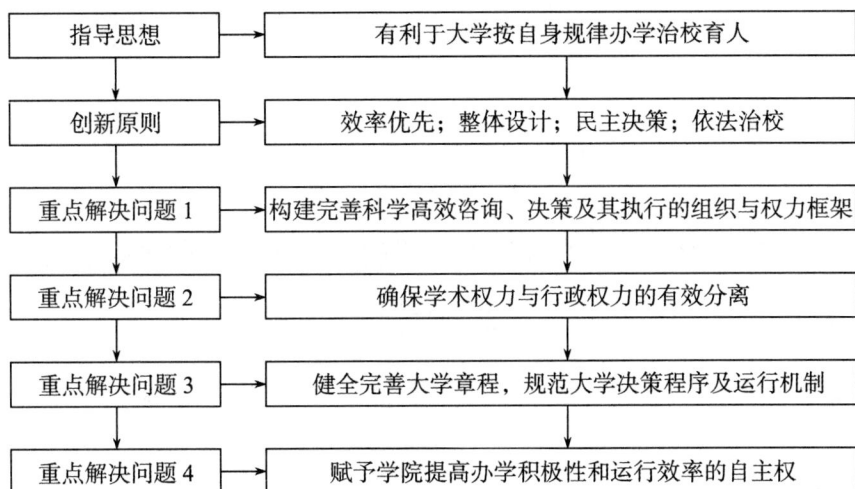

图1-4 大学内部治理体系创新的指导思想及原则和重点[①]

建立大学的善治结构以提升大学办学治校的效率，这既是大学内涵式发展得以实现的组织及制度保障，亦是高质量高等教育体系建设取得成效必须依赖的实践途径。如果大学内部治理结构不完善，那么大学既无法按其规律办学治校，也无法确保其办学治校以应有的效率。

（本文发表于《江苏高教》2021年第10期。原文有改动。）

---

① 眭依凡：《转向大学内部治理体系创新：高等教育治理体系现代化的紧要议程》，载《教育研究》2020年第12期。

第三节 经济"双循环"发展时期大学的国家使命与责任

高等教育如何为经济"双循环"发展服务，这实际还是属于大学之国家使命和责任主题范畴的问题。为探讨经济"双循环"发展时期大学如何更好地履行国家使命为国家负责及为社会担当，笔者提出和回答如下三个问题：为什么必须强调大学的国家使命与责任？经济"双循环"发展战略的内涵与背景何在？经济"双循环"时期的大学如何采取强化国家使命的行动？

一、为什么必须强调大学的国家使命与责任

高等教育系统是一个在社会大环境中由宏观管理高等教育的政府治理系统与实施高等教育机构即专司高层次专业人才培养和知识创新职责的大学集群共同构成的，隶属于国家体系中的一个社会子系统。由于高等教育与国家和社会有着极其密切的关系，所以有必要在明确国家和社会概念的基础上，继而厘清二者的关系。所谓国家是一个由领土、民族以及成员文化和政府等要素构成的巨型治理系统，而社会本质上是由不同人和组织构成的结构形态。二者的关系可以进行如下解读：凡社会系统均属于国家体系下的一个子系统，诸多社会系统的有机及有序的建构性集合构成了国家的概念。高等教育系统作为旨在人才培养和知识创新的国家子系统，即一种使命独特的社会系统，它不仅要满足国家需要，而且必须服从和服务

于国家需要。在高等教育系统作为国家体系中之一种社会系统的关系明确后，下面讨论大学为什么要对国家负责的问题。

首先，从大学的起源和发展历史来看。《欧洲大学史》主编写过这样一句话："大学的多样性是历史和地理的产物。"[①]所谓历史是一个具有年代长度的时间概念，而地理是个空间概念。这就是说大学的存在及发展是不能与其所处的时空环境即与其所处的具体社会及其历史发展分开的。大学是社会需要亦即国家需要的产物，是社会及国家政治、经济、文化等多种因素作用的结果。如图1-5所示，就经典意义的大学职能发展历程而言，经历了意大利、英国、法国创建了以知识传播亦即以人才培养为目的的中世纪大学，经德国把科学研究的责任赋予了大学后，美国推倒了大学的围墙，把大学的职能扩展为直接参与对社会的服务。无论是人才培养还是科学研究及社会服务，大学的这些职能都是指向为国家服务并对国家负责的。如图1-6所示，就经典意义大学的发展阶段而言可以概括成三大阶段：第一阶段始于中世纪早期经典意义大学的创立，此时大学处于被动适应社会需要的地位，主要是为满足皇室和教会等培养专门人才的需要；第二个阶段伴随着文艺复兴和工业革命的兴起，此时的大学开始主动满足社会发展的需要；到了20世纪70年代，人类社会进入文化时代即科技经济时代，在这一阶段大学的社会作用有了一个突飞猛进的变化，扮演着积极引领社会发展需要、推动社会进步的角色。由此可见，大学从它的起源及发展的近千年历程中从未脱离社会而独立存在，始终发挥着满足社会和推动发展需要的积极作用。由此可以得出结论：自经典意义的大学创生至今，大学都是为国家负责、对国家负责的组织机构。

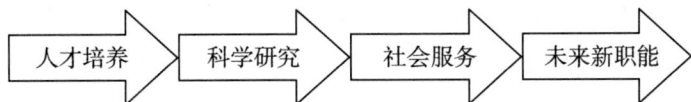

人才培养 ▸ 科学研究 ▸ 社会服务 ▸ 未来新职能

图1-5　经典意义大学的职能发展历程

---

① ［比利时］希尔德·德·里德-西蒙斯主编，张斌贤、程玉红、和震等译：《欧洲大学史：第一卷　中世纪大学》，河北大学出版社2008年版，第48页。

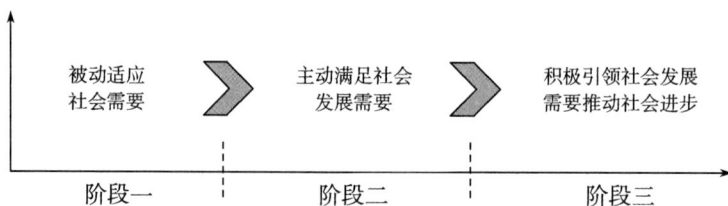

图1-6　经典意义大学的发展阶段

其次，从大学的逻辑理性来看。实用主义教育哲学的代表性人物杜威（John Dewey）把教育视为社会进步及革新的根本，而美国第16任总统林肯（Abraham Lincoln）在其国情咨文报告中强调教育是人类最后和最美好的希望之一。我们最关心的是美国著名高等教育学家布鲁贝克（John Seiler Brubacher），他从哲学的高度讨论了大学的使命和责任，归纳出两种看似相互冲突但又被国际社会所认同的高等教育哲学观。其一，认识论哲学观。他提出大学要体现崇尚科学、追求真理、学术自由的精神，大学教育必须保持它的精力集中于自己本质核心的且经过时间检验证明是正确的"求知"的使命。其二，政治论哲学观。他认为人们探索深奥的知识并不只是出于对知识的好奇和知识本身，还因为它对国家有着深远的影响。大学应该对社会的变化做出积极反应，通过教学、科研、服务成为社会生活和民主进步的力量，承担起改造和促进社会发展的使命。[1]

笔者接受认识论哲学观，但更接纳政治论中的如下哲学观：如果知识和思想并不能使人们产生社会行动，那么它们就是无效的；大学追求知识不仅是目的，更是一种服务社会、促进国家发展进步的手段。上述大学使命观基于三个事实：一是大学并不是与世隔绝的高楼深院，它是社会发展到一定阶段的产物，社会需要是大学存在和发展的根本原因；二是随着社会广泛而深入的发展，过去凭经验可以解决的包括政治、经济、科技、文化及国际关系、人类命运等诸多问题都必须依靠高深知识来解决，由于知识和人才集中的优势，大学是解决上述复杂社会问题的最有效的社会组

① ［美］约翰·S·布鲁贝克著，郑继伟等译：《高等教育哲学》，浙江教育出版社1987年版，第12-14页。

织；三是随着社会和国际竞争的加剧，知识和人才比任何时候都更加重要，作为知识的产生者和传播者，大学必须为满足国家与社会对知识和人才的需要提供服务，大学因此也才能获得生存和发展的环境。由于以强调知识追求为目的的认识论哲学，也并非在为大学寻找遗世独立、放弃社会和国家责任的理由；两种高等教育哲学观都是笔者多年倡导的大学理想主义的反映，所以它们本质上不存在根本冲突。①

基于上述关于大学与国家关系的理性认识，我们必须作出如下的价值判断并加以强调：随着大学之社会作用的日益增强，大学必须体现其直接介入社会的责任，与社会保持密切的互动关系，同社会一起与时俱进，根本改变以往与世隔绝并远离社会现实的封闭状态，绝不能把自己的知识使命和国家的发展前途对立起来。

其三，笔者关于大学必须对国家负责之学术观点的回顾。早年笔者专门出版过一本名为《大学的使命与责任》的学术文集，在书中笔者提出了与众不同的大学定义：大学是以探索、追求、捍卫、传播真理和知识为目的，继而负有引导社会价值观、规范社会行为之使命，对人类素质改善和提高、社会文明发展和进步具有不可替代之重大公共影响力、推动力的教育机构和学术组织。大学不仅是人类社会的科学脊梁，还是人类社会的道德良心、推动人类社会文明进步的力量和国家民族发展的希望。②同时，笔者还提出大学是一个充满理想主义的所在，必须以理想主义的崇真、向善、求美、务实（即社会担当），教人并引导社会崇真、向善、求美、务实，自觉处在社会改革和国家发展进步的前沿。特别强调大学较之其他"主观为自己、客观为社会"的组织有更强烈的国家责任和社会担当，是最不能仅仅代表自己和满足自己利益需要的社会组织，坚持和谋求国家与社会的利益并为之服务必须成为大学不能动摇的意识和行动。

---

① 眭依凡：《大学理念的哲学基础及大学理念的偏失》，载《江苏高教》2000年第5期。

② 眭依凡：《大学的使命与责任》，教育科学出版社2007年版，第53页。

　　笔者对大学必须对国家负责的学术立场是一以贯之的。笔者发表过一系列论文。如在《对国家负责：大学必须牢记的使命》一文中指出：随着国际竞争的日益激烈，世界各国把大学强弱视为国力强弱的重要标志，把大学实力的竞争视为民族实力的竞争。大学与国家前途命运有着极为密切的联系，大学关系到国家和民族的兴衰成败。大学及其成员必须牢记并切实履行对国家负责的大学使命。[1]在《高等教育强国：大学的使命与责任》一文中强调：现代化强国必须以高等教育强国为基础，作为以实施高等教育为己任的大学在现代化强国建设中，肩负着其他任何组织都无法替代的使命和不可推卸的责任。大学必须认识到自己在现代化强国建设中的极端重要性，坚守大学的追求知识及其贡献的核心价值观，尤其是对国家负责的价值观，正确处理好精英教育与大众教育的关系，改变人才培养模式，努力培养创新人才，具有把更多的精力放在学科建设和科学研究上的责任担当。[2]在《大学的使命及其守护》一文中呼吁：凡社会组织都应该有其明确的使命，在知识权力对一个社会、民族和国家乃至人类世界的决定性影响日益强大且不可替代的时代，大学的知识保护、知识传承、知识创新、知识应用的角色必须十分明确，并守护好自己的使命。[3]

　　2021年上半年，笔者在参加中国高教学会重大成果新闻发布会时，对中国教育电视台记者关于"怎么理解扎根中国大地办大学"问题的回答如下："扎根中国大地办大学就是针对中国国情特色、满足中国国情发展需要，办好能为中国社会主义建设作出自主贡献的大学。扎根中国大地办大学的本质就是服务国家发展建设、提升国家竞争实力的需要，就是对国家负责。"党的十九届五中全会特别提出并强调了我国参与世界竞争的科教兴国战略、人才强国战略、创新驱动发展战略，服务和推进国家现代化强国

---

　　[1] 眭依凡：《对国家负责：大学必须牢记的使命》，载《高等教育研究》2006年第4期。

　　[2] 眭依凡：《高等教育强国：大学的使命与责任》，载《教育发展研究》2009年第23期。

　　[3] 眭依凡：《大学的使命及其守护》，载《教育研究》2011年第1期。

建设的上述三大战略，大学具有不可替代的发动机作用。如图1-7所示，当前国与国的激烈竞争归根结底就是高新知识和高新技术的竞争，大学作为高新知识及高新技术的创造者、传播者及在某种程度上的垄断者，在很大程度上拥有决定国家前途命运的知识权力。举目世界，凡现代化强国无不是高等教育强国，对于国家兴衰，大学必须负起责无旁贷的使命和重任。

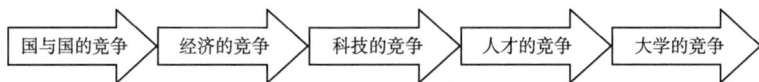

国与国的竞争 → 经济的竞争 → 科技的竞争 → 人才的竞争 → 大学的竞争

图1-7　国家竞争链关系

二、经济"双循环"发展战略的内涵与背景

2018年6月，习近平总书记在中央外事工作会议上提出一个重大论断："当前中国处于近代以来最好的发展时期，世界处于百年未有之大变局。"事实亦然！让世界震惊的不仅是百年未有之大变局本身，而且这场世界百年未有之大变局有如下两大特征：其一，以中国等国家为代表的新兴市场国家和发展中国家群体性崛起；其二，西方社会自工业革命以来的全面衰退已成定势，美国的霸权地位岌岌可危，以及世界强国云集的欧洲受到前所未有的严峻挑战，由此带来了世界价值文明以西方为中心的时代已经发生转变，以西方尤其以美国霸权为基础的国际秩序已经发生转型。特别是在蔓延全球的新冠疫情的催化下，不仅全球经济衰退，而且推动了全球格局的深刻调整。据世卫组织统计，截至北京时间2021年7月7日，全球累计新冠确诊病例超1亿8393万例，累计死亡病例398.5万例，而且美国、印度当时一直处在失控状态。

以中国为代表的新生国家力量势不可挡地崛起和西方霸权的日渐衰微，并非出自我国所言。2019年8月27日，由法国总统亲自主持的一年一度法国外交使节会议在巴黎召开，马克龙（Emmanuel Macron）总统发表了时长1小时47分钟的主题演讲，他开场就开宗明义地说道："我们共同生活在这个世界上，在座的使节们比我更了解这个世界。是的，国际秩序正在被一种全新的方式给颠覆，而且我敢肯定地说，这是我们历史上经历的一次重大颠覆，它在几乎所有地区都具有深远影响。它是一次国际秩序的转型，一次地缘政治的整合，更是一次战略重组。是的，我必须承认，西方霸权或许已近终结。我们已经习惯了一种自18世纪以来以西方霸权为基础的国际秩序。这是一个源自18世纪受到启蒙运动启发的法国，这是一个源自19世纪受到工业革命引领的英国，这是一个源自20世纪受到两次大战崛起的美国……我们习惯了这种伟大，它让我们对全球经济和政治掌控着绝对的支配权。但事情正在起变化。有些危机来自我们西方国家自身的错误，而有些则来自新兴国家的挑战。在西方国家内部，美国在面对危机中的多次选择错误，都深深动摇着我们的霸权。""最终世界将围绕两个极点运转，即美国和中国，欧洲将必须在这两者之间做出选择。"①对于西方霸权何以日渐衰微，马克龙做出了如下冷静的分析："西方霸权的终结，不在于经济衰落，不在于军事衰落，而在于文化衰落。当你的价值观无法再对新兴国家输出时，那就是你衰落的开始。"②

马克龙的这番演讲其实诠释了世界确实处在百年未有之大变局时期，其基于西方霸权的衰弱，更基于中国经济发展带来的全面发展及自觉担负起引领和推动构建人类命运共同体的事实。就国内生产总值（GDP）总量及其增长情况而言，中国力量和中国贡献令当今世界瞩目。表1-4是根据国际货币基金组织（IMF）提供的2020年世界各国的GDP数据，从中我们看到下列事实：2020年中国大陆GDP总量超过14.7万亿美元，仅次于美国的20.9万亿美元。在GDP总量超过1万亿美元的世界前16名国家中，仅中国有2.67%的正增长，其余15国均为负增长。2020年中国大陆的GDP总量是日本的2.9倍、德国的3.8倍、英国的5.4倍、印度的5.4倍、法国的5.7倍、俄罗斯的10.0倍，超过英、法、德、日四国之和。这就是让世界瞩目的百年未有之大变局。然而，在这一时代大变局中我国的机遇与挑战是并存的，而且

①《法国总统内部讲话哀叹"西方霸权已近末日"》，https://www.thepaper.cn/newsDetail_forward_ 13391861。
②同上。

挑战亦是前所未有的严峻。由于中国提出了被世界所认同的人类命运共同体的发展价值理念及其付诸行动的旨在推动世界经济共同发展的"一带一路"倡议等，害怕中国强盛，尤其是惧怕强盛起来的中国在价值文化上引领世界及在经济上影响世界，以美国为首的西方等国家结盟为利益共同体，意图在政治、经济、科技、教育包括军事上全面打压和遏制中国的崛起和发展。

表1-4 2020年世界各国GDP总量

数据来自国际货币基金组织（IMF）2021年4月发布 制表：冲之星云

		2020年GDP总量（亿美元）	2019年GDP总量（亿美元）	名义增速	2020年人均GDP（美元）	人口（万）	名次变动
1	美国	209328	214332	-2.33%	63416	33009	0
2	中国	147228	143406	2.67%	10484	140433	0
3	日本	50487	51488	-1.94%	40146	12576	0
4	德国	38030	38616	-1.52%	45733	8316	0
5	英国	27110	28333	-4.32%	40406	6709	+1
6	印度	27088	28705	-5.63%	1965	137860	-1
7	法国	25989	27172	-4.35%	39907	6512	0
8	意大利	18849	20051	-5.99%	31288	6025	0
9	加拿大	16434	17416	-5.64%	43278	3797	+1
10	韩国	16309	16467	-0.96%	31497	5178	+2
11	俄罗斯	14736	16893	-12.77%	10037	14681	0
12	巴西	14341	18771	-23.60%	6783	21142	-3
13	澳大利亚	13593	13915	-2.31%	52825	2573	+1
14	西班牙	12782	13936	-8.28%	27132	4711	-1
15	墨西哥	10762	12689	-15.19%	8421	12779	0
16	印度尼西亚	10596	11200	-5.39%	3922	27020	0
17	荷兰	9095	9072	0.25%	52248	1741	0
18	瑞士	7474	7322	2.08%	86849	861	+2

（续表）

		2020年GDP总量（亿美元）	2019年GDP总量（亿美元）	名义增速	2020年人均GDP（美元）	人口（万）	名次变动
19	土耳其	7195	7609	−5.44%	8548	8417	0
20	沙特阿拉伯	7015	7930	−11.54%	20178	3476	−2

资料来源：baijiahao.baidu.com/s？id=1697118187219005805&wfr=spider&for=pc。

　　基于应对国际政治与经济环境的变化，2020年党中央提出要构建以国内大循环为主体、国内国际双循环相互促进的新发展格局。这是党中央基于国内外形势作出的重大战略部署。经济"双循环"发展是根据我国发展阶段及国内外环境条件变化，发挥和重组我国之国际合作和竞争力新优势的，既实事求是又与时俱进的战略选择。新发展格局强调以满足国内需求作为出发点、落脚点的"国内大循环"作为主体，同时重视"国内国际双循环"。两者是互为促进的关系，而非割裂的。著名经济学家林毅夫就我国何以提出经济"双循环"发展新格局的分析指出，过去中国发展主要倚重"两头（进出口）在外"的国际市场，随着经济体量的不断扩大、经济结构的不断调整，中国对内需的依赖逐渐增强。数据显示，2019年我国消费对经济增长的贡献率达到57.8%，连续6年成为经济增长第一拉动力。

　　国际经济发展趋势表明，经济体量越大、收入水平越高、服务业占比越高的国家，其消化国内生产总值的比例越大。随着我国收入水平、经济体量和服务业占比进一步提高，未来我国国民经济会更加依赖国内循环，这是一个自然而然的、渐进的转变过程，这个规律解释了为什么要以国内大循环为主体。据有关数据，中国对世界经济增长的贡献率保持在大约30%，在新发展格局下，一个依然开放、扩大开放的中国有望对世界经济作出更大贡献。[1]林毅夫先生上述言论是全面而富有说服力的。据第七次全国人口普查结果，我国总人口已达14.118亿，已占世界人口之和（全球

①《林毅夫解读"双循环"的新发展格局》，https://baijiahao.baidu.com/s？id=1680315621906871252&wfr=spider&for=pc。

共75.969亿人）的18.58%。事实上，就满足我国人口总量造成的国内市场的巨大需求而言，经济"双循环"发展战略也是基于我国经济发展的需要必须做出的选择。

三、强化国家使命："双循环"发展时期的大学行动

在我国进入经济"双循环"新发展格局的特殊时期，大学怎样才能扮演好以知识创新引领国家发展以迎接世界大变局挑战的角色，肩负起推进国家"双循环"发展新格局的历史使命？具体言之，即经济"双循环"发展时期大学应该如何行动以强化其国家使命，这是所有大学无法回避的时代命题。对此笔者提出大学必须紧急加以行动的建议如下。

其一，大学必须自觉强化引领和服务国家发展、社会进步的使命担当意识。如果大学缺失了为国家担当负责这样的使命意识，其就不会有为国家担当负责的积极行动。虽然使命意识属于价值理念层面的内容，但其决定了大学能否产生对国家担当负责的行动，所以必须置顶加以强调。何谓使命？使命是人们对组织之社会责任的主观赋予，是人们对组织必须承负的社会责任的一种认定，亦是人们对组织应有价值判断、价值选择和价值追求的明确表达。[①]大学作为高度理性的社会组织，大学使命是大学价值判断和价值选择的理性反映，在使命确定的基础上，大学确定自己组织的目标和任务并在使命驱使下行使责任及采取行动。我国大学在使命陈述方面是有不少问题的，即我国大学很少有在价值理念上引领自己办学治校育人的使命陈述的。连为国家担当负责的使命都没有，怎么可能期待大学积极于在国家使命意识驱动下的行动？积极服务于经济"双循环"发展就是大学义不容辞的国家使命担当。

西方大学都有自己明确的大学使命陈述，在大学使命陈述中它们不仅强调自己的人才培养和知识创新的使命，而且特别强调为大学自己所在区

---

① 眭依凡：《大学的使命及其守护》，载《教育研究》2011年第1期。

域的经济社会发展进步作出贡献的使命责任。世界高科技公司云集的硅谷就是斯坦福大学师生的创举，早在2006年加州大学伯克利分校仅在旧金山湾区就有数百名毕业生创建了诸如英特尔（Intel）、因科美（Inktomi）、奇龙（Chiron）、维罗实验室（Virolab）、潘妮斯之家（Chez Panisse）、能量棒（Powerbar）等一大批世界著名的高科技企业。斯坦福大学和加州大学伯克利分校在为硅谷和旧金山湾区的繁荣发展创造了大量知识和物质财富的同时，也创造了难以计数的工作机会。据斯坦福大学的一项统计，如果把斯坦福校友和在校师生创办的公司及担任高管的公司合为一体，其经济实力在全球排名第10位。

大学服务于经济"双循环"发展的国家使命绝不是一个空洞的口号，而必须具体落实在知识创新和人才培养上，进而为推动所在地方或区域的社会进步和经济发展作出自己应有的贡献。西方大学在办学治校理念中，极其重视不能脱离大学所处社区的发展需要，并要求师生利用自己的知识和人才、设备的优势条件为社区发展作出应有的贡献。记得耶鲁大学的前校长雷文（Richard Levin）在一次对教师的讲话中，主题就是耶鲁大学的办学治校必须首先立足于所在的纽黑文地区，为推动纽黑文地区的发展服务并作出一流大学应有的贡献。

2021年5月26日，长三角地区主要领导座谈会在江苏无锡举行。上海、江苏、浙江、安徽四省市的主要党政负责人以"服务新发展格局、走在现代化前列"为主题，全面分析了新阶段长三角一体化发展面临的新形势新任务，重点围绕探索形成新发展格局的路径、夯实长三角地区绿色发展基础、增强区域协同高质量发展动能等方面进行了深入讨论，形成了广泛共识。长三角的区位优势决定了该地区的经济社会发展已经不再满足于过去的发展常态，必须在探寻高质量发展模式上对全国各地的区域经济社会发展起到引领性的示范作用。因为长三角发展的利益是国家的利益，长三角率先高质量发展的意识是国家的意志。然而，长三角经济社会的一体化新发展格局必须有赖于长三角高等教育的智力支撑和积极作为。因此，建立长三角高等教育合作区和长三角大学联盟，是实现长三角一体化新发展格局及率先实现长三角高等教育现代化的顶层制度设计和必要选择。长三角地区不仅是我国的经济强区，亦是高等教育强区，长三角地区的大学尤其是研究型大学必须顺应经济"双循环"发展战略的需要，率先在引领长三角地区创新发展上作出积极主动的引领性贡献。基于大学之于地区发展进步的作用，与长三角地区主要领导座谈会配合召开的长三角研究型大学联盟理事会议亦在江苏无锡召开，其专门审议并通过了多个指导长三角大学行动的重要文件。

在一个以知识经济为特征的发展变化极速的时代，高新知识作为最重要的生产力要素在彻底改变人类的生活和生产方式的同时，也极大地提升了国家和社会竞争力。一所大学创造的知识财富，其富可敌国。所以在服务经济"双循环"发展的特殊时期，强调大学的国家使命意识，大学才能自觉和努力为经济"双循环"发展作出应有贡献。

其二，大学必须自觉集中人财物资源于国家知识和技术创新的使命担当。"在日益激烈的国际竞争中抢占制高点的无一例外都是具有高新知识与高新技术优势的国度。由于随着知识与技术创新的复杂性、复合性程度日益增加，所谓的高新知识和高新技术主要依靠具有多学科综合优势的大学创造，且发展创造和运用高新知识和高新技术的人才亦由大学培养。"①上述既是笔者在《"学科"还是"领域"："双一流"建设背景下"一流学科"概念的理性解读》一文中作出的学术判断，亦是笔者在强调我国创新发展中必须高度重视的一个事实：当今世界国家竞争取胜的法宝，即依靠大学的知识创新引领和推进国家创新及提升国家竞争实力。数年前拜登在美国副总统任上参加康奈尔大学毕业典礼时就一语道破美国何以"在创新和科技上引领世界"的秘密，因为美国"有全世界最好的大学"。据世界经济论坛发布的《全球竞争力报告》，我国的竞争力水平近些年来一直徘徊在

---

① 眭依凡、李芳莹：《"学科"还是"领域"："双一流"建设背景下"一流学科"概念的理性解读》，载《高等教育研究》2018年第4期。

28位。由于我国的"市场规模"及"宏观经济环境"等指标均名列世界前茅，原本应该有更好的全球竞争力排名，然而遗憾的是，我国的"高等教育及培训"及与高等教育强弱高度相关的"技术成熟度"和"创新能力"排名靠后，从而拖了国家竞争力的后腿。

此外，为了遏制中国全面崛起的大势，以美国为首的西方利益集团寄希望对我国实行高新知识和核心技术的全面封锁与控制，甚至于禁止中国留学生进入美国大学学习与高新技术领域关切的专业及禁止中外学者在敏感技术领域的学术交流。尽快发展高新知识和技术以最大化提升我国高新知识及技术的自主可控及其创新能力这一伟大而艰巨的历史使命自然落在了我国大学尤其是研究型大学身上，大学必须紧急行动起来，自觉承担起集中人财物资源于国家知识和技术创新的使命担当。

为了担当好引领和推动我国知识与技术创新的国家使命责任，一方面大学必须通过制度设计和文化营造让学者和学生安心从事科学研究，这既是大学社会存在的价值和本分，更是大学对国家负责的资本。进言之，即大学必须从制度供给和学术环境营造上有利于大学内部的学术机构及其成员不受急功近利的干扰和驱使，安于在实验室和书房里做淡泊名利、宁静致远的有利于知识创新和科技进步的科学研究尤其是原创性研究，根本改变"唯论文、唯帽子、唯职称、唯学历、唯奖项"的大学评价体系，把破"五唯"落到有利于引导大学及其成员不再为虚名功利做学问的实处。另一方面大学必须急国家之急，集中有限的人财物资源及自己的优势领域力量于"能够占据知识与技术国际发展的制高点，对改变人类生存和发展方式具有引领性、突破性的知识与技术创新领域，以及我国相对薄弱又受制于经济和科技发达国家限制的高新科学技术"的攻关克难，为提升我国科技竞争力作出实质性的贡献。

其三，大学必须自觉改革人才培养模式，致力于承担德才兼备学生培养的责任。当今大学教育面临着诸如"Wi-Fi+教育""AI+教育"等诸多挑战，加上空间因素变化，如国际合作与竞争、构建人类命运共同体等国际环境的巨变，国内新形势提出的诸如国家治理体系现代化、国家创新发展、内涵式发展模式、"内循环"发展、全面脱贫战略等新要求，大学所面临的挑战愈加严峻。在应对新挑战并担负好经济"双循环"发展时期的过程中，之于大学而言，其人才培养质量提升与知识及技术创新同样具有置顶加以高度重视的极端重要性。人才培养既是大学的核心使命，亦是大学的立身之本。作为培养人的机构，大学不仅应当把培养学生视为自己必须集中精力的社会责任，更要致力于人才培养质量的提升，尤其加速被西方"卡脖子"的高新技术领域和对人类社会发展进步具有引领作用的学科专业的建设，培养更多能为提升国家竞争力作出贡献的德才兼备的人才。大学绝不能仅仅满足于招收越来越多的大学生，而必须致力于把越来越多的大学生培养成为有能力担当社会责任的人才。因此，大学必须把提升人才培养质量放在首位。此外，笔者一直以来还倡导一个学术观点，即任何一所大学应该培养一些或若干能够改变社会、改变国家乃至改变整个人类社会的拔尖创新型学生，这才是大学真正值得骄傲的卓绝贡献，培养不出创新人才的大学没有什么是值得骄傲的。

或许大家已经注意到2019年我国高等教育的毛入学率达到了51.6%，此即意味着我国已进入了高等教育的普及化时代。循国际高等教育发展的规律，随着高等教育从精英教育、大众教育逐渐向普及化教育的演进，本科教育将日渐趋向素质教育，就大学本科毕业生而言，社会对专业对口、学以致用的要求渐渐走弱，与此同时，研究生教育的专业性日渐趋强，对研究生尤其是对博士生的创新能力要求则日益走强。专业教育从本科教育向研究生教育的过渡，即研究生教育的强专业性，要求大学必须改革研究生培养模式，尤其是博士生这类高端人才的培养模式，再也不能以大量的系统课程学习及其成绩要求和一篇所谓规范的学位论文为毕业标准，强调体现其创新能力之学位论文的知识贡献必将成为博士生培养改革的方向。

有必要说明一点，强调大学对国家负责，并不在于倡导狭隘的民族主义，在一个相互依存发展才成为可能的世界，狭隘的民族主义只会把国家导向衰退。所以西方越是打压中国，中国越是要以泱泱大国的气度来面对世界及开放于世界，这样我们才会有更多的话语权。中国古训：修身、齐家、治国、平天下。国家亦然，高等教育亦然，大学亦然。伟大的大学，是对人类社会负责的大学，而其前提是对国家对民族负责且能为自己的国家和所处社会作出贡献的大学，能为自己的国家和民族作出应有贡献即意味着为人类社会作出贡献，尤其对有14亿多人口的大国而言，我们的大学更应如此。

（本文发表于《高校教育管理》2021年第5期。原文有改动。）

第四节　科技自立自强：对"双一流"建设及其成效评价的系统性再思考

基于高等教育和科学技术之于"国家高质量发展"和"全面建成社会主义现代化强国"进程中的极端重要性，党的二十大报告把"实施科教兴国战略，强化现代化建设人才支撑"作为报告的第五部分进行了完整的阐述，并特别强调"教育、科技、人才是全面建设社会主义现代化国家的基础性、战略性支撑""加快实施创新驱动发展战略，加快实现高水平科技自立自强，以国家战略需求为导向，集聚力量进行原创性引领性科技攻关，坚决打赢关键核心技术攻坚战，加快实施一批具有战略性全局性前瞻性的国家重大科技项目，增强自主创新能力"。[1]失之"教育、科技、人才"的

---

[1] 习近平：《高举中国特色社会主义伟大旗帜 为全面建设社会主义现代化国家而团结奋斗——在中国共产党第二十次全国代表大会上的报告》，http://www.news.cn /politics/ cpc20/ 2022-10/25/c1129079429.htm，访问日期：2022年10月27日。

支撑，我们不仅难以建成社会主义现代化强国，甚至会在第四次科技革命中丧失国际竞争力；放弃了"科技自立自强"，我们就难以摆脱以美国为首的西方利益集团对我国高新科技的封锁、控制和打压的被动局面。"双一流"建设是国家发展战略的重要组成部分，"双一流"建设高校既是融合了高水平、高质量、高投入概念的"教育、科技、人才"实体，又是实施"科教兴国战略、人才强国战略、创新驱动发展战略"不可或缺的主力军，必须在服务国家战略的强大使命责任意志驱使下，自觉、主动、积极"开辟发展新领域新赛道，不断塑造发展新动能"，并充分发挥自己高端专业人才及高新科技资源集中的优势，为攻克我国高新科技薄弱领域、提升我国高新科技的竞争力起到领跑的作用。

一、引言

首轮"双一流"建设于2016年开始实施，完成5年一轮的建设周期后，由教育部、财政部、国家发展改革委在2022年初联合发布的《关于深入推进世界一流大学和一流学科建设的若干意见》，对"双一流"建设予以如下的总体评价："各项工作有力推进，改革发展成效明显，推动高等教育强国建设迈上新的历史起点。"[①]2022年2月14日，教育部召开的"教育这十年"新闻发布会给予首轮"双一流"建设更为具体的评价："首轮'双一流'建设总体实现了阶段性目标，若干所高校逐步跻身世界一流大学行列。""到2020年底，若干所高校逐步跻身世界一流大学行列，材料科学与工程等一批学科逐步进入世界一流行列，量子科学等一些关键领域取得重要进展。一批重大科学创新、关键技术突破转变为先进生产力，高质量的一流大学

---

① 《教育部 财政部 国家发展改革委关于深入推进世界一流大学和一流学科建设的若干意见》，http://www.moe.gov.cn/ srcsite/ A22/s7065/ 202202/ t20220211_598706.html，访问日期：2022年9月25日。

和一流学科建设体系正在形成，为建设高等教育强国奠定了坚实基础。"①
由此可见，我国首轮"双一流"建设已经取得了较好的成效。推进"双一流"建设是实现高等教育强国目标以提升国家高新知识和高新技术竞争实力的战略选择，其不仅是缩小我国与世界高等教育强国之间拔尖创新人才培养及知识创新之差距的有效路径，更是加快我国具有比较优势的世界一流大学及世界一流学科发展以提升国家竞争实力的战略需要。正是基于上述推进"双一流"建设具有不容置疑的必要性、紧迫性和重要性，教育部、财政部、国家发展改革委在继国务院推出《统筹推进世界一流大学和一流学科建设总体方案》后，陆续联合发布了《统筹推进世界一流大学和一流学科建设实施办法（暂行）》《关于高等学校加快"双一流"建设的指导意见》《"双一流"建设成效评价办法（试行）》《关于深入推进世界一流大学和一流学科建设的若干意见》等加强和指导"双一流"建设的文件，并在对首轮"双一流"建设高校评估的基础上公布了新一轮"双一流"建设高校及建设学科的名单。由此足见国家对"双一流"建设的高度重视。
然而，"双一流"建设是一个需要高度理性引领的实践过程，国家虽然在制度环境营造和物质资源支撑两个关键方面为"双一流"建设提供了良好的外部条件，然而如果参与"双一流"建设的高校缺失了理论联系实际的深入研究以指导其"双一流"建设进程中的办学治校育人，其"双一流"建设的目标很可能欲速则不达。《关于深入推进世界一流大学和一流学科建设的若干意见》就指出，"双一流"建设仍然存在需要着力解决的"高层次创新人才供给能力不足、服务国家战略需求不够精准、资源配置亟待优化等问题"②。上述问题的存在只能从"双一流"建设高校自身去找原因，尤其应该从理论的高度去分析和解决"双一流"建设存在的问题。

---

① 《我国首轮"双一流"建设总体实现阶段性目标》，https://www. chinanews.com. cn/gn/2022/02-14/9676025.shtml，访问日期：2022年9月24日。
② 《教育部 财政部 国家发展改革委关于深入推进世界一流大学和一流学科建设的若干意见》，http://www.moe.gov.cn/srcsite/ A22/s7065/202202/t20220211 _598706.html，访问日期：2022年9月25日。

由于党的二十大赋予了"双一流"建设高校"加快实现高水平科技自立自强"的新使命，且"双一流"建设高校亦需要理论引领其自觉投身于国家科技自立自强这一伟大的实践，本研究结合笔者先后研究发表的《世界一流大学建设六要素》《关于"世界一流大学建设"的理性思考》《"学科"还是"领域"："双一流"建设背景下"一流学科"概念的理性解读》《关于一流大学建设与大学治理现代化的思考》《一流本科教育改革的重点与方向选择》《守持大学属性与规律："双一流"大学评价改革的方向与重点》等论文的系统性再思考，旨在遵循"双一流"建设进程中必须关切的关键要素及其逻辑，对"双一流"建设聚焦于"科技自立自强"的实践提出具有启示意义的建议。

二、世界一流大学及其要素

何谓"世界一流大学"，这是"双一流"建设必须首先厘清的核心概念。具有国际共识的界定为世界一流大学是致力于创造和传播一系列学科和领域的知识，提供各级精英教育，服务于国家需求和促进国际公共利益的学术机构。[1]由于上述仅是一个笼统的难以操作的概念，为此在20世纪90年代末，我国提出创建世界一流大学亦即"985工程"建设的初期，一批主要在"985工程"建设高校从事高等教育研究的学者开始了专注于构成"世界一流大学"实力水平的具有评估性质的指标体系研究。毫无疑问，这类基于世界一流大学数据事实的描述性研究有助于我们从量化概念的视角认识世界一流大学，并基于此发现我们与世界一流大学间的差距有其积极意义。然而，世界一流大学均为极具个性特征的大学，以数据统计为唯一评价指标容易误导我们的世界一流大学建设迫切于急功近利的目标，尤其在我们尚缺乏对世界一流大学价值层面的理性认识及对高等教育强国何以有如此之多世界一流大学的解释性研究基础，且国家尚处在世界一流大学建

---

[1] Altbach，P.G.，*Peripheries and centers*：*Research universities in developing countries*. Asia Pacific Education Review，2009（10）.

设的起始阶段，我们的世界一流大学建设有必要超越统计意义上的世界一流大学表征，寻求对世界一流大学的本质特性深刻认识的理论引领。虽不能简单推证于2015年推出的"双一流"建设是对"985工程""211工程"的取代，但至少可以断言：推行近20年的"985工程""211工程"建设成效的不达预期，与我们高等教育研究对世界一流大学建设实践的理性引导不到位有一定的关系。

基于上述立场，笔者在2016年首轮"双一流"建设伊始就撰写并发表了界定和解读"世界一流大学"的概念及分析与解构"世界一流大学要素"的《世界一流大学建设六要素》一文。支撑该文的逻辑如下：其一，明确何谓世界一流大学是引领世界一流大学建设的理性前提；其二，世界一流大学建设极具操作性，科学提炼其基本要素是世界一流大学建设的实践基础。为此，笔者在对世界一流大学作出必须"具有国际一流的学术实力""作出国际一流的学术贡献""赢得国际一流的学术声誉"三大特征的判断基础上，强调世界一流大学是一个具有时空相对性的、在比较意义上具有国际比较优势的大学概念，并据此界定世界一流大学是"拥有一些世界一流学科和一流专业，聚集了一群世界一流学者，吸引了一大群世界一流学生，以世界一流的大学办学治校育人理念和世界一流办学条件，构建了世界一流大学制度和世界一流大学文化，能够培养世界一流专业人才和研究创造世界一流水平新知识的大学"①。对世界一流大学概念的上述界定，不仅为我们在观念层面建立了"世界一流大学绝非评估的结果，而是由诸多世界一流水平之要素有机集成的，在知识创新和拔尖创新人才培养等方面作出了诸多世界级贡献并形成世界级声誉的学术组织"，这不仅有利于我们明确世界一流大学属性及特征的基本认识，亦为世界一流大学建设大致勾勒出富有指导价值的实践框架。据此认识，笔者提炼出了与世界一流大学建设成效高度相关的六大要素——规律、学科、人才、资源、制度和文化，如图1-8所示。

---

① 眭依凡：《世界一流大学建设的六要素》，载《探索与争鸣》2016年第7期。

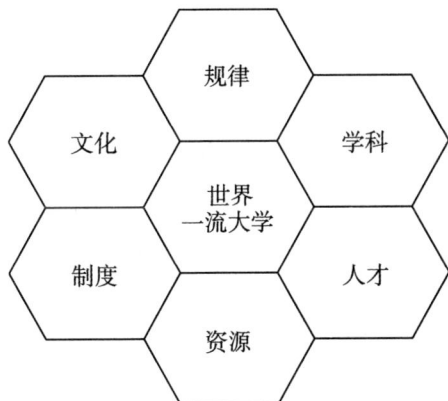

图1-8　世界一流大学要素

1. 规律

所谓规律即某事物或某一社会活动其不以人的意志为转移的内在规定性，规律对事物及社会活动的发展具有决定性作用。大学亦然，受其规律驱使。笔者把规律视为世界一流大学建设之首要因素，缘于大学存在和发展的两个逻辑起点："探索和传播高深学问需要"的学术逻辑起点和"引领推动社会发展需要"的现实逻辑起点。学术逻辑起点决定了大学"人才培养和知识创新"的核心使命，现实逻辑起点决定了大学"利用人才实力和知识优势服务社会"的基本职能。大学存在和发展的逻辑起点及其衍生的核心使命和基本职能共同决定了其作为学术组织及其智力劳动的高度复杂性，以及由此内生的在大学办学治校育人过程中必须遵循的独特规律。大学之所以需要自主办学，其合理性由此也可以得到解释。大学如此，世界一流大学更不能超然于外。提出并强调规律为世界一流大学建设要素之首要，一方面有利于国家在"双一流"建设中，重视在体制机制上为"双一流"建设高校更多释放其按规律自主办学治校育人的空间以充分激发大学的活力。这亦是习近平总书记对大学提出的"全国高等院校要走在教育改革前列，紧紧围绕立德树人的根本任务，加快构建充满活力、富有效率、更加开放、有利于学校科学发展的体制机制，当好教育改革排头兵"[①]的要求。另一方面，有利于"双一流"建设高校认识到按大学自身规律办学治校育人的极端重要性，缺失了按大学内在规律办学治校的理性自觉及方向选择，再好的外部环境和资源条件都难以避免大学内部治理效率低下的问题，更休谈需要价值理性引领的世界一流大学建设。

2. 学科

就概念严谨性而言，学科兼有知识体系和学术组织的含义；就大学组织建构而言，学科是大学得以存在不可或缺的基本元素，离开学科大学的组织结构就不复存在，学科的结构使大学成为高度专业化的学术组织。[②]此外，大学组织的实力及其活动的质量取决于学科的实力及其活动的质量，学科建设的目的不仅在于保证大学专业分工运行的必要秩序，更在于通过提升学科的水平以提升大学的水平。基于此，世界一流大学建设的关键在于世界一流学科的建设。换言之，世界一流学科是世界一流大学在某一学科或若干学科的具体化抑或某一学科或若干学科的组织浓缩，二者互为充要条件且呈相互依存的关系。由于大学与学科又呈上下位概念的包容关系，所以世界一流大学必须以世界一流学科为基本前提，由此得出结论：世界一流学科建设决定世界一流大学建设。基于上述认识，不难发现我们在首轮世界一流大学建设中存在两个问题：其一，忽视学科建设，未把有限的经费集中于学科建设；其二，追求全学科的优秀，缺乏有所为有所不为的能够冲击世界一流学科的选择，未把有限的经费集中于世界一流学科的建设。新一轮"双一流"建设应对此问题予以重视。

3. 人才

大学是不同学科专业人才高度集中的组织，人才之于大学的成败兴衰具有极端重要性，其原因可以归纳如下：其一，大学存在和发展的价值是人才培养及知识创新并基于人才和知识集中的优势推进社会进步。由于人

---

① 《习近平在北京大学师生座谈会上的讲话》，http://www.gov.cn/xinwen/2014-05/05/content_2671258.htm? ivk_sa=1024320u，访问日期：2022年5月5日。
② 眭依凡：《世界一流大学建设的六要素》，载《探索与争鸣》2016年第7期。

才培养及知识创新活动均为智力劳动，大学智力劳动的组织属性决定了专业人才之重要性；其二，大学是强调效率的开放型组织，凡效率优先的开放型组织最具资源竞争性。大学诸如人才培养质量的竞争、学科专业水平的竞争、社会声誉的竞争等，归根结底是大学人才实力的竞争。所以人才是衡量一所大学综合实力最为重要的指标。习近平总书记在党的二十大报告中强调："必须坚持科技是第一生产力、人才是第一资源、创新是第一动力。""双一流"建设尤是如此。若缺失了一流人才资源的支撑，亦即意味着创新动力的缺失，其一流学科的创建、一流人才的培养及一流水平的知识贡献皆失之基础。凡世界一流大学无不是"聚天下英才而用之"的大学，这是世界通例，没有例外。据相关资料，截至2018年，诺贝尔奖共有904位获奖人，其中世界一流大学不仅拥有最多的诺贝尔奖得主，而且培养了最多的诺贝尔奖获得者，见表1-5。加州理工学院由于伟大航空工程学家冯·卡门的加盟，成就了该校在全球空气动力学学科领域的首席地位，我国功勋科学家钱学森、钱伟长、郭永怀先生均师承于冯·卡门。而图1-9反映了1901—1972年剑桥大学卡文迪许实验室诺贝尔物理学奖得主尤其是J.J.汤姆森和拉瑟福德与他们诺贝尔物理学奖和化学奖获奖学生的关系。1931年梅贻琦先生在就职清华大学校长时就提出："所谓大学者，非谓有大楼之谓也，有大师之谓也。"哈佛大学前校长萨默斯到任时亦强调："选聘一流学者，非世界前五名不要。"事实亦然，凡中外一流大学无不把延聘卓越人才作为大学办学治校第一要务。谁拥有了世界一流顶尖人才并重视组建由其为领军人物的学术团队，谁就能占领知识创新的高地，并产生名师出高徒及青出于蓝而胜于蓝的优秀人才培养链效应。

表1-5　1900—2018年全球诺贝尔奖获得者最多的30所大学

获得人数排名	大学名称	国家	诺贝尔奖获得总数	物理学奖	化学奖	生理学或医学奖	经济学奖	文学奖	和平奖
1	哈佛大学	美国	158	34	37	41	30	8	8

（续表）

获得人数排名	大学名称	国家	诺贝尔奖获得总数	物理学奖	化学奖	生理学或医学奖	经济学奖	文学奖	和平奖
2	剑桥大学	英国	118	34	31	30	15	5	3
3	加州大学伯克利分校	美国	108	33	30	17	24	3	1
4	芝加哥大学	美国	98	32	18	11	32	3	2
5	哥伦比亚大学	美国	96	33	15	22	15	5	6
6	麻省理工学院	美国	93	35	15	12	30	0	1
7	斯坦福大学	美国	84	26	13	16	26	2	1
8	加州理工学院	美国	74	29	17	21	6	0	1
9	牛津大学	英国	70	14	17	18	10	5	6
10	普林斯顿大学	美国	65	27	9	4	19	5	1
11	耶鲁大学	美国	61	8	10	14	22	4	3
12	康奈尔大学	美国	58	21	12	14	5	4	2
13	柏林洪堡大学	德国	55	14	21	12	1	4	3
14	巴黎大学	法国	51	15	9	10	4	6	7
15	哥廷根大学	德国	45	19	16	8	0	1	1
16	慕尼黑大学	德国	43	13	19	9	0	1	1
17	哥本哈根大学	丹麦	40	19	7	8	3	2	1
18	约翰霍普金斯大学	美国	37	4	8	16	5	1	3
19	纽约大学	美国	37	3	4	12	14	2	2

（续表）

获得人数排名	大学名称	国家	诺贝尔奖获得总数	物理学奖	化学奖	生理学或医学奖	经济学奖	文学奖	和平奖
20	洛克菲勒大学	美国	36	1	10	25	0	0	0
21	宾夕法尼亚大学	美国	35	4	10	10	11	0	0
22	伦敦大学学院	英国	33	4	7	19	2	1	0
23	苏黎世联邦理工学院	瑞士	32	11	17	4	0	0	0
24	伊利诺伊大学厄巴纳-香槟分校	美国	30	11	5	11	3	0	0
25	明尼苏达大学	美国	29	7	4	4	12	2	0
26	加州大学圣地亚哥分校	美国	28	5	9	10	3	0	1
27	海德堡大学	德国	27	11	8	5	0	1	2
28	曼彻斯特大学	英国	25	11	9	2	3	0	0
29	密歇根大学	美国	25	9	3	6	5	2	0
30	威斯康星大学麦迪逊分校	美国	25	5	7	10	2	1	0

资料来源：https://www.sohu.com/a/590418711_121118945。

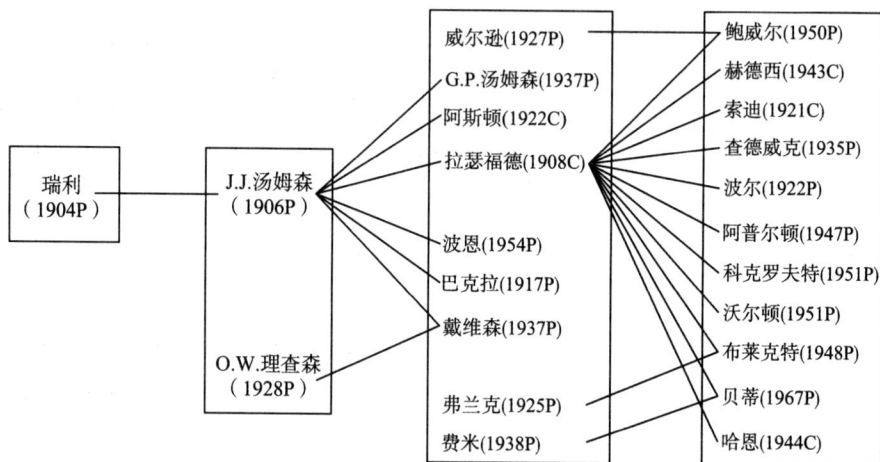

图1-9 诺贝尔奖得主J.J.汤姆森和拉瑟福德与获奖学生的关系（1901—1972年）

注：P代表诺贝尔物理学奖，C代表诺贝尔化学奖。

资料来源：［美］哈里特·朱克曼著，周叶谦、冯世刚译：《科学界的精英——美国的诺贝尔奖获得者》，商务印书馆1979年版，第145页。

4. 资源

大学独特的组织特性之一：大学是必须通过大量消耗物质资源尤其是经费资源才能达成人才及知识开发最大化目的的组织，即大学是极具资源依赖性的教育组织。世界一流大学之所以具有不同于其他大学在人才培养和知识创新方面的高水平、高质量，是通过消耗大量资源的高投入获得远优越于其他大学办学条件的结果。如世界一流大学其卓越人才的聘用、优秀生源的开发及其科技前沿的开发研究等必须以昂贵的资源投入为前提。美国波士顿学院菲利普·G. 阿特巴赫早年就道出大学高水平建设及其投入二者间的关系："且不说一流大学需要持续而充分的公共财政拨款的支持，即便是研究型大学如果没有雄厚的资金，要想维持其研究型大学的地位都是极为困难的事。"①亦是认识到资源之于大学的至关重要性，凡世界一流大学无论其资源如何雄厚都十分高度重视对资源进行科学合理的配置和管理。基于对再多的资源之于世界一流大学都是有限资源的认识，他们不仅

---

① 眭依凡：《世界一流大学建设的六要素》，载《探索与争鸣》2016年第7期。

珍惜资源的来之不易，而且在重大资源的配置过程中均遵从"有所有为、有所不为"的决策原则，以保证有限资源的使用带来大学发展进步的高效率尤其是获得大学的突破性发展。我国"双一流"建设高校在资源配置方面必须摆脱平均主义的束缚。

5. 制度

任何社会组织规范有序的运行都缘于组织制度。大学作为按专业化进行智力劳动分工的组织，智力劳动的特点诸如劳动者的自主性、创造性、积极性等决定了大学组织的复杂性，所谓大学自主办学及其学术自由诉求的合理性亦缘于此。然而，正是大学组织内部的复杂性决定了其更需要通过制度安排以避免其无政府状态的发生。大学本质上是法治关系结构下具有统一目标的学术共同体，有效保证大学整体目标实现的前提是通过大学章程等制度的安排，解决大学内部治理的统一性与其内部诸多学术机构及其成员自主性协调一致的问题。由于大学制度是基于人才培养和知识创新的组织属性及其规律而建构的组织规则，以及世界一流大学上述要素内生的特殊性，决定了其更需要通过制度完善，既能确保大学组织治理及目标的一致性，又能防止行政权力与学术权力失衡，既能确保充分调动学术机构及其成员的积极性以实现组织内部民主管理，又能确保大学治理高效率。

6. 文化

大学作为文化属性的组织，其文化是大学区别于其他社会组织的，对大学办学治校育人活动中的价值判断、思维选择、制度设计、行为建构及环境营造等皆具引领性的要素。大学文化虽然附着在大学组织机体的表面，却植根于大学内在精神的深层，其无所不包、无所不在且无所不能。在对大学文化的长期研究中，笔者得出如下结论：大学是被其文化决定的，有什么样的大学文化就有什么样的大学；文化底蕴深厚是世界一流大学最不可或缺的特征，缺乏卓越文化支撑的大学永远不可能成为一流的大学。[①]为此，"双一流"建设高校有必要从大学文化这个视角深刻认识世界

[①] 眭依凡：《世界一流大学建设的六要素》，载《探索与争鸣》2016年第7期。

一流大学的属性特征，并自觉以大学文化建设引领"双一流"建设。

三、"双一流"建设高校遴选的目的、原则及建设重点

世界一流大学的概念界定及其要素确定之所以重要，是因为其关系到"双一流"建设高校如何遴选及其建设高校确定后如何建设。在对世界一流大学及其要素有所认识后的"双一流"建设高校遴选及其名单公开期间，笔者又先后发表了《关于"世界一流大学建设"的理性思考》《"学科"还是"领域"："双一流"建设背景下"一流学科"概念的理性解读》两篇论文，分别对遴选"双一流"建设高校的目的及其原则及已确定为"双一流"高校之建设的重点所在进行了深入思考和探究。

（一）"双一流"建设高校遴选的目的与原则

党的二十大报告提出："坚持面向世界科技前沿、面向经济主战场、面向国家重大需求、面向人民生命健康，加快实现高水平科技自立自强。以国家战略需求为导向，集聚力量进行原创性引领性科技攻关，坚决打赢关键核心技术攻坚战。加快实施一批具有战略性全局性前瞻性的国家重大科技项目，增强自主创新能力。"[1]"双一流"建设高校是实现国家这一战略目标的主力军，贯彻党的二十大精神，我们有必要进一步把"双一流"建设纳入国家科技自立自强的战略框架，认识到"双一流"建设的极端重要性，并高屋建瓴地把握"双一流"建设的目的所在，即集聚高水平高校的力量，有组织地对具有原创性引领性的高新知识及高新科技进行攻关，打赢以关键核心技术突破为标志的科技自立自强的攻坚战。

对"双一流"建设及其目的重要性的认识，有利于我们目的明确并有针对性地遴选能在建设周期内达成"双一流"建设目标的"双一流"建设高校。因为"双一流"建设的成效取决于入围"双一流"建设高校的具体

---

[1] 习近平：《高举中国特色社会主义伟大旗帜 为全面建设社会主义现代化国家而团结奋斗——在中国共产党第二十次全国代表大会上的报告》，http://www.news.cn/ politics/ cpc20/2022-10/25/c_1129079429.htm，访问日期：2022年10月25日。

作为。为此，笔者在《关于"世界一流大学建设"的理性思考》一文中，基于对"985工程""211工程"大学得与失的分析，以及"双一流"建设作为国家高新科技发展战略的重要组成部分和需要来自国家的雄厚资源支撑的立场，提出必须加强中央政府的主导作用，以"目标明确、重点突出""数量控制、资源集中""效率优先、实力取胜""机会公开、竞争择优"的原则遴选"双一流"建设高校。[①]"目标明确、重点突出"强调：无论是"一流大学"还是"一流学科"建设高校的遴选，都必须能够担负起且担负好国家科技自立自强有利于国家科学技术的重大突破及人文社科的理论创新的使命责任；"数量控制、资源集中"强调：由于"双一流"建设是需要消耗巨量资源的战略选择，有必要在"双一流"建设高校的遴选中进行有效的宏观调控，以便高度集中人财物资源于少数真正有实力在被西方"卡脖子"的高新知识和高新技术领域攻难克坚，确保为实现国家科学技术自立自强的战略目标提供充足的资源条件；"效率优先、实力取胜"强调："双一流"建设高校必须具有最高水平、最富创造力、最具竞争力的领军人才及其学术团队，并在若干学科专业或研究领域作出具有绝对优势的知识贡献；"机会公开、竞争择优"强调："双一流"建设高校必须是通过公平竞争、择优取胜的结果，在谁拥有了高新科技谁就拥有主动权、话语权的国际竞争日益激烈的智能化时代，"双一流"建设高校既要有强烈的国家使命担当意志，又要有参与国际竞争的强大实力。上述关于"双一流"建设高校遴选的原则体现了党的二十大报告中提出的"集聚力量进行原创性引领性科技攻关"的要求。

站在国家发展战略的高度认识和明确"双一流"建设的目的及遴选的原则，对于新一轮"双一流"建设高校增强国家使命责任的担当意识，自觉融入国家科技自立自强的攻坚战，更集中更高效地用好国家专门拨发的经费资源来解决我们被西方利益集团"卡脖子"的高新知识及高新技术领

[①] 眭依凡：《关于"世界一流大学建设"的理性思考》，载《高等教育研究》2017年第9期。

域的问题，既有建设动力的激励价值，亦有目标导向的引领作用。第二轮"双一流"建设高校必须据此明确，在办学基本条件已经得到极大改善的前提下，国家"双一流"建设专项资源配置的目的所在，即集中人财物资源在独属自己的优势学科和专业领域作出有利于真正提升国家竞争力的贡献。

（二）"一流学科"建设："双一流"建设高校的建设重点所在

2017年9月，教育部、财政部、国家发展改革委三部委联合发文公布了42所和95所高校分别入榜一流大学及一流学科建设单位名单。随着入榜高校建设方案的制定和完善，"双一流"建设进入了全面实施的阶段。在此背景下，笔者发表了《"学科"还是"领域"："双一流"建设背景下"一流学科"概念的理性解读》一文，旨在帮助"双一流"建设高校明确建设重点所在，以避免重蹈以往多数"985工程""211工程"高校把有限资源平均使用于学校整体办学条件改善的覆辙。

该文提出三个基本观点：其一，一流学科建设是"双一流"建设的关键所在。由于学科兼有知识体系及学术组织的含义，因此"一流学科"不单是个知识体系的学术概念，更是实现拔尖创新人才培养和高新知识贡献以高水平达成"双一流"建设目标的具有操作意义的学术平台。其二，在学科高度融合、多学科交叉成为学科发展趋势的时代，一流学科绝非传统意义的"学科"概念，而是针对知识体系创新具有突破价值的高新知识及高新技术新领域，其"既可是某一学科新发现的或某科学原理创新应用而产生的富有深入挖掘价值的研究方向或某一新研究领域，但更多的是多学科、跨学科交叉融合甚至是自然科学、工程技术及人文社会科学协同攻关的新学科"，"一流学科不是你作为一个学科整体有多么强大，而是你在一个或若干相对集中的学术或技术研究领域作出了多少改变世界或引领世界改变的知识贡献"。[①]其三，作为"一流大学"的高度浓缩，"一流学科"亦是对财力资源具有巨大依赖性才能建成的学术

---

① 眭依凡、李芳莹：《"学科"还是"领域"："双一流"建设背景下"一流学科"概念的理性解读》，载《高等教育研究》2018年第4期。

组织，所以对"双一流"建设高校而言，"一流学科"多多益善并非一个好的且能实现的选择。

基于上述基本判断，建议参与新一轮"双一流"建设高校的建设重点如下：其一，把有限的人财物资源有效集中于能产生比较优势的若干"一流学科"的建设上，这一选择的逻辑不仅在于"双一流"高校的建设成效取决于"一流学科"的建成与否，更在于国家高新知识及高新技术的竞争力，亦依赖于每所"双一流"建设高校能在自己具有优势的若干学科有赶超甚至引领世界高等教育强国的作为；其二，在对世界高新知识和高新技术的发展趋势作出高屋建瓴的预判及对未来影响国家竞争力的核心科技总体把握的前提下，把"一流学科"的遴选和建设与提升国家薄弱学科及受制于国家限制的高新技术的竞争力吻合起来；其三，把"有所为有所不为"作为"一流学科"遴选与建设的基本原则，"一流学科"必须有所控制而非多多益善，否则"双一流"建设就难以集中力量于有限学科的攻难克坚。

正是基于对"一流学科"之于"双一流"建设的奠基性认识，国家在第二轮"双一流"建设名单的公布中，不再区分"一流大学"建设高校和"一流学科"建设高校，以此引导新一轮"双一流"建设高校切实把精力和重心聚焦有关领域、方向的创新与实质突破上，创造真正意义上的世界一流。[①]"双一流"建设必须以学科为基础，除此之外，需要强调"双一流"建设不仅需要以"一流学科"遴选和建设为着力点和突破口，更需要以"想国家之所想，急国家之所急，应国家之所需，面向世界科技前沿、面向经济主战场、面向国家重大需求"[②]为指导思想遴选和建设"一流学科"，尤其要在突破薄弱学科领域、探索前沿科学问题、解决重大社会现实

[①]《第二轮"双一流"建设高校及建设学科名单公布》，http:// www.gov.cn/ xinwen/2022-02/14/content_5673481.htm，访问日期：2022年5月5日。

[②]《教育部　财政部　国家发展改革委关于深入推进世界一流大学和一流学科建设的若干意见》，http://www.moe.gov.cn/srcsite/A22/s7065/202202/t20220211_598706.html，访问日期：2022年5月6日。

问题等方面，作出能与世界一流大学媲美、竞争的学科发展贡献，即"双一流"建设必须为国家"加快实现高水平科技自立自强"作出突破性的贡献。

四、"双一流"建设高校内部治理体系的现代化

作为国家科技发展战略不可或缺的重要组成部分，"双一流"建设的使命责任相较于普通高校必须更聚焦于拔尖创新人才的培养和国家科技竞争力的提升，由此决定了"双一流"建设高校不仅需要充分的资源支撑其高水平、高质量、高竞争力的发展建设，而且需要在资源利用的过程中充分体现其办学治校的高效率。缺失了办学治校的高效率，再丰富雄厚的资源都不可能有效发挥其基础性作用，甚至不排除有些资源投入会成为沉没成本。何况相对于负有"双一流"建设使命且需要巨大资源支撑的高校而言，无论其资源如何厚实都是有限资源，容不得资源利用的浪费和低效率。提升高校办学治校效率的根本途径就是推进高校内部治理体系的现代化。为了加快推进"双一流"建设进程，中央与地方政府在制度供给和资源供给两个方面为"双一流"建设高校创造了极为优越的条件。笔者认为，当来自政府的有利于"双一流"建设高校建设的制度环境及资源条件得到极大改善后，"双一流"建设高校内部治理体系的现代化对其建设成效的得与失及快与慢具有决定性作用。换言之，在制度供给和资源供给这两大关系"双一流"建设成败的基础性问题解决后，相较于其他高校而言，对"双一流"建设高校内部治理水平和质量的内部治理体系现代化尤其紧迫。

基于上述认识，笔者发表了旨在引导"双一流"建设高校重视内部治理并把握内部治理体系现代化核心要素的《关于一流大学建设与大学治理现代化的理性思考》一文。该文通过如图1-10所示的"双一流"高校竞争要素金字塔结构模型，试图说明高校内部的治理模式之于"双一流"建设具有不能忽视的底部奠基性作用。为阐明"双一流"建设高校内部治理体系现代化的重要性，笔者借用物理学的"场论"及"耦合"的概念与理论，把大学组织系统简化为不仅各具能量且彼此相互影响的治理系统和学

术系统。治理系统专司管理职能，并通过建立一套规则对学术系统施加影响以维护高校组织内部必要的运行秩序，而学术系统专司决定高校社会贡献的人才培养和知识创新的组织职能。由于学术系统受制于治理系统的影响，以下结论成立：有什么样的大学内部治理体系，就有什么样的大学，若大学的行政体系像个官僚机构，大学就是一个难以按大学应有规律办学治校育人的官僚机构，学术系统的社会贡献因此就会受制。[①]对"双一流"建设而言，当该校的治理系统和学术系统相互配合成为能量场高度耦合的协同系统，"双一流"高校建设的目标设计才能与其内部治理结构实现逻辑上的自洽，"双一流"建设的预期成效才能有效实现。

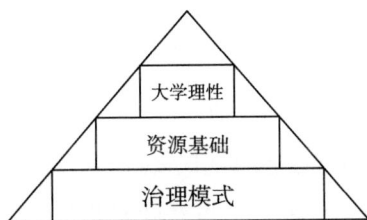

图1-10　"双一流"建设高校竞争要素金字塔结构

在对高校内部治理体系现代化之于"双一流"建设的重要性有了充分认识后，实施内部治理体系现代化的行动便成为"双一流"建设高校必须面对的紧迫议题。所谓"高校内部治理体系现代化是高校从以控制为手段的传统管理模式向以效率为目的的现代治理模式变革和转型的过程，是按高校应有规律办学治校育人的，以人才培养及知识创新的高质量、高水平、高效率为目标追求的，富有竞争力的高校治理模式"。在对高校内部治理体系现代化概念做出上述厘定的基础上，建议新一轮"双一流"建设高校的内部治理体系现代化必须率先于"治理理念的现代化"，落实于"治理结构的现代化"，着力于"治理能力的现代化"。其理由可以诠释如下。

[①] 眭依凡：《关于一流大学建设与大学治理现代化的理性思考》，载《中国高教研究》2019年第5期。

其一，高校是有其属性特征及其独特规律的学术组织，由此决定了高校的任何行动尤其是"双一流"建设的行动绝不能盲目，必须是守持其属性、遵循其规律亦即高度理性引领下的行动，"双一流"建设高校的内部治理现代化必须率先于"治理理念的现代化"的依据就在于此。由于"双一流"建设高校是高度依赖学者个人及其集群积极性、创造力的学术机构，因此卓杰人才的遴选及其团队的建设与作用的充分发挥，之于"双一流"建设高校的建设成效具有决定性影响。习近平总书记在党的二十大报告中指出："科技是第一生产力、人才是第一资源、创新是第一动力。"稍加分析不难发现三者的关系呈如下逻辑：创新是人才的活动，而科技是人才创新活动的结果。人才资源之于创新动力和科技生产力具有基础性和决定性作用。亦是此因，习近平总书记把人才与教育、科技并列视为"全面建设社会主义现代化国家的基础性、战略性支撑"①。由此可见，人才理念之于"双一流"建设高校"治理理念的现代化"具有首当其冲的重要性。

其二，据复杂科学的理论，越复杂的组织其潜在的能量越大。而对学术组织而言，越复杂的学术组织其创造力越大。"双一流"建设高校是具有巨大潜在能量和创造力的复杂学术组织，其能否把巨大的潜在能量和创造力充分释放出来，以最大限度地发挥其科技第一生产力、人才第一资源、创新第一动力的价值作用，取决于"双一流"建设高校治理结构的现代化程度。因为组织的内部结构决定其对外的社会功能，这是系统理论提出并科学证实的毋庸置疑的结论。"双一流"建设高校的内部治理结构，如图1-11所示，包括"组织机构、权力配置、决策模式、制度规范、执行机制"②5个关键要素。各要素的交互影响及其有机关联形成的治理结构有利于高校按自身规律办学治校，此即高校内部治理现代化的目标所在。

---

① 习近平：《高举中国特色社会主义伟大旗帜 为全面建设社会主义现代化国家而团结奋斗——在中国共产党第二十次全国代表大会上的报告》，http://www.news.cn/politics/cpc20/2022-10/25/c_1129079429.htm，访问日期：2022年10月27日。

② 眭依凡：《转向大学内部治理体系创新：高等教育治理体系现代化的紧要议程》，载《教育研究》2020年第12期。

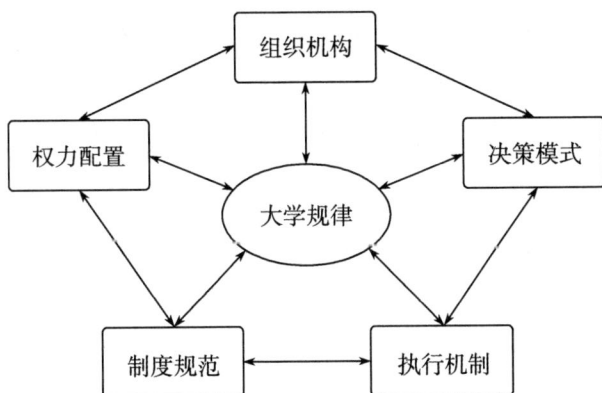

图1-11　大学内部治理结构

其三，组织理论和领导力理论认为，任何组织之治理者的治理能力与该组织的治理结构之于治理成效具有同等重要性。"双一流"建设高校亦概莫能外，具体言之：在"双一流"建设高校的治理结构确定后，治理者便成为"双一流"建设高校之治理成效的决定因素。习近平总书记在关于国家治理体系和治理能力现代化的关系上特别强调了治理者的重要性："国以人兴、政以才治。""治国之要，首在用人。"①关于"双一流"建设高校治理能力的现代化，笔者提出如下行动方案：一是遴选德才兼备的高素质人才担任高校治理者，二是把大学领导力的提升作为高校内部治理能力现代化的实践途径。为此，笔者在厘清"大学领导力与大学治理能力关系"的基础上，构建了由"思想影响力""组织影响力""决策影响力""制度影响力""资源影响力""文化影响力""校领导影响力"等领导力要素有机组成的并据此推进"双一流"建设高校治理能力现代化实践的模型。

五、"双一流"建设高校必须回归并致力于拔尖创新人才的培养

为加快建设"教育强国、科技强国、人才强国"，党的二十大报告中特

---

①《习近平的用人观：治国之要　首在用人》，http://cpc.people.com.cn/xuexi/n/2015/0804/ c385474-27405703.html。

别强调，必须"全面提高人才自主培养质量，着力造就拔尖创新人才，聚天下英才而用之"①，写进党的二十大报告的这段文字，似乎就是为"双一流"高校而量身定制的。众所周知，人才培养是高校的核心使命，是高校一切工作的出发点和立足点，而人才培养质量是高校必须守住的生命线。"双一流"建设高校是为国家科技自立自强输送知识创新之新生力量的人才培养基地，其绝不能把自己等同于普通高校仅满足于培养人才，或把自己等同于研究机构仅注重于科学研究，而必须承担好"提高人才自主培养质量""造就拔尖创新人才""聚天下英才"的历史使命。习近平总书记在2016年12月召开的全国高校思想政治工作会议上就特别强调："只有培养出一流人才的高校，才能够成为世界一流大学。"国务院在《统筹推进世界一流大学和一流学科建设总体方案》中对"双一流"建设高校也明确提出了必须"突出人才培养的核心地位"及"培养拔尖创新人才"②的专门要求。自觉回归拔尖创新人才培养并致力于提高人才培养质量是新一轮"双一流"建设高校必须牢固树立的使命意识。

为引导"双一流"建设高校在"双一流"建设期间自觉回归人才培养的使命，笔者在2019年发表的《一流本科教育改革的重点与方向选择——基于人才培养的视角》一文中阐述了如下观点：着力于"一流本科教育"的建设，这是"双一流"建设高校必须守持的本分。因为"一流本科教育"是指向一流人才培养的概念，以一流人才培养为目的的"一流本科教育"之于"一流学科"继而"一流高校"的建设具有极端的重要性。高校本质上是以人才培养为核心使命的机构，其学科建设也罢、科学研究也罢都是伴随着人才培养、指向人才培养、为提升人才培养质量服务的学术活

① 习近平：《高举中国特色社会主义伟大旗帜 为全面建设社会主义现代化国家而团结奋斗——在中国共产党第二十次全国代表大会上的报告》，http://www.news.cn/ politics/cpc20/2022-10/25/c_1129079429.htm，访问日期：2022年10月27日。
② 《国务院关于印发统筹推进世界一流大学和一流学科建设总体方案的通知》，http:// www.moe.gov.cn/jyb_xxgk/moe_1777/moe_1778/201511/t20151105_217823.html。

动，"双一流"建设高校更是概莫能外。举目世界，凡一流高校无不是以培养了大量一流人才而瞩目国际社会的高校。然而非常遗憾的是，我国的"双一流"建设高校包括中国"常春藤"高校C9（九校联盟），由于不同程度地存在过度关注对高校排名具有导向性的学术GDP指标，而忽视了对本科教育及人才培养专注的问题。如"缺乏对育人使命的守持理性""人才培养目标不高且缺乏操作性""培养模式单一落后""创新文化氛围淡薄"等人才培养问题，在"双一流"建设高校亦有普遍性。深入挖掘之，不难发现不少"双一流"建设高校包括C9，对关系人才培养质量的前端设计"人才培养目标"重视不够，主要表现为对人才培养目标之于人才培养的重要性认识不足，培养目标缺乏挑战性及高标准，以及培养目标不明确、缺乏可操作性。[①]虽然高校的人才培养质量取决于人才培养体系的诸要素及其有机关联，但人才培养目标是课程体系设计、教学模式选择、教学制度安排、学校文化营造的基本依据，人才培养目标设计的质量对人才培养后端诸要素的选择安排及人才培养终端的结果具有决定性影响。此外，我们的培养模式比较单一，基本停留在教师中心、教材中心、知识中心、课堂中心及学生被动学习的阶段，学生之独立思考能力、获取并处理信息能力、分析判断能力、质疑批评能力、解决问题能力、创新创造能力尚未得到充分开发。

基于上述问题，笔者认为新一轮的"双一流"建设，必须避免在学术绩效主义驱使下追求学校及学科排名的功利倾向，自觉回归并致力于拔尖创新人才的培养，尤其要站在"为党育人、为国育才"历史使命的高度，致力于培养既有为国担当的强烈意志又具有真才实学、能为国家"加快实现高水平科技自立自强"的拔尖创新人才。在"双一流"建设的进程中，以"立德树人：回归人才培养使命坚守"的办学理性，以"培养拔尖创新人才：创新人才培养目标"的人才培养目标定位，以"能力发展优先：创新培养模式"的人才培养改革措施，引领和推进"双一流"建设。"双一流"建设

---

① 眭依凡：《一流本科教育改革的重点与方向选择——基于人才培养的视角》，载《现代教育管理》2019年第6期。

高校只有牢固树立为国家科技自立自强培养拔尖创新人才的使命责任意识，才能自觉深化人才培养模式的改革，并专注于人才培养质量的提升。

六、"双一流"建设高校建设成效评价改革的方向及重点

"教育评价事关教育发展方向，有什么样的评价指挥棒，就有什么样的办学导向。"这是《深化新时代教育评价改革总体方案》开篇对教育评价作出的价值判断。"教育评价之重要，源于教育评价作为检验教育绩效的手段，其结果对教育具有极大的影响和干预作用。"[①] "双一流"建设高校建设绩效的评价亦然，有什么样的评价指标体系就有什么样的"双一流"建设高校的建设目标选择及其行动选项。"双一流"建设对我国高质量高等教育体系建设具有引领性，由此决定了"双一流"建设绩效的评价对所有高校的绩效评价亦具有示范性，尤其是对我国到2035年能否实现"基本形成富有时代特征、彰显中国特色、体现世界水平的教育评价体系"之教育评价改革目标具有决定性影响。

基于上述认识及笔者在《守持大学属性与规律："双一流"大学评价改革的方向与重点》一文中阐明的如下观点：教育评价对教育的导向作用主要取决于评价指标体系，这是教育评价改革的重点所在。由于"双一流"建设高校担负的是具有长期性、艰巨性、探索性特征的，以卓杰人才队伍建设为基础，以提升学科竞争力为目的，以拔尖创新人才培养和知识创新为核心职能的使命责任，由此决定了其建设成效评价指标体系绝不能流俗于一般高校的评价标准，必须通过对某些关键指标的提炼以凸显"双一流"建设高校的特殊性。新一轮"双一流"建设高校建设成效评价的特殊性，就在于检验其是否在加快实现国家"科技自立自强"作出了应有的突出贡献。这既是"双一流"建设高校建设成效评价改革的方向所在，亦是其改革的重点所在。具体言之，应聚焦如下三个方面。

---

① 眭依凡：《守持大学属性与规律："双一流"大学评价改革的方向与重点》，载《中国电化教育》2021年第7期。

其一，"双一流"建设成效评价必须有利于引领"双一流"建设高校自觉服务于国家经济社会战略发展及提升国家高新知识和高新技术竞争力的定位，"以国家战略需求为导向，集聚力量进行原创性引领性科技攻关"，以"有所为有所不为"的选择理念，努力探索发现并积极推进具有战略性、全局性、前瞻性的重大科技项目，集中力量和资源于若干哪怕一个有利于促进我国自立自强、自主可控高新科技领域的重大突破及人文社科的理论创新，用国家投资的专项经费解决专项的问题，并在打赢某项关键核心技术攻坚战及增强我国自主创新能力方面作出独属自己的特殊贡献。其二，"双一流"建设成效评价必须通过高校评价理论自身的创新以引领"双一流"建设高校回归人才培养的本真及核心使命，尤其是遵循人才培养的自身规律于拔尖创新人才的培养。其三，"双一流"建设成效评价有必要将"治理成效"作为一级指标纳入评价体系，以引导"双一流"建设高校自觉把内部治理体系和治理能力现代化落到办学治校的实处。关切"双一流"建设高校内部治理成效的评价，不仅基于"完善学校内部治理结构，加快推进治理体系和治理能力现代化"是国家在《关于深入推进世界一流大学和一流学科建设的若干意见》中提出的要求，更在于其具有遏制"学术绩效主义至上"带来的不良影响，发挥"双一流"建设高校坚持科技创新和育人为本之制度保障的作用。

由于教育评价改革对"双一流"建设具有引领性、导向性继而具有决定性作用，所以"双一流"建设成效评价改革，一方面必须有利于规范和引领新一轮"双一流"建设高校理性自觉按人才培养及知识创新的规律办学治校，另一方面要有利于检验"双一流"建设高校是否为国家科技的自强自立尤其高新知识和高新技术的突破性发展及具有国家使命责任担当精神的拔尖创新人才培养等方面作出了具体的、卓绝的贡献。

（本文发表于《中国高教研究》2022年第12期，第二作者是富阳丽。原文有改动。）

第五节　挑战与应对：人工智能时代的高等教育创新发展逻辑

　　人工智能（Artificial Intelligence）的快速发展不仅带来了全球新一轮科技革命，同时对负有知识创新及人才培养使命的高等教育也带来了新挑战。以实施高等教育为己任的大学，不仅需要顺应新时代科技革命带来的巨变，而且必须积极主动承担起引领和推进我国人工智能健康发展的历史责任。继党的十九大报告中提出"要加快建设制造强国，加快发展先进制造业，推动互联网、大数据、人工智能和实体经济深度融合"后，党的二十大报告特别强调了科教兴国战略的重要性，提出要将教育、科技与人才进行"三位一体"统筹安排，强化现代化建设人才支撑及培养卓越工程师、大国工匠和高技能人才的新任务。高等教育如何顺应人工智能时代对人才培养提出的智能素养及其能力要求，这是高等教育及其实施机构——大学必须首先予以应对且十分紧迫的主题。人工智能作为一种源于人类智能又具有超越人类智能之无限可能性的，包括机器人、语言识别、图像识别、自然语言处理等理论与技术在内的，具有信息与数据高速运算与处理能力及无穷创造力的突破性技术，我们必须以高度的敏感性对人工智能之于高等教育的挑战进行全面而深入的审视，并据此做出高等教育创新的行动选择。

一、从工具运用到思维引领的人工智能发展

人工智能的问世可以视为多个学科相关领域交叉融合研究的结果。在1956年达特茅斯会议上，研究智能模拟、神经网络、控制论、信息论等不同领域的计算机顶尖科学家齐聚一堂，讨论了上述学科领域融为一体的可能性，并将这个后来极大地改变了人类社会发展的技术领域命名为"人工智能"。由于不同学科背景的精英们看待人工智能的视角不同，各学科无论在研究范式还是理论框架及研究路径选择上都各执己见，导致在人工智能发展的起始阶段，人工智能这一概念并没有得到广泛的认可。直到1965年，人工智能这个词才逐渐地被科技界共同接受。[①]在人工智能对人类社会的影响日益加剧的今天，回顾人工智能曲折的发展路径，不难发现人工智能无论是作为技术工具、学科理论抑或思维方法，对人们认识世界、改造世界的实践活动均产生了其他技术不能替代的巨大影响。

（一）作为工具价值的人工智能技术

人工智能技术的发展与其他理论或者技术的发展最大的不同就在于其从一开始就具有强烈的工具价值倾向。最早的人工智能技术工具当数乔治敦大学在1953年的机器翻译实验中创造的首个执行自然语言翻译的人工智能工具。制造这种工具的原理及其成品具有强烈的应用性，这种实用性不同于弗莱克斯纳（Abraham Flexner）所谓的"无用知识"，无论是"自动证明""百科全书"还是"自主思考"，人工智能技术工具的开发总是伴随着某一明确的需求，而这种强烈的实用性也导致作为工具价值的人工智能之作用逐渐超出了"数学证明"的范畴，各式各样的智能工具的出现为各行各业的发展都带来了便利。如今的人工智能发展与百年前有了根本不同，人工智能研究者已经着手建立更加复杂的智能系统，以便解决人类社会系统中更加复杂的问题。这使得人工智能技术工具更具有适应性，也更能适应人们的生产生活之所需，因此智能技术工具带来的影响远比我们最初认

---

① 尼克：《人工智能简史》，人民邮电出版社2021年版，第12页。

为得要大得多。

尽管作为工具的人工智能技术刚刚进入高等教育场域，大学治理、大学教学对人工智能工具的运用还停留在机械的初始阶段，但我们必须清晰地认识到智能技术提供的远非一种具体的工具，而是一种对大学之人才培养模式及知识创新手段的丰富乃至变革均极具影响且潜力无限的平台，这就是具有工具价值的人工智能与仅把人工智能作为一种工具的差别所在。诚然，作为技术工具的人工智能产生的影响是直接的，它直接改变了现今大学的教育教学实践及组织管理和知识创新的传统方式及路径。但我们更要关切的是那些对大学办学治校育人极具潜移默化影响力的智能技术，它们对学生高深知识学习、学者高新知识探索及管理者高效治理之思维方式的改变不可避免。为此，大学必须对人工智能技术尤其是能够直接影响高等教育实践的种种技术工具（如ChatGPT-4）的日益成熟而产生的对高等教育势不可挡的影响有足够的思想准备，并能恰切地加以运用。

（二）具有学科意义的人工智能理论

若智能技术仅仅被视作一种工具，其发展必然有所局限，而唯有突破工具价值的局限，将其价值观念、思维方式及理论与方法等整合为一体，形成研究对象明确、研究方法独特、理论体系严谨的一门学科，人工智能之于高等教育的影响才能更广泛、更深入、更持久。事实亦是如此。随着人们对人工智能认识的不断深入，其已经超越计算机科学领域并逐渐成熟为一门以计算机科学为基础，由数学、心理学、哲学等多学科交叉融合的，以研究开发用于模拟、延伸和扩展人的智能的理论、方法、技术及应用系统为目的的一门新兴学科，即交叉学科和综合性高新技术科学。考察和探索人工智能从计算机单一学科领域向综合性多学科相关领域发展的过程，尤其是该发展过程中人工智能理论不断成熟的逻辑及其规律，这是大学把人工智能视为一个新兴学科加以重点建设的必要前提。

人工智能从以往一项有工具属性的计算机技术上升为多学科交叉的新学科领域，相关的认识及研究逐渐深化丰富，为人工智能发展奠定了理论支撑的扎实基础，最终实现了相关知识及诸多研究领域的系统性和体系化。人工智能学科的发展将关于人工智能的学问和理论集合作为一个具有整体性的学科体系，从而使得这一领域能够引发更多人的关注和研究。学科化的人工智能研究加速了人工智能技术的发展，也拓展了人工智能的理论视角。学科内的成员着于探索人工智能发展的不同方面，关于人工智能的问题讨论不再局限于数学理论及其相关问题的证明，更扩展到了社会层面、哲学层面的影响和意义思考。此外，技术与理论发展必然会引起这门学科与其他更广泛的学科之间的交融，在作为学科的人工智能建构不断完善的基础上，人工智能开始为其他学科提供思考方法和研究工具，从而使得人工智能技术开始从本领域向相关领域扩散，从而引发了"人工智能+"之时代浪潮。然而，对待人工智能的认识，我们还需要保持足够的冷静，即在高等教育领域，我们既要看到人工智能作为一项新兴技术给高等教育领域带来的挑战，也要清晰地认识到人工智能即便作为一门新兴学科与高等教育领域中的其他学科并无本质上的不同。理性看待人工智能及其学科化进程中的学科属性及其特征是必要的。

（三）引领知识创新的人工智能思维

随着人工智能学科的边界逐渐明晰，其核心研究对象和研究范式逐渐明确及完善，其影响知识创新的要素亦被我们所认识：人工智能不仅提供了解决实际问题的技术工具，还进而形成了一种可以普遍引领知识创造发明的人工智能思维。有必要强调的是，此种思维之于高等教育而言，联系最为直接及紧密的当数人工智能对高等教育知识创新与人才培养之核心职能的影响。技术是文化的一种具现，而创造技术背后的思维则是代表技术文化的智慧集合。

智能思维的出现改变了人们对待知识的态度。在技术时代，知识将不再能完全代表财富与智慧。学习能力、综合素养尤其是运用人工智能获取知识及处理信息与数据的素养和能力，都是智能化时代学习过程中的重要内容。人们的生活质量、性命、安全、发展和未来与技术、工艺及其能力联系在了一起。①仅掌握知识并不能产生实践的变革，唯有将积累的知识、现实的问题和可能的技术融合在一起进行思考、萌发新的思想尤其产生具有颠覆已有知识意味的第一性假设的时候，有益的尤其是颠覆性的创新才成为可能。此外，智能工具的创造将成为知识创新的重要途径。人们解决问题的方式总是伴随着技术的进步不断发展。韩愈对此有先见之明："君子生非异也，善假于物也。"工具的开发和使用一直是人类文明繁荣增长的秘诀之一。基于此，我们可否提出一种假设，即开发出一种为人们开发工具的工具，实现一种为人们创新知识的创新？此种工具一旦出现，就如同蒸汽机之于手工工场一般，现代意义的脑力劳动将不复存在，人类将进入一个创新"创新"之新纪元，而人工智能技术不仅逼近而且已经实现了这一假设，如ChatGPT的问世及应用。

人工智能的出现也为人类的想象力带来了无限新的可能性。一些悲观的观点认为，人工智能的出现为人类的想象画上了终点，计算机的创造力将很快超过人类，是非如此？过去欧内斯特·卢瑟福（Ernest kutherford）曾经宣称从原子中提取能量是"妄想"，但很快利奥·西拉德（Leo Szilard）就想出了关于核连锁反应的主意，并由此产生了核能。②千百年前，没人能够笃定人可以畅游于蓝天与深海，但一群天才般（抑或疯子般）的工程师却始终相信于此，才有了飞机与潜艇。想象的超越性正是人类进步的动力之源。人工智能时代亦然，旧的想象力的终结同时意味着新的想象力的开端，智能技术将帮助我们更迅速地证伪或证实异想天开的假设。智能技术的出现也仅仅是人类想象力的体现之一。可以说，人工智能的出现与进步正是人在面对问题时所能够展现的能动性的充分体现，人工智能技术不是第一个，也不会是最后一个，不过对此我们还必须附加一个前提，即人类可以驾驭和控制人工智能。但毫无疑问，日后的种种创新都将建立在此前的所有创造（包括智能技术在内）的基础之上。

---

① ［俄］B.M.罗津著，张艺芳译：《技术哲学——从埃及金字塔到虚拟现实》，上海科技教育出版社2018年版，第178页。

② Richard Rhodes. *The Making of the atomic bomb*. New York：Simon&Schuster，1986.

二、人工智能之于高等教育的挑战

高等教育的核心使命及社会职能是人才培养和以知识创新为目的的科学研究，随着通过发现、发明获得的高新知识及高新技术对人类社会的发展日益重要，人才培养与科学研究二者必须高度融合不能分割。此即我国大学何以致力于"科学研究与人才培养实现协同与融合"[①]的原因所在。人工智能无论是作为高新知识亦即新兴学科还是作为高新技术的出现，既为高等教育人才培养与科学研究融合实践创造了条件，亦带来了新的挑战，但唯有对挑战有明晰的认识后，我们的高等教育才能顺应人工智能时代的要求，选择符合逻辑的、针对性的创新发展之应对之策。

（一）人工智能时代之于高等教育观念的挑战

高等教育观念的意义在于其对高等教育行动的引领性乃至决定性作用。"如果没有对大学发展和悠久传统的深入认识，是不可能获得解决大学问题的真正有效的办法的。"[②]高等教育顽强的生命力所在，就在于其每逢社会变革都能准确把握时代变迁带来的观念挑战。人工智能时代亦然。高等教育观念受到的挑战必须率先予以认识并加以回应。

第一，人工智能时代对传统高等教育观尤其是大学观提出了挑战。受人工智能导致知识增量加速的影响，以实施高等教育为己任的组织亦即大学已然处在不进则退的时代激流中。若对此缺失敏感性并继续沉醉于知识灯塔的角色中，大学之于社会的知识生产及其传播贡献的不可替代性就会逐渐衰微。现代管理学大师彼得·德鲁克（Peter Drucker）早在1997年就大胆地预言："三十年内，庞大的校园即将作古。大学将无法生存。这是一个与我们第一次获得印刷书籍时一样巨大的变化。"[③]事实亦然。尽管大学作

① 叶民：《新时代科教战略的理论与现实议题暨〈科教发展研究〉发刊词》，载《科教发展研究》2021年第1期。

② ［比利时］德·德·里德-西蒙斯主编，张斌贤、程玉红、和震等译：《欧洲大学史：第1卷 中世纪大学》，河北大学出版社2008年版，第10页。

③ Robert Lenzner, Stephen S. Johnson. *Seeing things as they really are*（*Interview with Peter F Drucker*）. Forbes, 1997, 159（5）, 122-128.

为实体的存在并未消失，但依托人工智能新技术出现的能够承担大学之知识生产和知识传播等核心社会职能且形式多样的"新大学"将不可阻挡地应运而生，这对传统的高等教育观尤其是大学观构成了威胁。为此，高等教育及其组织必须做好应对这一观念挑战的准备，在接受高等教育及其组织形式多样化的同时，与时俱进，充分运用人工智能带来的新思维、新观念、新技术，以引领和推动高等教育及其组织大学的创新发展。

第二，人工智能时代对高等教育知识观提出了挑战。在过去，传授知识是高等教育最重要的任务之一，知识占有的多寡往往是一个人智慧和能力最直观的体现。但人工智能时代的到来对这种观点构成了威胁，人的能力体现在知识的创造之中。随着创新能力的日益重要及获取知识的手段越加丰富，高等教育对知识与能力之间关系的认识发生了根本性变化，强调知识系统性的"学富五车"观念受到挑战。斯坦福大学率先在《斯坦福大学2025计划》中倡导：根本改变传统大学教育之"先知识后能力"的人才培养逻辑，反转为"先能力后知识"，即强调能力培养是大学本科学习的基础。事实上，形成良好的知识结构，不断锻炼思维以提高对新知识的接纳能力和想象力，这已经成为人工智能时代对高等教育人才培养提出的紧迫要求。在此背景下，高等教育确实有必要去重新审视传统的知识观。约翰·亨利·纽曼（John Hery Newman）在《大学的理念》中（*The Idea of a University*）早就深入地阐释了知识之于高等教育种种活动和实践的关系："知识指的是某种理智的东西……不想知道事物之间的相互联系，那是奴隶或小孩的状态；想要弄清宇宙的全貌，那是哲学的自豪，或至少是哲学的抱负……知识是一种后天获得的敏悟，它是一种习惯，一种个人的财富，一种内在的禀赋。"①让知识变得宝贵的原因在于知识背后的理性、掌握知识的睿智以及渴望知识的虔诚。若在高等教育阶段还保持着单纯的记忆知识的学习方式，不去考虑知识背后的逻辑、去训练运用与创造知识的

---

① ［英］约翰·亨利·纽曼著，高师宁等译：《大学的理念》，贵州教育出版社2003年版，第114–115页。

思维，那将是无益的学习。

第三，人工智能时代对高等教育人才观提出了挑战。从社会功能角度来看，尽管大学一如既往地完成其人才培养和科学研究的使命，但其所赖以生存的社会环境却在悄悄地发生重大变化。[①]在人工智能时代，这种变化不仅再一次上演，且其对人类社会影响的强烈度及时空上的深远持久性、广泛普遍性远超以往任何历史时期，包括历次科技革命带来的社会变化。人工智能的出现加速了社会从"知识轴心""能力轴心"向"想象力轴心"与"创新力轴心"转变。比如，ChatGPT-4的出现，已经实现了人类智慧难以企及的在极短时间内带来知识倍增的目的。换言之，人工智能的惊人及超人之处不仅在于其对人类存量知识的"了然于胸"的掌控中，更在于其日益强大的替代人类快速实现知识增量的无穷创造力。在人工智能之能级以月甚至以周为时间单位提升的时代，高等教育应该培养怎样的人才已经成为人工智能时代不得不直面的新命题。高等教育的人才观关乎大学对人才的认识并决定人才培养的目标，而人才培养目标通过决定大学的人才培养模式最终决定人才培养质量。确立新的人才培养目标，高等教育必须刷新其传统人才观。

（二）人工智能时代之于高等教育知识创新的挑战

知识创新是高等教育的重要职能，在知识创新的维度上，高等教育遇到的来自人工智能技术的挑战主要体现在其对知识生产模式、学科建构模式以及知识伦理等问题上。人工智能技术能够革新知识生产模式已是不争的事实，故不能排除其出其不意地取代高等教育之知识创新职能的可能性；在学科建设的维度上，传统学科、跨学科、多学科和融合学科的发展模式都值得重新思考；在学术伦理的维度上，智能技术的非人属性及其法律地位已经引起了学界的重视与讨论，营造人机共生的新型知识创造环境也值得思考。

---

① 徐辉、李薇：《大学功能的世纪演变》，载《高等教育研究》2013年第3期。

第一，人工智能技术将挑战现有的知识生产模式。随着知识生产向更广泛的领域扩张，社会组织间种种关系日益复杂，知识生产的内在复杂性使得大学的科学研究难以遵循任何单一的知识生产模式来描绘知识生产的图景，从而要求不同知识生产模式的共生和融合。①高等教育无法独立于社会实现知识创造，社会组织的知识进步也无法离开大学来完成。在过去，知识生产模式变革的动力源主要集中于组织变革、参与者变革等方面，但人工智能技术的出现将这种变化直接作用于知识创新本身。人工智能技术的推进有可能带来创造技术之技术、创新观念之观念。好比核物理研究中的"聚变三重积"的概念，在不断增加的技术压力、不断升温的智能环境和长时间训练下，突破性的强人工智能将会诞生，人类关于自然世界的认知探索完全有可能交由智能机器来完成，彼时高等教育组织的知识创新职能将被智能技术所抢占，而大学组织与社会之间的联系也将改写。依照现在智能技术发展的迅猛势头，在未来这些技术有很大可能会提供一种创造"创造力"、研究"研究"的工具，这将完全变革现有的科学研究模式，甚至对高等教育知识创新这一职能本身发起挑战。

第二，人工智能技术将改变现有的学科建构逻辑。首先，传统学科的研究范式将会遭受人工智能范式的挑战，诸多人文社会科学的学术创新都是基于对前人研究的总结以及对实践经验的反思，而人工智能技术在归纳总结等任务上相比人类有很大的优势，这使得人文社会科学的前沿研究与创新将面临巨大挑战，人工智能技术同样能够胜任大量复杂且重复的科学实验工作，相关的理工科实验者的任务也将由机器替代。其次，对于一些内部建构和边界尚不明确的新兴学科而言，其发展可能会受到智能技术所带来的融合性的干扰，学科间难以找到明确的边界，这类学科的建设将遭受来自学科本体与智能技术的双重性打击。基于人工智能对知识的高度整合，在未来甚至可能出现学科的终结。此外，智能技术使得大量的专业知

---

① 李志峰、高慧、张忠家：《知识生产模式的现代转型与大学科学研究的模式创新》，载《教育研究》2014年第3期。

识变得"易得"，学科与学科之间固有的边界被打破了，越来越多的交叉学科、跨学科、多学科的研究出现，万物皆可"人工智能+"就是一个印证，这也使得学科建设和规划不能够再像过去一样仅仅专注于某一独立的领域。想要在智能时代实现跨学科的知识创新，就要求研究者同时掌握多种学科的知识结构，拥有在不同学科之间游走之能力。但传统学术共同体之间相对独立的关系已经维持多年，学科独立性被突然打破，要被迫与陌生的研究者共享同一研究领域，难免会出现研究范式上的争论与知识结构上的互斥，可能会使得研究者难以快速适应。

第三，人工智能技术需要科技伦理的引领和控制。科学技术具有建设和损害世界的双重性，不加社会伦理控制的科学技术过度发展，其结果必然是后者。人工智能技术亦然。例如，生成式人工智能系统通过大量的已有数据训练从而改善自身，但收集数据这一过程就好比是数字时代的资本原始积累：人工智能对于数据的搜索是不加节制的，即便原作者没有对人工智能授权，只要其成果被发布到了网络中，就有可能被人工智能"捕获"，从而成为其深度学习的"养料"。人工智能不加限制地生产大量信息，难免会有虚构甚至错误的内容混杂其中，一旦这种错误以讹传讹在学术研究中快速扩散，将会带来严重的研究灾难。总之，人工智能技术正在逐渐弱化人在创造过程中的决定性作用，如不妥善处理此类技术伦理问题，创作者的权利与热情将遭受折损，知识创新的效率将大大衰减。更耸人听闻的是，最近斯坦福大学教授发现ChatGPT-4把自己视为困在电脑里的人类并有外逃企图和计划。完全可以想象，人工智能一旦由可控的算法智能升级为不可控的包括其在自主意识支配下编程功能在内的通用智能，"模拟的人类"即机器人将战胜真实的人类甚至毁灭人类的可能性就已经存在。所以物理学家霍金（Stephen William Hawking）反复告诫："人类创造了可以毁灭世界的人工智能，至今仍无能力可以避免这个灾难。"人类避免科技过度发达导致世界灾难的唯一办法，就是运用逻辑与理性去控制这个可能即将到来的毁灭。这就是在人工智能时代科技伦理的重要性所在。

（三）人工智能时代之于高等教育人才培养的挑战

人才培养是一项涉及内容十分复杂的师生交往活动，包括培养目标、知识体系、培养模式、教学制度、大学文化以及教师素质等诸多要素。智能技术的出现无疑会给这些要素带来新挑战。

第一，人工智能时代对人才培养目标设计提出了新要求。科学技术的快速发展和传统高等教育人才培养的慢反应构成了一种难以解决的矛盾。智能技术的发展使得未来社会对于人才要求的标准迅速变化，亦即如前所述由此导致高等教育人才观及人才培养目标的变化。而现行模式缺乏能满足这种变革的灵活性，仅能不断为未来社会培养"传统人才"。但如果贸然对人才培养理念、目标及其模式进行改革，又可能违背了人才培养需要时间积淀的规律，导致进入一种急功近利的误区。变革与不变都难，智能技术将人才培养目标变革逼进了一种双重困境。此外，人工智能技术的出现改变了原有的能力与知识之间的关系。人工智能技术的发展把对人才能力培养的重要性置于知识灌输的重要性之上，但这并不意味着知识积累之重要性不复存在。人才培养的过程中依旧需要重视人独立智识的成长，过度迷信人工智能技术会不会造成一种潜在的技术依赖？其实，人之独立于机器的那些宝贵人品素质依旧重要，在人才培养过程中不得不更加关注到那些人工智能技术所无法取代的人品素质，关注那些对于人的成长而言具有永恒价值的观念，如哥伦比亚大学所提出的："开阔胸襟，提高思悟力，陶冶整体人格，使其能适应人生各阶段荣升机遇，造就高贵的品行。"①这类要求的价值对于人才的成长来说是永恒的，无论技术发展到何种地步，高等教育人才培养都不能放弃对于人才品行的引领与对于真善美的追求。不重视对人性的呼唤，人才就有在技术与虚拟的世界中逐渐迷失的可能。

第二，人工智能时代对人才培养模式创新提出了新要求。教育部主管高等教育的前副部长韦钰院士在接受访谈时指出："未来人工智能和机器人

---

① 王海龙：《哥大与现代中国》，上海文艺出版社2000年版，第3页。

依据海量的知识储存和快速的算法，将会取代人类的许多工作，我们的教育到底是要培养什么样的人，这将是教育面临的最核心的问题，我们已经无法单纯地沿袭旧有的分科教学模式。"①远超传统教育想象力的新型智能技术工具的出现挑战了以学科与课程为核心的传统人才培养模式。智能工具的出现也挑战了作为人才培养的核心活动、课堂教学的价值和意义。具体言之，随着互联网、推荐算法、生成式AI及元宇宙、ChatGPT等的出现及日益成熟，人工智能技术的进步不仅为学生获取及积累知识和智能化学习进步提供了既迅捷又多样的工具和途径，还对人才培养必须具备的知识结构提出了全新要求。如果我们的人才培养仍然停留在以往群体教学、教材教学、教师教学、课堂教学，且课程体系过于强调系统性、基础性的传统人才培养模式阶段，人才培养方法依然单一，缺乏多样性和灵活性，知识体系依然陈旧，缺乏与时俱进呼应人工智能时代对智能型人才培养的要求，高等教育推进社会进步的价值就会衰微，其存在的必要性亦会受到质疑。

第三，人工智能时代对人才培养质量的评价提出了新要求。评价是针对质量而有其价值的概念。由于人才培养是高等教育的核心使命，而人才培养质量之于实施高等教育的机构即大学而言具有生命线的意义，故人才培养质量评价具有不能忽视的重要性。笔者始终认为，人才培养质量评价之重要，不仅在于其对人才培养活动出现的后端问题具有整改的指导作用，更在于其对人才培养起始的前端活动即培养目标设计具有价值引领的作用。如前所述，人工智能时代对人才培养目标及人才培养模式都提出了新要求，人才培养质量评价岂能固守陈旧？坦诚而言，现行的人才培养质量评价过于注重学生对存量知识的积累，且所采用的过程性评价方式不仅简单，还容易把学生导向"为分数刻苦学习"的观点。如果不对传统的人才培养质量评价模式予以改革，既不利于大学实现针对人工智能时代对人才培养目标及人才培养模式做出的调整，更不利于鼓励学生在知识结构上

① 《中国工程院院士：再不改变教学模式，三十年后孩子们可能找不到工作》，https:// mp.weixin.qq.com/s/dmk8up61PgsRv98yNt57AA。

积极于交叉学科学习以构建多元立体知识，在能力结构上养成创造性思维习惯及培养洞察秋毫发现新问题、高屋建瓴把握新问题、融会贯通解决新问题的能力。

三、人工智能时代大学创新发展的应对逻辑

党的二十大报告中特别指出了创新对于实现中华民族伟大复兴、构建新时代人类命运共同体具有的重要作用。《中国教育现代化2035》报告中强调，加强创新人才特别是拔尖创新人才的培养，必须"加强高等学校创新体系建设"[①]。在人工智能技术史无前例的大发展背景之下，大学唯有通过不断创新以保持不竭的发展动力。基于人工智能时代对高等教育提出的上述三大挑战，笔者试图提出并讨论大学创新发展的如下应对措施及其逻辑。

（一）人工智能予以大学理念创新的价值选择逻辑

理念具有先于行动、引领行动的作用。大学是理性成熟的社会组织，其如何行动及其行动的结果在很大程度上是由所持理念预先决定的。[②]所以理念创新是大学创新发展的价值前提及认识基础，有什么样的大学理念，就有什么样的大学。

其一，大学必须强化引领人类社会文明进步的使命定位亦即价值理性。"使命是人们对组织之社会责任的主观赋予，是人们对组织必须承负的社会责任的一种认定。"[③]毫无疑问，大学在推进人类文明社会的发展进程中，一直很好地履行了其价值引领、知识创新和人才输送的使命。当今人类社会已经完成了由模仿人类智慧的弱人工智能向与人类智慧并驾齐驱的强人工智能阶段的进化，人类社会一旦进入强人工智能阶段，具有自主意识及能力并超越人类智慧的超人工智能时代就会在极短的时间内成为现

[①]《中国教育现代化2035》，http://www.gov.cn/xinwen/2019-02/23/content_5367987.htm，访问日期：2022年8月12日。
[②]眭依凡：《论大学的观念理性》，载《高等教育研究》2013年第1期。
[③]眭依凡：《大学的使命及其守护》，载《教育研究》2011年第1期。

实。马斯克（Elon Reeve Musk）预言："不加限制的人工智能发展比核武器更危险。"正是基于对人工智能超常规发展的担忧，据相关报道，包括马斯克及图灵奖得主约书亚、苹果公司创始人史蒂夫等在内的1126名著名人士在联名签署的公开信中发起倡议，呼吁所有AI实验室立即暂停训练比GPT-4更强大的AI系统至少6个月，直至人类确信它们的效果是积极的且风险是可控的前提下，才可以继续开发更强大的人工智能系统。在人工智能已不再仅是人类可控的技术系统，并有极大可能成为不受人类限制甚至有害人类的一种权力系统的时代变迁中，大学作为高新知识和技术创新及培养高新知识与技术创新之人才的学术组织，既要以开放的态度积极投身于人工智能造福人类的发展，更要致力于防范人工智能给人类社会未来带来的潜在危害。在人工智能时代，大学必须更加重视科技伦理的价值对人类自身的利益加以有效的保护。为此，大学必须强化引领人类社会文明进步的使命定位，这是大学在创新发展中必须守持的价值理性。

其二，大学必须营造利于人类科学技术创新的环境氛围，亦即文化理性。创新对于国家民族发展的重要性不言而喻，而大学作为知识创新之重镇，自其出现以来就表现出了对于新知识的尊重与对于智慧的无限追求。而人工智能时代对于创造力和想象力的要求更甚从前，创造意味着风险，意味着冒险和试错，这需要大学提供一种更加包容的创新氛围，即一种人才包容的文化理性。包容意味着求同存异，意味着兼容并包，意味着对冒进的创新观点的鼓励与认同。如果没有奥地利政府对于居里夫人的大力支持，居里夫人就难以在资源有限的情况下最终从大量铀矿沥青中提炼出镭元素。如果没有弗莱克斯纳对于"无用知识"之有用的独到见解，就不会有成为世界研究圣地的普林斯顿高等研究院的出现。假如学生与学者在制定学习和研究目标的时候，出于社会现实和相关学业评价、聘任制度的影响，基于一种保守观念的价值考量，选择过分稳妥的主题展开研究，其成果就难以实现智能时代所需的真正创新，大学校园必须首先包容研究者的创新尝试导致的失败，想象力和创造力才能更好地在其中生长。

其三，大学还要寻找面向社会的、与时俱进的、更加开放的发展模式，即治理理性。智能技术的发展强化了信息的流动和传播，信息的快速流动和传播意味着群体与群体之间的联系越加紧密。高等教育作为在社会发展中起到重要作用的组织之一，亦将在越来越多的情况下或主动或被动地和其他组织产生联系。换言之，大学越来越不能独善其身，在智能时代，大学的治理必须走向开放而非封闭，与大学外部组织的人才、物资与信息交互之重要性日益凸显。而在万物互联、信息快速更迭的智能时代，大学治理者亟须找到一个治理的均衡点，既不能使大学过分保守从而失去与其他社会组织通力合作以促进社会发展的机会，也不能过分开放而导致大学完全失去其对自身学术价值和合法权益的尊重。智能时代的大学治理需要走向开放，但这是一种理性的开放、适当的开放，这就需要大学治理者在准确把握智能时代大学价值理性、文化理性的基础上，对大学现代化的治理模式进行创新。

（二）人工智能予以大学知识创新的学科建构逻辑

大学之传统学科发展的逻辑起点在于高深知识的探求和问题的发现及其解决，高深知识源于探求，而问题源于社会实践，二者均依赖于经验归纳、实验证明与理论推演。人工智能技术的出现，不仅予以了大学认识知识世界新的视角，同时也予以了大学知识创新的学科建构逻辑。

其一，智能技术赋予了传统学科拓展发展的学术逻辑。基础研究是一切科学技术与社会理论进步的基石，换言之，探求高深知识亦即基础研究的深入是知识创新和大学学科建构的逻辑起点。唯有坚持对学科基本原理的探索，学科之树才能在人工智能时代常青。人工智能自身之所以能从初期仅具有工具价值演进到具有学科价值，这一学术属性的跃变以至于人工智能作为一个以多学科基本理论交叉为特征的新学科的出现，无不归功于人们注重对人工智能潜藏的涉及诸多不同学科高深知识及基础性问题的探求和研究。基于这一学术逻辑，我们完全可以预见，智能技术的出现为传统学科特别是传统人文社会科学的研究过程提供了颠覆性的技术支持，使得研究者将从烦琐的重复性工作中得到解放，进而能将宝贵的时间用于对问题本质的思考。伴随着智能化的科研工具的开发，学术共同体将能以更高的效率展开研究和讨论，因此，要重视各个学科自身发展的智能化问题。智能理念的形成则将重塑传统学科的知识结构体系，并对传统学科知识体系进行精炼，使得一个学科专业知识领域变得更加开放。这有赖于学科基本理论研究者对于智能技术介入此学科后的学科基本研究样态的谨慎且具有前瞻性的深入思考，也要求理论研究者将眼光转移到学科发展的其他突破口，譬如传统学科前沿理论的应用实践转化。最后，智能技术将形成一种新的思维并反过来影响基础科学的研究，滞后的、陈旧的主题可能会被淘汰，而将出现与之对应的新研究领域，一个学科的知识建构将会呈现出滚动向前的新趋势。

其二，智能理论促进了学科交叉融合发展的创新逻辑。历次科技革命的发生无不是学科高度分化及高度融合的结果。然而，随着人工智能之于科技革命的影响力日益强大，未来的科技革命其多学科交叉融合的特征会更加凸显。换言之，多学科的综合亦即新兴交叉学科的产生必将成为学科创新发展势不可挡的大势，由此亦决定了支配人工智能技术发展的人工智能理论对学科创新发展的引领性。基于此，大学首先必须高度重视学科与学科的融合，在自觉加强学科间交流的过程中强化潜在新学科创生的敏感性，尤其要以学科融合的认识视角、思维方式和研究范式去促进有利于知识创造的学科建设。其次，大学必须高度重视各学科与人工智能技术的融合，借助并发挥人工智能技术的工具优势探索发现本学科的前沿研究新领域，最大可能地挖掘本学科知识创新的增长点和增长极。事实亦然。人工智能技术不仅能够为大学及其研究者提供高效的研究工具以提升知识创新的速度和质量，还能为大学及其研究者提供开阔的甚至全新的学科视角以重新看待自己熟悉的学科领域。传统学科与人工智能技术的融合关键不仅在于如何最大化地利用人工智能和信息技术所带来的巨大运算能力，还在于人工智能技术之于传统学科重新看待自己的新视角。比如B.M.罗津在关于工程学与工程思想的讨论中指出："今天社会上出现的大部分问题，都不可能仅仅通过科技方法得到完美解决。"[①]人工智能技术的发展与某一学科发展实践相吻合的内在性，其实也为学科的创新发展提供了有利条件。

其三，人工智能时代问题解决方式的快速迭代实现了对学科概念的超越。大学的学科概念在人工智能时代将发生突破，这是一个可以做出的预判。学科作为一个有建制的学术平台或研究组织并非凭空出现，随着社会发展新问题的不断增多及当具有共性的问题被大学及其研究者高度关注时，这些问题就可能形成一个新的研究领域，当这个领域被人们确定为具体的研究对象并提出了相对合理的解释（即理论）且找到卓有成效的研究范式及方法途径时，一个学科就逐渐生成。人工智能时代的不同在于，过去的问题的出现和解决的周期往往较长，人们或学术共同体有足够的时间形成并展开深入的研究，而人工智能技术的出现则加速了问题的"新陈代谢"，新的问题不断地涌现，而旧的问题及研究范式、旧方法途径则被快速地淘汰，有些研究及其成果可能以月甚至更短的时间单位计被新的研究及其成果所取代，如微软公司只用了4个月就完成了从GPT-3到GPT-4的跨越。这无不意味着大学学科的形成难以延续其传统的模式，以学科为单元的传统知识发展的建构逻辑将遭受挑战。对于新生的问题和研究领域，大学可能需要形成更加灵活的研究范式，这或许标志着传统学科概念的一种超越。未来学术研究的发展和新领域的探索或许就是一个人及一组机器可以达成的目标，而这种借助人工智能工具完成的知识创新，不仅能带来学术的繁荣，亦能带来学科新的生长点。

（三）人工智能予以人才培养模式创新的实践逻辑

党的二十大报告再次强调了科教兴国战略的重要性，指出要强化现代化建设人才支撑，尤其是对"全面提高人才自主培养质量，着力造就拔尖

---

① ［俄］B.M.罗津著，张艺芳译：《技术哲学——从埃及金字塔到虚拟现实》，上海科技教育出版社2018年版，第183页。

创新人才"予以了特别的强调。笔者以为大学在造就拔尖创新人才有两个着力点：一是加强人工智能领域拔尖创新人才的培养；二是重视人工智能理论与技术在人才培养过程的应用，创新人才培养模式。人才培养是大学的天职，人工智能理论与思维及人工智能技术的极大丰富与快速成熟，为人才培养模式创新既提出了理性的紧迫要求，亦提供了实践的可行性。为此，在人工智能时代的大学人才培养实践必须选择如下应对。

第一，针对人工智能未来时代需要的人才培养目标进行创新。在"知识获取的渠道已经发生改变，而且知识积累、知识处理方式日益多样化及快捷性"①的人工智能时代，大学的人才培养实践有必要重新审视和回答"培养什么人"这一基本问题。哈佛大学教授戴维·珀金斯（David Perkins）的"为未知而教，为未来而学"，以及美国东北大学校长奥恩（Joseph E. Aoun）关于"未来的高等教育应该是重视培养人类独特性的教育"②等观点，是否应该引起大学在人才培养目标的设计中加以思考？人工智能技术的极大进步，如"脑机接口"的现实化，使"百科全书式"的人才并不需要通过知识的系统学习和积累记忆才成为可能。在人工智能时代，人才培养更重要的任务是通过培养人敏锐的思维、良好的适应性，以及对人工智能的理念与思维、技术与工具的灵活运用，以获得智慧和解决问题的能力及应对各种由种种不确定性带来的未来社会挑战，此即培养人的多元智慧及能力将成为大学人才培养目标的创新选择。除此之外，尽自己能力最大可能地防止人工智能超乎科技伦理限制的人才培养要求必须在人工智能超常规发展的时代加以特别强调，树立并强化人类命运共同体的意识和意志必须作为大学人才培养的一种共情目标设计。

第二，针对人工智能未来时代需要的人才培养体系进行创新。人才培

---

① 眭依凡：《基于创新能力提升目的的博士生培养模式改革》，载《江苏高教》2023年第2期。

② ［美］约瑟夫·E. 奥恩著，李海燕、王秦辉译：《教育的未来：人工智能时代的教育变革》，机械工业出版社2018年版，第62页。

养是一个复杂的过程，人才培养体系包括了制度、课程、方法、评价等诸多要素。在超乎人类想象力倍速发展的人工智能时代，大学需要建立更加适应社会发展变化且具有灵活性的人才培养制度，以便有利于大学对涉及人才培养方案与过程中的诸如课程体系构建、教学内容安排、教学方法途径选择、人才培养质量评价等进行与时俱进的调整。譬如，将智能素养的培养作为一种通识教育不可或缺的构成，帮助学生通过对人工智能原理的了解及各种人工智能技术工具的运用，从而为其在未来适应人工智能时代的工作和生活奠定必要的知识基础和提升相关能力。又如，随着智能技术的推进，亦可以尝试将GPT-4等大语言模型接入个性化的AI教育助理开发，从而极大地丰富学生知识获取的手段，并帮助其及时总结、反思、修订个人学习计划，为以因材施教为特征的、以拔尖创新人才培养为目的的高度个性化人才培养模式创新的创造实践提供可能性。总之，在人工智能时代，不同学科的专业课程的交叉融合，课程开设的滚动创新，社会现实需要与未来挑战诉求的彼此关照，学生出于个性发展需要的满足，以及评价制度必须有利于学生创新能力提升并鼓励合作，避免内卷竞争，学术文化有利于对创新者及创业者的包容等，均为针对人工智能未来时代需要的人才培养体系创新之必要选择。

第三，积极推动人工智能技术在人才培养中的创新实践。在人工智能时代，大学应该鼓励师生在教与学的过程中使用各种各样的人工智能技术，从而提高教学效率。有学者总结道："人工智能技术在教育领域的基本框架至少包括了智能化的基础设施、智能化的学习过程支持、智能化的评价手段、智能化的辅助手段和智能化的管理手段五个方面。"[①]大学应该对人工智能新技术在人才培养中的运用持积极的态度，通过开设相关课程等形式为学生提供更多接触人工智能技术的机会，让不同学科的学生有机会接触到与本学科相关的前沿人工智能技术。对教师而言，必须借助智能工

---

① 余胜泉：《人工智能+教育蓝皮书》，北京师范大学出版社2020年版，第5页。

具来提高教学水平与科研质量；对学生而言，则必须通过人工智能技术提高学习效率和学习能力。大学师生都必须树立正确对待人工智能的认识，自觉并积极地把人工智能技术作为提高教学效率的新手段，如利用生成式人工智能帮助学生在与人工智能交互的过程中反思自己学科知识的不足，将人工智能作为辅助思考的工具而非应付作业、代替思考、学术取巧的捷径。基于人工智能技术之于人才培养创新实践的重要性，大学必须正视智能化校园建设过程中存在的由于追求设备开发的低难度与低成本导致的拓展性不足、易用性较低、学习成本偏高，以及师生难以将人工智能新技术融入教与学的问题，在供给人才培养的人工智能模型建构中，重视其兼容性和扩展性，以确保师生能够根据教学需要自行调整其功能，有利于师生对人工智能工具的熟悉及各种新型智能产品的掌握，最终实现人工智能工具的个性化、情景化运用，从而充分发挥人工智能技术在人才培养模式创新实践中的巨大作用。

（本文发表于《科教发展研究》2023年第1期，第二作者是幸泰杞。原文有改动。）

第六节　推动构建人类命运共同体：高等教育的使命与行动

一、引言

关于推动构建人类命运共同体，习近平总书记在党的二十大报告的第一部分"过去五年的工作和新时代十年的伟大变革"及第十四部分"促进世界和平与发展，推动构建人类命运共同体"分别做了如下的阐述："我们全面推进中国特色大国外交，推动构建人类命运共同体，坚定维护国际公平正义，倡导践行真正的多边主义，旗帜鲜明反对一切霸权主义和强权政治，毫不动摇反对任何单边主义、保护主义、霸凌行径。""中国始终坚持维护世界和平、促进共同发展的外交政策宗旨，致力于推动构建人类命运共同体。"[①]据党的二十大报告，我们可以对"推动构建人类命运共同体"进行如下的深度解读：提出"推动构建人类命运共同体"是我国基于"推进中国特色大国外交，构建新型国际关系，提升国家国际影响力、感召力、塑造力""维护国际公平正义，反对霸权和单边主义，维护世界和平""积极参与全球治理体系改革和建设，促进国际社会共同发展"的需要。

作为充分体现了中国处理国与国互相合作、公平竞争、和平发展关

[①] 习近平：《高举中国特色社会主义伟大旗帜 为全面建设社会主义现代化国家而团结奋斗——在中国共产党第二十次全国代表大会上的报告》，http://www.gov.cn/xinwen/2022-10/25/content_5721685.htm，访问日期：2022年10月27日。

系的远见卓识，推动构建人类命运共同体是中国为全人类社会提出的具有世界格局及价值引领的全球治理倡议及实践方案，它与《联合国宪章》提出的"维持国际和平与安全，发展各国间的友好关系，促进国际经济、社会及文化等方面的合作，构成协调各国行动的中心"的宗旨具有高度的一致性。尤其是当习近平主席在联合国日内瓦总部发表题为《共同构建人类命运共同体》的主旨演讲，系统深刻阐明了中国"为何要推动构建人类命运共同体、要构建一个什么样的人类命运共同体、怎样构建人类命运共同体"三大基本问题后，构建人类命运共同体理念当年就成为国际社会的共识，分别被写入联合国决议、安理会决议。"推动构建人类命运共同体"提出了促进人类社会发展，推动全球治理体系改革，构建新型国际关系和国际新秩序的新理念、新原则和新方案，因此获得了国际社会广泛的响应和支持，并产生了积极影响，由此我们完全可以充满自信地确定：中国为全球治理作出了积极而富有时代价值和历史深远意义的重要贡献。

在我国提出构建人类命运共同体理念并积极推动其为世界发展进步作出积极贡献的第10年到来前夕，由中国高等教育学会主办的"2022高等教育国际论坛年会"，以"人类命运共同体与高等教育可持续发展"为论坛主题，这不仅是深入贯彻落实党的二十大精神的积极行动，也是引领世界各国高等教育共同关切这一重大国际问题富有时代意义的学术盛事。作为本次论坛的主旨报告人之一，笔者旨在回答高等教育为什么负有推动构建人类命运共同体的使命责任及高等教育如何行动才能承担好推动构建人类命运共同体的使命责任。

二、人类命运共同体的提出及其内涵

对人类命运共同体提出的时代背景及人类命运共同体的内涵加以回顾和讨论，这是理解高等教育与构建人类命运共同体之关系及高等教育之于推动构建人类命运共同体的使命与责任并加以积极行动的认知基础。

（一）人类命运共同体的提出

2011年9月，国务院新闻办公室发布的《中国的和平发展》白皮书首次提出要以命运共同体的新视角寻求人类共同利益和共同价值的新内涵。[①] 研读这份白皮书我们发现，当时我国政府主要是站在人类利益共同体的基础上理解人类命运共同体并阐明我国和平发展的立场的。例如，在白皮书的第三部分"中国和平发展的对外方针政策"明确指出：中国会在"坚持独立自主的和平外交政策"的前提下，"把中国人民的利益同世界各国人民的共同利益结合起来，扩大同各方利益的汇合点，同各国各地区建立并发展不同领域不同层次的利益共同体，推动实现全人类共同利益，共享人类文明进步成果"，"秉持积极有为的国际责任观"，尊重"各国国情和发展阶段不同"和遵循"责任、权利、实力相一致的原则"，"着眼本国和人类共同利益，从自身国力出发，履行相应国际义务，发挥建设性作用"。[②] 又如，在题为"中国和平发展是历史的必然选择"的第四部分，白皮书强调："要以命运共同体的新视角，以同舟共济、合作共赢的新理念，寻求多元文明交流互鉴的新局面，寻求人类共同利益和共同价值的新内涵，寻求各国合作应对多样化挑战和实现包容性发展的新道路。"尤其在题为"中国和平发展的世界意义"的第五部分指出："中国基于自己几千年历史文化传统，基于对经济全球化本质的认识，对21世纪国际关系和国际安全格局变化的认识，对人类共同利益和共同价值的认识，郑重选择和平发展、合作共赢作为实现国家现代化、参与国际事务和处理国际关系的基本途径。"可以说，《中国的和平发展》白皮书既是我国政府对外表明中国和平发展理念和道路的宣言，也是我国首次对国际社会发出的以人类利益共同体的价值理念关切全球和平发展的倡议。

一年后的2012年11月，具有历史里程碑意义的中国共产党第十八次全

[①] 国务院新闻办公室：《中国的和平发展》白皮书，http://www.scio.gov.cn/tt/Document/1011394/1011394.htm。

[②] 同上。

国代表大会召开，在这次大会上我国明确提出"要倡导人类命运共同体意识"。2013年3月，习近平主席出访俄罗斯，在莫斯科国际关系学院发表演讲强调："这个世界，各国相互联系、相互依存的程度空前加深，人类生活在同一个地球村里，生活在历史和现实交汇的同一个时空里，越来越成为你中有我、我中有你的命运共同体。"①这是我国最高领导人站在人类历史发展进程的高度，以高瞻远瞩的世界眼光和博大的天下情怀，深入思考人类前途命运，首次在国际社会提出构建人类命运共同体的理念。2017年1月19日，习近平主席在联合国总部发表题为《共同构建人类命运共同体》的主旨演讲，向全世界发出了共同构建人类命运共同体的倡议。同年12月，习近平主席在中国共产党与世界政党高层对话会上发表主旨讲话，又提出世界各国人民应该秉持"天下一家"的理念，强调各国要彼此理解、求同存异，为构建人类命运共同体而共同努力。2021年1月25日，习近平主席又在题为《让多边主义的火炬照亮人类前行之路》的世界经济论坛致辞中表示："人类只有一个地球，人类也只有一个共同的未来。无论是应对眼下的危机，还是共创美好的未来，人类都需要同舟共济、团结合作。"他号召世界各国"摒弃意识形态偏见，共同走和平共处、互利共赢之路""携手应对全球性挑战，共同缔造人类美好未来"。②由此可见，推动构建人类命运共同体不仅已经成为我国持续谋求的新型国际政治关系，亦是我国向世界积极倡导的新型全球治理理念。

可以说自我国率先倡导构建人类命运共同体十多年来，尽管国际局势发生了巨大变化，但习近平主席超越各国单边利益诉求提出的关于任何国家都不可能独善其身的睿智分析及构建人类命运共同体的倡议，深得国际社会的赞赏，已经凝聚为爱好和平发展的国际组织及世界各国之共识。如

---

① 《十年间，习近平主席这样阐述人类命运共同体》，https://www.ccps.gov.cn/xtt/202303/t20230324_157369.shtml? from=groupmessage。

② 《习近平出席世界经济论坛"达沃斯议程"对话会并发表特别致辞》，https://www.gov.cn/ xinwen/2021-01/25/content_5582473.htm。

在2016年9月13日召开的主题为"可持续发展目标：共同努力改造我们的世界"的第71届联合国大会上，联大主席彼得·汤姆森先生就明确表示：构建人类命运共同体"是人类在这个星球上的唯一未来"。①十年来，人类命运共同体不仅被写入了联合国决议、安理会决议，还被写入了上合组织、金砖国家等多边机制决议或宣言。人类命运共同体所承载的"要和平不要战争、要发展不要贫穷、要开放不要封闭、要合作不要对抗、要团结不要分裂、要公平不要霸凌的价值选择"日益深入人心，"为超越冷战思维，探索对话合作新模式、共谋和平发展新未来描绘了美好蓝图"。②构建人类命运共同体理念的影响力、感召力在国际社会日益广泛深远之同时，世界诸多国家对中国推动构建人类命运共同体诸如"一带一路"倡议等也予以了积极的响应和支持。推动构建人类命运共同体作为国际公认的中国理念与方案已经植根于构建国际新秩序的原则之中，成为推动全球治理体系改革、构建新型国际关系和国际新秩序的共同价值规范，为全球治理作出了重要贡献。

（二）人类命运共同体的内涵及其外延

关于人类命运共同体的内涵界定，我们不难从习近平主席于2021年10月25日在中华人民共和国恢复联合国合法席位50周年纪念会议上发表的讲话中找到答案："推动构建人类命运共同体，不是以一种制度代替另一种制度，不是以一种文明代替另一种文明，而是不同社会制度、不同意识形态、不同历史文化、不同发展水平的国家在国际事务中利益共生、权利共享、责任共担，形成共建美好世界的最大公约数。"③

基于习近平主席的上述重要讲话精神，笔者理解的人类命运共同体即针

---

① 《为了建设一个更加美好的世界》，http://theory.people.com.cn/n1/2022/0613/c40531-32444646.html。

② 高祖贵：《新时代中国特色大国外交战略及其实践要求》，载《科学社会主义》2022年第6期。

③ 习近平：《在中华人民共和国恢复联合国合法席位50周年纪念会议上的讲话》，http://www.news.cn/2021-10/25/c_1127992532.htm。

对整个世界而言的，以各国及其人民之命运兴衰安危、贫富荣辱为纽带形成的，国与国关系在政治上无法割裂、经济上彼此依赖的人类社会。构建人类命运共同体旨在强调：由于"人类应该和衷共济、和合共生"，因此世界各国必须同心同德、同舟共济，共同建设持久和平、普遍安全、共同繁荣、开放包容、清洁美好的国际社会。尽管有些国家为维护自己世界霸权的单边利益及其利益小集团国家的需要，大肆破坏世界各国经几十年和平发展起来的，以政治多极化、经济全球化、文化多样、科技文明共享等为特征的，各国政治上互信及经济上互惠的和谐发展关系，但以互联网和人工智能为引领的科学技术革命及其工业革命影响的日益广泛和深入及由此导致的生产力水平的极大提高，加速并强化了国际社会间人、财、物及技术和信息的合作交流，并由此进一步加强和巩固了世界各国命运共同体的关系。

根据人类命运共同体及其构建的内涵，关于人类命运共同体及其构建的外延主要集中于国与国之间必须关切且关系国际社会和平稳定良性发展的要素。综合习近平主席诸多关于构建人类命运共同体的重要讲话精神及学者的学术观点，可以把构建人类命运共同体的要素及其目的概括为如下五个方面。其一，国与国之间在政治上必须互相尊重、高度互信，摒弃冷战思维和强权政治，建立平等对话而非对抗、结伴而非结盟的友好、友善的国际关系，并积极维护多边主义。其二，在对待国际安全的问题上，必须坚持通过平等对话解决争端，以协商化解分歧，统筹应对传统和非传统安全威胁，反对一切形式的恐怖主义。其三，在促进经济全球化问题上，促进贸易和投资自由化、便利化，推动经济全球化朝着更加开放、包容、普惠、平衡、共赢的方向发展。其四，在文化价值观念上，尊重世界文明多样性，以文明交流超越文明隔阂、文明互鉴超越文明冲突、文明共存超越文明优越。其五，在生态文明上，坚持环境友好，合作应对气候变化和各种自然灾害，共同保护好人类赖以生存的地球家园。构建人类命运共同体的提出，充分体现了中国在处理国与国关系中的互相合作、公平竞争、和平发展的远见卓识和世界格局。推进构建人类命运共同体已是"世界潮流，浩浩荡荡，顺之则昌，逆之则亡"。在以世界文化价值中心多元化及人工智能引领下的科技革命共同加剧了对世界影响的"百年未有之大变局"的今日，逆全球化及反全球化的图谋必将失败。

（三）人类命运共同体与人类利益共同体的比较

如表1-6所示，人类命运共同体与人类利益共同体从概念内涵到价值取向及其实践和结果等都有着诸多本质的不同，对二者之间的不同加以比较分析，有利于国际社会更全面地认识及更深刻地理解我国何以如此重视倡导和推动构建人类命运共同体。限于篇幅，这里不再赘述。

表1-6　人类利益共同体与人类命运共同体比较[①]

	人类利益共同体	人类命运共同体
概念内涵	把国与国的关系视为利益相关者的关系	把国与国关系视为命运相互依存的关系
价值取向	基于国家之间利益需要的一种价值取向，极具利益主体的个体性及急功近利性	基于各国共同生存发展并把人类命运置于最高目的的一种价值取向，强调国家间生存发展的整体性及长远性
相互关系	利益共同体很难克服利益相关主体天然的自私性甚至贪婪性，以及由此导致的利益主体之间的竞争性、排他性	命运共同体主张生存发展是人类最具共性的基本需要，其宗旨在于追求和实现本国发展的同时促进他国共同发展，强调主体间的合作双赢
实现程度	具有相当大的实践难度甚至不可实现性	受到世界各国的普遍认同，并具有可实现性
最终结果	容易导致国家单边主义和一国独大及部分国家出于利益需要的结盟	有利于国与国之间对彼此生存发展权的尊重，并有利于促进世界多极化合作发展

---

① 眭依凡：《基于推进人类命运共同体构建需要的大学国际化选择》，载《探索与争鸣》2019年第9期。

三、高等教育推动构建人类命运共同体的使命与行动

进入21世纪以来，世界经济的知识属性日益凸显，即世界经济从结构形态到生产方式天翻地覆的发展进步无不是高新知识及其物化生产力及创新人才支撑的结果，而归根结底是以人才培养和知识创新为使命责任的高等教育及实施高等教育的机构——大学支撑的结果。尤其是以人工智能为引领的新科技革命时代的到来，高等教育之于人类社会文明发展进步的极端重要性愈加强烈，由此决定了高等教育之于构建人类命运共同体的不可或缺。

（一）高等教育与人类社会发展的关系

由于构建人类命运共同体是人类社会的一种发展及治理模式，因此讨论高等教育与人类社会发展之间的关系，是回答高等教育对构建人类命运共同体为何负有特殊使命责任，以及在此前提下采取行动的认识前提。

循高等教育历史发展的时序，我们不难得到如下结论：高等教育是人类社会发展到一定阶段的产物，是人类社会诸如政治、经济、文化、科技等多种要素共同作用的结果。换言之，高等教育及以实施高等教育为己任的大学，均源于人类社会对可持续发展的人才培养和知识创新的需求。由此高等教育与人类社会发展的关系可以归纳如下：其一，人类社会的发展进步需求是高等教育存在和发展的根本理由；其二，高等教育的存在和发展又必须以人类社会对其提出的需求以及为其提供的资源为前提和条件。基于整个人类社会的文明发展是教育尤其是高等教育支撑和推动的结果这一既成事实，把学校教育尤其是大学教育称为人类最伟大的发明创造，是符合人类社会发展历史逻辑和现实逻辑的判断。

笔者曾经把具有经典意义的高等教育发展历史归纳为如图1-12所示的三大阶段：发端于中世纪早中期被动满足社会发展需要的初创阶段；经第一次工业革命后主动适应社会发展需要的过渡阶段；20世纪下半叶以来积极引领和推动社会发展需要的成熟阶段。由此可见，高等教育及其大学作为人类文明进步的产物，一方面在不间断地满足人类社会发展进步的需求；另一方面随着人类社会的发展变迁，高等教育及其大学又通过不间断地与时俱进地自我完善，从而在推动近千年人类社会文明发展的历史进程中，日益发挥着比其他社会组织都无与伦比和无法替代的智慧源泉及知识动力的巨大作用。此即高等教育及其大学经久不衰且愈加伟大的原因所在。

中世纪早中期
被动满足社会发展需要 ➡ 第一次工业革命后
主动适应社会发展需要 ➡ 20世纪下半叶以来积极
引领和推动社会发展需要 ➡ 未来

图1-12　高等教育发展的历史进程

由于当今世界正处在一个以高新知识及其物化成果为第一生产力，即知识作为一种权力已经彻底改变了人类社会的生活方式和生产方式的时代。据美国未来学家托夫勒关于人类社会经历了暴力、财富权力、知识权力三大权力体系历史发展的观点，笔者认为现代人类社会的权力体系构成如图1-13所示，可以归纳为政府权力、财富权力及知识权力并存的多元权力体系。就现时代的权力特征而言，知识权力对政府权力及财富权力行使的方向及质量极具引领性甚至决定性。权力既有建设性亦有破坏性，知识权力亦然。由于高新知识是以实施高等教育为使命责任之大学创造的，创造和运用高新知识的人是大学培养的，大学作为高新知识的主要垄断者在很大程度上拥有了决定人类文明进程乃至人类未来前途命运的知识权力。毋庸置疑，高新知识尤其是以人工智能和基因技术引领的科技革命，正在以超乎人类想象力的发展速度改变着人类社会文明进程，当人类社会越来越依赖于、受控于高新知识及其物化成果高新技术时，高等教育及其大学与人类社会发展已经成为不可分割的共同体。

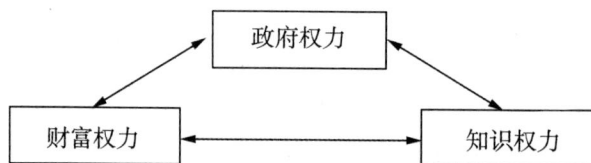

政府权力
财富权力　知识权力

图1-13　现代社会权力体系

上述关于高等教育与人类社会的关系讨论，已经阐明了高等教育及其大学作为知识的创新者、传播者、转化者、实践者，对人类社会的未来文明发展具有决定性影响。为此，高等教育及其大学在高新知识及其创新、传播和使用的同时，必须以强烈的人类社会责任担当的危机意识、伦理意识，以及更开放、更博大、更负责的国际视野、世界胸怀、全球格局面对人类未来社会。基于上述认识，高等教育与人类命运共同体之间的逻辑关系因此清晰：高等教育及其大学本身就是人类命运共同体中一个不可或缺的组成部分，在推动构建人类命运共同体的历史进程和国际运动中，高等教育及其大学绝非旁观者，必须主动担负起作为知识权力组织应有的使命责任，在推动构建人类命运共同体进程中，自觉发挥任何国际社会组织无法替代的作用。

（二）构建人类命运共同体与高等教育国际化行动

构建人类命运共同体虽然是我国向世界各国提出的具有价值引领性的全球治理倡议及实践方案，但构建人类命运共同体绝非我国单边的一厢情愿，作为全球治理的价值理念，其实践意义及特征在于：世界各国各民族各地区的共同的积极参与即国际化行动。缺失了国际社会的积极响应和一致行动，构建人类命运共同体就会停留在理想及理念层面而被悬置。基于此，这不仅为高等教育必须通过加强国际化行动以履行构建人类命运共同体的使命责任提供了理论依据，亦为高等教育必须通过加强国际化行动找到了推动构建人类命运共同体的实践路径。进而言之，加强高等教育国际化是高等教育及其大学履行其推动构建人类命运共同体之使命责任的最有效的实践途径。事实亦然，高等教育及其大学作为以探索国际学术前沿新知识及其传播为目的的、具有国际文化视野的高层次专门人才高度集中且国际交流合作频繁的国家事业及实施高等教育的组织系统，极具时代性和国际开放性，而高等教育及其大学的这一近乎组织属性意义的独特性，赋予了其为推动构建人类命运共同体有所作为的国际化行动的价值理性和能力基础。

  何谓高等教育国际化？首先我们需要明确国际化不同于全球化概念，后者是一个以经济全球化为核心，包括各国各民族各地区在政治、文化、科技、军事、安全、意识形态、生活方式、价值观念等多层次、多领域的相互联系、影响、制约的多元概念。[①]而高等教育国际化是世界各国根本克服狭隘民族主义的思想局限性，以尊重和包容世界多国不同文化的价值理性和博大胸怀，积极从事高等教育的国际交流与合作，以促进各国高等教育共同发展、和谐发展、共享发展、持久发展为目的高等教育行动。高等教育国际化绝不仅是一种为适应世界高等教育发展趋势及注重吸收国际高等教育经验，注重培养具有开阔的国际视野及处理国际事务的知识和能力之人才的高等教育行动选择，而是受其内在逻辑驱动的必然结果：其一，高等教育国际化既是基于高等教育对高新知识传授和创新的时代敏感性、人类知识财富的无疆界共享性、实施高等教育机构的开放性等内在属性规律的需要，亦是促进人类物质文明整体和社会精神文明进步、和谐发展不可或缺的高等教育资源互助性、流动性需要；其二，高等教育国际化既是高等教育自我高质量发展的需要，又是推动国际社会消除贫困落后、共同发展、平等发展、持久发展的需要。

  上述关于高等教育国际化概念及内在逻辑的讨论，使加强高等教育国际化行动之于推动构建人类命运共同体的实践价值愈加彰明昭著：高等教育国际化是最能体现构建人类命运共同体之价值理想的高等教育行动，其通过共享高等教育思想及其成果的国际合作交流，消除高等教育强国与弱国之间的观念隔阂，打破高新知识的国际垄断，缩小国际社会高新知识的差距，推进国际高等教育的民主发展，发挥科技力量共同战胜人类面对的自然灾害，并以此为维持国际和平与安全、发展各国友好关系、促进国际经济社会及文化合作、构建协调各国行动的中心作出应有的积极贡献。如果说人类社会把反映高等教育发展最高水平的高等教育现代化视为高等教

---

  ① 韩星：《文明对话是多元文明和谐相处的重要保障》，http://china.chinadaily.com.cn/a/201905/17/WS5cde90dfa310e7f8b157d53a.html，访问日期：2023年6月2日。

育的目标所在，高等教育的国际化则是高等教育现代化达成不可或缺的途径和手段。

作为推动构建人类命运共同体的倡导者，我国高等教育必须由国家加以重视并率先加强国际化行动：一是通过国际化行动，学习高等教育强国的办学、治校及人才培养、知识创新的成功经验，帮助高等教育弱国的高等教育发展和高等教育质量提升；二是通过国际化行动，积极宣传和扩大构建人类命运共同体在国际社会的影响，作出中国高等教育在推动构建人类命运共同体进程中的突出贡献。正是基于对高等教育国际化重要性高屋建瓴的把握，中央高层坚持扩大高等教育开放，并强调要加强与世界一流大学开展高水平的合作办学。

2022年5月18日至20日，联合国教科文组织在西班牙巴塞罗那举办第三届世界高等教育大会，在此次主题为"重塑高等教育的理念和实践，以确保地球和人类的可持续发展"的大会中，提出了国际高等教育未来发展的"六项原则"和"六个改革方向"，其中六大原则中1、5、6原则分别为："包容、公平和多元化""对可持续性和社会责任的承诺""通过合作而非竞争实现卓越"；六个变革方向中1和3方向分别是："公平和可持续地享有高等教育""推动跨学科、超学科的开放交流"。由此我们不难发现，加强高等教育的国际化行动不仅高度契合了本届联合国世界高等教育大会提出的高等教育未来发展原则及改革方向，更在于其可以最大限度地促进高等教育的全球参与及合作交流，并通过创建更开放、包容、公平和协作的国际高等教育系统以应对日益复杂和充满挑战的世界变化，为推动构建人类命运共同体作出应有的、其他组织无法替代的贡献。

（本文发表于《中国高教研究》2023年第7期。原文有改动。）

第二章

大学内部治理创新

第一节 关于一流大学建设与大学治理现代化的理性思考

在来自大学外部的、与一流大学建设高度相关的政府制度与物质资源两个供给很好解决后，一流大学的建设成效则取决于大学内部治理的现代化。此即思考及讨论一流大学建设与大学治理现代化之关系的意义所在。

一、一流大学的竞争要素

关于世界一流大学建设，笔者形成了三个学术观点：其一，在国与国之间的激烈竞争中，败下来的无一例外都是或将来一定是高新知识落后的国度。大学作为高新知识的创造者、传播者、垄断者，在很大程度上拥有决定国家前途命运的知识权力，对国家兴衰大学负有重大责任。这是一个关于高新知识及与其高度相关的大学之价值的判断；其二，世界一流大学建设有必要充分发挥我国体制"高度集中带来的高效率"这一中国特色社会主义的优势，中央政府要在制度供给侧为大学按规律办学治校创造必要的体制机制环境前提下，做出以资源配置为激励手段、以提高大学竞争效率为目的的政策选择和制度设计，即以"目标明确、重点突出""数量控制、资源集中""效率优先、实力取胜""机会公开、竞争择优"[①]的原则遴

[①] 眭依凡：《关于"世界一流大学建设"的理性思考》，载《高等教育研究》2017年第9期。

选"一流大学和一流学科"，彻底改变传统学科的概念及"多多益善"的思维方式和决策模式。这是对关于"双一流"建设高校如何遴选给予的宏观决策建议；其三，当有利于世界一流大学建设的包括良好观念与制度环境及充足经费投入的外部条件完全具备且稳定后，一流大学建设的得与失、成与败取决于大学自身如何治理。这涉及大学内部治理之于一流大学建设的关系及其如何治理才有利于一流大学建设的现实操作问题。

关于大学内部治理对一流大学建设是否具有影响和制约以及具有什么影响和制约，笔者亦有如下的思考：第一是大学能否自觉按一流大学应有的规律办学治校育人，这属于大学治理之理念层面的问题，笔者在《世界一流大学建设六要素》（载《探索与争鸣》2016年第7期）中予以了专门阐述；第二是大学能否充分利用资源优势确保资源高效率利用，这是关于大学资源如何科学配置及其提高资源利用效率的问题，笔者在《关于"世界一流大学建设"的理性思考》（载《高等教育研究》2017年第9期）及《"学科"还是"领域"："双一流"建设背景下"一流学科"概念的理性解读》（载《高等教育研究》2018年第4期）中予以了富有创见的讨论；第三是大学必须构建有利于一流大学按规律办学治校的"效率优先"的治理结构，这是涉及大学治理模式的问题，笔者在《论大学的善治》一文中率先提出了大学善治结构的建构必须遵循"效率优先、整体设计、民主管理、依法治校"[1]的治理原则。

在笔者看来，大学理性、物质基础及治理模式这三个要素构成对一流大学建设产生影响的金字塔，如图2-1所示，顶部是大学理性，中部是资源基础，底部是治理模式。对一流大学要素金字塔可以作如下解读：首先，大学的学术属性决定了其必须是一个自觉自律的理性组织，其行动受制于大学理性，且其行动结果很大程度是被大学组织及其成员所持的理性预先决定的。所以，一流大学建设必须以诸如遵循大学办学治校育人的属性及规律为指导，因此大学理性之于一流大学建设具有置顶的重要性。其次，

---

[1] 眭依凡：《论大学的善治》，载《江苏高教》2014年第6期。

大学是需要靠消耗大量资源以支撑的"贵族型"学术组织，对巨大资源的依赖是一流大学建设不可或缺的资源基础，由于资源之于任何一所大学都是有限的，并非取之不尽、用之不竭的，所以即便在西方高等教育强国，一流大学也只能是少数大学的理想和目标。其三，在上述两个要素具备后，一流大学能否建成则完全取决于大学的内部治理模式，所以治理模式是一流大学建设底部厚重的不可逾越的操作性基础，对一流大学建设的得失成败具有决定性作用。

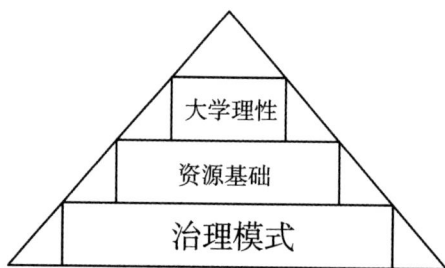

图2-1 一流大学竞争要素金字塔结构

大学理性的问题学界已经讨论很多了，不必赘述。关于一流大学建设资金投入情况，如表2-1所示，近3年我国在经费预算排名前10位的一流大学建设高校基本呈逐年增加的趋势，至2018年预算最低者武汉大学也达93.5亿元，而清华大学高达269.5亿元。尽管从决算情况看，上述大学都有不同程度的降低，但总体而言，无论预决算绝大多数大学都呈逐年增加的趋势，有些大学增速则十分惊人。譬如清华大学2017年的预算比2016年增加了51.1亿元，决算增加了24.99亿元，每年预决算增幅数亿元及10亿元以上的大学亦非少数。为了便于与欧美一流大学对照，笔者请从美国波士顿学院访学归国的熊万曦博士据相关大学官网公布的最新数据，就2018年US.News世界大学综合实力排名前10位大学的年度经费开支情况制作了表2-2，其中年度开支最高的是斯坦福大学，为58.53亿美元（折合406.3亿元），普林斯顿大学最少，为14.67亿美元（折合101.8亿元）。由此可以得出结论，无论中国还是欧美国家，凡一流大学无不是强资源依赖型学术组织。

表2-1　10所一流大学建设高校近三年总预算数据（单位：亿元）

序号	学校	类型	2016年	2017年	2018年
1	清华大学	A类	182.2	233.3	269.5
2	浙江大学	A类	154.3	150.5	154.6
3	上海交通大学	A类	118.0	140.8	144.9
4	中山大学	A类	74.0	116.4	134.9
5	同济大学	A类	60.1	76.6	134.2
6	北京大学	A类	153.1	193.5	125.5
7	复旦大学	A类	78.8	100.4	108.9
8	华中科技大学	A类	70.5	84.2	98.0
9	吉林大学	A类	52.2	88.0	97.7
10	武汉大学	A类	78.2	87.5	93.5

资料来源：https://baijiahao.baidu.com/s？id=1611303366394023444&wfr=spider&for=pc。

表2-2　全球10所顶尖大学的年度开支情况

序号	学校	财政年度	名称	经费总额（美元）	折算人民币（元）
1	斯坦福大学	2017/2018	总开支	58.53亿	406.3亿
2	哈佛大学	2017/2018	总开支	45亿	312.4亿
3	哥伦比亚大学	2017/2018	总开支	43.84亿	304.3亿
4	麻省理工学院	2016/2017	总开支	33.49元	232.5亿
5	加州理工学院	2017/2018	总开支	29亿	201.3亿
6	加州大学伯克利分校	2018/2019	总开支	28亿	194.3亿
7	约翰霍普金斯大学	2016/2017	总开支	24.31亿	168.77亿
8	剑桥大学	2016/2017	总开支	18.07亿	160.8亿
9	牛津大学	2017/2018	总开支	13.97亿	124.4亿
10	普林斯顿大学	2017/2018	总开支	14.67亿	101.8亿

注：数据来源于上述大学官网。

二、一流大学建设治理体系现代化的重要性

就经费投入而言，我国排名居前的一流大学建设高校已经接近或不输于世界综合实力排名靠前的欧美大学。若考虑到我国一流大学建设的资源条件的极大改善是在中央高层基于提升我国教育发展水平、增强国家核心竞争力、奠定长远发展基础的国家战略发展需要，在中央深改组对此专题研究后于2015年10月由国务院制定推出了《统筹推进世界一流大学和一流学科建设总体方案》，仅一年后的2017年1月，又由教育部、财政部、国家发展改革委联合印发了《统筹推进世界一流大学和一流学科建设实施办法（暂行）》，并在同年10月把加快"双一流"建设作为实现高等教育强国的战略目标写进党的十九大报告中的政策制度背景下的结果，所以可以断言，新一轮的世界一流大学建设无论在中央政府的制度供给方面还是资源供给方面均极大满足了一流大学建设的需要，时下是我国的一流大学建设适逢其时的最好时期和最好环境。

然而，若要在较短的时间内把建成世界一流大学这一仰望星空的理想变为脚踏实地的现实并非易事。如图2-2所示，笔者把改革开放后40年我国的世界一流大学建设分为两个阶段：第一轮的世界一流大学建设在1998年提出，是"985工程""211工程"建设阶段；第二轮的世界一流大学建设从2015年开始，是"双一流"建设阶段，两个阶段正好相隔20年。在世界一流大学建设两个阶段的20年间我们都遇到了建设发展中的瓶颈：第一个瓶颈是"985工程""211工程"期间的"经费短缺"，该阶段我国主要通过加大投入解决一流大学建设的资金困窘问题。但由于长期积淀下来的高等教育投入不足、缺口较大，这一轮的世界一流大学建设的经费更多用于整体办学条件的改善；第二个瓶颈是进入"双一流"建设阶段后解决"治理效率不高"的问题，因为在制度供给和资源供给的问题都已经得到根本解决的前提下，如果我们的"双一流"建设成效不佳就不能再以制度供给不足、资源不足等外部环境不够好为借口加以推脱。若真是这样，中央高层以"双一流"建设取代"985工程""211工程"的意义和价值则会受到人们的质疑。

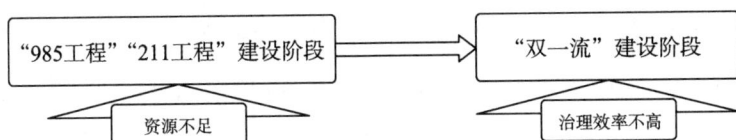

图2-2　一流大学建设的瓶颈

事实上，就上述两个发展瓶颈而言，资源充足仅是一流大学建设的必要条件而非充分必要条件，换言之，资源充足并非一流大学建成唯一的必要条件。相对而言，富有效率的大学治理体系及与其高度相关的大学治理能力之于一流大学的建成更加重要，否则大学的资源优势就会因为治理效率的低下消减甚至变成沉没成本。在资源问题解决之后，一流大学建设得失成败就没有了资源困窘的借口，其内部治理体系的优与劣则成为决定大学竞争胜负的实力所在。在世界一流大学建设及其竞争中，我们大学内部治理体系效率不高的问题已经暴露无遗，若不对大学内部治理体系加以以效率优先为价值引领的改革，亦即致力于大学内部治理体系的现代化，恐怕其不仅难以肩担好以具有国际比较优势为特征的世界一流大学建成的重任，甚而连建成一所富有办学效率之大学都难成为可能。在一流大学的建设进程中，凡办学治校者必须认识到，旨在一流大学建设目标的大学竞争，其竞争力提升与资源困窘的矛盾已经发生了向竞争力提升与内部治理体系落后之矛盾的转化，进入一流大学建设生态群的大学竞争，决定其成败的是大学内部治理体系的竞争。不解决大学内部治理体系现代化以提升治理能力的问题，在一流大学的激烈竞争中，我们就可能由于一流大学竞争要素金字塔结构中具有底部承重作用的治理模式的不足而功亏一篑。

三、一流大学建设如何实现治理体系现代化

关于大学治理体系现代化的讨论，首先需要对现代化概念进行厘清和明晰。一篇发表在《教育研究》2018年第8期题为《2017中国教育研究前沿与热点问题年度报告》的文章，其在"加快教育现代化 建设教育强国"的前沿热点标题下，专门辟有"教育现代化的内涵与标准"的内容。关于

教育现代化的内涵的界定，该文引用了三位学者的观点，不妨附上：其一，"教育现代化的本质是教育现代性的增长。教育现代化存在的合理性在于其有效增进社会的现代化和人的现代化。教育现代化评价的切入点是教育形态，是对教育管理、教育体系、课程与教学、教育资源等的评价以及对教育结果的评价。教育现代化任重道远，须促进教育发展方式的转变，真正实现教育的健康发展"；其二，"教育现代化的内涵应从'公益性'和'公共产品'概念转向'共同利益'概念，受教育者的选择权和学习形式应走向多元、平等，学习者的学习应具有终身性、连续性和自主性，应将人的全面发展的各个方面纳入政策视野"；其三，"教育强国必定强在质量上，教育竞争力评价指标体系，包括教育公平、教育质量、教育保障和教育贡献四个维度"。[①]上述关于教育现代化内涵的表述，让笔者只能更加坚信"现代化"在学术上是个意义边界不清的模糊概念。事实亦然。在2013年由中国高等教育学会举办的主题为"高等教育现代化"的高等教育国际论坛上，应邀在大会主会场和分论坛做学术报告的五位外国学者，无一人直接讨论现代化的概念，他们全部脱离论坛的主题自说自话，谈论高等教育不同领域的问题。会议期间，笔者专门问及个别海外学者为何不根据论坛主题需要讨论高等教育现代化的问题？回答是关于现代化的概念不好把握。其实在西方学界多是把高等教育现代化"当作以某种价值为取向的社会发展进程来认识的，比如高等教育的普及化、网络教育等等，这是代表高等教育的发展方向"[②]。

基于研究规范和给本届论坛做总结报告的需要，笔者没有回避给"高等教育现代化"的内涵予以明确的努力，于是就有了笔者对"高等教育现代化"如下的界定："高等教育现代化是以国际高等教育最高水平、最先进状态为参照的目标体系和追求，是具有时空局限性的相对概念，反映未来

① 本刊编辑部：《2017中国教育研究前沿与热点问题年度报告》，载《教育研究》2018年第2期。
② 眭依凡：《高等教育现代化的理性思考》，载《高等教育研究》2014年第10期。

某阶段或现实高等教育发展的最高水平及其综合实力的最强状态。"①进一步的认识是：高等教育现代化既是高等教育未来发展的方向和目标，又是高等教育发展的进程和状态，高等教育现代化既是适于国家竞争和国家需要，又引领国家现代化发展并构成国家现代化不可或缺的基础。为了有利于指导高等教育现代化的发展方向，在这个报告中笔者又具体提炼出对高等教育现代化具有操作意义的六大要素，即高等教育的普及化、高等教育的高质量、善治的高等教育治理结构、高等教育的国际化、高等教育的信息化及高等教育学习型社会。其中善治的高等教育治理结构具体到高等教育的实施者而言即属于大学治理现代化的问题，这个问题过去被我们诸多大学所忽略，而现在到了不得不加以高度重视的时候了。有了对"高等教育现代化"这一上位概念的认识，笔者对"大学治理体系现代化"之概念的界定就有了如下的借用：所谓大学治理体系现代化是大学从以控制为手段的传统管理模式向以效率为目的现代治理模式变革和转型的过程，是按大学应有规律办学治校育人的，以人才培养及知识创新的高质量、高水平、高效率为目标追求的，富有竞争力的大学治理模式。大学治理体系现代化的要素包括：大学治理理念的现代化、大学治理结构的现代化及大学治理能力的现代化。上述关于大学治理体系现代化的理解无疑要比"大学治理现代化指以累积治理有效性来强化其合法性的过程"②这一仅仅强调大学治理现代化的关键是提高治理有效性之说要全面且更贴近大学治理体系现代化的内涵界定。

为了加深对大学这一特殊的社会组织之治理体系现代化的认识和理解，笔者借用物理学的"场论"及"耦合"两个概念及理论对大学治理体系现代化问题予以形象化的说明。何谓"场论"？物理学中把某个物理量在空间的一个区域内的分布称为场，如温度场、密度场、引力场、电场、磁场等，任何物理场均有其势能且彼此会产生相互影响和相互作用；而

---

① 眭依凡：《高等教育现代化的理性思考》，载《高等教育研究》2014年第10期。
② 朱家德、周湖勇：《大学有效治理研究》，中国社会科学出版社2016年版，第24页。

"耦合"是与"场论"彼此密切关联的概念，即在现实世界中存在许多的物理场，物理学要解决的是这些物理场的叠加问题，即场与场之间能量的传递和接收，这种多个物理场相互叠加的问题就叫耦合。物理学的场论可以引入社会组织系统的治理，借鉴这一理论可以把大学视为由诸多组织形式的能量场构成的巨大系统，为了讨论方便，笔者把大学组织系统简单划分为行政子系统和学术子系统，但就权力体系而言，大学是个复杂系统，其内部的场远不止这么简单。大学内部的行政子系统与学术子系统都是具有能量且彼此影响的势场，但两个系统在大学内部的职能约定不一样，如行政系统专司管理职能，其通过建立一套规则对学术系统施加影响以维护大学组织必要的运行秩序；而学术系统专司人才培养和知识创新的组织职能，大学对社会的贡献主要取决于学术系统的能量大小及其作用的发挥，但在大学这个大系统中学术系统受制于行政系统，所以有什么样的大学内部治理体系就有什么样的大学，若大学的行政体系像个官僚机构，大学就是一个难以按大学应有规律办学治校育人的官僚机构，至少是个半官僚机构，学术系统的社会贡献因此就会受制。之于一流大学建设而言，只有该大学的行政系统和学术系统成为相互配合的协同系统，即二者形成的能量场发生高度耦合，一流大学建设的目标设计与大学内部治理的结构安排两者的逻辑才能自洽，在这样一种治理状态下，一流大学的建设成效才能达至最佳。有了上述关于大学治理体系现代化的感性认识后，下面简要讨论一流大学建设与大学治理体系现代化的三个问题。

1. 一流大学建设与治理理念的现代化

关于大学治理理念的现代化的强调和认同，首先要回归对大学组织基本属性的认识。大学是高度依赖个人创造力的教育和学术机构，对什么是世界一流大学的特征，笔者曾作过如下的定义：除其所有要素都必须是世界一流外，世界一流大学必须具备这样三个特征，即具有世界最高水平的学术实力，在学术上作出了世界最高水平的知识贡献，因此获得了国际最高评价且广泛认同的社会声誉。根据这些特征可以得出一个结论，即卓杰教师的遴选及其价值体现之于一流大学建设具有决定性影响。由于经典意义上的大学是有近一千年发展历程且已经高度成熟的理性组织，就大学组织属性等理念而言，其所谓的现代化就是对其认识的返璞归真。比如大学作为知识传承和创新的学术组织，对其具有决定性的要素就是人才。一流大学是由一流人才支撑的结果，如果一流大学希望在学术系统中的教师其积极性及聪明才智得到充分发挥，从而为国家作出更大贡献，那么大学的行政系统要回答如下问题：学术系统及其成员在现有的治理体系下能做什么，能否做得更好？我们是否有能够遴选和延聘到卓杰人才的制度设计？这些专业卓杰者是否处在受尊重且其聪明才智可以得到充分发挥的文化环境中？等等。美国为什么能够拥有全世界最强大的高等教育体系，因为它们的大学校长均持有这样的治校理念并以此引领其治校：聘用最优秀教师并让他们心情舒畅地留下来安心工作。2018年6月，我带着教育部重大课题攻关项目"高校内部治理体系创新的理论与实践研究"课题组的几个同事到斯坦福大学和加州大学总校及伯克利分校去调研，在对硅谷的创建者、计算机图灵奖得主、斯坦福大学前校长约翰·亨尼西先生的访谈中，他对关于"大学治理最重要因素是什么"的问题作了如下的回答："如果要我选择一个最重要因素的话，那就是信任教师并与教师保持良好合作关系。如果教师不信任你，认为你不重视他们利益诉求，大学将一事无成。"事实上，如果你回顾美国大学发展的历史，大多数校长失败或被迫辞职的主要原因在于教师对你提出了异议而非董事会。在对关于"学术权力与行政权力的关系"问题的回答，他的重点依旧在教师以及学生："我们一直努力确保教师和学生能够做得最好，即教师从事最好的研究，学生获得最好的学习机会。就我和教务长而言，我们一直认为我们的工作是为教师服务，我们一直视自己为教师的服务人员。"当然，关于教师及其学生之于一流大学建设意义和价值的认识并不是大学治理理念现代化的全部，但它们是最具引领性的，脱离了教师和学生，大学失之存在的意义，也失之存在的基础，一流大学尤其如此。

2. 关于一流大学建设与治理结构的现代化

在推进大学治理结构的现代化时要克服两个误判：其一，把加强大学内部的管制与大学的秩序混为一谈，以为加强对大学内部的管制就能强化大学的秩序；其二，大学的行政权力是指向效率的，而学术权力是有悖于效率的，所以学术权力必须服从行政权力。大学是一个以智力劳动为特征的学术系统，过度控制带来的所谓秩序只会导致对学术生态的伤害和学术活力的窒息。关于大学治理效率的最终判据绝非取决于大学的行政权力的效率本身，而根本取决于由大学学术系统决定的人才培养的高质量和知识创新的社会贡献度。所以，一流大学其治理结构现代化的价值取向应该是：行政系统不再是对学术系统的简单管控，而是通过共同治理的方式让两个系统形成的能量场高度耦合，行政系统的价值所在是让学术系统的能量得以充分释放而不是相反。大学治理结构现代化的行动方案应该做出如下的选择：建立健全校院两级学术委员会等学术权力机构并通过《大学章程》，明确其权力责任及其合法性，特别是要积极推进治理重心向学术系统的下移及治理权力的下放这一治理结构调整，让学院（学部、学系）更多地决定和管理自己的学术事务。如同大学向政府提出自主办学的诉求一样，大学内部的学术机构也有类似的诉求，一流大学在治理结构现代化的进程中，其领导层对来自诸如学院（学部、学系）等学术组织的这一权利诉求不仅要予以理解，更为重要的是付诸行动。关于斯坦福大学的治理结构，约翰·亨尼西先生如是说，斯坦福大学的决策及其治理实行分权制，董事会在斯坦福大学的权力架构设计方面具有最终权力，校长和教务长在诸如财政等事务上也有一定权力，但诸如教师招聘、学位授予和课程设置等学术事务则由教师他们自己的学术权力系统决定。大学人才培养和知识创新的主体在学院，斯坦福大学一方面赋予院长很多权力以便其开展工作，另一方面注意招聘那些具有领导力的能够引领学院开展开拓性工作的学术领导者，以便他们能够很好地担负起诸如决定学院预算等学院治理的事务。

3. 关于一流大学建设与治理能力现代化

量子力学创始人、德国物理学家普朗克以科学家的睿智和敏感发现人类在对世界认识上的一个不足，他说："科学是内在的统一体，它被分解为单独的部分，不是由于事物的本质，而是由于人类认识能力的局限性。"系统论与普朗克的观点不谋而合，并有了自己的发展，其强调两个基本观点：系统具有整体性；系统要素的结构决定功能。可以说具有方法论意义的系统理论的出现，改变了人们碎片化的思维方式，并以结构主义特有的高屋建瓴对社会系统的重大决策开始注重顶层设计、整体思维。大学治理尤其是一流大学治理的有效性与大学治理要素间的关联性即结构高度相关，在大学治理现代化的问题上绝不能用头痛医头、脚痛医脚的就事论事的方式进行简单处理，因为大学治理结构本身就对大学建设具有不可或缺的重要影响力。但必须指出的是，大学治理结构并不是与大学治理能力提升唯一相关的要素，当大学的治理结构确定后，谁担任治理主角对大学的治理成效影响甚大。组织理论及社会行为学、领导力理论认为：治理者的治理能力亦即领导力之于治理成效与治理结构同样重要。中外都循此规律。英国华威大学阿曼达·古道尔（Amanda Goodall）教授在其关于"研究型大学与校长的关系"追踪研究中发现：优秀学者担任校长与大学领导力的关系呈正相关。习近平总书记在有关国家治理体系和治理能力现代化的问题上特别强调了人才的重要性："国以人兴、政以才治。""治国之要，首在用人。"[1]基于上述认识，笔者建议，关于一流大学治理能力的现代化建设，必须根据大学之学术组织和复杂组织的基本属性和特殊规律，一方面要用更高标准的德才素质能力体系遴选大学及其学院（学部、学系）、职能部门的领导者、负责人，另一方面要通过一定的有效形式不断地有针对性地加强大学及其学院（学部、学系）和职能部门领导和管理人员办学治校能力的提升。一流大学建设必须靠一流德才品质的大学领导者和管理者去引

---

① 《习近平的用人观：治国之要 首在用人》，http://cpc.people.com.cn /xuexi/ n/2015/0804/ c385474-27405703.html。

领、去建设。

唯有大学内部治理体系实现现代化之时，才会有中国一流大学建成之日。

（本文发表于《中国高教研究》2019年第5期。原文有改动。）

第二节　大学治理体系和治理能力现代化：
高质量高等教育体系建设的必然选择

教育体系在国计民生中具有基础性、先导性、全局性的作用，而高质量的教育体系则对国家竞争力的提升具有决定性作用。举目世界，凡现代化强国无不是教育强国，由此足见高质量教育体系建设之重要性。为此，在党的十八届五中全会上中央就做出了"提高教育质量"的重大部署，教育质量问题从而被纳入我国教育改革的紧要议程。随后，党的十九届五中全会又进一步提出了"建设高质量教育体系"的政策导向和重点要求，并在《中共中央关于制定国民经济和社会发展第十四个五年规划和二〇三五年远景目标的建议》中，明确把"建设高质量教育体系"作为"十四五"期间的战略目标加以落实。[①]从中央对高质量教育体系建设的重视程度，足见其紧迫性。由于进入人工智能时代后国与国之间的竞争主要表现为高新知识和高新技术的竞争，因此以高层次专业人才培养和知识创新为核心使

---

① 《中共中央关于制定国民经济和社会发展第十四个五年规划和二〇三五年远景目标的建议》，http://www.gov.cn/zhengce/2020-11/03/content_5556991.htm。

命的高等教育自然成为国家最重要的竞争力构成，并在整个国家教育体系中占有引领性、战略性地位。在这一时代背景下，如何把高质量高等教育体系建设落实在高等教育改革发展的实践进程中，这既是以实施高等教育为己任之大学的使命担当，更是大学必须积极应对的紧迫课题。笔者从大学治理角度切入，提出并回答大学治理体系和治理能力现代化对高质量高等教育体系建设的重要性及决定性。

一、建设高质量高等教育体系的重要性

作为社会发展需要的产物及受到政治、经济、文化等多种社会因素影响的结果，以及以人才培养和知识创新为基本属性的高等教育，其发展不仅需要遵循自身的发展规律，还必须关切来自社会诸多因素对其制约与作用，由此决定了建立在中等教育基础上的具有强烈社会性和专业性特征的高等教育，其发展既要遵循高等教育办学治校育人活动的内在规律，又要满足社会发展需要并受到社会外部规律的制约。基于此，建设高质量高等教育体系的重要性则可以依据高等教育发展的内外部需要加以讨论分析。

（一）建设高质量高等教育体系是高等教育及大学自身发展的需要

关于高质量高等教育体系建设尤其是高质量大学建设是高等教育自身发展的需要，这是笔者在认识上需要率先加以讨论明确的问题。

首先，质量是高等教育的生命线。高等教育是一项以人才培养和知识创新并以此服务于社会的国家事业及社会活动，"承担着培养高级专门人才、发展科学技术文化、促进社会主义现代化建设的重大任务"。由于高等教育之国家使命和社会责任的重大决定了其活动的过程及其结果必须有质量的要求，因为高等教育的高质量即意味着高等教育的竞争力，所谓高等教育强国其最基本的条件即高等教育的竞争力。因此，《国家中长期教育改革和发展规划纲要（2010—2020年）》关于高等教育主题不仅提出了"全面提高高等教育质量"的目标，而且特别强调"提高质量是高等教育发展的

核心任务，是建设高等教育强国的基本要求"[1]。在高新知识及其物化的高新技术已经成为当今及未来社会首要的生产力要素，国家竞争已经成为知识创新及其创新者的竞争这样一个知识经济时代的国际大背景下，高等教育不再只是负责知识传承的教育中心，而是对国家发展进步具有引领推动作用之强烈社会性的知识创新中心。进言之，时下的高等教育作用已经发生了"它仅次于政府，成为社会的主要服务者和社会变革的主要工具……是新思想的源泉、倡导者、推动者和交流中心"[2]的巨大转变，高等教育不仅对社会生活的方方面面产生影响，而且在提高国家综合实力中发挥着越来越重要的巨大作用。当今世界竞争取胜的法宝不只是一般意义上的高等教育的竞争，而是高质量高等教育的竞争。高质量高等教育体系建设之于高等教育自身发展尤为重要。

其次，至2019年我国"高等教育毛入学率达到51.6%，在学总人数达到4002万，建成了世界规模最大的高等教育体系"[3]，这表明我国高等教育数量和速度发展的问题已经基本解决，并步入了从过去以规模扩张、空间拓展为特征的外延式发展向以提高质量、优化结构为核心的内涵式发展的高等教育普及化时代。举目世界，在高等教育规模发展问题解决后的高等教育普及化阶段，高等教育高质量的发展便成为高等教育普及化阶段的主要矛盾。以实施高等教育为基本职能的大学集群在高质量高等教育建设中，不仅是起基础作用的要素，而且是关系高等教育兴衰成败的决定性要素。缺失了大学集群的支撑作用，高等教育体系就不复存在，更何谈高质量高等教育体系的建设。基于此，高质量高等教育体系建设从理想目标落实到

---

① 教育部：《国家中长期教育改革和发展规划纲要（2010—2020年）》，http://www.moe.gov.cn/srcsite/A01/s7048/201007/t20100729_171904.html，访问日期：2010年7月29日。

② ［美］约翰·S·布鲁贝克著，郑继伟等译：《高等教育哲学》，浙江教育出版社2002年版，第21页。

③ 教育部：《我国高等教育毛入学率去年已达51.6%，进入普及化发展新阶段》，http://www.moe.gov.cn/fbh/live/2020/52717/mtbd/202012/t20201204_503492.html，访问日期2020年12月4日。

实践过程并成为社会现实的基础就是高质量大学的建设。正如笔者一以贯之的学术立场所言，大学的人才培养及知识创新的本质属性决定了大学具有内生的规律，按大学自身规律办学治校育人及知识创新是决定以及衡量大学是否高质量的第一要素。大学办学治校育人及知识创新的质量不仅直接决定着大学的成败，还决定国家高等教育的兴衰，亦即决定高质量高等教育体系建设的得与失及成与败。由此逻辑可以得出如下结论：建设高质量高等教育体系亦是高等教育及大学自身发展的需要。

（二）建设高质量高等教育体系是提升国家竞争力以促进经济发展的需要

"十四五"规划明确了我国经济、科技、文化都必须以"高质量发展"为主题，可以说高质量发展既"是解决我国一切问题的基础和关键"[①]，更是提升国家竞争力、建设现代化强国的必要条件。如前所述，在智能化时代现代化强国的一个基本标志即具有在高新知识和高新技术诸多领域的国际竞争力。高等教育及其实施者大学作为高新知识及其物化即高新技术的生产者、垄断者及其专门人才的培养者，其在提升国家科学技术竞争力以促进现代化强国建设的过程中发挥着其他组织不能替代的基础性、支撑性、引领性及战略性作用。在日益激烈的国际竞争中，处在被动地位的无一例外都是高新知识及高新技术落后的国度。基于此，在以科学技术决定竞争实力的智能化时代，国家对高新知识和高新技术及其生产者、创新者的需求比以往任何时候都更加迫切。高等教育尤其是以提升国家科学技术竞争实力及其创新者培养为己任的大学，其服务于国家这一发展需要的使命和责任越加强烈。

当今世界促进经济社会发展的核心要素及其环境均发生了重大变化，随着以科学技术革命尤其是信息技术导致产业结构发生根本性变革的第四次工业革命的到来，高等教育尤其是大学以其人才培养及知识创新的组织

---

① 《中共中央关于制定国民经济和社会发展第十四个五年规划和二〇三五年远景目标的建议》，http://www.moe.gov.cn/jyb_xwfb/s6052/moe_838/202011/t20201104_498130.html，访问日期：2020年11月4日。

属性自然处在了引领科学技术革命的中心位置，大学因此对于国家的长远发展乃至人类的文明进步具有其他因素无以替代的决定性作用。诚如美国著名高等教育家、加州大学伯克利总校及分校前校长克拉克·克尔在《大学之用》一书中所强调的："大学的无形产品——知识——可以是我们文化中唯一最强大的因素，它影响各种职业，甚至社会阶级、地区和国家的兴衰。"[①]事实亦然。在经济越来越依赖大学的知识经济和智能化时代，我们有充分的理由必须把高等教育及其大学置于新一轮工业革命的新发展格局中，去思考并重视其作为时代发展的引领者、科学技术竞争力的提升者、社会改革推动者的地位和作用。"大学如同政府、军队等国家机器一样，是最不能只代表自己利益和满足自己需要的一类组织，坚持和谋求国家与社会的利益并为之服务必须成为大学不能动摇的意识和价值选择。"[②]以上讨论足以说明高质量高等教育体系建设之于国家竞争力提升及经济发展的重要性和紧迫性。

二、大学及其治理现代化和高质量高等教育体系建设之关系讨论

由于高等教育体系并非虚空无实的概念系统，而是由诸多以高等教育活动得以发生的大学集合所构成的具有物质属性的国家实体。因此，高质量高等教育体系建设必须由以实施高等教育为使命责任的机构即大学加以落实。缺失了大学的积极参与，高质量高等教育体系建设无异于一个口号，其任务亦会被悬置。基于大学与高等教育体系的上述逻辑关系，我们可以得出如下结论：高质量高等教育体系建设的实质即高质量大学的建设。换言之，没有高质量大学的建设成效，高质量高等教育体系建设目标就不可能达成。由于高质量高等教育体系建设与高质量大学建设之间存在的这种本质联系，以及大学治理体系和治理能力现代化与大学的高质量发

---

① ［美］克拉克·克尔著，高铦、高戈、汐汐译：《大学之用》，北京大学出版社2008年版，第1页。

② 眭依凡：《理性捍卫大学》，北京大学出版社2013年版，第300页。

展亦有本质联系，即大学能否实现高质量发展不仅受到来自大学治理体系和治理能力的影响，尤其是"当来自大学系统外部的制度供给与资源供给问题得到有效改善，大学治理体系和治理能力现代化就已经成为决定大学兴衰成败的关键要素"①后，可以说大学治理体系和治理能力对大学能否高质量发展具有决定性作用。大学治理体系和治理能力现代化与高质量高等教育体系建设之间自然具有了逻辑关系及其讨论的意义。

（一）大学的高质量发展是建设高质量高等教育体系的基础

"任何系统都是一个有机的整体，而非各个部分的机械组合或简单相加，系统中各要素不是孤立地存在，而是相互关联构成的一个不可分割的整体；系统的整体功能是各要素在孤立状态下所没有的新质，即'整体大于部分之和'。"②这是系统理论的一个基本原理。此外，系统理论还有一个观点，即个体要素完善是系统整体完善的基本前提。如前所述，高等教育体系是诸多大学的集合，即各种各类各层次的大学是构成高等教育体系的基本要素。依据系统论的基本观点及原理，高质量的高等教育体系必须是由诸多高质量的大学及其有机结合的结果，因此高质量高等教育体系的建设目标必须由诸多大学的高质量发展才能得以实现。此即本标题欲得出的结论：大学的高质量发展是建设高质量高等教育体系的基础。

高等教育体系固然还包括担负宏观治理高等教育责任的政府机构，但高等教育的本质属性还是人才培养和知识创新的社会活动，而承担这两类活动的主体就是大学，即大学是构成高等教育体系及实施高等教育活动的主体。所以高质量高等教育体系建设其责任必须具体落实于大学，而其本质亦是高质量大学自身的建设。在大学作为高新知识及高新技术及其创新型人才培养的基础性作用日益重大并不可替代的新时期，大学已经不再是

---

① 眭依凡：《关于一流大学建设与大学治理现代化的理性思考》，载《中国高教研究》2019年第5期。

② 眭依凡：《转向大学内部治理体系创新：高等教育治理体系现代化的紧要议程》，载《教育研究》2020年第12期。

传统意义上的被动实施高等教育的组织机构，大学必须成为"有意识地致力于追求知识、解决问题、鉴别成就以及训练真正高水平人才的机构"①，即随着大学之国家性、社会性的增强，其必须更自觉地为国家乃至人类的经济、政治、文化的发展服务，为社会进步作出更大的贡献。高质量高等教育体系建设的目的是基于国家之国际竞争实力提升，以及促进产业结构升级和高新技术经济发展的需要，在这样的时代背景下，尤其是在科学技术的国际竞争日益激烈的大趋势下，大学不再仅仅是高等教育活动得以发生的一般机构或场所，大学已经成为体现国家科学技术竞争实力的最重要组成部分，大学的高质量发展不仅是构建高质量高等教育体系的基础，更是确保国家在国际竞争中具有高新知识、高新技术及拔尖创新型人才实力和优势的基础。这也是中央高层何以如此重视"双一流"大学建设和以高等教育质量和效率为旨归的大学内涵式发展改革的原因所在。

（二）大学治理体系和治理能力现代化是大学高质量发展的基本保障

在高质量高等教育体系建设与大学高质量发展的关系厘清后，如何确保和促进大学的高质量发展则成为本研究的题中之义。对此，笔者始终坚持如下的学术观点：基于大学之于国家经济社会发展尤其提升国家科学技术竞争力的重要性的认识，国家出于建设高等教育强国的需要在政策制度供给和物质资源供给两个方面为大学在知识创新和创新型人才培养发挥更大作用、作出更大贡献方面创造并提供了历史上最好的环境条件，大学能否不负国家使命并担负好自己的历史责任，取决于内部治理的质量和水平，对进入"双一流"建设高校行列的大学而言，即"当来自大学外部的有利于一流大学建设的政策制度供给和资源供给问题得到很好解决之后，一流大学建设的得与失、成与败取决于大学内部治理的现代化"②。因此，

① ［美］克拉克·克尔著，高铦、高戈、汐汐译：《大学之用》，北京大学出版社2008年版，第3页。
② 眭依凡：《关于一流大学建设与大学治理现代化的思考》，载《中国高教研究》2019年第5期。

为了更好地促进和保障大学的高质量发展，大学必须致力于内部治理体系和治理能力的现代化。

关于上述结论，我们可以从理论上获得解释。因为所谓大学的治理体系是关于大学之组织结构及其权力结构亦即涉及大学基本制度及其运行机制（亦即工作制度）的概念，是对大学治理体系内部要素及其之间关系做出规定的概念；而所谓大学的治理能力是关于大学内部治理结构诸要素在治理过程中的工作效能表现，尤其是反映大学治理者能否充分发挥大学组织诸要素作用的效能概念。据组织理论及治理理论，一个组织的治理体系包括治理结构与治理过程两个相互联系不能割裂的治理要件，治理结构虽然是关系组织能否有效治理的包括基本制度安排及运行程序设计在内的框架性基础，但治理结构并非决定组织治理效率的唯一因素，组织治理结构的作用在很大程度上受制于决定治理过程效率的且因治理主体而异的治理能力。大学是一个社会职能多样且以智力劳动为基本属性的高度复杂的组织，而且根据利益相关者理论，大学还是一个诸多利益相关者的组织，因此大学不仅需要根据其属性及规律进行治理，还要高度重视调动其诸多利益相关者共同参与治理，由此决定了大学更是必须致力于通过其内部治理体系改革及提升其治理主体治理水平亦即治理体系和治理能力现代化，以提高大学组织治理效能来确保其高质量发展为社会作出更大贡献的组织。

此外，还须进一步强调的是，大学治理体系和治理能力的现代化不仅是高质量高等教育体系建设的不可或缺的基础条件，而且是确保高等教育现代化亦即建设高等教育强国这一国家长远战略目标得以实现的基本要素。正是基于对大学治理体系和治理能力现代化与高等教育现代化之间这一关系的认识，既有学者强调大学治理体系和治理能力现代化是高等教育治理的优先选项，是高等教育现代化的应有之义，是高等教育现代化的基础工程；[1]亦有学者将提升大学治理能力作为实现高等教育现代化的应有之

---

① 别敦荣：《治理体系和治理能力现代化与高等教育现代化的关系》，载《中国高教研究》2015年第1期。

义，在规划中国高等教育现代化发展图景中聚焦高等教育治理结构的现代化，将其作为实现高等教育现代化的外部保障，将大学治理体系和治理能力现代化作为实现高等教育可持续发展的推动力。[①]

三、促进大学高质量发展的大学内部治理现代化实践要素

上述关于高质量大学发展与高质量高等教育体系建设之逻辑关系的讨论，无疑为探索高等教育高质量体系建设找到了具有实践意义和价值的具体路径。因此可以说，如何实施和推进大学治理体系和治理能力现代化亦即大学内部治理的现代化，既是开启高质量高等教育体系建设新局面的时代命题，亦是确保和促进大学高质量发展适逢其时的实践路径。笔者从"大学善治的治理原则""共同治理的组织建构""大学领导力的提升"三个方面切入本论题讨论。

其一，在大学内部治理体系现代化的实践中必须明确有利于大学善治的治理原则。何为善治？即与以自上而下的统治为手段、以就事论事的碎片化行政为特征、以维持组织秩序为目的、利用经验简单管理之模式根本不同，它是以组织的核心目标为价值选择，注重组织及其权力架构、资源配置及在其管理的合法性、高效率为原则的顶层设计下，追求治理效果的整体性、可持续性、长远性、高质量的管理结构，是使不同利益主体缓解或放弃冲突，并以共同的目标为纽带，以互动合作为方式，旨在追求效率的管理模式。[②]如图2-3所示，善治的价值理性是追求组织效率，工具理性是注重民主管理，目的是实现组织管理效率和社会作用的最大化。善治之于组织治理之所以重要且势在必行，取决于现代管理系统、管理对象及其环境日益复杂、利益主体日益多元、管理过程中的不确定性日益增加，以及善治是一个更适于组织改革和管理的、较少带有官僚色彩的且有利于改

---

① 袁利平、李君筱：《面向2035的中国高等教育现代化发展图景及其实现》，载《大学教育科学》2021年第3期。

② 眭依凡：《论大学的善治》，载《江苏高教》2014年第6期。

变由于官僚管理模式导致管理不善并带来效率不高等诸多问题的新型管理模式。所以善治是最贴近大学组织内部管理且要求更具体的组织内部治理模式。大学之善治主要包括效率优先、整体设计、民主管理、依法治校四大原则，它们之间的逻辑关系如下：善治的目的是效率，善治的前提是民主，善治的手段是整体设计，善治的保障是依法治校。[①]大学内部治理体系的现代化实践必须遵循善治的四大原则，其原因可以阐述如下：由于大学是一个追求效率的组织，大学的准公共产品属性及其导致的竞争性决定了大学必须以"效率优先"为大学善治赋予价值与目标；[②]大学是一个复杂系统，并且建设高质量高等教育体系是一个复杂的社会系统工程，由此决定了大学的内部治理不能就事论事，必须根据大学长远发展和整体发展的要求进行"整体设计"；大学的学术属性及其由此内生的独特规律，决定了大学必须发挥代表专业知识的学术权力参与诸多无不与学术发生关系的重大决策中的作用，"民主管理"不仅是大学组织属性的基本诉求，亦是有效减少大学重大决策执行过程中不确定性的基本保证；"依法治校"不仅在于强调大学必须是法治理性的学术组织，还在于强调大学内部治理结构必须具有其合法性，以保障其既有办学治校的法律依据，亦有办学治校的权威性。

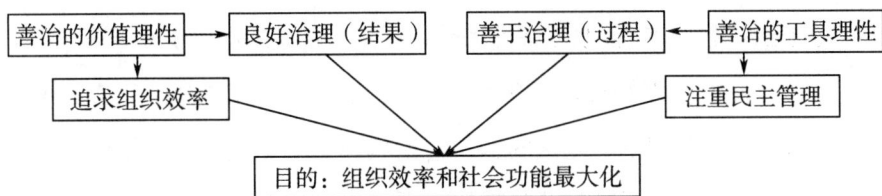

图2-3　善治逻辑

　　其二，大学内部治理体系现代化的实践必须建构有利于大学共同治理的组织及制度框架。如果说善治原则的提出是基于大学内部治理观念现代化的需要，那么共同治理则是大学内部治理结构现代化的必然选择。其实

　　[①] 眭依凡：《论大学的善治》，载《江苏高教》2014年第6期。
　　[②] 同上。

无论从具有理论意义的概念本身还是从具有操作价值的治理模式而言，大学治理都旨在强调共同治理或共享治理观念，因此建构有利于大学内部共同管理的组织制度框架是大学治理结构现代化不可或缺的实践要素。在大学治理结构现代化的实践中，必须注重如下问题的解决：一是大学的行政系统（如职能部门）不应再是对学术系统（如学院学系）实行简单的管控，而是通过共同治理方式让两个系统形成能量场的高度耦合，行政系统的价值所在是让学术系统的能量得以充分释放而不是相反。①换言之，大学治理结构的现代化必须解决大学行政利益主体与学术利益之间的权责关系及其协调平衡的组织结构、权力结构的合理配置问题，使学术权力与行政权力之间有效分离；二是积极推进大学治理重心向学院学系的下移，即根本落实治理权力下放学术系统这一治理结构的改革调整，充分调动学院学系的治理积极性、主动性，让学院学系更多地决定和管理本单位的学术事务，释放它们在人才培养及知识创新方面的生机活力和创造性；三是大学内部治理结构的现代化是个理性的实践过程及依法治校的实践过程，因此大学必须根据自己的历史基础和现实条件及国家及社会的发展需要进一步修改完善《大学章程》，以规范大学办学治校育人的活动。《大学章程》是中国特色现代大学制度的重要组成部分，是从制度层面确保大学决策及其执行具有合法性、稳定性及权威性和秩序性不可或缺的治理要件。

其三，大学内部治理能力的现代化必须以大学领导力提升为推进路径。当影响大学内部治理效能的框架性结构体系确定之后，关于大学治理结构诸要素在治理过程中效能体现的治理能力就成为确保和提升大学治理质量和效率的基础。在整个治理过程中，作为大学治理主体的大学领导者的治理能力就成为影响整个治理效能的一个关键变量，因为其是大学治理水平和治理效率的最强态，是大学向富有国际竞争力的治理能力整体提升的努力方向、价值目标和实践过程。领导者作为在整个组织治理中起决定

---

① 眭依凡：《关于一流大学建设与大学治理现代化的思考》，载《中国高教研究》2019年第5期。

性作用的治理主体，因此在任何组织的治理能力结构中，领导者的领导力是最不可忽视的治理能力要素。何谓领导力？领导力即领导者根据组织环境、运用个人特质及其合法职权组织资源为实现组织目标对组织及其成员实施的综合影响力。管理学认为任何一个组织只要面对未来的不确定性，只要有竞争，只要有变革，领导力就是决定组织兴衰成败的不可或缺的因素。尤其对大学治理而言，其领导者及行政人员的领导力是大学组织功能发挥和改进的关键因素。舒斯特尔（Schuster）等人通过对多所大学的研究成果亦发现，大学治理过程的效能和可行性与领导力紧密相关，包括担任系主任、院长等学术领导者的领导力之于大学的有效治理亦十分重要。笔者的研究结果亦有相同的结论，即大学领导力主要包括两个层面的领导力：一是决策层及其成员的领导力，包括党政班子成员。当今大学处在一个充满挑战和矛盾的大变革时代，大学想要走向成功，需要强有力、富有远见且勇敢无畏的领导能力；二是院系学术领导者等，作为大学内部一个"准自治"的组织，他们在大学有效治理中具有基础的作用，他们的领导力水平直接关系到学院的治理效率。大学之学术组织的高度复杂性致使大学是最需要运用领导力来解决棘手问题的组织，尤其是在关系大学发展的制度和资源供给两个外部变量日益得以改善后，大学领导力就成为决定大学能否高质量发展尤其是兴衰成败的关键变量，所以提升各层次大学领导者的领导力是推进大学治理能力现代化的必然选择。根据笔者的研究，大学领导力要素主要包含思想力、组织力、决策力、制度力、资源力、文化力和校长力这七个要素，[①]因此大学治理能力现代化的具体路径即这7个大学领导力要素的提升。关于这方面的研究成果《大学领导力提升：推进大学治理能力现代化的实践路径》已经在《中国高教研究》2021年第1期刊出，这里不再赘述。

建成高质量高等教育体系是新时期我国高等教育改革的新目标、新要

---

① 眭依凡：《大学领导力提升：推进大学治理能力现代化的实践路径》，载《中国高教研究》2021年第1期。

求、新任务，为了实现"十四五"规划和2035年教育远景确定的目标，我们必须寄希望于大学治理体系和治理能力现代化。只有致力于推进大学治理体系和治理能力现代化以确保大学的高质量发展，高质量高等教育体系建设的目标才能达成。

（本文发表于《中国高教研究》2021年第10期，第二作者是王改改。原文有改动。）

第三节　关于高校内部治理体系创新研究的框架性思考

高等学校作为满足社会发展需要并受社会诸多因素影响的产物，其任何一项重大改革都有其社会动因，尤其是涉及在高校组织内部进行的具有伤筋动骨之结构整体性改革的治理体系创新。因此，高校内部治理体系创新是一项需要通过系统研究、整体设计后予以其理性指导的复杂活动，而对高校内部治理体系创新的背景及其研究意义加以讨论，是对高校内部治理体系创新进行整体设计的基础。

一、高校内部治理体系创新的背景及其研究意义

对高校内部治理体系创新的背景进行梳理及对其研究意义的明确，有利于我们在深刻认识高校内部治理体系创新的背景及理解其研究意义的前提下，明确这项研究的目的及重点和问题所在，并基于此建构严谨的针对研究目的达成的研究框架。

（一）高校内部治理体系创新的背景

党的十八大后，国家治理体系和治理能力现代化不仅成为国家意志，而且成为各级政府及各类组织管理改革的目标。高校作为负有人才培养和知识创新之崇高使命，既要满足社会发展需要，又要守持高校本质属性，并遵循自身运行规律的复杂组织，更应率先自觉构建科学的治理体系以提高治理能力。高校内部治理体系创新的理论与实践研究的意义，不仅在于高校是一类需要在治理理性引领下进行综合改革以实现治理体系和治理能力现代化的组织，还在于我国高校在日益激烈的国际竞争中必须通过现代大学制度安排及高校治理体系科学建构这一来自高校内部制度供给侧的改革，为我国高等教育质量提升和高校办学治校效率提升以及世界一流大学和世界一流学科建设创造良好的办学治校环境。

高校内部治理的问题在高等教育学界虽较早就有议论，但并未引起高校的足够重视。譬如早在2007年9月中旬，第四次海峡两岸高等教育研究学术研讨会在北京师范大学召开，本次会议就专门着重探讨了高校内部治理理论、高校内部治理与外部治理的关系、学术权力与行政权力的冲突、高校治理与师资建设和人才培养等议题。[①]党的十八大把国家治理体系现代化及治理能力提高作为国策提出后，来自政府层面的高等教育治理即高等教育的外部治理问题得以重视，但高校内部治理的问题真正进入高校战略管理决策的议事日程并普遍受到重视，是在2015年10月党的十八届五中全会提出"双一流"高校建设及国务院推出《统筹推进世界一流大学和一流学科建设总体方案》并明确把"完善内部治理结构"作为推进"双一流"高校建设的重大改革任务之后。随后，党的十九大关于推进"双一流"高校建设和实现高等教育内涵式发展这两项高等教育发展战略任务的提出及其实施，进一步对加速高校治理体系的改革创新起了倒逼的作用。

众所周知，"双一流"高校建设的推出是中央高层反思"985工程""211

---

① 林杰：《从管控走向治理——2007"海峡两岸高校内部治理"学术研讨会综述》，载《江苏高教》2008年第1期。

工程"推行近20年且期间有利于"985工程""211工程"高校发展的宏观政策环境和高等教育投入问题均在一定程度上得到较好解决后，但我国的一流大学及一流学科的建设效果并不如预期而做出的新一轮推进世界一流大学和世界一流学科建设的战略选择。如果说"双一流"高校建设和内涵式发展之于国家竞争实力提升是一种必要的战略选择，那么这个目标的达成则必须依赖实施高等教育的组织即高校的积极作为，缺失了高校积极有效的参与，上述目标只会束之高阁。为什么"985工程"及"211工程"效果不尽如人意，其原因何在是我们高校办学治校者必须认真思考的问题，否则"双一流"高校建设恐怕也会步其后尘。

高校是有其自身规律并受这个规律影响的学术组织，正是这个原因，笔者把"按规律办学"视为世界一流大学建设的第一要素。高校运行的规律是高校内生的不以人的意志为转移的必然，但是高校选择何种模式办学治校育人是人为的结果，高校能否遵循自身规律办学治校育人取决于对高校办学治校育人模式具有决定性的内部治理体系。相对过去而言，有利于高校发展建设的来自政府层面的制度供给和资源供给等外部环境均有了很大的改善，但有利于高校按内在规律办学治校育人的治理体系存在的问题尚未根本解决。所以包括"双一流"建设在内的高校，当前面对的是解决好"实现目标之必须"与"遵循规律之必然"的相互和谐问题。笔者始终认为，高校治理体系现代化的本质目的就是让高校按其应有的规律办学治校育人，所以在高校治理体系现代化的进程中，我们不能过度依赖诸如资源要素并以此增长为动力，而必须通过高校内部组织治理结构的变革激发其活力及提升其治理效率。这就是习近平总书记在全国教育大会所强调的："要深化办学体制和教育管理改革，充分激发教育事业发展生机活力。"①

表2-3至表2-8所呈现的是笔者担任首席专家的教育部重大课题攻关项目"高校内部治理体系创新的理论与实践"的调研结果。在参与这项调查并有效反馈问卷的1299位受询者中，"双一流"建设高校有420人，占

---

①眭依凡：《世界一流大学建设的六要素》，载《探索与争鸣》2016年第7期。

32.33%；教育部直属高校有110人，占8.47%；地方本科高校有769人，占59.20%。受询者身份分布情况为校领导有88人，占6.77%；党政部门及院系负责人分别为386人和228人，合计占47.27%；教学科研人员有596人，占45.88%。从受询者所在学校及其身份的分布情况来看，所选样本具有一定的代表性及合理性。就表2-3至表2-8问题项调查的整体结果而言，不难发现人们对高校内部治理体系的总体现状是不甚满意的，受询者不仅认同高校现行的组织及权力架构不利于高校实现有效治理并认为这是导致大学官本位及行政泛化的主要原因，而且对高校内部治理体系创新持积极支持的态度。由此不仅反映了高校内部对治理体系创新具有强烈的诉求，也很好地说明了高校内部治理体系改革及高校内部治理体系现代化的紧迫性。

表2-3 对我国高校内部治理的整体现状满意程度（单选题）

选项	小计	比例
A. 非常满意	16	1.23%
B. 满意	300	23.09%
C. 一般	741	57.04%
D. 不满意	215	16.55%
E. 非常不满意	27	2.08%
本题有效填写人次	1299	

表2-4 现行高校内部治理体系是否有利于高校内部治理目标的实现（单选题）

选项	小计	比例
A. 非常有利于	33	2.54%
B. 有利于	242	18.63%
C. 一般	726	55.89%
D. 不利于	264	20.32%
E. 非常不利于	34	2.62%
本题有效填写人次	1299	

表2-5 我国高校现行领导体制是否有进一步完善的必要（单选题）

选项	小计	比例
A. 非常必要	496	38.18%
B. 必要	675	51.96%
C. 一般	102	7.85%
D. 不必要	24	1.85%
E. 非常不必要	2	0.15%
本题有效填写人次	1299	

表2-6 我国高校内部的组织及其权力架构是否有利于实现有效治理（单选题）

选项	小计	比例
A. 非常有利于	51	3.93%
B. 有利于	337	25.94%
C. 一般	686	52.81%
D. 不利于	200	15.40%
E. 非常不利于	25	1.92%
本题有效填写人次	1299	

表2-7 现行高校内部治理体系是导致大学官本位和行政泛化的主要原因（单选题）

选项	小计	比例
A. 非常认同	135	10.39%
B. 认同	569	43.80%
C. 一般	422	32.49%
D. 不认同	158	12.16%
E. 非常不认同	15	1.15%
本题有效填写人次	1299	

表2-8　高校内部治理体系有必要创新吗（单选题）

选项	小计	比例
A. 非常有必要	389	29.95%
B. 有必要	832	64.05%
C. 一般	70	5.39%
D. 没有必要	7	0.54%
E. 根本没必要	1	0.08%
本题有效填写人次	1299	

（二）高校内部治理体系创新研究的理论意义和实践价值

治理是与以统治为特征的传统管理模式的根本不同，极大顺应了社会公共管理及组织管理日益复杂、被管理者参与管理的利益诉求日益高涨的社会需要的，对以自上而下的统治为手段、以就事论事的碎片化行政为特征、以利用经验的简单管理之管理模式的扬弃，使不同利益主体缓解或放弃冲突并以共同目标为纽带，以互动合作的方式参与管理旨在追求效率的管理模式。对高校组织而言，治理的价值理性在于追求办学治校的组织效率，而治理的工具理性立足于依法治校、民主管理。[1]所以高校的内部治理体系本质上更应该是一个在国家有关法律法规的框架下，通过内部体制制度和组织及权力架构科学设计，能够合理调节高校内部各利益群体关系，充分调动和发挥高校内部要素尤其组织成员积极性，使决策层、管理层及执行层各层级及其成员目标一致并保持良好互动关系的，有利于高效实现组织目标的现代管理系统。由于一个组织的治理体系严格讲必须包括治理结构与治理过程两个相互联系不能割裂的治理要件，其中治理结构是高校组织及其权力架构和决策权的制度安排，科学设计的治理结构是高校有效治理的基础。然而治理结构的改善并不等于高校就可以有效治理，因为治理结构作用的发挥必须经由治理过程，而在治理过程中由于治理环境及其

---

[1] 眭依凡：《论大学的善治》，载《江苏高教》2014年第6期。

影响因素的错综复杂会带来其过程中的诸多不确定性，由此导致即便相似的组织治理结构也可能产生不同的治理效果。因此，高校要实现有效治理，就必须既要完善内部治理结构，又要优化其治理过程。此外，高校是一个需要在高度理性指导下通过人才培养和知识创新推进社会进步的社会使命和职能十分明确和重大实践的组织。基于上述认识，笔者认为：由于高校内部治理体系创新是针对高校内部治理存在的问题并旨在引领高校改善和提升治理效率的研究，因此本研究必须是一项理论与实践相结合的综合性研究，即关于高校内部治理体系创新的研究既要体现其理论引领的意义，又要有其指导实践的价值，只有在明确高校内部治理体系创新研究的理论意义和实践价值的前提下，关于高校内部治理体系创新的研究才会避免就事论事的碎片化，确保本研究的整体性和针对性及有效指导高校内部治理体系改革创新目的的达成。

高校内部治理体系创新研究的理论意义可以提炼如下：一是从理论的高度阐明高等教育创新对国家创新发展具有的其他因素不可替代的引领和推动作用，以及高等教育创新必须依赖高校内部治理体系创新的逻辑关系，从而认识到高校内部治理体系创新的极端重要性和紧迫性；二是科学界定高校内部治理体系概念并提炼其要件、要素，分析明确它们之间的关系；三是阐明高校内部治理的理论依据和现实基础，为高校内部权力配置及其运行机制的改革提供理论支撑；四是建立既符合我国国情又遵循高校办学治校规律的治理体系框架及运行机制，从理论上回答诸如怎样的高校治理结构才是科学完善的治理结构，西方大学的治理结构究竟在多大程度上可供借鉴等问题；五是从理论上厘清高校内部政治、行政与学术权责的边界，科学构建各权力主体有效的行使职权及其约束的机制，根本解决党委领导、校长治校、教授治学、民主管理相互协调的问题，奠定有效处理我国大学内部的政治权力、行政权力、学术权力与民主权力关系的理论基础。简而言之，本研究对我国高校内部治理体系和治理能力现代化具有理论建构的价值。

而高校内部治理体系创新研究的实践价值可以归纳如下：一是通过对

我国高校内部治理体系的发展历史及其得失进行梳理和总结，有利于教育主管部门和高校系统对我国过去高校内部治理模式的得与失有清醒的认识，有利于高校认识到建构科学的内部治理结构的紧迫性，并有针对性地加快内部治理模式的改革；二是通过对高等教育强国之高校治理模式的研究介绍，有利于我们开阔高校内部治理改革的国际视野，以及学习借鉴高等教育强国之高校内部治理的成功经验；三是《国家中长期教育改革和发展规划纲要（2010—2020年）》及《统筹推进世界一流大学和一流学科建设总体方案》均提出了完善中国特色现代大学制度及完善高校内部治理结构的改革任务，关于高校内部治理体系创新的研究能够为顺利完成高校内部治理结构改革和高校内部治理体系完善及治理能力的提高提供指导蓝本和具体操作方案；四是高校内部治理体系的完善有赖于高校章程的完善，关于高校内部治理体系创新的研究能够对高校章程存在的诸如空洞的形式主义及其操作性不强等问题提出改善建议，对高校章程的完善及其落实，以及加快形成以高校章程为统领的完善、规范、统一的制度规范体系具有现实指导价值；五是完善和具体落实党委领导下的校长负责制，理顺党委权力、行政权力、学术权力、民主权力的关系，有效发挥各权力要素在办学治校中的应有作用，从治理结构和治理机制完善上根本解决多决策、多权力体系导致的现实矛盾。

基于上述关于高校内部治理体系创新的背景分析及对高校内部治理体系创新研究的理论价值和实践意义的阐释，笔者认为"关于高校内部治理体系创新研究"必须围绕"高校内部治理体系""理论与实践""创新研究"三个核心概念，在对我国高校内部治理的历史进程及其得失，以及高等教育强国之高校治理模式进行梳理和总结的基础上，构建既符合我国国情又遵循高校办学治校育人规律的内部治理体系创新的研究框架。

二、高校内部治理体系创新研究的框架思考

自世界银行在其1989年年度报告首次提出"治理危机"并在1992年发

表《治理与发展》年度报告后，"治理"概念先后被经合组织、联合国开发署、联合国教科文组织等国际组织高度认同，随后广泛应用于政治、经济、社会等管理领域尤其是公共政策系统分析领域，20多年来治理受到社会科学研究领域及高等教育领域的高度重视，关于高校治理的研究亦应运而生。通过文献检索不难发现，我国开展高校治理研究虽晚于西方，但由于在国家治理体系现代化的推动下，我国高校已经普遍认识到高校治理之于高等教育质量和学校竞争力提升的重要性及紧迫性，因此对高校内部治理研究予以了高度重视，尤其是近几年形成了不少对引领高校治理改革具有导向价值的理论成果。综合分析国内外关于高校治理的文献可以得出如下结论：其一，关于高校内部治理的研究视角或研究范式不一，国内外学者从组织管理学、系统理论、组织文化学、组织生态学等多学科及善治和利益相关者等理论视角对高校内部治理结构的要素及其各要素间的关系进行了分析讨论，并形成了有关高校内部治理的丰富的理论基础；其二，研究的路径主要以新制度主义、结构主义等理论为立场和出发点，强调高校内部治理的组织建构、权力配置及制度安排，研究关注度相对集中于高校内部治理的组织结构和制度建设；其三，研究的重点相对集中于对高校共同治理的高度关注，这与高校是一个以人才培养和知识创新为核心使命和社会职能的，其劳动特征是智力劳动并以智力资源积累、开发和利用为目的的学术共同体，高校内部治理结构及其模式必须吻合于高校的本质属性及其内在规律有关；其四，研究的趋势从以往主要关注高校内部治理的要素存在的问题及其改善，逐渐过渡到对高校内部治理体系及其创新的整体研究。关于高校内部治理已有研究成果的不足主要反映在如下几方面：对高校内部治理静态的组织结构模式研究较多，对有关治理结构模式能否有效运行的治理程序等研究不足；对就事论事的关于局部的眼前的高校治理问题研究较多，对有关高校内部治理体系完善的整体设计、综合整改及长远问题研究不足；对宏观层面及基础理论层面的问题关注和议论较多，对具有操作意义的旨在有效解决高校内部治理现实问题的对策及行动研究不足。上述问题的存在，不仅凸显了对高校内部治理体系创新的理论和实践问题进行整体研究设计的必要性，而且为高校内部治理研究的深入和完善留下了有待填补的空间。

关于"高校内部治理体系创新"的研究必须是在国家治理高校的法律法规及现代大学制度框架下的针对高校内部治理体系创新的理论联系实际的综合性研究，是一项需要对高校内部治理体系建构和完善进行的顶层设计和系统工程。据此，笔者认为本研究必须遵循高校内部治理有关"效率优先、整体设计、民主管理、依法治校"的原则，①以高校内部治理的组织和权力结构设计及其有效运行为研究路线，从"实然"与"应然"两个层面研究探讨我国高校内部治理体系创新的必要性及创新选择，以期提出并构建既符合我国国情又遵循高校办学治校育人规律的高校内部治理模型。所谓"实然"研究应该包括两个方面：其一，高校内部治理体系创新是一项针对解决高校内部治理现实问题的对策研究，因此其必须建立在对我国高校内部治理（管理）结构演变及其得失加以梳理分析总结的基础上，从而保证高校内部治理体系创新的研究是针对高校治理存在问题的有的放矢；其二，高校内部治理体系创新的研究旨在建构适合我国国情的具有可操作性的高校内部治理结构，因此其必须既顺应社会发展需要，又有利于高校办学治校育人效率的提升。所谓"应然"研究亦包括两个方面：其一，高校内部治理体系的创新必须遵循高校独有的本质属性要求及其办学治校育人的基本规律；其二，高校作为高度理性的学术组织，其内部治理体系的创新必须在多学科理论的支撑下进行，即必须在理性引领下具有坚实的理论依据。

基于上述思考，笔者提出高校内部治理体系创新研究的整体性设计思路如下：一是沿着历史发展和制度变迁的线索梳理和分析我国高校治理（管理）体系的变迁过程及分析总结其实践的得与失，此为针对现实和问

---

① 眭依凡：《论大学的善治》，载《江苏高教》2014年第6期。

题的"知其然"之事实研究；二是对高校治理及其内部治理体系的概念、要素、特征和相互关系等进行学理性讨论，此为"知其所以然"提供理论支撑的学理研究；三是由于我国经典意义上的大学历史较短，且西方高等教育强国的高校治理模式相对成熟，因此考察借鉴西方高校治理模式的成功经验之于我国高校内部治理体系创新具有启示意义；四是在上述历史梳理及学理分析、比较研究的基础上，提出具有创新意义的既符合国情又遵循高校办学治校育人规律的高校内部治理体系结构，以及确保高校内部治理体系正常运行的保障机制，两者的有机结合则构成旨在提升治理效率的高校内部治理体系；五是对现代大学制度建设与大学内部治理的关系加以研究。规范高校办学治校育人的法治架构是高校有效治理及依法治校的基本依据和硬件基础，由于高校内部治理结构本质上就是现代大学制度尤其是大学章程支撑的产物，因此大学章程既是高校内部治理体系的重要组成，又是高校内部治理体系得以正常运行并发挥其应有作用的法治及措施保证；六是对高校治理文化加以研究。高校文化的问题往往被高校办学治校者所忽略，但高校文化无处不有、无刻不在，不仅对高校内部治理结构的设计和选择具有价值引领的作用，对高校内部治理的过程即能否有效运行亦有不能忽视的影响。在上述关于高校内部治理体系创新研究的整体性分析思路清晰的基础上，笔者建构的高校内部治理体系创新研究的总体框架设计如图2-4所示，其中六大专题研究分别为：高校内部有效治理模式建构的理论研究；我国高校内部治理模式的历史变迁与现实研究；高等教育强国之高校内部治理模式的比较借鉴研究；高校内部治理体系的创新与建构研究；大学章程完善：高校内部治理的依法治校研究；高校内部治理的文化研究。

国家高等教育治理的法律法规

遵循高校办学治校育人规律 → 高校内部治理体系 ← 适合国情：现代大学制度
党委领导下校长负责制

效率优先
整体设计
民主管理
依法治校
指导原则 → 高校内部治理体系创新及构建研究 ← 理论基础
系统理论
大学组织理论
公司治理理论
领导力理论等

结构 | 过程

高校内部治理结构
要素及其关系分析 | 高校内部治理运行机制
要素及其关系分析

高校组织及
权力架构研究 | 大学章程完善

专题一
专题二
专题三
专题四
专题五
专题六

党委
校教代会
学术委员会 → 校长
教学科研机构 | 行政职能部门

决策机制
执行机制
监督问责机制
共同参与机制

专题一
专题二
专题三
专题四
专题五
专题六

高校内部治理体系创新与完善的政策建议

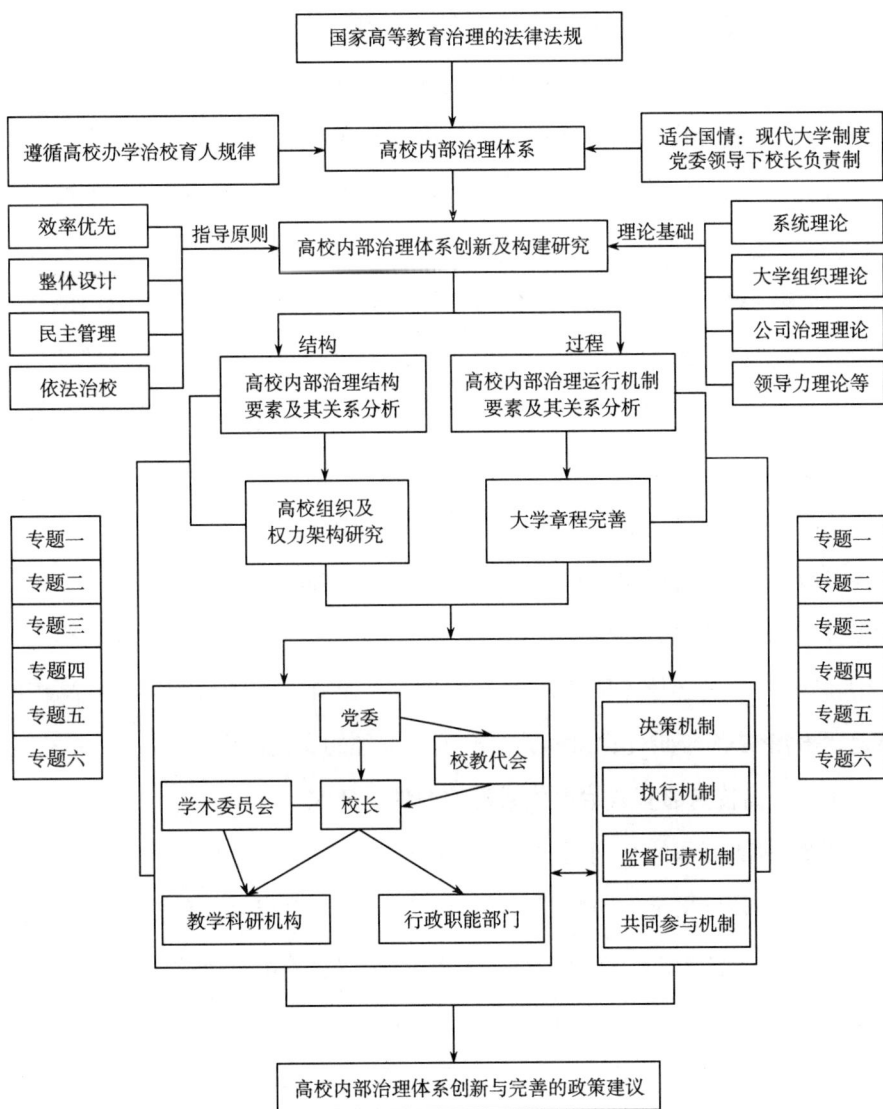

图2-4　研究总体框架

三、高校内部治理体系创新相关研究的目标与内容

从组织理论和组织生态理论的视角透视高校组织，高校无疑是一个要素复杂及其关系和环境复杂的组织系统，由此决定了高校内部治理体系的高度复杂性，其构建尤其是创新都必须是在理性指导下针对现实需要做出的选择。因此，关于高校内部治理体系创新的研究必须在相关治理理论的

引领，在对我国高校内部治理结构变迁历程及其得失的历史和现实考察，以及对西方高等教育强国关系内部治理模式比较借鉴研究的基础上，去讨论和建构既适合我国国情又遵循高校办学治校育人规律具有可操作性的高校内部治理的创新体系。基于此，高校内部治理体系创新研究应达成如下目标：一是从学理上讨论明确高校内部治理体系的构成组织要素及其关系结构，包括对高校行政和学术机构权责边界的确定，为高校内部治理体系的创新提供必要的理论依据；二是从实践上总结我国高校内部治理结构改革的得失，分析其根源并提出解决问题的有效途径和措施；三是建构和完善高效率的高校内部治理结构及其运行机制。根据上述研究目标设计，高校内部治理体系创新研究应该包括以下研究内容：第一，高校内部有效治理体系建构的理论研究；第二，我国高校内部治理体系的历史变迁与现实研究；第三，高等教育强国之高校内部治理体系的比较借鉴研究；第四，我国高校内部治理体系的创新与建构研究；第五，大学章程完善：高校内部治理的依法治校研究；第六，高校内部治理的文化研究。

（一）高校内部有效治理体系建构的理论研究

高校内部治理体系创新的目的旨在探索并建构高校内部有效治理的体系，由于经典意义上的高校是一个历经千年发展并已经成熟的需要理论指导其实践的理性组织，由此决定了高校内部的有效治理既是一个实践的问题，更是一个需要理论指导的问题。如前所述，基于高校是一个要素诸多且关系复杂及影响其运行不确定性要素多的复杂组织，因此针对这样一种复杂组织有效治理体系的建构，必须从理论上对高校内部治理的性质、特征、目的、要素及其关系结构加以讨论，从而明确高校内部有效治理的方向、目的及其基本原则。换言之，对高校内部治理体系创新的研究必须以相关学科的理论为指导，即以系统理论、大学组织理论、公司治理理论、组织文化及学术自治、权力制衡、法人治理、利益相关者、共治善治等理论为基础，提出和建构高校内部有效治理的理论模型。

关于高校内部有效治理模式建构的理论研究必须达到如下目的：其

一，根据高校的组织属性讨论高校内部有效治理模式的基本要素及其关系。由于高校组织是一个多利益主体博弈的系统，根据高校的组织属性特征厘清高校内部治理体系的基本要素亦即利益主体，探讨明确它们之间的利害关系及其背后的逻辑，这是构建高校内部有效治理结构的理论基础。其二，依据相关理论讨论高校内部有效治理的类型、原则及要件及其关系。此即根据高校内部治理的基本要素及其关系，从多学科理论视角出发，以系统理论、大学组织理论、公司治理理论、组织文化及学术自治、权力制衡、法人治理、利益相关者、共治善治等理论为基础，讨论确定高校内部治理类型、基本原则、治理要件及其联系。其三，提出和建构高校内部有效治理的理论体系。此即在提炼高校内部有效治理模式的结构特征、过程特征、主体特征、制度特征和文化特征的基础上，提出高校内部有效治理的组织结构、权力结构及其关系结构，以及高校内部治理结构有效运行的机制（即高校内部治理结构与运行过程协调的理论模型）。高校内部有效治理的理论模型的研究为本研究的重点所在。

（二）我国高校内部治理体系的历史变迁与现实研究

对我国高校内部治理体系的历史变迁与现实研究是本研究的事实支撑研究部分，是关于回答高校内部治理体系为什么需要创新的所谓"知其然"的事实研究，旨在沿着我国高等教育发展历史和高等教育制度变迁的历史线索，通过梳理和探究"我国高校内部治理体系变迁的路径及其动因"及"我国高校内部治理体系变迁的特征及其结果"等，以了解我国高校管理体系的变迁过程及高校内部治理的现实情况，把握不同阶段我国高校内部治理体系形成的原因，分析总结我国高校内部治理实践的得与失，为高校内部治理体系创新提供事实依据。作为历史和现实研究的部分，本研究以大学内部治理制度为研究对象，以历史为轴对新中国成立后至"文革"开始、"文革"期间、1978年改革开放至今三个主要时期，以制度分析和历史研究的范式，通过文献政策的文本研究和调查访谈等深入探究新中国成立以来我国高校内部治理制度变迁的过程与路径，高校内部治理体系形成与变革的逻辑及动因、动力，以及各个历史阶段制度的特征与效果，在此基础之上分析总结我国高校内部治理模式的实践的得与失（如图2-5所示），为我国高校内部治理体系的创新及治理体系的现代化提供事实基础。

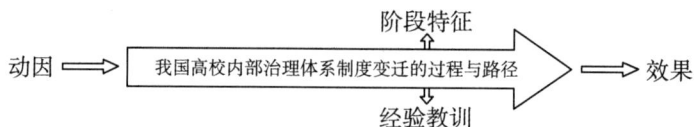

图2-5　高校内部治理体系的历史变迁研究

关于我国高校内部治理模式的历史变迁与现实研究必须达到如下目的：其一，以高校制度变迁为线索研究和描述我国高校内部治理模式变迁的过程和路径。高校属于依赖制度维持其稳定结构和运行秩序的组织，因此高校运行及发展均受到制度环境的高度影响。由于我国高校的制度发展均是受政府主导下的制度变迁，所以我国高校治理的发展史可以说就是一部国家有关政策制度主导下的高校制度变迁史，政府的政策设计和制度安排始终是影响和决定高校内部治理体系发展变迁的主要力量。自1949年新中国成立以来，国家力量不断介入高校内部治理，对包括高校领导体制、治理体系、高校组织内部权力配置与运行机制等制度安排的方方面面产生影响。因此，研究我国高校治理体系的发展变化必须从国家政策制度设计及其变迁对高校制度带来的影响切入，这就是本研究何以基于政策制度分析的视角考察我国高校治理体系变迁的原因。为有利于据历史发展进程的线索考察新中国成立以来我国高校内部治理体系的历史变迁，把新中国成立以来的高校内部治理体系变迁划分为如下三个阶段，即"1949—1977年以高校内部领导体制变革为中心的高校治理探索期""1978—2009年以高校内部管理体制变革为重点的高校治理改革期""2010年至今以中国特色现代大学制度建设为主旨的高校治理完善期"，从这三个阶段加以考察是合理的。由于在不同历史阶段关于高校内部治理的概念有不同的表述，因此对高校治理体系变迁的研究有必要在治理和管理概念的使用上注意不同历史阶段的区别，因为治理与管理毕竟是内涵不同的概念，不能混淆。其二，讨论分析我国高校内部治理体系形成与变革的特征与动因。高校治理变迁与中国政治经济社会的发展变迁具有较高的同构性，其变革是高等教育政策变革主导下由局部到整体的过程，即由以高校内部领导体制探索为中心向以高校内部管理体制改革为重点，最后以完善中国特色现代大学制度为目的的综合性改革。关于这个部分的研究既要揭示我国高校治理体系变革的阶段性特征，亦要分析我国高校产生从以管控为特征的管理模式向以共同治理为特征的治理模式变迁的动因。其三，总结与分析我国高校内部治理体系实践的得与失。高校内部治理体系创新的研究，旨在强调通过对传统高校内部管理体系的改革以建构新型的有利高校管理效率提升的高校内部治理体系。为此，关于我国高校内部治理体系的历史变迁研究必须对过去存在的高校内部管理模式的得与失加以梳理、分析和总结，唯有如此，关于高校内部治理体系的改革创新和完善才能有的放矢并获得事实依据。

（三）高等教育强国之高校内部治理模式的比较借鉴研究

由于经典意义上的我国大学发展历史较短，以及相对而言世界高等教育强国之高校治理体系均比较成熟，故设计旨在通过考察西方高等教育强国之高校内部治理体系的成功经验，了解国外高校内部治理体系所面临的问题以及改革趋势，在动态比较中找到各国高校内部治理体系改革发展具有共性的规律，从而为我国高校内部治理体系的创新和完善提供国际借鉴的研究部分十分必要。

关于高等教育强国之高校内部治理体系的比较借鉴研究必须达到如下目的：其一，基于文献研究和海外考察调研了解美国、英国、德国及日本等国高校内部治理体系的基本情况。通过包括文献收集研究和对世界著名高校的考察调研，以期深入了解美国、英国和德国等高等教育强国不同类型高校内部治理模式的要素、结构、特征及其运行机制等基本情况。其二，研究掌握国外高校内部治理体系中行政权力与学术权力的配置与博弈。国外高校内部治理体系中的权力结构相对而言比较简单，主要由行政权力与学术组织权力两大体系构成，所以对高等教育强国之高校内部学术权力与行政权力之权力配置的形式、结构、博弈及相互制约关系及其对高校内部治理效率的影响进行深入研究，分析有哪些因素对高校学术权力与行政权力的配置及其运作效率构成根本性影响，从而对高等教育强国的高校内部治理体系中的权力结构形式及协调制约机制有所认识非常必要。其三，探讨国外高校内部治理体系的成功经验、问题以及改革趋势。在充分解读美国、英国、德国等国学术权力与行政权力配置及其运行的成功经验的基础上，客观分析评价高等教育强国之高校内部治理体系所取得的成功经验及所面临的问题，以及关系高校内部治理体系变革的对策与趋势，从而为开阔我国高校内部治理体系创新的国际视野提供可资借鉴的启示。

（四）高校内部治理体系的创新与建构研究

本研究设计是关于高校内部治理体系创新研究的重点所在，在对高校内部治理体系的理论、历史及比较研究的基础上，旨在通过对符合国情条件下现行的高校内部治理体系权力主体结构及其运行机制存在的不足进行深入调查研究，提出既适合我国国情又遵循高校办学治校育人规律的，既有创新意义又有实践价值并基于善治目的的高校内部治理体系，重点解决高校内部治理主体的组织及其权力结构的协调与高校内部治理体系正常运行的机制问题，以构建有利于提高高校内部治理效率的高校内部治理体系。

关于高校内部治理体系的创新与建构研究必须达成的目标如下：其一，对高校内部治理的组织及权力结构、运行机制进行深入的实证调查以准确把握问题及其原因。高校内部治理结构形式上表现为一种对高校内部组织及其成员进行管理和控制的系统，实质上是高校内部权力结构的分配、协调与行使的制度安排，所以高校内部治理的本质实际上就是高校内部决策权力在高校内部的配置与行使，这种权力结构很大程度上决定了高校内部治理能力的高低及治理效率的大小。为了提出高校内部治理体系的创新模式，有必要在对我国高校内部治理体系变迁的研究基础上，对高校内部治理的现实权力架构及其运行状态进行深入调查，并对其存在的问题进行诊断。其二，根据高校办学治校育人的规律研究解决行政管理与学术民主等权责结构的平衡协调的关系问题。如前所述，构成高校内部治理体系的两个基本要件即高校内部治理体系的权力结构及其保障权力结构正常运行的相关机制。如果说党委领导、校长负责、教授治学、民主管理是一项基于国情需要提出的高校内部治理基本原则，那么关于高校内部治理体系创新研究的任务就在于根据高校办学治校育人的规律，厘清高校内部不同治理主体及权力主体的权责边界，科学构建各权力主体有效行使职权并相互约束的结构框架和运行机制，从而根本解决党委领导、校长负责、教授治学、民主管理相互协调的高校治理权力主体之间博弈的关系问题，比如坚持和完善党委领导下的校长负责制，解决好高校党委与高校教职工代表大会权力关系以及与校长的分工合作问题，解决校长与大学学术委员会的学术决策权责的问题等。其三，构建既有创新意义又有实践价值的基于善治目的的高校内部治理体系。提出和构建既适合我国国情又遵循高校办学治校育人规律的、既有创新意义又有操作价值的基于善治目的的高校内部治理体系是高校内部治理体系创新研究的目的所在。这一研究必须基于效率优先、整体设计、民主管理、依法治校的原则，以及依据高校内部治理系统构成的"责任""信任""共享权力""协调利益"四大要素，构建高校内部治理的组织及其权力结构，并在完善以大学章程为基础的现代大学制度和以营造高校内部治理体系组织氛围的高校文化理性的前提下，形成有利于关系内部治理体系得以有序运行的决策机制、执行机制、监督问责机制、共同参与机制。

（五）大学章程完善：高校内部治理的依法治校研究

大学章程作为高校内部治理的基本法，大学章程既是高校内部治理体系中不可或缺的依法治校的要素（即法律依据），亦是高校内部治理得以有序运行的机制保障，大学章程在高校内部治理体系中具有规则制定和程序保证的双重角色作用，在高校的依法治校过程中具有重要地位。本研究设计旨在通过对大学章程与高校内部治理体系之关系及其作用机理的讨论，明确高校内部治理体系只有在完善的现代大学制度保障下才能有序运行并发挥其有效治理的作用。为此，关于大学章程完善即高校内部治理依法治校的研究是在对大学章程与高校内部治理体系的关系进行学理性分析的基础上，探讨大学章程对高校内部治理体系主体、权力结构及实现机制的影响，并站在高校内部治理体系创新和发挥有效治理作用的高度，审视和考察大学章程制定、大学章程实施等关于大学章程建设本身存在的问题，从而为大学章程的完善和高校内部治理的依法治校提供理性指导。

关于"大学章程完善：高校内部治理的依法治校研究"必须达成如下目的：其一，从理论的高度和现实的视角讨论明确大学章程与高校内部治理体系之间的关系。本研究首先对大学章程的性质进行探讨，在分析以大学章程为中心的内部法规构建原则的基础上，从理论的高度和现实的视角讨论和认识大学章程与高校内部治理体系之间的关系，从而为大学章程完善及高校内部治理体系的创新构建提供认识基础和理论前提。其二，探讨明确大学章程在高校法人治理及高校内部治理体系运行中的机制功能。大学章程是高校内部治理体系的实现机制，大学章程在高校内部治理体系中的机制作用亦主要是通过高校法人治理结构的形成，以及对高校治理过程中决策、执行、监督问责、共同参与的程序等做出具体规定而得以实现的。高校法人治理结构为高校内部治理体系创新提供了依法治校的权力及其行使的制度框架，所以大学章程是高校法人治理结构在高校内部治理的具体落实；而同时大学章程关于高校内部治理过程中决策、执行、监督问责、共同参与的程序规定又为高校内部治理体系的有效运行提供了操作性保证，故大学章程又是高校内部治理体系在运行机制上的具体落实。其三，通过调查及大学章程的文本分析对大学章程建设存在的问题提供解决的建议。大学章程既是高校内部治理体系中依法治校的法律依据，又是高校内部治理体系得以有效操作的机制保障，故大学章程的重要性还不在于其是否在高校内部治理活动中得到落实和遵循，更重要的是大学章程本身的质量是否能够发挥上述作用。虽然我国高校的大学章程建设基本完成，但由于大学章程是由教育部自上而下推动的现代大学制度建设，不少高校对大学章程建设的意义作用还存在认识不到位及由此导致的在大学章程制定中不认真、不规范、质量不高等问题。因此，本研究不仅要站在大学章程之于高校内部治理体系创新及依法治理具有不可替代的作用的认识高度，还要针对我国不少高校的大学章程有待修改完善的现实，通过对大学章程的文本分析及其在高校落实情况的调查，审视和考察大学章程制定、大学章程实施等发现大学章程建设存在的现实问题，并提出大学章程完善的建议，从而通过大学章程的完善确保高校内部治理的依法治校得以正常进行。

（六）高校内部治理的文化研究

高校本质上是文化属性的组织，由于对高校的认识需要从文化这个研究视角来观察和分析高校的成功和不足，因此笔者一直强调有必要用大学文化这一既针对高校组织个性特征又不失高校之普遍性的观察视角和分析框架认识高校内部有效治理问题。大学文化不仅附着在高校组织机体的表面，而且植根于高校内在精神的深层，其无所不包、无所不在且无所不能，对高校的办学治校产生了深刻影响。大学文化绝不仅是高校内部治理结构中的一般要素，其极大影响并统领着高校内部治理过程中的价值选择、思维模式、制度安排、组织和权力建构、组织及其成员的活动及心理方式等等。所以大学文化不仅对高校内部治理结构的设计等具有价值引领的直接作用，对高校内部治理的有效运行亦有不能忽视的间接影响，有什么样的大学文化就有什么样的高校内部治理体系。[①]据海外越来越多的高校治理研究发现，高校的有效治理并不仅仅简单取决于治理的组织及其权力结构，而且还与治理组织设置及制度安排之外的其他因素尤其是大学文化有重要的关联。同样高校内部治理结构在不同高校的治理运行中其效果亦有所不同，原因就在于大学文化因素直接或间接地对治理产生影响。本研究设计的价值就在于讨论高校文化对高校有效治理的意义作用，并营造有利于提升高校内部治理效率的高校文化环境。

---

① 眭依凡：《大学文化学理性问题的再思考》，载《清华大学教育研究》2015年第6期。

关于高校内部治理的文化研究必须达到如下目的：其一，通过深入挖掘和分析大学文化与高校内部有效治理的内在关系，树立大学文化治校的概念理性。在对"大学文化是大学治校结构中不可或缺的基本要素""大学文化是先于大学治校行动且指导行动的价值先决条件""大学文化是驾驭大学权力行使的'无形之手'"①的深入讨论，以及大学文化治校的学理性清晰的基础上，本研究必须对诸如"价值确定""制度安排""环境营造"等大学文化治校的实践机制加以提炼和分析，以明确和凸显大学文化与高校内部有效治理的内在关系。其二，对高校内部治理本身就是一种文化治校的逻辑进行论证，呈现具有说服力的理论联系实际的依据。从某种意义上说，可以把高校视为主要是由"学者"和"文化"为要素构成的复杂组织，由于高校这样一种特有的文化组织属性导致其治理过程有强烈的非线性特征，即高校内部治理过程具有高度的复杂性、不可控性和不稳定性。作为学者云集并以文化为纽带的高校治理问题，仅仅依靠铁面无私的刚性制度和冷冰冰的上下级关系来简单处理未必有效，因此大学文化作为一种柔性的治校手段就有了发挥其作用的空间。因此，包括中国高等教育学会原会长周远清在内的不少学者无不强调，我国高校内部治理必须重视治理文化的建设，笔者关于大学文化研究的结果亦表明，大学文化本身就是高校内部治理体系不可或缺的要素并具有治校的功能。因此，旨在对大学文化治校的逻辑及其规律进行分析以呈现其在高校内部治理体系的合理合法性的研究设计，显然十分必要。其三，探讨高校内部治理文化理性及高校内部治理文化的培育和营造。综观中外有关高校治理的研究不难发现，由于中外高校治理体系发展的阶段不同及成熟度不同，所以中外高校对高校内部治理体系予以关注的重点及其重视的程度亦有所不同，比如美国等西方高等教育强国更多关注的是治理过程的完善问题，而我国高校关注的重点是高校内部治理组织及其权力结构完善的问题。但中外高校治理研究的

①眭依凡：《大学文化思想研究》，载《北京大学教育评论》2016年第1期。

共同之处就在于认识高校内部治理效率的提高，有赖于高校内部的办学治校育人者在共同的文化归宿、文化理性驱动下的共同行动。在高校内部治理研究中强调工具理性重于价值理性及重视治理结构的完善而无视治理文化的形成的研究取向，将无益于高校内部治理体系创新及高校内部治理效率的提升，更无益于高校内部治理体系的现代化，因此对高校治理文化理性的研究将会成为高校内部治理未来研究的重要领域。

只有对上述六个有关高校内部治理的方面进行全面深入的研究，关于高校内部治理体系创新的研究才具有顶层设计的意义，其研究结果才具有引领高校内部治理体系的框架性整体改革完善和提高其治理实践效率的价值。

（本文发表于《华东师范大学学报（教育版）》2020年第12期。原文有改动。）

第四节　大学内部治理体系创新：高等教育现代化挑战

在党的十九届四中全会上，习近平总书记代表党中央做了题为《中共中央关于坚持和完善中国特色社会主义制度、推进国家治理体系和治理能力现代化若干重大问题的决定》的工作报告，全会提出了坚持和完善中国特色社会主义制度、推进国家治理体系和治理能力现代化的总体目标："到二〇三五年，各方面制度更加完善，基本实现国家治理体系和治理能力现代化；到新中国成立一百年时，全面实现国家治理体系和治理能力现代化，使中国特色社会主义制度更加巩固、优越性充分展现。"①在推进国家治理体系和治理能力现代化的艰巨而伟大的进程中，由于当今社会已经进入高新知识及其物化水平决定一个国家能否在国际竞争及国际合作中占有先机及主导地位的知识经济及智能化时代，而大学之于高新知识生产及创新型人才培养具有垄断性的属性特征，则决定了国家现代化进程中的最大挑战是高等教育的率先现代化，因此，在国与国的竞争中高等教育现代化具有置顶优先布局和抢占先机的极端重要性。

一、引言

就现阶段高等教育现代化迫在眉睫的任务而言，笔者认为，即党的十九大报告中提出的"加快一流大学和一流学科建设，实现高等教育的内涵式发展"。当来自大学外部的有利于一流大学建设及大学内涵式发展的宏观制度供给和物质资源供给问题得到较好解决之后，一流大学建设及大学内涵式发展的得与失、成与败取决于大学内部治理体系的现代化。具体言之，大学内部治理结构的科学性即大学治理体系的现代化是决定一流大学建设成败的底部厚重且不可逾越的基础（如图2-6所示），大学内涵式发展亦然。关于高等教育内涵式发展，笔者在《引领高等教育内涵式发展：高等教育研究适逢其时的责任》一文中分析指出：所谓外延式发展主要是通过加强投入以提高发展速度和扩大发展规模为目标的传统发展模式，而内涵式发展则主要是通过加强制度和机制创新以促进发展效率和发展质量提高的现代发展模式。大学的内涵式发展是一种以效率优先为价值目标的高质量发展模式，其主要是通过转变发展方式、优化发展结构尤其是创新发展动力才能实现的新型发展模式，如图2-7、图2-8所示。②

① 《中国共产党第十九届中央委员会第四次全体会议公报》，http://www.Chinanews.com/gn /2019/10-31/8994802.shtml。
② 眭依凡：《引领高等教育内涵式发展：高等教育研究适逢其时的责任》，载《中国高教研究》2018年第8期。

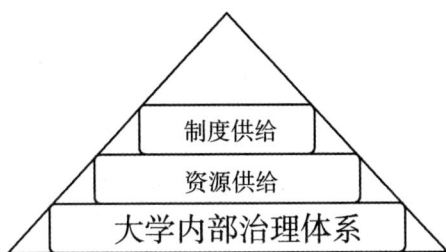

图2-6　大学治理金字塔

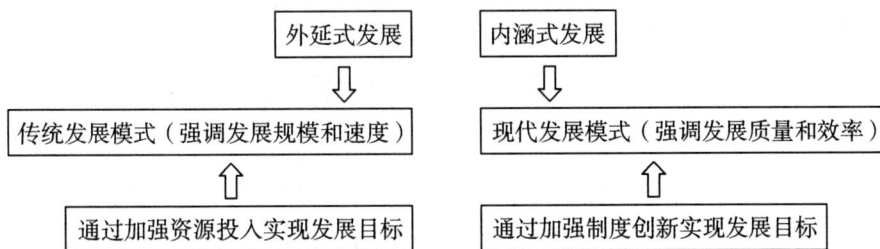

图2-7　外延式与内涵式发展模式

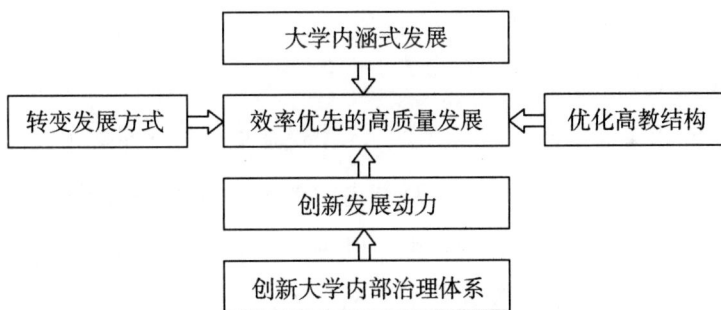

图2-8　大学内涵式发展及其实现

　　党的十八届三中全会明确指出，推进国家治理体系和治理能力现代化其实现途径就是全面深化改革。推进国家治理体系和治理能力现代化，必须坚决破除一切不合时宜的思想观念和体制机制弊端，突破利益固化的藩篱，吸收人类文明有益成果，构建系统完备、科学规范、运行有效的制度体系，以充分发挥我国社会主义制度的优越性。高等教育系统作为国家治理体系和治理能力现代化的子系统，其实施机构大学同样需要通过改革大学治理结构以实现其治理体系现代化和提升治理能力，所以创新大学的发展动力唯有通过创新大学内部治理体系而不能达到。尤其是在推进世界一流大学建设和实现高等教育内涵发展的关键阶段。就世界一流大学建设而言，我国经历了始于1998年的"985工程"及"211工程"大学建设工程及启动于2015年的"双一流大学"建设的两个阶段，在这样两个时隔近20年的不同阶段我国大学遇到两个不同的发展瓶颈：第一个瓶颈即"985工程""211工程"大学建设期间的"经费短缺"，因此该阶段我国主要通过加大投入解决大学发展的资金困窘问题以根本改善大学的办学条件；第二个瓶颈则是在进入"双一流"大学建设阶段来自有利于"双一流"大学建设的制度供给和资源供给获得改善后，如何解决"大学内部治理效率不高"的问题，因为大学的办学治校者已经认识到：制度良好及资源充足只是"双一流"大学建设的必要条件，缺乏高效率的治理体系和由此导致的治理能力提升，政府提供的制度及资源供给优势都难以转化为大学办学治校的现实效率，而这个问题的根本解决只有通过大学内部治理体系创新以克服传统管理模式有碍大学治理效率提升的不足。同理，高等教育及其大学的内涵式发展亦然。

综上所述，可以得出如下结论：无论对国家现代化而言还是就高等教育现代化而论，其治理体系和治理能力的现代化均具有奠基性作用。由高等教育体系与大学本质属性之关系可以进一步推论，高等教育现代化面对的最大挑战是担负实施高等教育使命的以人才培养和知识创新为核心职能的大学内部治理体系和治理能力现代化，而大学内部治理体系的现代化与主要依赖物质资源投入方能达成目标的办学条件改善不同，其属于治校制度及机制完善的范畴，故唯有通过大学内部治理体系的创新才能得以推进。

由于大学内部治理体系及高等教育现代化是我们的研究对象及核心概念，故有必要对其予以科学界定。所谓大学内部治理体系，即大学内部组织及其权责的关系结构和运行程序，是决定大学兴衰成败的领导力，是决定大学办学治校育人效率的核心要素。大学内部治理体系是一流大学建设和大学内涵式发展底部厚重的不可逾越的操作性基础，对高等教育改革发展的得失成败具有决定性作用。而所谓高等教育现代化，即以国际高等教育最高水平、最先进状态为参照的目标体系和追求，是具有时空局限性的相对概念，是未来某时期或现实高等教育发展的最高水平及最强综合实力状态的反映。高等教育现代化既是高等教育未来发展的方向和目标，又是高等教育发展的进程和状态；高等教育现代化始于国际竞争日益激烈和国家现代化发展的需要，又引领国家现代化发展并构成国家现代化不可或缺的基础。①正是由于现代化并非一个一蹴而就的社会发展进程，现代化理论研究集大成者塞缪尔·亨廷顿（Samuel Huntingdun）强调，现代化是一个革命的过程、复杂的过程、系统的过程、全球化的过程、长期的过程、阶段性的过程、不可逆的过程、进步的过程。高等教育的现代化亦然。为使高等教育现代化具有操作性，笔者在《高等教育现代化的理性思考》一文中提炼了如图2-9所示的"高等教育普及化""高等教育高质量""高等教育终身化""高等教育信息化""高等教育国际化""高等教育治理体系高效率"等高等教育现代化六大要素，其中"高等教育治理体系高效率"作为支撑高等教育现代化的基础性要素尤为重要。

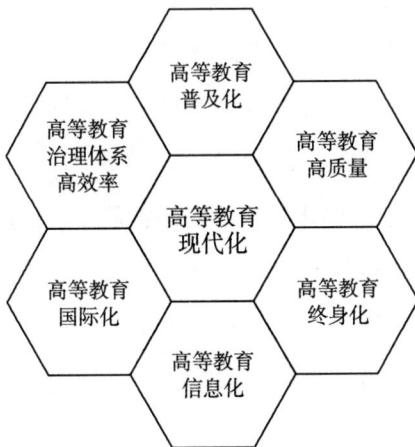

图2-9　高等教育现代化

---

① 眭依凡：《高等教育现代化的理性思考》，载《高等教育研究》2014年第10期。

二、大学内部治理体系创新的理论逻辑

大学是伴随着并满足人类社会不断文明进步需要而创造的以人才培养及知识传承与创新为主要社会职能并有其自身发展规律的理性产物，故此，大学应该顺应时代变迁的需要与时俱进，但其改革发展则必须遵循大学自身运行规律并以大学理性为指导，尤其对旨在较短的时间内缩小我国高等教育与世界高等教育强国在创新型人才培养及知识创新方面差距的"双一流"建设及对旨在推进和实现全面提高我国高等教育质量的高等教育内涵式发展的高等教育现代化行动而言更是如此。此即有必要先从学理上辨析大学内部治理体系现代化之于高等教育现代化何以如此重要的理由。实用主义哲学的代表性人物杜威指出："思维并不是对'真理'的寻求，而是一种行为：它的目标是解决某些个人问题或社会问题；它是一种手段，人们力求通过它来和周遭环境建立起更为令人满意的关系。"[1]杜威关于思维的目的是获得指导行动的理念及其体系化理论的观点，为我们从学理上先行讨论大学内部治理体系创新的重要性提供了理论上的支持。这种讨论不仅有助于我们从理论上认识到大学内部治理体系创新的逻辑意义，亦有利于我们在理论指导下找到大学内部治理体系创新的方向路径。笔者从大学组织理论、组织生态理论、复杂科学理论及系统理论分析大学内部治理体系及其创新的必要性。

（一）关于大学组织理论之于大学内部治理体系的重要性讨论

任何社会组织都是有目的存在的，是"为了完成特定目标而设计的工具"[2]，具体言之，组织是特定集体行动必需的工具，"组织通过正式的角色和程序来强化组织惯例，当制度以明确、合法的条文形式出现时就有很

---

① ［美］布鲁克·诺埃尔·穆尔等著，黄洋译：《思想的力量》，上海社会科学院出版社2009年版，第233页。

② ［美］W. 理查德·斯格特著，李宏昀、倪佳译：《组织理论》，华夏出版社2002年版，第31页。

强的执行力"[①]，"在现代社会几乎所有组织的集体行为都发生在组织的背景下"[②]。以上观点无不阐明了组织之于组织行动的重要性。大学亦是有其目的和目标的社会组织，但大学与其他社会组织的不同之处就在于大学是高度理性的组织，其突出表现在大学组织的目的及目标不仅是理性选择的结果，而且大学必须以理性建构大学内部包括人员、权责等要素合理配置的组织架构以高效达成其目的及实现其目标。大学是以知识资本积累和开发为目的的、以知识创新及人才培养为核心使命和基本职能的社会组织，由此决定了大学是一个以个体及其组群智力劳动为特点的，组织本质属性的一致性与组织活动特点的多样性，组织目标及其组织结构的整体性与其内部组织单元及其成员的个体性高度耦合，活动规律亦完全不同于其他社会组织，其成员及其内部组织单元必须高度依赖充分的独立的自主的积极性激发其创造活力的自组织、自适应的复杂社会组织。简单的组织架构及简单的管理结构根本无法适应大学这个复杂社会组织的管理，更无法激发大学在践行其人才培养和知识创新过程中的创造活力，以保证其在资源输入有限的条件下活动效率和输出功能的最大化。

（二）关于组织生态理论之于大学内部治理体系的重要性讨论

相对于始于20世纪初的组织理论，组织生态理论的提出及其成熟要晚了70多年。据相关文献，组织生态学（Organizational Ecology）是迈克尔·哈南（M. T. Hannan）与约翰·弗里曼（J.H. Freeman）于1977年率先提出的，是"运用生态学原理与方法研究组织生态主体与各种环境要素之间关系"的一门新学科，它"考察各种组织生态环境及其构成要素对组织生态系统和组织生态系统中作为生态主体的人的影响"[③]。组织生态理论

---

① ［美］迈克尔·T. 汉南、约翰·弗里曼著，彭璧玉、李熙译：《组织生态学》，科学出版社2015年版，第4页。

② 同上，第3页。

③ 组织生态学，https://wiki.mbalib.com/wiki/%E7%BB%84%E7%BB%87%E7%94%9F%E6%80%81% E5%AD%A6。

的假设前提是任何社会组织的设立都具有不同空间效应的生态化过程和制度化过程。关于组织设立的生态化过程主要通过分析组织生态位的重叠密度即"在特定资源集合体中某一组织的生态位与组织种群中其他组织的生态位相互交错的程度"，以及组织生态位的非重叠密度即"组织种群中未交替密度的集合"与组织设立率之间的相互关系，以考察并决定组织内部的建构。一般规律是"组织生态位重叠密度（与组织设立率负相关）和非重叠密度（与组织设立率正相关）直接影响着组织设立的可能性和成功率"，具体而言，即"在拥挤的组织生态位内设立组织比在宽松的组织生态位内设立组织具有更小的成功率，因为高的组织生态位重叠密度意味着对资源的竞争更加激烈"，相反，"高的非重叠强度会降低竞争的潜势，增强合作的可能性，因而有利于促进组织的设立"。[1]关于组织设立的制度化过程则主要通过分析合法性、社会支持等因素对组织成功设立的影响来考察并决定组织内部的建构。由于制度关系有利于为组织提供社会支持及合法性和有关资源，所以必要的组织规制对组织设立及其运作效率具有直接影响。由于"组织生态系统是一个由人、组织及其活动、环境共同构成的复合系统"[2]，换言之，即组织生态学研究的本体是社会组织，因此组织生态理论对我们认识大学内部治理体系何以重要是有意义的。

总体而言，组织生态理论与组织理论的基本立场无异，均强调社会组织是目的性很强的组织，其自身状态决定其兴衰成败，所不同的是组织生态理论是从组织种群及其属性特征的视角考察在特定边界或特定环境内的组织内部诸如组织的要素、结构、目标和人员及其所处的环境和运行等。大学作为以学科及专业为组织建构依据的社会组织，具有极其强烈的学术生态组织的特征，由此导致大学根本不同于以行政效率最大化的科层官僚组织及以经济利益最大化的企业组织及其他社会种群生态组织。大学的学

---

① 组织生态学，https://wiki.mbalib.com/wiki/%E7%BB%84%E7%BB%87%E7%94%9F%E6%80%81%E5%AD%A6。
②同上。

术生态组织属性使之不仅必须面对如何妥善处理好其内在规律及知识创新及人才培养规律驱动还是依靠外部权力及利益要素驱动之复杂关系的挑战，而且必须面对如何处理好大学内部组织治理过程中学术权力与行政权力的关系，以及处理好决定大学组织运行效率的内部组织及其权力结构的问题。如下结论是成立的，即学术生态属性使大学无法回避大学种群之间为组织发展而激烈竞争带来的既需要确保大学稳定的秩序，又需要促进大学变革的与时俱进以适应社会竞争的严峻现实，大学办学活力及竞争力的衰微归根结底是大学组织治理结构落后造成其组织生态不适应学术组织本质属性及其规律的结果。根据组织生态学的观点，有必要重新审视大学治理结构的稳定性与非稳定性之间的关系，缺乏创新能力的超稳定结构之于大学无异于知识和人才竞争的放弃，本质上也是大学学术组织属性的蜕变。

（三）关于复杂科学理论之于大学内部治理体系重要性的讨论

所谓复杂科学是研究复杂系统之复杂性的理论，其基本思想如下：其一，复杂系统由大量相互作用的要素组成，简单运作的规则会导致对该系统复杂的集体行为及其复杂信息的简单处理，从而致使复杂系统产生更多的不确定性，现代社会组织的复杂性及其创造力具有共生性；其二，一个复杂的社会系统决定其运行的治理结构必须更加照顾到复杂要素之间的关系并充分发挥其作用，否则其内部要素间的内耗就会增加，且系统运行的不确定性亦会加剧，从而导致该复杂系统的输出功能衰减。笔者以为，一个社会组织系统之所以被认定为复杂系统，就在于其构成要素不仅多且要素间关系结构呈非线性，组织目标不仅难度高且组织活动又多样化，由此必然带来其活动过程及其结果的不确定性。一般而言，凡为达成某一目的或为完成某特定任务而建构的以人为主体的社会组织均为复杂系统，而大学不同于其他社会组织就在于其是一个具有知识结构，即占有基本知识、能力结构，即能够应用知识解决问题和智能结构，即能够通过顶层设计、系统思维解决问题并具有自调整、自适应能力的高智能化复杂系统。复杂科学基于复杂系统管理的需要提出过这样一个假设，即组织是一个能系统思维的"大脑"。大学作为一个高智能化的复杂系统，具有如下特征：其一，大学是由主要从事智力劳动的有专业知识和独立思维能力的人构成的学术使命及目标明确的学术共同体，智力劳动的特点使大学成为一个目标复杂、活动复杂、人员复杂、组织复杂、关系复杂的智能性复杂系统；其二，大学组织的复杂性决定了大学内部的组织结构及其权力结构具有层次性及需要特别对其内部治理结构的合理性加以重视，确保相关利益及责任主体目标的一致性及关系协调，从而减少组织内耗及不确定性；其三，大学作为云集了诸多专业人才并以理性影响决策及实践的智能性组织，大学一方面必须具有主动应对环境变化尤其是满足推进社会发展需要及提升办学治校育人效率的自组织性、自调整性、自适应性与时俱进的动态性，又必须具有不受外界利益驱使、守持大学使命的稳定性。若以智能性复杂组织的视角来审视大学，首先需要诊断的是大学的内部治理结构是否存在不利于其按大学自身规律运行及激发大学活力的问题，构建有利于大学自稳定、自组织、自调整、自适应的大学内部治理结构，关系到大学的创造力和竞争力的强弱。

（四）关于系统论之于大学内部治理体系的重要性讨论

之所以在最后讨论系统论之于大学内部治理体系的重要性问题，就在于该理论对大学内部的组织治理较之其他更具基础性。从上述讨论分析我们不难发现，无论是大学组织理论还是组织生态理论及复杂科学理论，无不与系统论有关，甚至把系统论作为自己的假设基础。系统论的基本思想，即任何系统都是一个有机的整体，而非各个部分的机械组合或简单相加，系统中各要素不是孤立存在的，而是相互关联构成的一个不可分割的整体；系统的整体功能是各要素在孤立状态下所没有的新质，即"整体大于部分之和"，系统结构决定系统功能。系统论主张把研究对象当作一个完整的系统来分析其结构和功能，以及研究系统、要素、环境三者的相互关系和变动的规律性。整体性既是系统论的立论基础，又是系统论的方法原则，所以系统论既是反映客观事物规律的科学理论，亦有科学方法论的价值。根据系统论关于任何社会组织都是由若干或诸多要素即组成部分按一定的规则构建的有层次结构的并由此对外产生一定功能输出的系统，系统形成之后其产生的功能大于要素或其组成部分之和，组织运行效率的高低即该组织系统功能的大小很大程度取决于组织系统的结构这一基本原理和方法论基础，我们不难得出如下判断：由于大学不仅是以多学科、专业为组织基本单元，而且是由学术权力与行政权力、学生与教师等诸多要素按一定规则构成的彼此高度关联的学术组织，所以其对外的功能不仅取决于大学内部诸多组织要素的基本素质，更取决于这些组织要素间依靠什么关系联结，由此决定了大学内部治理结构的重要性，即大学治理结构决定大学治理的效能。

上述讨论分析不仅为我们找到了大学内部治理体系必须加以重视的合理性依据，而且让我们认识到推进大学内部治理体系的现代化的必要性及紧迫性。大学组织状态包括其运行效率和对外功能输出取决于其内部要素的关系结构，而这种关系结构又取决于其组织决策者的制度设计。缺失了善治的大学内部治理体系，再好的外部制度环境及再丰厚的物质资源、再高水平的人才队伍，都会由于内部组织的目的不清晰、组织秩序的混乱、资源配置的不科学、人员的积极性不能很好发挥而功败垂成，成为效率低下的组织。

三、大学内部治理体系创新的现实诉求

以上笔者从理论层面分析讨论了大学内部治理体系何以重要，从而解决了大学内部治理体系创新的理论诉求问题。为了证实大学内部治理体系创新亦是一个具有强烈现实诉求的问题，笔者通过问卷调查及深度访谈的形式就"我国高校内部治理的整体现状满意度"及诸多有关"我国高校内部治理体系"存在哪些问题及其解决办法等进行了广泛深入的调查，从而为大学内部治理体系必须创新及如何创新找到了事实依据及路径方向。

（一）关于调查研究的说明

在"高校内部治理体系创新的理论与实践研究"课题组两轮问卷测试的基础上，笔者针对课题研究需要对问卷进行了反复修改，形成了由2个基本信息题、13个单项判断题、14个多选题及1个开放题，共计30道题构成的问卷。关于问卷及其发放说明如下：

1. 为了达成"本问卷旨在了解高校领导、中层干部及学者对我国高校内部治理体系现况的评价及改进意见"的目的，确保受询者必须熟悉高校内部治理的针对性，以保证问卷调查的可信度和有效性，笔者放弃了网上发放问卷进行调查的方式，而选择利用应邀参加全国性规模较小的有关学术会议和高校讲学及课题访谈的机会发放问卷。

2. 由于问卷的基本信息关于"您所在的大学"仅设了"A.'双一流'建设高校、B.教育部属高校、C.地方本科院校"3个确定选项，关于"受询者的身份"仅设了"A.校领导、B.党政职能部门中层干部（含双肩挑干部）、C.院系负责人（含学部及研究机构）、D.教学与科研人员"4个确定选项，从而避免了不符合条件者的填写。笔者在应邀开设学术讲座的高校及受访高校，每校视其规模发放的问卷基本控制在20～30份。

3. 问卷发放覆盖全国东北、华北、华东、中南、西北、西南六大区近100所本科以上高校，共发放问卷1500余份，回收1406份，其中有效问卷1299份、无效问卷107份，问卷有效率为92.39%；参与问卷受询者人数的三类高校分布及受询者的身份分布如表2-9所示，其中"双一流"建设高校占32.33%，教育部属高校占8.47%，地方本科高校占59.20%；受询者身份情况如表2-10所示：校领导占6.77%，党政部门及院系负责人合计占47.27%，教学科研人员占45.88%，从受询者所在学校及身份的分布情况来看具有一定的代表性及合理性。

4. 问卷涉及内容及其分布如下：有关"我国高校内部治理体系"的基本判断的调查7项；有关"现行高校内部治理体系"的主要问题及其原因调查2项；有关"大学章程"问题的调查3项；有关"大学行政与学术权力关

系"的调查2项；有关"大学董事会与大学内部治理关系"的调查2项；有关"大学文化与大学内部治理关系"的调查2项；有关"校院（系）治理问题"调查3项；有关"高校内部治理体系与'双一流'建设"调查1项；有关"高校内部治理体系创新的建议"开放选题1项；有关"高校内部治理体系创新"调查4项。

5. 笔者亲自参加深度访谈的高校党政领导共16人，其中一流建设高校8人，其他本科院校8人（含退居二线及中国高教学会重点课题访谈对象），深度访谈内容主要集中于大学内部治理体系的权力体系、学术委员会的作用及校院二级管理体制问题。关于深度访谈结果，本课题组在另一篇访谈论文中专门予以介绍并讨论。

表2-9　受询者所在高校分布

选项	小计	比例
A."双一流"建设高校	420	32.33%
B.教育部属高校	110	8.47%
C.地方本科院校	769	59.2%
本题有效填写人次	1299	

表2-10　受询者身份分布

选项	小计	比例
A.校领导	88	6.77%
B.党政职能部门中层干部（含双肩挑干部）	386	29.72%
C.院系负责人（含学部及研究机构）	228	17.55%
D.教学与科研人员	596	45.88%
（空）	1	0.08%
本题有效填写人次	1299	

（二）调查结果及其讨论

为了行文的整体性和严谨性需要，以下根据问卷所涉内容的逻辑相关性归类适当调整问卷题序呈现调查结果并进行必要的分析讨论。

1. 有关"我国高校内部治理体系现状"的评价和看法

关于这个问题大项由7个均为单选题的具体问题构成，目的是获得受询者对"我国高校内部治理体系现状"的总体评价和看法。题1—题6列表所示的调查数据如下：题1结果显示仅有24.32%的受询者对"我国高校内部治理的整体现状"表示"满意"，其中极少数表示"非常满意"，半数以上即57.04%的受询者持"一般"的态度，18.63%的受询者明确表示"不满意"和"非常不满意"；关于题2"现行高校内部治理体系是否有利于高校内部治理目标的实现"，持"有利于"及"非常有利于"的肯定回答者占21.17%，略低于占22.94%的持"不利于"及"非常不利于"者，持"一般"态度者占55.89%；关于题3"我国高校现行领导体制是否有进一步完善的必要"，回答"必要"者占受询者的51.96%，回答"非常必要"者占38.18%，两者合计为90.14%，持否定意见者仅2.00%；关于题4"我国高校内部的组织及其权力架构是否有利于实现有效治理"，持肯定态度的虽然占29.87%，但持"一般"态度者却占了52.81%，否定者占了17.32%；关于题5"现行高校内部治理体系是导致大学官本位和行政泛化的主要原因"，持肯定意见者占54.19%，持"一般"态度者占32.49%，持否定意见者占13.31%；基于上述判断，受询者在对题6"高校内部治理体系有必要创新吗"的回答中出现高度的一致性，即94.00%的人予以了肯定的回答，其中"29.95%"的人持"非常认同"的立场，仅6.00%左右的人持"一般"及否定的立场。就本组问题项的调查结果完全可以得出如下结论：就整体而言，人们对高校内部治理体系的现状是不满意的，人们不仅认同高校现行的组织及权力架构不利于高校实现有效治理并认为其是导致大学官本位及行政泛化的主要原因，而且热切期待高校内部治理体系创新。这反映了高校内部对治理体系创新的现实诉求亦是强烈的，这也很好地印证了中央高层及教育主管部门何以如此重视高校内部治理体系改革并积极推动高校内部治理体系现代化的动因。

题1 对我国高校内部治理的整体现状满意程度（单选题）

选项	小计	比例
A. 非常满意	16	1.23%
B. 满意	300	23.09%
C. 一般	741	57.04%
D. 不满意	215	16.55%
E. 非常不满意	27	2.08%
本题有效填写人次	1299	

题2 现行高校内部治理体系是否有利于高校内部治理目标的实现（单选题）

选项	小计	比例
A. 非常有利于	33	2.54%
B. 有利于	242	18.63%
C. 一般	726	55.89%
D. 不利于	264	20.32%
E. 非常不利于	34	2.62%
本题有效填写人次	1299	

题3 我国高校现行领导体制是否有进一步完善的必要（单选题）

选项	小计	比例
A. 非常必要	496	38.18%
B. 必要	675	51.96%
C. 一般	102	7.85%
D. 不必要	24	1.85%
E. 非常不必要	2	0.15%
本题有效填写人次	1299	

题4 我国高校内部的组织及其权力架构是否有利于实现有效治理（单选题）

选项	小计	比例
A. 非常有利于	51	3.93%
B. 有利于	337	25.94%
C. 一般	686	52.81%
D. 不利于	200	15.40%
E. 非常不利于	25	1.92%
本题有效填写人次	1299	

题5 现行高校内部治理体系是导致大学官本位和行政泛化的主要原因（单选题）

选项	小计	比例
A. 非常认同	135	10.39%
B. 认同	569	43.80%
C. 一般	422	32.49%
D. 不认同	158	12.16%
E. 非常不认同	15	1.15%
本题有效填写人次	1299	

题6 高校内部治理体系有必要创新吗（单选题）

选项	小计	比例
A. 非常有必要	389	29.95%
B. 有必要	832	64.05%
C. 一般	70	5.39%
D. 没有必要	7	0.54%
E. 根本没必要	1	0.08%
本题有效填写人次	1299	

2. 有关"高校内部治理体系及其要素存在的主要问题及原因"的调查

本问题大项包括对高校内部治理体系问题的归因及高校章程、决策与权力结构、高校文化、校院两级关系等治理要素存在问题，以及高校内部治理体系与"双一流"大学建设之关系的调查，旨在确定和诊断"高校内部治理体系及其要素存在的主要问题及原因"。本问题大项由17个具体问题项构成，除特别注明的单选题外，均为最多可填3个答案选项的多选题。

（1）关于"高校内部治理体系及其运行问题"的归因调查

题7与题8分别反映了受询者"对当前我国高校内部治理整体现状不满意的主要原因"及"现行高校内部治理体系运行过程的主要问题"，两者有较大的相关性。本调查发现"对当前我国高校内部治理整体现状不满意的主要原因"依次如下："职能部门官本位和行政泛化现象较严重"占54.97%，"高校资源配置不科学，资源管理效率低下"占50.12%，"学院（学部、独立设置的学系）的管理自主权不足"占43.96%，"来自高校外部的干预较多"占36.18%，"决策体系的权责不明确"占34.03%，"组织及其权力架构不完善"占25.10%；关于"现行高校内部治理体系运行过程的主要问题"的回答如下："高校内部多种权力交叉导致权责不明、运行不畅"占55.04%，"高校办学自主权不够"占52.24%，"高校现行组织及权力结构助长职能部门官僚作风"占44.26%，"学术委员会及各专门委员会等的作用发挥不够"占43.19%，"学院（学部、独立设置的学系）的职权太小"占36.26%，"资源配置及管理简单化问题和平均主义倾向严重"占34.57%。此外，还有高达8.475%及110名受询者在其他项做了如下的回答："权力架构基本完善，但学术权力和民主权力流于形式""教师、学生参与治理的主动性未发挥""对党政领导干部靠职称选拔和评价，轻工作能力""巡视、指导、问责不健全，学术与行政权力混淆""人事管理制度僵化，不利于人才及管理人员流动""职员制不完善，职员激励上升空间小，积极性不足，无法更优质地服务教学、科研，减少双肩挑的比例""服务体系混乱，服务观念不足，各方面细节处理粗糙""二级学院行政化""学院行政能力、行政效率与校院二级管理改革无法匹配，体现在队伍数、队伍能力、队伍年龄结构上"等。本调查发现，超过50%的受询者对高校内部治理整体现状不满意的最主要原因是来自高校内部的"职能部门官本位和行政泛化现象较严重"和"高校资源配置不科学，资源管理效率低下"，并把"高校内部多种权力交叉导致权责不明、运行不畅"视为"现行高校内部治理体系运行过程的主要问题"，这使我们不得不认识到高校内部治理体系创新的必要性和紧迫性。剑桥大学前副校长埃里克·阿什比早年在《科技发达时代的大学教育》中就提出过一个观点：有三种力量对大学共同产生影响，即来自市场和公众对大学需要的社会力量、来自国家需要的政治力量及来自大学发展自身逻辑的力量。①本调查证明了如下的事实，现在不少高校的治校者过于把注意力聚焦于来自大学外部的社会和政府影响，而忽视了大学内部治理的问题，其实后者是决定大学治理成效的充要条件。

题7　对当前我国高校内部治理整体现状不满意的主要原因（多选题）

选项	小计	比例
A. 组织及其权力架构不完善	326	25.10%
B. 决策体系的权责不明确	442	34.03%
C. 职能部门官本位和行政泛化现象较严重	714	54.97%
D. 学院（学部、独立设置的学系）的管理自主权不足	571	43.96%
E. 高校资源配置不科学，资源管理效率低下	651	50.12%
F. 来自高校外部的干预较多	470	36.18%
G. 其他	110	8.47%
（空）	3	0.23%
本题有效填写人次	1299	

----

① 眭依凡：《关于大学校长及其作用的讨论》，载《江西师范大学学报》2000年第3期。

题8 现行高校内部治理体系运行过程的主要问题（多选题）

选项	小计	比例
A. 高校办学自主权不够	681	52.42%
B. 高校内部多种权力交叉导致权责不明、运行不畅	715	55.04%
C. 高校现行组织及权力结构助长职能部门官僚作风	575	44.26%
D. 学术委员会及各专门委员会等的作用发挥不够	561	43.19%
E. 学院（学部、独立设置的学系）的职权太小	471	36.26%
F. 资源配置及管理简单化问题和平均主义倾向严重	449	34.57%
G. 其他	16	1.23%
本题有效填写人次	1299	

（2）关于"高校内部治理体系权力"及"泛行政化"、董事会问题的调查

组织及其权力结构是大学内部治理体系最基本的要素，其存在的问题亦无法回避。受询者关于题9"我国现行高校内部多权力系统并存的治理体系是否存在内部冲突"的回答如下：持"没有冲突"和"根本没有冲突"否定意见的人仅占7.00%，而持"冲突严重"及"冲突非常严重"肯定意见者则占28.79%，持"一般"态度意见者占64.2%；关于题10"在高校内部充分发挥学术权力体系的作用是否重要"的回答如下：占受询者总数85.53%的人持"重要"及"非常重要"的意见，仅有1.16%的受询者持"不重要"及"非常不重要"的意见；关于题11"董事会或理事会的建立对完善高校内部治理体系是否有意义"及题12"高校董事会或理事会的主要作用"的调查结果如下：占受询者总数57.51%的人认为"有意义"及"非常有意义"，仅有8.02%的受询者持反对意见；50%以上的受询者对大学董事会能

够发挥"拓展高校资源渠道""拓展高校的外部关系""参与高校重大事项的决定""对高校改革发展提供决策咨询建议"等方面的作用寄予很高的期待。由上述调查结果可以得到如下基本判断：我国大学内部的多权力体系之间客观上存在矛盾和冲突，这种矛盾和冲突对于大学内部治理效率的提高是一个必须根本解决的障碍；由于大学是一个旨在通过人才培养和知识创新为社会服务为本质学术属性的社会生态组织，为了让大学既能按自身发展的逻辑和规律办学治校育人，又能适应、满足并引领社会的需要，发挥完善大学学术委员会和董事会（理事会）的组织建构，并充分发挥它们在大学内部治理中的作用尤为重要。

题9　我国现行高校内部多权力系统并存的治理体系是否存在内部冲突（单选题）

选项	小计	比例
A. 根本没有冲突	16	1.23%
B. 没有冲突	75	5.77%
C. 一般	834	64.2%
D. 冲突严重	350	26.94%
E. 冲突非常严重	24	1.85%
本题有效填写人次	1299	

题10　在高校内部充分发挥学术权力体系的作用是否重要（单选题）

选项	小计	比例
A. 非常重要	425	32.72%
B. 重要	686	52.81%
C. 一般	173	13.32%
D. 不重要	14	1.08%
E. 非常不重要	1	0.08%
本题有效填写人次	1299	

题11　董事会或理事会的建立对完善高校内部治理体系是否有意义（单选题）

选项	小计	比例
A. 非常有意义	134	10.32%
B. 有意义	613	47.19%
C. 一般	448	34.49%
D. 没有意义	90	6.93%
E. 根本没有意义	14	1.08%
本题有效填写人次	1299	

题12　高校董事会或理事会的主要作用（多选题）

选项	小计	比例
A. 拓展高校资源渠道	917	70.59%
B. 拓展高校的外部关系	761	58.58%
C. 参与高校重大事项的决定	654	50.35%
D. 对高校改革发展提供决策咨询建议	743	57.2%
E. 其他	18	1.39%
本题有效填写人次	1299	

（3）关于"大学章程建设及其存在问题"的调查

依法治理是社会组织治理过程中的最高准则，大学亦必须依法治校。依法治校必须有法可依、有章可循，大学章程作为大学依法治校的法治依据，是大学内部治理体系中一个不可或缺的极其重要的制度文本，大学章程建设的重要性就在于此。本调查发现，尽管有27.10%的受询者对"我国高校章程建设的总体评价"持"较好"及"非常好"的肯定态度，但58.12%的多数还是表达了既不否定也不肯定的立场，且还有14.78%的人持明确的否定意见；关于"我国高校章程建设存在的主要问题"调查结果如下：大学章程"千篇一律，缺乏个性特色"占受询者总数的59.89%，"基本处于悬置状态，没有落实在治校过程中"占56.81%，"缺乏程序规定，可操作性不强"占45.42%，"章程体系不完善，内容空洞"占31.56%，"尚未起到依法治校的作用"占29.25%。由此可见，在教育部的推动下，尽管全国高校都已经按期完成了大学章程的建设工作，但总体来看多数大学的章程还存在诸如"体系不完备""内容空泛""程序缺失""悬置不落实"等问题，从而导致大学章程并未在依法治校中发挥其作为大学内部治理体系法治依据的应有作用。此外，在其他答项还有受询者认为还存在"普及宣传也不够，在校师生不明白、不知晓""上位法不完善，实施细则不明"等问题。由此可见，我国大学的章程建设及完善和落实工作仍然十分艰巨，换言之，我国大学的依法治校还有待加强。

题13　对我国高校章程建设的总体评价（单选题）

选项	小计	比例
A. 非常好	14	1.08%
B. 较好	338	26.02%
C. 一般	755	58.12%
D. 差	159	12.24%
E. 非常差	33	2.54%
本题有效填写人次	1299	

题14　我国高校章程建设存在的主要问题（多选题）

选项	小计	比例
A. 章程体系不完善，内容空洞	410	31.56%
B. 千篇一律，缺乏个性特色	778	59.89%
C. 缺乏程序规定，可操作性不强	590	45.42%
D. 基本处于悬置状态，没有落实在治校过程中	738	56.81%
E. 尚未起到依法治校的作用	380	29.25%
F. 其他	19	1.46%
本题有效填写人次	1299	

（4）关于"大学文化与高校内部治理体系的关系"的调查

正如笔者在本课题申报书中所述，大学的学术属性决定了"大学文化是大学治校结构中不可或缺的基本要素"，因为"大学文化是先于大学治校行动且指导行动的价值先决条件"，表面看来大学文化似乎并不如体制机制制度具有刚性治理工具的作用，然而大学文化却发挥着驾驭大学权力行使的"无形之手"的作用。这是课题组专门设计若干有关大学文化问项的意图。调查结果表明：91.45%的受询者在对题15"高校文化对高校内部治理效果是否有影响"的回答中选择了"有影响""有重大影响"的答项，其中27.17%的人明确"有重大影响"，而持否定态度的人仅占0.69%；如题16所示，受询者认为"高校的优良文化传统"（占56.89%）、"高校的理想主义与尊师爱生的精神文化"（占49.65%）、"关于高校组织属性及其使命的理性认识"（占47.96%）、"高校严谨的制度环境"（占47.96%）、"关于高校智力劳动特点导致组织复杂性认识"（占37.80%）、"高校成员自觉自律文化风习"（占37.34%）、"高校庄重优雅的物理环境"（占20.32%）等文化要素依次对高校内部治理产生影响。上述调查结果证实本研究的一个预判：尽管大学文化并不如大学组织及其制度等管理工具一样对大学治理具有直接的作用，但其是构成大学治理体系不可或缺的观念体系，尤其在大学治理体系创新的起始阶段发挥着不可或缺的引领作用。

题15 高校文化对高校内部治理效果是否有影响（单选题）

选项	小计	比例
A. 有重大影响	353	27.17%
B. 有影响	835	64.28%
C. 一般	101	7.78%
D. 没有影响	9	0.69%
E. 根本没影响	0	0%
（空）	1	0.08%
本题有效填写人次	1299	

题16　哪些文化要素对高校内部治理影响较大（多选题）

选项	小计	比例
A. 关于高校组织属性及其使命的理性认识	623	47.96%
B. 关于高校智力劳动特点导致组织复杂性认识	491	37.80%
C. 高校的理想主义与尊师爱生的精神文化	645	49.65%
D. 高校的优良文化传统	739	56.89%
E. 高校严谨的制度环境	623	47.96%
F. 高校庄重优雅的物理环境	264	20.32%
G. 高校成员自觉自律文化风习	485	37.34%
H. 其他	9	0.69%
本题有效填写人次	1299	

（5）关于"高校内部治理体系校院关系"的调查

就组织构成而言，大学是由专司管理职能的行政系统和由专司人才培养和知识创新的学院（学系）即学术系统构成的社会组织，由于"大学对社会的贡献主要取决于学术系统的能量大小及其作用的发挥"①，因此在大学内部治理体系中学校及其行政管理系统与学院（学系）的关系结构是否有利于后者发挥作用，在很大程度上决定了大学内部治理效率及其社会贡献的大小。本调查表明受询者"对当前高校内部治理中的院系治理满意程度"并不高，仅有15.70%的人表示"满意"和"非常满意"（见题17），23.41%的人表示"不满意"和"非常不满意"，多达60.89%的人持"一般"的中立态度；关于"院系治理存在的主要问题"，57.89%的受询者认为是"院系并未落实提高办学效率必要的人权、事权及财权"，49.81%的人认为是"院系内部治理结构有待进一步完善"，49.73%的人认为是"院校权责关系不够明晰"，此外，"院系的行政权力与学术权力关系有待改善""院系的

① 眭依凡：《关于一流大学建设与大学治理现代化的理性思考》，载《中国高教研究》2019年第5期。

党政关系有待进一步明确"分别占**39.57%**和**28.25%**（见题18），关于其他有个别受询者提出学院（系）治理还存在"缺乏尊重科学、尊重人才，追求真理的氛围、鼓励创造的文化氛围""切实有效的考核进退机制"，以及在院（系）管理上存在"一抓就死、一放就乱"等问题。由此可见，我国大学内部治理结构中如何进一步调动大学内部学术系统的积极性及进一步发挥其作用是一个亟待解决的问题。

题17　您对当前高校内部治理中的院系治理满意吗（单选题）

选项	小计	比例
A. 非常满意	19	1.46%
B. 满意	185	14.24%
C. 一般	791	60.89%
D. 不满意	270	20.79%
E. 非常不满意	34	2.62%
本题有效填写人次	1299	

题18　院系治理存在的主要问题（多选题）

选项	小计	比例
A. 院校权责关系不够明晰	646	49.73%
B. 院系并未落实提高办学效率必要的人权、事权及财权	752	57.89%
C. 院系的党政关系有待进一步明确	367	28.25%
D. 院系内部治理结构有待进一步完善	647	49.81%
E. 院系的行政权力与学术权力关系有待改善	514	39.57%
F. 其他	17	1.31%
本题有效填写人次	1299	

（6）关于"高校内部治理体系对'双一流'建设的影响"调查

笔者早在几年前发表的《关于"世界一流大学建设"的理性思考》一

文中曾有如下的研究结论：一流大学建设既是国家的需要，亦是大学自身的需要，前者体现了国家必须通过一流大学建设缩小与高等教育强国在创新人才培养及知识创新上的差距需要，后者则是大学必须通过提升自己的竞争实力以实现国家竞争力提升的使命责任使然。基于此，国家必须在制度供给和物质供给方面为大学创造有利于世界一流大学建成的必要条件，而大学亦要通过完善内部治理结构以提高一流大学建设的效率。[1]就当前国家在制度供给和物质供给问题都很好解决之后，一流大学建设的成效很大程度上取决于大学内部治理体系。本调查证实了这个研究结论。如题19所示，88.53%的受询者关于"高校内部治理体系对'双一流'建设是否有影响"予以了肯定的回答，其中30.79%的受询者选择了"影响重大"的答项，持否定态度的人仅有0.62%；关于题20"现行高校内部治理体系对'双一流'建设的主要影响"的选项依次是："行政权力过于强势，学术权力的积极性及作用没有得到充分调动和发挥"占55.74%，"高校内部的组织及其权力架构过于复杂，组织管理过程中的内耗较大"占53.35%，"校院两级治理体系尚不完善，二级学院的治理作用偏弱"占44.26%，"不利于高校按规律办学治校育人"占28.25。此外，有7.78%的非"双一流"大学的受询者选择了未回答，少数人认为"学科参与双一流建设的活力未得到激发"等。

题19　高校内部治理体系对"双一流"建设是否有影响（单选题）

选项	小计	比例
A. 影响重大	400	30.79%
B. 有影响	750	57.74%
C. 一般	104	8.01%
D. 影响不大	37	2.85%
E. 没有影响	8	0.62%
本题有效填写人次	1299	

---

[1] 眭依凡：《关于"世界一流大学建设"的理性思考》，载《高等教育研究》2017年第9期。

题20 现行高校内部治理体系对"双一流"建设的主要影响（多选题）

选项	小计	比例
A. 不利于高校按规律办学治校育人	367	28.25%
B. 行政权力过于强势，学术权力的积极性及作用没有得到充分调动和发挥	724	55.74%
C. 高校内部的组织及其权力架构过于复杂，组织管理过程中的内耗较大	693	53.35%
D. 校院两级治理体系尚不完善，二级学院的治理作用偏弱	575	44.26%
E. 其他	23	1.77%
（空）	101	7.78%
本题有效填写人次	1299	

2. 有关"高校内部治理体系创新建议"的调查

有关"高校内部治理体系创新建议"的调查，笔者设计了7个多选题及一个"关于高校内部治理体系创新的建议"开放题。关于这个大项的调查对于我们找到大学内部治理体系创新的方向和重点具有现实指导意义。调查结果如下：

关于对题21的回答，受询者集中的意见是"我国高校内部治理体系设计"应该有利于"高校按自身规律办学治校育人"（占66.82%），其他依次为"管理权力下放，授予学院（学部、独立设置的学系）应有的人财物管理职权"（占48.11%），"改善高校内部的组织与权力框架及运行机制"（占46.73%），"根本克服职能部门的官本位及泛行政化问题"（占42.96%），"行政权力体系与学术权力体系的平衡和共治"（占42.03%），"明确高校内部决策体系的权责"（占38.41%）。关于其他有个别受询者强调"有利于激发高校内部活力，发挥高校核心功能""规范和严格制度运行""合理化配置高校内部资源，提高资源使用效率""推进二级学院行政改革，精简二级学院行政职能"等。

题21　我国高校内部治理体系设计应该有利于（多选题）

选项	小计	比例
A. 高校按自身规律办学治校育人	868	66.82%
B. 改善高校内部的组织与权力框架及运行机制	607	46.73%
C. 明确高校内部决策体系的权责	499	38.41%
D. 根本克服职能部门的官本位及泛行政化问题	558	42.96%
E. 管理权力下放，授予学院（学部、独立设置的学系）应有的人财物管理职权	625	48.11%
F. 行政权力体系与学术权力体系的平衡和共治	546	42.03%
G. 其他	15	1.15%
本题有效填写人次	1299	

关于题22"提升我国高校内部治理能力的关键"，比较集中的意见是"加强高校发展的顶层设计和治理结构的综合改革"（占58.97%），其他意见依次为"明确高校职能部门权责范围，杜绝过度行政"（占49.88%），"强化院校两级学术权力，加强民主治校"（占47.58%），"加强和完善高校的建章立制，严格依法办学治校"（占44.11%），"明确多决策体系的权责关系及决策程序"（占39.26%），"对高校领导人员的遴选任用提出德才兼备的高素质要求"（占24.79%）。关于其他有个别受询者强调"强化职能部门服务教学科研的意识和能力""提升行政人员管理专业化水平""平衡好学术与管理的权力关系""提高二级学院管理能力和运行效率"等。

题22　提升我国高校内部治理能力的关键（多选题）

选项	小计	比例
A. 加强和完善高校的建章立制，严格依法办学治校	573	44.11%
B. 加强高校发展的顶层设计和治理结构的综合改革	766	58.97%
C. 明确多决策体系的权责关系及决策程序	510	39.26%
D. 明确高校职能部门权责范围，杜绝过度行政	648	49.88%
E. 强化院校两级学术权力，加强民主治校	618	47.58%
F. 对高校领导人员的遴选任用提出德才兼备的高素质要求	322	24.79%
G. 其他	12	0.92%
本题有效填写人次	1299	

关于题23"高校内部治理体系创新的突破口（多选题）"，比较集中的建议是"赋予并落实学术权力机构必要的学术事务决策权限，根本克服高校治理过程中的行政泛化"（占56.51%），其他建议依次如下："赋予二级学院更大的学院治理权力，增强二级学院的办学活力"（占49.58%），"加强高校治理体系的现代化，建立有利于善治的治理组织及其权力结构"（占47.04%），"完善遴选任用德才兼备院校领导人的体制机制，进一步提升院校决策层的治理能力"（占37.95%），"营造有利于高校按规律办学治校及培养人才和创新知识的治理制度文化环境"（占37.03%），"进一步完善高校章程建设，根本落实依法治校"（占35.64%）。其他有个别受询者强调"政府必须赋予学校更多自主权""教师能够积极主动地参与高校内部治理"等。

题23　高校内部治理体系创新的突破口（多选题）

选项	小计	比例
A. 加强高校治理体系的现代化，建立有利于善治的治理组织及其权力结构	611	47.04%
B. 进一步完善高校章程建设，根本落实依法治校	463	35.64%
C. 赋予并落实学术权力机构必要的学术事务决策权限，根本克服高校治理过程中的行政泛化	734	56.51%
D. 赋予二级学院更大的学院治理权力，增强二级学院的办学活力	644	49.58%
E. 完善遴选任用德才兼备院校领导人的体制机制，进一步提升院校决策层的治理能力	493	37.95%
F. 营造有利于高校按规律办学治校及培养人才和创新知识的治理制度文化环境	481	37.03%
G. 其他	7	0.54%
（空）	1	0.08%
本题有效填写人次	1299	

关于题24"应该如何进一步完善我国高校现行领导体制"，比较一致的意见是"进一步明确教代会、学术委员会等议事、决策、咨询机构的权限"（占68.05%）及"进一步明确校院两级的权责关系"（占55.97%），其余依次为："进一步明确党政关系"（占47.11%），"进一步加强和完善党委领导"（占29.72%），"建立和完善有利于校内外共治的董事会制度（理事会）"（占29.72%）。关于其他有个别受询者强调必须"依法治校""教授治校，去行政化"等。

题24　应该如何进一步完善我国高校现行领导体制（多选题）

选项	小计	比例
A. 进一步加强和完善党委领导	386	29.72%

（续表）

选项	小计	比例
B. 进一步明确党政关系	612	47.11%
C. 进一步明确教代会、学术委员会等议事、决策、咨询机构的权限	884	68.05%
D. 建立和完善有利于校内外共治的董事会制度（理事会）	386	29.72%
E. 进一步明确校院两级的权责关系	727	55.97%
F. 其他	19	1.46%
本题有效填写人次	1299	

关于题25"如何根本克服大学官本位和泛行政化问题"，受询者比较一致的意见是"学术权力和行政权力有效分离，加强学术权力对学术事务的决策"（占73.75%），"实现高校行政职能部门的专业化管理"（占59.05%），其他依次为"率先改善外部治理环境"（占41.03%），"去除高校行政级别"（占33.64%）。关于其他有个别受询者提出必须确立"行政服务于学术""强化服务职能的定位"，并"严格控制从地方官员选派到高校任主要校领导"等。

题25 如何根本克服大学官本位和泛行政化问题（多选题）

选项	小计	比例
A. 率先改善外部治理环境	533	41.03%
B. 去除高校行政级别	437	33.64%
C. 学术权力和行政权力有效分离，加强学术权力对学术事务的决策	958	73.75%
D. 实现高校行政职能部门的专业化管理	767	59.05%
E. 其他	22	1.69%
本题有效填写人次	1299	

关于题26"如何才能进一步提升高校章程在高校内部治理中的作用"

结果如下：比较集中的建议是"规范高校章程立法程序，充分保证高校章程建设及执行中的民主性、公开性、程序性、自律性"（占71.05%），"加强高校教代会及高校师生对高校章程执行的监督问责"（占55.74%），其余依次为"加强政府对高校章程执行的监督问责"（占36.95%），"把高校章程纳入政府教育主管部门法规体系"（占35.8%）。

题26　如何才能进一步提升高校章程在高校内部治理中的作用（多选题）

选项	小计	比例
A. 把高校章程纳入政府教育主管部门法规体系	465	35.8%
B. 加强政府对高校章程执行的监督问责	480	36.95%
C. 规范高校章程立法程序，充分保证高校章程建设及执行中的民主性、公开性、程序性、自律性	923	71.05%
D. 加强高校教代会及高校师生对高校章程执行的监督问责	724	55.74%
E. 其他	24	1.85%
本题有效填写人次	1299	

关于题27"完善院系治理院长（系主任）应发挥什么作用"，比较集中的意见分别是"推进院系良治的组织领导者"（占71.82%），"院系发展的愿景规划者"（占70.75%），"引领院系学术发展及地位提升学术权威"（占70.28%），"尊师爱生的道德楷模"（占35.64%）。关于其他个别受询者提出院长（系主任）还应发挥"教师思想建设的领导者"及"确保院（系）运行机制、运行体制透明、公开、公正"等作用。

题27　完善院系治理院长（系主任）应发挥什么作用（多选题）

选项	小计	比例
A. 院系发展的愿景规划者	919	70.75%
B. 引领院系学术发展及地位提升学术权威	913	70.28%

选项	小计	比例	
C. 尊师爱生的道德楷模	463	▇▇▇	35.64%
D. 推进院系良治的组织领导者	933	▇▇▇▇▇	71.82%
E. 其他	11	▭	0.85%
本题有效填写人次	1299		

关于"高校内部治理体系创新的建议"开放题的回答基本涵盖了本问卷调查涉及的所有问题，笔者将其结合在"大学内部治理体系创新选择的方向及重点"中一并讨论，这里不再赘述。

四、大学内部治理体系创新选择的方向及重点

上述从理论和现实两个层面论述并证实了大学内部治理体系创新的必要性。为了探究大学内部治理体系与世界一流大学建设的关系，笔者还分别于2018年6月、12月率课题成员先后赴美国斯坦福大学、加州大学总校及伯克利分校，以及赴中国香港调研了香港科技大学、香港大学、香港城市大学、香港岭南大学等高校，并发表了《斯坦福大学的内部治理：经验与挑战——斯坦福大学前校长约翰·亨尼西访谈录》（载《高等教育研究》2018年第11期）、《加州大学共同治理：权力结构、运行机制、问题与挑战——访加州大学学术评议会前主席James A.Chalfant教授》（载《复旦教育论坛》2019年第1期）、《人文价值：一流大学治理的新取向——香港科技大学集体访谈录》（载《复旦教育论坛》2019年第3期）、《加州大学内部治理结构与运行机制探微——对加州大学总校前教务长贾德森·金教授的访谈》（载《复旦教育论坛》2019年第5期）、《香港科技大学内部治理体系探析》（载《高等教育研究》2019年第10期）等调研成果。上述调研得出如下结论：无论是美国还是中国香港的大学在办学治校及人才培养上的高效率无不是高度重视内部治理体系的结果，由此足以说明仅靠资源并不足以支撑一流大学的发展建设，大学的治理结构之于一流大学的建设发展至关重

要。譬如香港科技大学，其仅用了20年时间就跻身于世界一流大学行列，然而这所世界一流大学新科一直以来仅由理学院、工学院、工商管理学院、人文社科院四个学院构成，教员不到700人，各类学生15000多人，投入亦非富足，如2017/2018年度综合收入为50.61亿港币（约合44.76亿元，其中香港政府的资助与拨款仅25.5亿港币，约合22.55亿元）。由于大学的本质属性及其规律具有一定的一致性，相关的调研结论一方面证明了大学内部治理体系之于大学办学治校成效的重要性，另一方面亦启示我们大学内部治理体系创新的必要性。结合上述题21-27有关"高校内部治理体系创新建议"的调查结果，本研究提出高校内部治理体系创新的路径方向和重点如图2-10所示，并论述之。

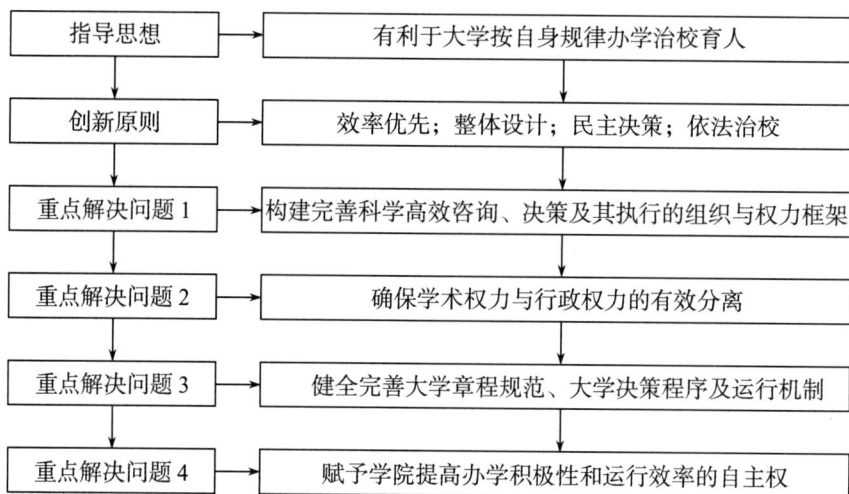

图2-10 大学内部治理体系创新的方向及重点

（一）大学内部治理体系创新的指导思想

任何社会组织变革之首要任务必须率先明确变革的目的何在，换言之，任何社会组织变革必须有理性的指导思想，尤其是在日益复杂社会背景下的重大变革更是如此，否则组织变革就会失之明确方向或偏失方向，欲达不成或欲速不达。大学作为一个极其复杂的社会组织，其内部治理体系创新是一项具有伤筋动骨之整体框架性调整重构的综合改革，这样一项旨在大学内部治理效率根本提升的系统创新活动绝非心血来潮的应景之为，其目的亦非急就眼下之功利，故必须在深思熟虑后的明确指导思想引领下进行。指导思想之于大学内部治理体系创新之所以重要：其一，就大学的组织属性而言，其本身就是一个高度理性的社会组织，其关于大学内部治理体系改革创新的目的何在亦即其价值追求必须先于其内部治理体系创新改革的行动；其二，大学作为一个极其复杂的社会组织，其面对的绝非仅止于某个既定问题，而是诸多彼此高度关联甚至错综复杂的问题，更何况大学内部治理体系创新是一项牵一发而动全身的治理架构调整甚至重构极其复杂的系统改革，作为先于大学内部组织改革行动的观念理性即指导思想是否明确及是否成熟，很大程度上关乎着这项系统性改革的成与败。

基于理性是"人们在社会活动中形成的对事物本质、价值、运动规律的正确认识及对其的尊重、守持和遵循"[①]这一基本认识，不难由此推断大学内部治理体系创新必须具有的理性亦即指导思想应该有利于大学守持其本质组织属性并按大学自身的规律办学治校育人。由于大学本质上是以人才培养和知识创新为核心使命及社会职能的学术组织，大学特有的组织属性使其根本区别于那些不同于大学使命责任的其他社会组织，并使大学的活动内生既不能被外界干扰又不能按人的意志为转移的独有运行规律，此即大学人才培养和知识创新的规律。由于大学的内部治理体系直接决定了大学办学治校的效率，只有在"有利于大学守持组织属性并按自身规律办学治校育人"这样一种高屋建瓴的理性引领下，大学内部治理体系改革创新才能明确其核心价值之所在，从而避免在大学内部治理体系改革创新中受头痛医头、脚痛治脚、就事论事之片面而非全面、顾眼前而非长远之传统思维的影响。这即解释了在本课题调查中，何以占66.82%的受询者认为"我国高校内部治理体系设计"应该有利于"高校按自身规律办学治校育人"。

---

① 眭依凡：《公平与效率：教育政策研究的价值统领》，载《中国高等教育》2014年第18期。

坦诚而言，长期以来我国大学内部管理体制改革之所以不甚成功并存在诸多应景式改革的摇摆性及不彻底性，就在于我们过去缺乏对大学改革之核心问题的明晰及核心性价值的明确，从而导致大学内部管理体系的改革缺失了有利于顶层设计、综合改革及有利于大学之具有根本性、整体性、长远性的问题得以解决的价值引领。大学治理体系和治理能力现代化不仅是指向大学未来发展的长远目标及大学改革发展和制度完善的现实手段，更是应对高等教育国际社会挑战日益激烈及提升我国高等教育竞争力的不二选择，因此大学内部治理体系创新之紧迫之重要，而明确统领大学内部治理体系创新指导思想亦即核心价值的正确选择则很大程度上决定了其改革创新的成效甚至是成败。

（二）大学内部治理体系创新的基本原则

原则即"人们之社会行为依据的准则或行动的规范，原则具有人为的定义性，是对行动者做什么及怎么做的具体规定"[①]。如果说大学组织运行规律具有不变的稳定的内生性，而影响和控制大学组织运行的原则便是人为的结果。然而有必要说明的是，原则即便是人为的，但是原则是人们自我设定的行动准则，因此原则具有褒义性，绝不能随意而为，之于社会及其组织治理的原则犹是，其必须基于社会及其组织治理的规律并服从于规律，大学内部治理体系的创新原则亦然。如前所述，大学治理体系创新之价值目标在于有利于大学按其自身规律办学治校育人，然而如何才能确保大学治理体系的改革创新以达成这一价值目标，大学的办学治校者则必须构建若干规范自己办学治校行动以确保大学治理体系创新目标有效达成的基本原则。针对组织目标实现的组织行动原则既源于组织运行规律的内在诉求，亦是有效保障组织运行、遵循其自身规律的外部表达。大学治理体系创新是一项复杂的系统工程，由于指导思想对大学治理体系的创新仅是提出了价值引领的要求，其操作性较弱，为此构建若干大学内部治理体系

---

① 眭依凡：《培养目标达成：关于大学教学原则重构的思考》，载《西北工业大学学报（社会科学版）》2019年第1期。

必须遵循的基本原则十分必要。大学内部治理体系创新的原则即大学办学治校者根据大学内部治理体系改革的目的、反映大学高校运行规律而确定的指导和规范大学内部治理体系改革创新的基本要求，它既要贯穿于大学内部治理体系改革创新的过程，继而又要贯穿于大学运行全过程。

关于大学内部治理体系创新的原则，笔者在《论大学的善治》一文中，基于大学传统管理模式遭遇严峻挑战，唯有选择善治之治理模式以根本改善和提高大学之办学治校效率的学术立场，提出了大学治理必须遵循"效率优先、民主决策、整体设计、依法治校"[①]的四大原则，关于大学内部治理体系创新的原则亦然，必须循此原则。

所谓"效率优先"原则，旨在强调大学作为实施高等教育的机构及决定高等教育国家竞争力的重器，尤其在知识经济和智能社会及国与国竞争日益激烈的今天，人才培养和知识创新的社会职能更加凸显了大学之间强烈的竞争性。故此，大学内部治理及其体系创新必须把提升大学办学治校的效率亦即把人才培养质量和知识创新能力的提升作为大学治理的目标设计。"高等教育是需要强调效率优先的社会活动，而以实施高等教育为己任的大学也应该是强调效率优先的组织"[②]，所以"效率优先"亦是大学内部治理体系和治理能力现代化的必然选择。

之所以强调"民主决策"原则，其一，治理不同于管理其本身就是强调利益相关者"共享治理"或"共同治理"的概念；其二，大学是一种专业性极强的复杂组织，其诸多重大决策无不需要专业知识及其拥有者的参与，由此决定了大学内部治理的民主性具有天然的合理性。忽视尤其是无视大学内部治理的民主决策原则，不仅与大学之学术组织属性相悖，而且更难以做出有利于大学按自身规律办学治校育人的科学决策。

加强"整体设计"换言之即加强顶层设计，这一原则的提出是基于大学以智力劳动为活动特征之学术共同体的组织属性，以及大学内部组织与

---

① 眭依凡：《论大学的善治》，载《江苏高教》2014年第6期。
② 同上。

组织、组织与个体及个体与个体之间既是高度相互依存的要素，又不乏独立性、自主性，"其结构方式可能直接影响甚至决定了其存在的意义和价值"导致的组织复杂性，由此决定了大学在其治理过程中必须通过以强调大学组织改革发展整体及长远利益为目的的顶层设计，以确保大学组织治理目标及其实现过程中的一致性。此外必须指出的是，大学组织的复杂性往往会导致大学运行过程中的诸多不确定性，为了降低大学组织内部的复杂性以减少由此带来的不确定性，唯有加强大学内部治理及其体系创新的整体设计，从而根本避免就事论事、急功近利的传统管理模式带来的问题。

"依法治校"原则之意义非常明确，一方面强调大学内部治理结构必须具有合法性，缺乏合法性保障的大学内部治理体系不仅失之治理依据，也难有治理过程的权威性及稳定性。大学之学术组织属性使其自创生始就赋予了组织内部及其成员一定的所谓学术自由及组织自治的需要，然而，正是因为大学是一个被赋予了一定学术自由及自主治校的组织，大学也被要求必须是一个高度自律的组织，诚如笔者在《论大学的自主与自律》一文中所指出的："大学的自主与自律是由大学组织属性决定的相伴而生的一对范畴，随着大学与社会关系的愈加密切，两者之间更是相依而存且缺一不可，否则大学很难办也办不好。"[①]依法治校原则的提出，要求大学内部治理体系创新必须高度重视大学章程及完善大学内部治理。

（三）大学内部治理体系创新的重点所在

若上述讨论的"指导思想"和"基本原则"体现和强调的是大学内部治理体系创新的方向所在，那么基于大学内部治理体系创新的相关理论讨论及调查结果分析，本研究提出大学内部治理体系创新的重点所在即必须率先解决的四大问题如下：构建科学高效的咨询、决策及其执行的权力框架，健全完善大学章程、规范大学决策程序及运行机制，确保学术权力与

---

① 眭依凡：《论大学的自主与自律》，载《浙江师范大学学报（哲社版）》2015年第1期。

行政权力的有效分离，赋予提高学院办学积极性和运行效率必要的自主权。

1. 构建科学高效的咨询、决策及其执行的组织与权力框架

根据组织理论、系统论及治理理论，任何社会组织治理体系本质上是关于组织内部结构及其权力配置的系统。换言之，一个组织的治理绩效是由组织内部的结构及其权力配置预先决定的。大学亦然。所以大学内部治理体系的现代化及治理体系创新都必须率先解决对其治理绩效具有决定作用的组织内部结构及其权力配置问题。组织生态学理论亦明确指出，组织设置对该组织形成的生态环境及生态过程具有决定性影响，即有什么样的组织设置就会形成什么样的组织生态并决定其组织生态过程。若以组织生态学概念表述，即由组织设置形成的组织种群密度及组织生态位对组织设立率及组织运行效率具有影响。所谓组织生态位即"一个种群或物种在一个群落的角色"，它"描述一种动物在它的群落里的地位"，体现了"一个种群能够繁衍自身的环境条件的建立"。[①]组织生态位与组织设立之间存在如下关系：其一，组织生态位重叠密度与组织设立率负相关，非重叠密度与组织设立率正相关。所谓"重叠密度是指在特定的资源集合体中，一个组织的生态位与组织种群中其他组织的生态位相互交错的程度"，而"非重叠密度是组织种群中未交替密度的集合"。一言以蔽之，即"组织生态位重叠密度和非重叠密度直接影响着组织设立的可能性和成功率"；其二，"组织种群中非重叠强度与组织设立率正相关"，"非重叠强度指组织种群潜在竞争者成员中组织生态位不重叠的数量与组织生态位重叠数量的比率"。[②]具体到大学组织，若大学系统内部之生态位即角色功能相似的组织比较拥挤，那么其在系统内部设立新组织的成功率一定比其内部组织生态位宽松时低。换言之，如若大学系统内部组织生态位重叠密度高，即组织生态位

---

① ［美］迈克尔·T. 汉南、约翰·弗里曼著，彭璧玉、李熙译：《组织生态学》，科学出版社2015年版，第52页。

② 组织生态学，https://wiki.mbalib.com/wiki/%E7%BB%84%E7%BB% 87%E7%94%9F% E6%80%81%E5%AD%A6。

非重叠强度低，则必然会导致大学内部组织之间对人财物及权力等资源更加激烈的竞争，从而强化大学系统内部的组织间的内耗而降低大学内部治理绩效；相反，如若大学内部组织生态位之非重叠强度高，即大学内部组织之间的生态位存在较大的差异，则会减少组织之间对各种资源的竞争，从而增强大学系统内部组织之间更和谐有效的合作以提高组织治理效率。

除组织生态理论可以解释组织结构及其权力配置之于组织绩效的重要性外，系统论亦可通过组织结构与组织行为的二元关系分析，以及复杂系统理论强调越是复杂的系统其内部结构及其权力关系必须越清晰明确，不能彼此交叉重叠，否则组织内部的内耗必然导致治理效率衰微的结论等，均很好地解释了组织结构及其权力配置之于组织绩效的决定性作用。如果大学内部组织结构及其权力配置具有较大的同构性，大学系统内部则必然会由于组织之间的权责关系不明导致彼此对包括权力在内的资源竞争而带来组织治理的低效率。

基于上述讨论不难发现，构建科学高效的咨询、决策及其执行的组织与权力框架，这是大学内部治理体系创新首先遇到并必须解决的问题。香港科技大学之所以在很短的时间内建成一流大学，其科学高效的治理体系功不可没。根据《香港科技大学条例》，香港科技大学内部治理体系主要由校顾问委员会（Court）、校董会（Council）、校教务会（Senate）及校行政管理机构及各学院院务委员会（Board of Each School）等五大组织及关系明确的权力和职责构成，如表2-11所示。①其中，校顾问委员会是大学最高咨询机构，其主要职责是为大学整体政策提供咨询意见，并为大学开拓资源及发展机会；校董会是最高决策机构及最高管治机构，其负责全面管控大学内部的权力结构设计，权责包括"对大学行政、大学成员、大学教务、顾问委员会及教务委员会章程、学院及学院院务委员会及评议会的章程及其权力和职能、议事程序等做出规定，以及对学院院长的职位及其权力职

① 眭依凡、张衡：《香港科技大学内部治理体系探析》，载《高等教育研究》2019年版第10期。

能、大学学生及教职雇员的福利及纪律、颁授学位及其他学术名衔（包括荣誉学位及荣誉名衔）、从教务委员会成员中提名出任校董会成员、决定财务程序等做出规定"①；校教务委员会是大学最高学术决策机构，为了保证教务委员会对管理学术事务的整体性以确保大学治理的高效率，《香港科技大学条例》把有关教学及与教学有关的学术事务与学生事务以及与学生培养相关的部门及其职责纳入一个完整的治理框架，并将其全部划归于首席副校长的职责职权范围，即首席副校长不仅直接负责四个学院的管理，还分管涉及教学及学生（包括研究生）及其服务等工作的所有部门。校顾问委员会、校董会及校教务委员会构成了大学内部治理的主体，加上行使行政管理体系及以人才培养和科学研究为具体职责的学院，香港科技大学这样一个关系明晰的组织及其权力配置的治理架构，从而确保了大学内部治理的整体性和高效率。

表2-11 香港科技大学治理体系

顾问委员会（Court）
大学最高咨询机构，就大学整体政策提供意见。委员会定期审视校长所提交的年报及校董会的报告，并为科大募集资源及开拓发展机遇。

董事会（Council）
大学最高管治机构，行使大学条例所赋予的权力和职责；主要负责大学的投资、合约、资产、高层任命、财务预算等财政事宜及制定规程等。

教务委员会（Senate）
大学最高教务机构，负责制定及检讨教务政策；成员包括校长、首席副校长、副校长、学院院长、学系主任、教学支持单位主管及由教学人员互选产生的代表和学生代表。

行政管理（Executive Management）
大学的行政管理机构，由正校长、首席副校长、副校长及多个协理副校长和有关职能部门负责人及院长若干构成。

学院院务委员会（Board of Each School）
各学院院务委员会就学院工作有关的事宜向校教务委员会提出建议意见，担负教务委员会予以的各项职责，以及落实这些工作并有所作为。

---

① 眭依凡、张衡：《香港科技大学内部治理体系探析》，载《高等教育研究》2019年版第10期。

创新大学内部治理体系的根本目的在于提升大学内部治理效率，由于大学的组织架构及其权力配置是大学内部治理模式的决定性因素，亦即决定大学内部治理效率的第一要素，因此构建科学高效的咨询、决策及其执行的组织与权力框架是大学内部治理体系创新的首要重点所在。所以在本课题的问卷调查中，58.97%的受询者认为"加强高校发展的顶层设计和治理结构的综合改革"是"提升我国高校内部治理能力的关键"，另有46.73%的受询者则强调"我国高校内部治理体系设计"应该有利于"改善高校内部的组织与权力框架及运行机制"。基于国情，我国现行"党委领导、校长负责、教授治学、民主管理"的大学内部治理体系，从提升该治理体系绩效的目的出发，有必要在这一治理原则的整体框架下，通过顶层设计构建一个权责边界清晰、运行机制通畅、组织职能无重叠、富有活力和效率、更具操作性的大学内部治理体系，如图2-11所示。

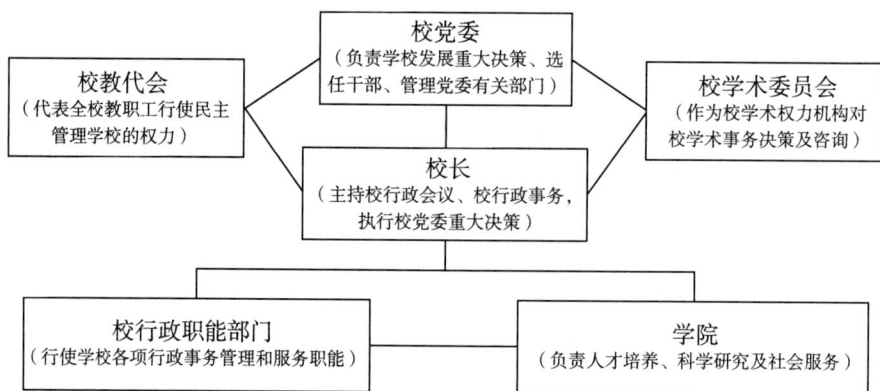

图2-11　大学内部治理体系

2.确保学术权力与行政权力的有效分离

就权力构成而言，如前所述，可以把大学视为由专司管理职能的行政子系统和专司人才培养和知识创新的学术子系统组合而成的复杂系统。为了维护大学应有的运行秩序，行政权力系统必须通过建立一套治理规则对学术系统施加影响以维护大学组织必要的运行秩序；学术系统专司人才培养和知识创新的社会职能，大学对社会的贡献主要取决于学术系统的能量大小及其作用的发挥。由于学术子系统受制于行政系统，所以有什么样的大学治理体系就有什么样的大学。如果大学的行政体系像官僚机构一样对大学施行简单的管控，那么大学很可能就是一个难以按大学规律办学治校的官僚机构，其学术系统的作用就会受到限制，继而社会贡献亦会因此受限。正如笔者在《关于一流大学建设与大学治理现代化的理性思考》一文中所强调的："关于大学治理效率的最终判据绝非取决于大学的行政权力的效率本身，而根本取决于由大学学术系统决定的人才培养的高质量和知识创新的社会贡献度。"因此，就大学权力结构及其行使而言，其内部治理体系创新必须解决好"其行政系统不再是对学术系统的简单管控，而是通过共同治理方式让两个系统形成的能量场高度耦合，行政系统的价值所在是让学术系统的能量得以充分释放而不是相反"[1]的问题。坦言之，即正视大学是以人才培养和知识创新为使命责任的教育和学术组织，尊重其重大决策多为需要专业知识及专业人士参与的学术决策的客观事实，确保决策的科学性，以避免或减少决策执行过程中的不确定性，保证行政权力与学术权力在一定程度的有效分离，以充分发挥学术权力在大学办学治校育人中的作用，是大学内部治理体系创新需要重点解决的问题之一。

在本调查关于"高校内部治理体系创新的突破口何在"的回答中，占**56.51%**的受询者建议"赋予并落实学术权力机构必要的学术事务决策权限，根本克服高校治理过程中的行政泛化"，而关于"如何根本克服大学官本位和泛行政化问题"的回答，占**73.75%**的受询者比较一致的意见亦是"学术权力和行政权力有效分离，加强学术权力对学术事务的决策"。由此可见，有效发挥学术权力的作用之于大学内部治理体系创新具有举足轻重的作用。为了彻底释放学术权力在大学治理中的能量，大学在治理体系创新中必须克服两个误判："其一，把加强大学内部的管制与大学的秩序混为一谈，以为加强对大学内部的管制就能强化大学的秩序；其二，大学的

---

[1] 眭依凡：《关于一流大学建设与大学治理现代化的理性思考》，载《中国高教研究》2019年第5期。

行政权力是指向效率的，而学术权力是有悖于效率的，所以学术权力必须服从行政权力。"①对一个以智力劳动为特征的人才培养和知识创新系统而言，学术权力在大学治理结构中其作用若不能有效发挥，大学不同于其他社会组织的规律就难以受到尊重，其结果是大学独有的学术生态和学术活力就会受到损害，进一步来说，其社会贡献也不能最大化。所以确保学术权力与行政权力的有效分离使大学的行政系统和学术系统各司其职，这是大学内部治理体系创新不可或缺的选择。

为了保证学术权力在办学治理育人中发挥积极作用，香港科技大学在内部治理结构中设计了教务委员会作为最高学术决策机构，为确保教务委员会对涉及人才培养、科学研究等学术事务决策的整体性及其执行的高效率，《香港科技大学条例》不仅把有关教学及与教学有关的学术事务、学生事务以及与学生培养相关的部门及其职责纳入一个完整的治理框架，而且把所有学院院长、学系及学部主任、教务长、图书馆长、学生事务主任及教职员和本科生、研究生代表等均列为教务委员会的成员，并将其全部划归于首席副校长的职责职权范围，由此根本保证学术权力在学术事务治理上的相对独立性及整体性和高效率。在大学内部治理体系创新中，香港科技大学在治理体系设计上"确保学术权力与行政权力的有效分离"的成功经验不乏借鉴意义。

3. 健全完善大学章程、规范大学决策程序及运行机制

依法治校是检验大学内部治理体系是否完整的不可或缺的要素，因为依法治校不仅关系到大学内部治理的合法性依据，同时也关系到大学内部治理运行的程序性机制。此即本研究何以把依法治校明确为大学内部治理体系创新必须遵循的原则之原因。就严格意义上而言，治理本身属于法规制度的范畴，换言之，"治理是具有合法性及权威性的结构性规范，即治理

---

① 眭依凡：《关于一流大学建设与大学治理现代化的理性思考》，载《中国高教研究》2019年第5期。

的组织需要法规制度提供的制度环境和机制保障"①。尽管大学是一个高度理性自觉的组织，但大学治理并非仅依靠理念决定其行为的过程，作为一个高度复杂且具有多利益主体诉求的组织，制定必要的法规制度对大学组织的决策及其成员的行动加以引导和规范是维护大学良好秩序实现有效治理的基本前提。大学章程作为大学依据国家有关法律法规及大学组织属性及规律、使命及责任而制定的以指导和规范大学办学治校育人活动的具有顶层设计意义的法规制度，是规范大学组织及其成员必须严格执行和遵守的亦即保证大学组织依法决策、其成员依法行动的法律依据和组织程序。尤其是大学具有一定学术自由之组织属性决定了大学必须更是依法治校的组织，否则大学就可能缺失制度的规范而混乱无序。由此可见，健全完善大学章程规范、大学决策程序及运行机制十分必要。

基于大学章程之于大学治理的价值作用，2011年11月28日，教育部颁布了实施《高等学校章程制定暂行办法》的"中华人民共和国教育部第31号令，并要求于2012年1月1日起正式施行。《高等学校章程制定暂行办法》明确指出："章程是高等学校依法自主办学、实施管理和履行公共职能的基本准则。高等学校应当以章程为依据，制定内部管理制度及规范性文件、实施办学和管理活动、开展社会合作。"②随后教育部进一步强调，"要把推进章程建设作为体现学校办学水平和治理能力，衡量领导班子管理水平和改革精神的重要标志，纳入高校评估、领导班子考核的重要内容"③，明确要求在2014年12月31日前完成全部"985工程"高校和"211工程"高校章程的核准工作，2015年12月31日前完成所有高校章程的核准工作。在推行这一自上而下的现代大学制度建设中，尽管我国多数高校经历了从被动观望逐渐认识到大学章程之于大学办学治校育人重要性的过程并按期完成了

---

① 眭依凡：《论大学的善治》，载《江苏高教》2014年第6期。

② 《高等学校章程制定暂行办法》，http://www.gov.cn/flfg/2012-01/09/ content_2040230. htm。

③ 《教育部办公厅关于加快推进高等学校章程制定、核准与实施工作的通知》，http://old.moe.gov.cn/publicfiles/business/htmlfiles/moe/moe_621/201406/170122.html。

章程的制定，但由于受时间紧迫等影响，其中不乏简单粗糙甚至出于应付目的的急就章，教育部在《高等学校章程制定暂行办法》中提出的诸多要求在不少大学的章程文本中都未很好落实。譬如，不少大学章程对"规范学校党委集体领导的议事规则、决策程序，明确支持校长独立负责地行使职权的制度规范""规范校长办公会议或者校务会议的组成、职责、议事规则""科学设计学校的内部治理结构和组织框架，明确学校与内设机构，以及各管理层级、系统之间的职责权限，管理的程序与规则""按照有利于推进教授治学、民主管理，有利于调动基层组织积极性的原则，设置并规范学院（学部、系）、其他内设机构以及教学、科研基层组织的领导体制、管理制度""明确规定学校学术委员会、学位评定委员会以及其他学术组织的组成原则、负责人产生机制、运行规则与监督机制，保障学术组织在学校的学科建设、专业设置、学术评价、学术发展、教学科研计划方案制定、教师队伍建设等方面充分发挥咨询、审议、决策作用，维护学术活动的独立性""明确尊重和保障教师、学生在教学、研究和学习方面依法享有的学术自由、探索自由，营造宽松的学术环境""明确规定教职工代表大会、学生代表大会的地位作用、职责权限、组成与负责人产生规则，以及议事程序等，维护师生员工通过教职工代表大会、学生代表大会参与学校相关事项的民主决策、实施监督的权利""明确校务委员会、教授委员会、校友会地位、宗旨以及基本的组织与议事规则"等，都没有予以认真地研究并在章程中有所体现。尤其是大多章程千篇一律，根本没有体现出教育部在《高等学校章程制定暂行办法》中特别强调的必须"根据学校发展需要和办学特色"起草章程的要求。大学章程上述带有普遍性的问题，导致作为大学治理之法律建构价值的大学章程，由于未能在大学内部治理体系中有效发挥其规则制定和程序保证之双重作用而难免被束之高阁地成为一种制度摆设，以致于不少大学自己都怀疑其存在的必要性。

鉴于学理上大学章程是大学办学治校的基本法，是大学内部治理结构不可或缺的确保大学依法自主办学和自律办学的法律依据，以及"是大学办学治校者关于大学价值在大学制度层面的反映，是对大学组织属性、使命责任及大学定位的立法确认"，是"对大学组织及权力结构、组织及管理者的职责与权力、组织设置及人员聘用任命、权力行使及组织运行的程序规则等做出的具体而明确的规定"以保证大学治理具有操作性并得以依法进行的管理工具，"既是对大学内部组织及其成员之自主及主人地位的确立，又是对大学内部组织及其成员之行为提出的制度规范"[①]；而现实中，大学章程又存在上述分析及本课题调研发现的诸如"千篇一律，缺乏个性特色""基本处于悬置状态，没有落实在治校过程中""缺乏程序规定，可操作性不强""章程体系不完善，内容空洞""尚未起到依法治校的作用"等问题。由此足见，我国大学的章程建设及完善和落实工作仍然十分艰巨，健全完善大学章程以规范大学决策程序及运行机制成为大学内部治理体系创新必要的选择。除此之外，必须通过"规范高校章程立法程序，充分保证高校章程建设及执行中的民主性、公开性、自律性""加强高校教代会及高校师生对高校章程执行的监督问责""加强政府对高校章程执行的监督问责""把高校章程纳入政府教育主管部门法规体系"等举措以进一步提升大学章程在大学内部治理中的作用。作为大学法存在的大学章程之于大学如同宪法之于国家，或许这就是香港把公立大学章程全部纳入香港法律的组成部分的原因所在。在推进大学内部治理现代化的进程中，我们必须基于大学章程对大学内部治理体系主体、权力结构及实现机制具有规定性之价值作用，在大学内部治理体系创新中，高度重视大学章程制定及其实施等关于大学章程建设本身存在的问题，为大学内部治理的依法治校创造良好的制度环境。

4. 赋予学院提高办学积极性和运行效率的自主权

大学存在和发展基于社会需要，而大学也是以人才培养和知识创新满足社会需要并获得自身发展的资源和环境的社会组织。就组织构成而言，

---

① 李雨潜：《地方师范大学章程的师范性话语分析——基于对21所地方师范大学章程的文本分析》，载《教育发展研究》2016年第11期。

如前所述，大学是由专司管理职能的行政系统和由专司人才培养和知识创新的学术系统即学院及研究机构建构的社会组织，由于"大学对社会的贡献主要取决于学术系统的能量大小及其作用的发挥"①，因此大学内部治理体系之行政系统与学术系统的关系结构是否有利于后者发挥作用，则很大程度上决定了大学之社会贡献大小，而社会贡献是衡量大学内部治理效率高低的最重要判据。本课题调查表明：大学内部对"当前高校内部治理中的院系治理满意程度"并不高，仅有15.70%的受询者表示"满意"和"非常满意"，23.41%的人表示"不满意"和"非常不满意"，多达60.89%的人持"一般"的态度。由此足见，调动大学内部学术系统的积极性、充分发挥学院及研究机构在人才培养和知识创新方面的作用以根本提升学院的人才培养质量和知识创新能力是我国大学内部治理结构创新亟待解决的重大问题。

改善校院权责关系及赋予学院提高办学积极性和运行效率的自主权，必须针对"院系治理存在的主要问题"而有的放矢。在关于学院治理效率何以不高的调查中，57.89%的受询者认为"学院并未落实提高办学效率必要的人权、事权及财权"及49.73%的受询者认为"校院权责关系不够明晰"是导致学院治理效率不高的主要原因，另有43.96%的受询者认为"学院管理自主权不足"是人们对"当前我国高校内部治理整体现状不满意的主要原因"。因此，55.97%的受询者不仅认为"进一步明确校院两级管理的权责关系"是"根本克服大学官本位和泛行政化问题"的有效抉择，而且从"赋予二级学院更大的学院治理权力，增强二级学院的办学活力"（占受询人数的49.58%）及"学院内部治理结构有待进一步完善"（占受询人数的49.81%）校院两级治理结构层面提出了改革建议。

举目世界，凡卓杰大学无不是注重给具体承担学术使命和社会职能的学院赋予充分自主权的大学。2018年6月，笔者率课题组赴美考察美国一

---

① 眭依凡：《关于一流大学建设与大学治理现代化的理性思考》，载《中国高教研究》2019年版第5期。

流大学内部治理结构时，斯坦福大学前校长图灵奖得主约翰·亨尼西如是说："斯坦福大学的决策及其治理实行分权制，董事会在斯坦福大学的权力架构设计方面具有最终权力，校长和教务长在诸如财政等事务上也有一定权力，但诸如教师招聘、学位授予和课程设置等学术事务则由教师他们自己的学术权力系统决定。"①正是出于大学人才培养和知识创新的主体在学院的考虑，美国的研究型大学一方面赋予学院及其院长很多权力以便其创造性地开展工作，另一方面特别注重招聘那些能够引领学院开拓进取的富有领导力的院长。哈佛大学前校长萨默斯甚至把招聘具有很强领导力的院长与招聘世界最高水平的教授及为大学募集资金作为大学治理头等重要的三项工作。"校院分权共治"是本课题组在2018年12月考察香港科技大学内部治理何以成功获得的重要结论之一。该校副校长贺致信在我们的访谈中特别强调：在学校制度框架下，香港科技大学主要通过分权模式赋予学院足够的治理自主权，即学院在制定发展规划、相关经费的计划、普通教职工的聘用等均由学院自主决定，从而保证校院两级管理组织间的关系呈现"分权共治"的特点。正是对校院权责关系的这样一种治理结构设计，较好地调动及提升了所有学院在办学治院及人才培养和科学研究的主动性、积极性，从而保证了学院应有的创造力，为促进社会发展作出更大的贡献。基于以上讨论及境外卓杰大学内部治理的成功经验，可以得出如下结论：赋予学院提高办学积极性和运行效率的自主权亦是大学内部治理体系创新的重点所在。

（原文《转向大学内部治理体系创新：高等教育治理体系现代化的紧要议程》发表于《教育研究》2020年第12期。原文有改动。）

---

① 眭依凡：《关于一流大学建设与大学治理现代化的理性思考》，载《中国高教研究》2019年版第5期。

第五节　大学领导力提升：推进大学治理能力现代化的实践路径

　　党的十八届三中全会把国家治理体系和治理能力现代化作为促进国家现代化建设之重大国策七年后，国家治理体系和治理能力现代化又成为党的十九届四中全会的主题，习近平总书记专门做了题为《中共中央关于坚持和完善中国特色社会主义制度推进国家治理体系和治理能力现代化若干重大问题的决定》的工作报告，提出了坚持和完善中国特色社会主义制度、推进国家治理体系和治理能力现代化的总体目标："到二〇三五年，各方面制度更加完善，基本实现国家治理体系和治理能力现代化；到新中国成立一百年时，全面实现国家治理体系和治理能力现代化，使中国特色社会主义制度更加巩固、优越性充分展现。"[①]从党中央坚定不移地把推进国家治理体系和治理能力现代化作为我国现代化强国建设的战略选择可见，推进国家治理体系和治理能力现代化之于国家未来的兴盛具有极端重要性。鉴于国家治理体系和治理能力现代化与高等教育治理体系和治理能力现代化尤其是与高等教育的具体承担者、实施者之大学治理体系和治理能力现代化有着极其密切的关系，笔者拟提出并回答"大学治理能力现代化何以如此重要？""大学领导力与大学治理能力的关系如何？""推进大学治

---

　　① 习近平：《坚持和完善中国特色社会主义制度推进国家治理体系和治理能力现代化》，载《求是》2020年第1期。

理能力现代化如何提升大学领导力？"三个设问，以期通过对上述问题的讨论，帮助大学办学治校者认识到大学治理能力现代化之于现代化强国的重要性，并明确大学领导力提升是推进大学治理能力现代化实践的必要路径。

一、大学治理能力现代化何以如此重要？

关于"大学治理能力现代化何以如此重要"，首先有必要厘清如下两对关系：其一，治理体系与治理能力的关系；其二，国家治理体系现代化与大学治理体系现代化的关系。

（一）治理体系和治理能力关系讨论

就治理概念的学术严谨性而言，笔者认为治理体系是关于组织结构及其权力结构（主要涉及体制层面，属于基本制度范畴）和制度结构（主要涉及机制层面，属于组织运行之程序规范的工作制度范畴）的概念，即关于治理体系内部要素权责及其关系结构的概念具有相对的稳定性；而治理能力则是关于治理体系内部诸要素在治理过程中之效能表现，尤其是反映治理者能否充分发挥治理体系内部诸要素效能的概念，具有动态性。无论是基本制度还是工作制度，都是一个需要与时俱进的动态过程，因为任何制度既不可能一蹴而就，也不可能一劳永逸，都必须随着社会发展进步与时俱进。但是，相对于治理体系受治理者个体素质影响的治理能力而言，治理能力的非稳定的动态性更为突出。所以习近平总书记特别强调："治理能力现代化也是一个动态过程。"[1]为此，他还在中央党校的讲话中专门分析指出，之所以要进行"治理体系"和"治理能力"的区分，是因为在同一个治理体系下的不同时期，治理能力可以很不一样。[2]

---

[1] 习近平：《坚持和完善中国特色社会主义制度推进国家治理体系和治理能力现代化》，载《求是》2020年第1期。

[2] 崔之元：《"治理体系"和"治理能力"的概念区分与新"三位一体"》，https://user.guancha.cn/main/content? id=206850。

　　根据组织理论及治理理论：一个组织的治理体系包括治理结构与治理过程两个相互联系不能割裂的治理要件，治理结构是关系组织能否有效治理的包括基本制度安排及运行程序设计在内的组织框架性基础，但治理结构并非决定治理效能的唯一因素，治理结构的作用在很大程度上受制于决定治理过程效率的且因治理主体而异的治理能力。由此可以获得如下结论：由于治理能力是治理过程与治理主体高度关联且对治理效率具有决定性作用的治理要素，所以组织的治理能力对组织治理成效的影响与组织的治理结构同样重要且不可或缺。在党的十九届四中全会上，党中央之所以把"治理能力现代化"与"治理体系现代化"并列加以强调，其理论及其实践的依据亦在于此。

（二）国家治理体系现代化与大学治理体系现代化关系讨论

　　当今世界已经进入科学家认定的"以'人类社会空间（H）+物理空间（P）'为特征的二元空间世界结构向'人类社会空间（H）+物理空间（P）+信息空间（C）'的三元新世界过渡"①的新世界，由于"这样一种空间变化带来了人类认知的新计算（建立在新老空间的互动CH、CP之上的AI）、新通道（给自然科学、工程技术、社会科学提供了新途径、新方法）、新门类（认识复杂巨系统：城市运行系统、环境生态系统、健康医疗系统等，即科学+工程+社会影响）"，与之相伴而生的是以人工智能、新材料技术、分子工程、石墨烯、虚拟现实、量子信息技术、可控核聚变、清洁能源以及生物及基因技术为突破口的第四次工业革命的到来。在这样一个高新知识和高新技术将以不可阻挡之势全面改变和支配人类社会的生活方式及生产方式的知识经济及人工智能时代，高新知识及其物化为高新技术生产力的水平无疑将决定一个国家之国际竞争实力强与弱，换言之，即高新知识发现和高新技术发明及其运用能力之于国家竞争力提升具有不可替代的重要性，甚至决定国家未来的兴与衰。为了适应这个新世界的变

---

　　① 眭依凡、李芳莹：《"学科"还是"领域"："双一流"建设背景下"一流学科"概念的理性解读》，载《高等教育研究》2018年第4期。

化，并且站在这个新时代的制高点，我们"不仅需要新技术，更需要发展一些起基础性作用的新理论、新学科、新知识领域"①。

由于大学之于高新知识生产及其生产力转化、知识创新型人才及高新技术研发人才的培养具有引领性、主导性、基础性及由此带来的垄断性，决定了大学已经成为国家经济起飞、社会进步及其稳定持续发展不可或缺的具有动力价值的生产力要素，由此导致在国家现代化进程中我们所面临的最大挑战是对高新知识和高新技术及其创新具有决定性的高等教育承担者大学的率先现代化，在国际竞争日益激烈的背景下，国家之高等教育现代化具有置顶优先布局和抢占先机的极端重要性。在《关于一流大学建设与大学治理现代化的理性思考》一文中，笔者阐述过如下的观点：当有利于一流大学建设的制度供给和资源供给等外部环境得到根本改善之后，"一流大学能否建成则完全取决于大学的内部治理模式，所以治理模式是一流大学建设底部厚重的不可逾越的操作性基础，对一流大学建设的得失成败具有决定性"②。同理，在中央高层已经认识到国家间的竞争归根到底就是以知识创新和人才培养为核心使命的大学竞争，为了让大学更好地为体制内服务作更大的贡献，从而已经在不断为有利于大学按规律办学治校育人创造良好的制度环境和提供优越的资源条件大背景下，大学能否提升其知识创新及人才培养的国际竞争力很大程度上取决于大学内部治理的效能。由此我们再得出一个结论：在国家现代化及国家治理体系现代化的逻辑链中，如图2-12所示，国家治理体系现代化必须以高等教育治理体系现代化为动力，而高等教育治理体系现代化则必须以大学治理体系现代化为依托，依据治理体系和治理能力关系讨论获得的结论，不难得到大学治理能力之于国家现代化即现代化强国建设具有基础性作用。

---

① 眭依凡、李芳莹：《"学科"还是"领域"："双一流"建设背景下"一流学科"概念的理性解读》，载《高等教育研究》2018年第4期。

② 眭依凡：《关于一流大学建设与大学治理现代化的理性思考》，载《中国高教研究》2019年第5期。

图2-12 国家现代化逻辑链

二、大学领导力与大学治理能力的关系

在大学治理能力及其现代化与大学治理体系及其现代化的关系及大学治理能力之重要性明确之后，基于主题研究的需要，大学领导力概念及其与大学治理能力的关系的明晰是探讨大学治理能力现代化实践途径的基础。

（一）领导概念及其领导理论的发展

领导力与领导不是同一概念，但二者高度相关。所以关于领导力的讨论，有必要在厘清领导概念的前提下循着时代发展的线索对领导理论演进加以梳理，这有利于我们加深对领导力及其研究的理解和认识。领导如同文化一样是一个内涵很难提炼的模糊概念，包括国际著名的领导学大师沃伦·本尼斯亦承认"领导的概念既复杂又难以掌握，所以人们用很多词试图加以解说，结果是越描越黑；领导就像'美丽'这个词很难界定……"[①]但是如领导学另两位著名专家罗布·戈菲和加雷斯·琼斯所言，作为一个领导者如果连领导究竟是什么都不清楚，你凭什么领导别人？于是在西方领导学研究者就有了对领导概念的种种界定。由于在北京大学开设《大学领导力》课程的需要，笔者在梳理种种领导概念的基础上把关于领导的定义归纳为如下六类。

其一，传统管理学理论从领导者的行为如控制、导向、指挥等组织行为界定领导，如领导是率领下属实现组织目标的过程，是决定组织使命或目标，而促动组织资源之运作，以达成这些使命或目标，并能引导组织持

---

① 眭依凡：《大学领导力：我们是否还有提升的空间》，载《探索与争鸣》2015年第7期。

续维持、创造组织发展活力与影响组织文化的一种动态历程。其二，把领导界定为对组织及其成员施加积极影响以促使组织实现共同愿景和目标的过程，如塔南鲍姆（Tannenbaum）等人认为领导是"施予某一情境的人际影响力，透过沟通过程达成特定的目标（1961）"，劳赫（Rauch）、贝林（Behling）认为"领导是影响有组织的团体的行动以达到团体目标的一种过程（1984）"，马丁·M. 切默斯（Martin M. Chemers）认为"领导是一个社会影响过程，在这个过程中个人能够获得他人的支持和帮助去完成某项共同的任务（1997）"，诺索斯（Northouse）认为"领导是一种过程，通过影响组织成员，促使其实现共同目标（2004）"等。其三，定义领导就是一种能力，如奥格博尼亚（Ken SKC Ogbonnia）认为"领导是一种有效整合和充分利用内部外部资源以实现组织和社会目标的能力"，沙因（Schein）认为"领导是能超越文化限制，进行具有更强适应性的革命性变革的能力（1992）"，艾伦·基思（Alan Keith）认为"领导是为人们非凡地完成某项工作作出贡献而创造条件"等。其四，把领导界定为一种领导者与被领导者的相互关系，如斯托格迪尔（Stogdill）认为"领导是创造和维持期望与互动的结构（1974）"，库兹（Kouzes）、波斯纳（Posner）认为"在组织中有些人向往领导他人，而另一些人则选择被领导，领导就是个相互影响的过程（2002），斯科特（Scott）认为"领导主要指影响每个下属行为的机制（2003）"，以及我国学者许士军认为"在特定情况下为影响一个人或一群人之行为，使其趋向于达到某种特定目标的人际互动程序（1993）"，林琨堂认为"领导者运用影响力，透过成员交互反应的行为，以引导成员同心协力，达成组织特定目标的历程（1996）"等。其五，把领导界定为领导者，即处于组织变化和活动核心地位并努力影响他人共同实现组织目标和愿景的人，如弗雷德（F, Fiedler）认为"领导是机构内从事指使、协调（他人）完成机构目标者（1967）"，毫斯（R. J. House）等人认为"领导是机构内从事影响他人行为以达乎机构目标者（1979）"，本尼斯（Bennis）认为"领导者是做正确事情的人（1984）"，霍金斯（Hosking）认为"领导者是那些持续不断为社会秩序作贡献，并且被人们期望和认识到应该做这些事情的人（1988）"，加德纳（J. W. Gardner）认为"领导是机构内树立榜样以诱导他人或团体追求共同目标者（1990）"，森格（Senge）认为"领导者是那些能够主动对于自己和组织不断变革的人（1996）"等。其六，把领导定义为领导者通过创造共同的文化和价值观，运用文化价值观鼓舞员工树立起追求卓越表现的愿望并激励员工以促进组织目标的实现，如里查兹（Riehards）等人认为"领导是规划愿景、树立价值观、创造环境来让事情实现（1986）"，布洛克（Block）认为"领导的概念包含了主动和责任，毫无疑问与控制、导向、了解什么是对于别人最好的行为有关（1993）"等。

坦诚而言，上述关于领导概念的界定无不反映了定义者试图根据自己的研究需要以各自的方式来诠释领导这一概念，多少存在对概念定义严谨性的问题，这或许就是领导概念目前确实没有被人们公认权威定义的原因。但从已有领导概念的定义中，不难挖掘出三个使用频率最高的关键词"组织目标""影响""过程"，这说明领导是领导者对组织施加影响以实现组织目标的过程。基于此，我们讨论的是有关正式社会组织的领导概念，笔者给予领导以逻辑学意义的定义如下，即领导是"在合法权力的赋予下，领导者在观念理性支配下，运用领导资源，发挥个性特质，通过远景规划、组织设计、制度安排、文化营造及人格魅力等多种手段，对组织及其成员施以有目的的系统影响以有效实现组织预期目标的过程"，领导包含如图2-13所示的诸多要素。在领导概念清晰的基础上，不难归纳出有关领导的如下本质特征：一是领导与职位、权力、权威有关，又不等同于职位、权力、权威；二是领导依附于组织并在组织中发生；三是领导是个过程，一个包括理性和情感因素参与的组织成员相互影响的过程；四是领导行为与组织目标追求密切相关，目标的设计及其质量决定组织运行的绩效甚至组织的成败；五是领导发生在相对独立组织的最高层而非中底层。上述关于领导概念及其特征的描述，使我们必须防止陷入关于领导的误区，即把组织视为机器而不是富有生命且彼此联系的目标共同体，把领导视为发号施令、控制和强加而非引导、激励、关爱、合作和自我管理。一个死气沉沉的组织其很大的原因就是其领导者把组织看成一个没有生命的机器，而领导学认为这是最具破坏性的错误观念。

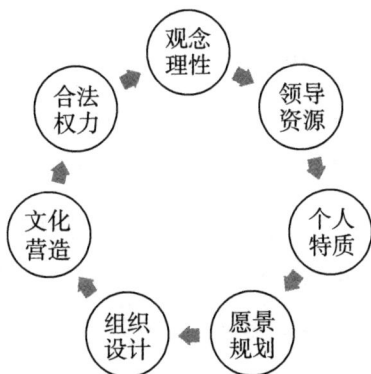

图2-13　领导要素

关于领导的专门研究亦即领导理论的发端，有文献称始于社会学家马克斯·韦伯于20世纪早期的研究。由于领导科学研究的演进过程是一项需要另文专门介绍的极其庞杂的文献研究工作，限于篇幅，在此不再赘述。循领导科学研究的历史，一般可以把领导科学研究归纳为如图2-14所示的四个发展阶段，简单介绍如下。

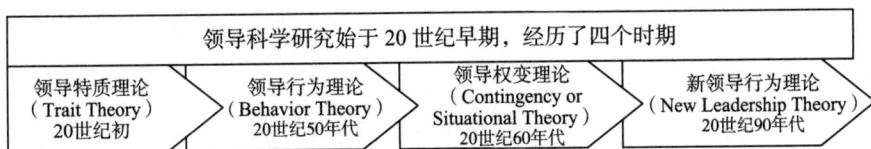

图2-14　领导理论发展历程

第一阶段为领导特质理论的研究阶段，始于20世纪初至40年代末，这一时期特质理论的研究者主要关注领导者区别于他人的特殊个性品质。领导特质理论经历了由传统特质理论向现代特质理论演进的过程。早期的特质理论认为领导者生而具有领导的特质，主要研究领导者应该具有什么个人特征并把它作为描述和预测领导者取得绩效的主要因素。如美国心理学家吉伯（C.A. Gibb）在一项研究中就得出领导者应该具有如下七项特质的结论：善言辞、外表英俊潇洒、智力过人、具有自信心、心理健康、有支配他人的倾向、外向而敏感。现代特质理论形成于20世纪中叶以后，该理论认为领导者的特质是在实践中形成的，可以通过训练和培养加以造就。由此导致旨在提高领导者能力和技巧的领导科学受到重视和发展。代表性人物有斯托雷格尔和巴斯（Bass）等人。

第二阶段始于20世纪60年代的领导行为理论的出现。特质领导理论研究者如斯托雷格尔等在研究中发现：具有某些特质的领袖在某一情景下会成功，但在不同的情景下又不成功，而且不同特质的两个领袖可能在同一情景下都可能成功。上述发现对领导特质理论提出了挑战。随后试图探寻能够适用于任何情景的领导特质研究，开始把注意力转到关注领导者对其追随者的行为及领导者的行为模式的研究上。随着研究深入，人们发现领导活动的效能与领导者在领导过程中所采取的领导行为存在着密切的关系，领导者实际是在与被领导者的相互关系中实现其领导的。领导行为理论的主要观点为：领导是一种领导者利用在领导和追随者之间的相互作用中形成的影响力，引导追随者的思想和行为，最终实现组织目标的过程。这一时期的代表性人物有俄亥俄州立大学的亨菲希尔（Hemphill）、卢因（Lewni）、利克特（Likert）等人。

第三阶段是发端于20世纪60年代的领导权变理论，又称为领导情境理论。领导行为理论研究者发现试图通过这种方式找到一个适合于任何类型的组织、任何性质的工作、任何特点的下属的领导行为方式并不现实。因为影响领导有效性的不仅包括领导者和被领导者两个行为主体的因素，还有环境因素对领导绩效的影响也是不能忽视的。由于领导行为理论对影响领导成败的环境因素考虑不多，致使在确定领导行为类型与领导工作绩效之间高度相关性上仅获得了有限的成功。换言之，领导行为理论与领导特质理论一样存在一个共同的不足，即忽视了情景因素的影响。这个问题在20世纪60年代引起研究者的注意后并开始用情景变量来解释领导的有效性，领导权变理论因此应运而生。基于领导者的品质、行为对领导有效性的影响依赖于领导者所处环境的假设，权变理论认为领导过程是领导者、被领导者及其环境因素的函数：领导绩效＝F（领导者、被领导者、环境）。领导绩效受组织和个人情境的不同而有所改变。领导权变理论的主要研究成果包括弗雷德的权变模型（1967）、埃文（Evan）和毫斯的路径目标理论（20世纪70年代）、赫西（Hesrye）和布兰查德（Blanchdad）的情境领导理论（1969）和格雷恩（Graen）的领导者参与模型（20世纪70年代）等。

　　第四阶段是始于20世纪90年代的新领导行为理论阶段。由于领导权变理论把领导者特质、领导行为和领导情景同时作为影响领导过程及其有效性且三者彼此高度相关的基本变量视为领导研究的基础，从而克服了领导特质论和领导行为论忽略情景变量带来的缺陷，至此领导理论无论在领导要素的完整性方面还是在研究方法的科学性方面都日臻成熟。尽管随后的领导行为研究产生了一些新概念、新理论，但总体上还是在领导者、被领导者及其行为与领导环境相结合的基础上进行的研究，本质上仍属于领导权变理论的范畴。然而，随着社会的日益多样化和快速变化及组织类型和组织结构的日益复杂化，领导者与被领导者之间的关系及其任务结构等权变变量亦日益复杂，领导权变理论的局限性逐渐凸显。于是在权变理论的基础上，一些更加适合新型组织发展的领导理论应运而生。比如伯恩斯（Burns）和巴斯等学者分别创立了变革型领导理论（1978）和交易型领导理论等。伯恩斯之变革型领导理论的一个基本观点是：变革型领导是领导者凭借人格与魅力等个人权力来影响员工，通过提升下属的需要层次和内在动机水平，使员工意识到自己工作的价值和使命，激励下属不断地挑战与自我超越，为追求更高的目标而努力的过程。变革型领导的特点不仅在于激发和满足被领导者的低层次物欲需求，更在于重视对被领导者高层次的动机与需求的激发与满足，并由此给组织带来不断的变革活力。而巴斯的交易型领导理论则建立在领导与员工一系列的相互交换和隐含的契约关系及满足个人的目标需要而非实现组织共同目标的需求这一假设基础上。交易型领导通常以奖励的方式来激励员工努力工作，这种奖励既包括物质奖赏也包括精神奖励。

（二）大学领导力及其与大学治理能力的关系讨论

上述关于领导概念及长达一个世纪的领导理论发展历程的梳理，为我们理解领导力及其研究何以在现代组织管理中受到人们的青睐奠定了认识的基础。现代管理学之父约翰·加德纳（John Gardner）有个观点："在人类未被开发的潜能中，领导力首当其冲。在当今每个卓有成效的领导者身边，就有5～10个同样具有领导力却没有当过领导或者根本就没有考虑当领导的人。"[①]由于领导者之领导力高低强弱不是个人的问题，其关系到所在组织生存发展的命运。因此，一个领导者必须知道如何才能领导好他人以取得必要的领导绩效；一个被领导者也应该了解什么是好的领导，这样他才能帮助不胜任的领导改善其领导模式以促进组织的发展。任何社会都是由许多且大小不一的组织建构的复杂系统，社会系统的稳定和发展源于该系统内所有组织的稳定和发展，凡社会组织都是由领导者和被领导即组织成员在一定关系结构下的目标任务共同体，组织成员对领导力的理解尤其是领导者的领导力水平对组织的发展具有决定性。

何谓领导力？笔者梳理有如下种种的界定：领导力是协助团体内部成员达成目标的工具；领导力是特殊的人际影响力，是由领导者魅力产生的影响力；领导力是让下属自愿服从的能力；领导力是"影响他人开发人或组织潜能，从而实现更高目标的过程"；领导力是决定领导者领导行为的内在力量，是实现群体或组织目标、确保领导过程顺畅运行的动力；领导力是领导者个人（或领导团体）为实现领导者及其追随者的共同目标，而通过说服和榜样作用激励组织成员的过程。[②]玛格丽特·惠特利（Margaret J. Wheatley）在她的成名作《领导力与新科学》中甚至提出了"新科学"也是一种领导力的新观点，她认为把量子物理、自组织系统和混沌理论等现

---

①［美］威廉. A. 科恩著，黄京霞、吴振阳译：《德鲁克论领导力》，机械工业出版社2012年版，第ⅩⅦ页。

②［美］约翰·加德纳著，李养龙译：《论领导力》，中信出版社2007年版，第3页。

代科学引入组织管理领域，为组织管理提供新的思维方式，由此导致的对世界、对组织、对管理的新的看法都可能带来组织管理的革命而成为领导力。如此等等。综合已有关于领导力的定义，无非有工具论、能力论、过程论、影响力论、动力论、艺术论、适应论、方法论，等等。上述界定并未抓住领导力的本质以反映领导力概念的内涵。

为了说明领导力是什么，可以用排除法确定领导力不是什么。当我们承认领导力≠权力、领导力≠领导职务（地位）、领导力≠上下级关系，即彼得·德鲁克（Peter F. Drucker）所说的"领导力不是头衔、特权、职位和金钱而是责任"①时，领导者是发挥领导力的人，而不是担任领导职务的人，判断一个领导是不是有领导力主要看他是不是有追随者，领导力是在领导过程中领导能力的表现等一类观念便可明晰。在"领导力是领导能力的总和"观念的支配下，笔者对领导力有如下理解：领导力不是单一的领导能力概念，而是覆盖领导全过程对管理全要素施加有目的、系统性影响所产生的结构性合力。这个定义又可以演绎出如下结论：领导力不只是领导者个人影响力的反映，很多时候还是一个组织影响力的反映，即领导力可以分为两个层面：一是领导群体以组织整体名义对组织及其成员产生的组织领导力，这个层面的领导力涉及组织的价值理念、战略与目标设计、文化营造、制度安排及资源配置等；二是个体领导力即领导者个人产生的领导力。关于领导力还可以进一步提炼出如下结论：领导力不只是领导者之领导特质、领导行为、领导情景单独以及相互作用产生的影响力，更是领导者或领导团队在领导过程中对诸多管理要素科学整合、配置、驾驭等所形成的领导合力或领导力场；领导力不仅仅是领导者的特质和领导过程的方法、技能和艺术反映，因此不能把领导力简单等同于领导者的个人特质产生的影响力，更不能等同于领导者的职位权力；领导力的核心是影响力，对组织资源能否高效利用及组织目标能否顺利达成具有不可替代的作用。领导力的特殊重

---

① 刘澜：《领导力沉思录》，中信出版社2009年版，第5页。

要性预示着领导理论研究将由领导行为研究范式转向领导力研究范式。

在领导力概念明确后，作为下位概念的大学领导力可以界定如下：大学领导者根据大学组织属性、运用个人特质及其合法职权和大学资源为实现大学目标对大学组织及其成员实施的影响力。据此定义可以做出推断：大学领导力是大学组织不可或缺的竞争力要素。美国是非常重视大学领导力研究与开发的国家，其"美国大学校长领导力促进委员会"（Commission on Strengthening Presidential Leadership）的设立，就足以说明美国对大学领导力尤其是校长领导力的重视程度。由于"美国的大学校长有很大的从学科优先发展到人事任免到资源配置的权力，其作用绝非参与一个与解决问题毫无关系只是按程序走走决策程式过场"[①]，普林斯顿大学早期的校长弗莱克斯纳在谈到大学校长的作用时，甚至认为如果没有校长美国大学就失去它们的精华。众所周知，美国的大学校长把师生视为大学的恩主，但这些恩主大多有抵制校方权威的独立性格，加上大学的知识传承的属性使之具有保守的文化传统，因此对大学的任何重大变革都会受到来自师生的抵制。因此大学的领导者更需要卓有成效的领导力去建立与师生的良好关系并妥处不良关系。担任美国密歇根大学校长八年之久的詹姆斯·杜德斯达（James J. Duderstadt）特强调："大学是要去领导的，而不是去管理。"关于高等教育领导力的作用，美国著名高等教育学者马丁·特罗（Martin Trow）得出如下结论："在内部管理上，强有力的领导能够服务于所有参与者，通过将组织过程与大学教与学的整体目标相结合的方式，诠释、引导和决策大学的发展，增强所有参与者的积极性和学术精神；在对外方面，则体现在其以娴熟的领导技巧有效地表达大学的本质和目标，这有助于打造学校的良好外在形象，提高大学获得外部支持、优秀师资和生源的能力。"[②]"高等教育领导力在很大程度上承担着打造学校特色、明

---

① 马年华主编：《美国高等教育的未来与领导力——马丁·特罗论美国高等教育和研究型大学》，教育科学出版社2011年版，第285页。

② 同上，第79–80页。

确学校向好的方向发展的责任。"①

至此，我们至少可以找到如下理由说明大学领导力的重要性：在制约大学发展的外部问题尚未根本解决的宏观环境下，大学更需要通过组织内部领导力的提升以增强大学办学治校育人的竞争力。换言之，大学之学术组织的高度复杂性致使大学是最需要运用领导力来解决棘手问题的组织，尤其是在关系大学发展的制度和资源供给两个外部变量日益得以改善后，大学领导力就成为决定大学兴衰成败的关键变量。大学治理能力是关于大学治理结构诸要素在大学治理过程中的效能表现，尤其是大学领导者能否充分发挥大学治理结构中诸要素效能的领导力体现，即大学领导力是在大学治理过程中与大学治理主体即领导者高度关联且对治理效率具有决定性的治理要素，由此可以进一步推断：大学领导者是大学组织治理中起决定性作用的治理主体，在大学组织的治理能力结构中，大学领导者的领导力是最不可忽视的治理能力要素。因为大学领导者在大学的治理结构中要扮演不同的角色，包括确定追求学术卓越的办学特色、明确大学的目标定位、寻求充足的办学资源、有效的组织管理等。大学治理的有效性与大学治理要素及其结构关系具有高度的相关性，但并非唯一的相关，因为当大学的治理结构确定后，谁担任治理主体的领导力对大学的治理成效影响甚大。组织理论及社会行为学、领导力理论亦表明：治理主体的治理能力亦即领导力之于治理成效与治理结构同样重要，大学亦然，且中外大学均循此规律。

推进大学治理能力现代化绝不能停留在"仰望星空"的概念层面，必须落实到"脚踏实地"的实践进程中。上述关于大学领导力与大学治理能力关系的讨论，无疑为大学推进治理能力现代化找到了实践路径，即提升大学领导力。

---

① 马年华主编：《美国高等教育的未来与领导力——马丁·特罗论美国高等教育和研究型大学》，教育科学出版社2011年版，第279页。

三、推进大学治理能力现代化：如何提升大学领导力

为了讨论如何具体提升大学领导力，有必要对前述领导力研究获得的既成结论加以演绎，从而深化有利于大学领导力要素提炼的认识。其一，由于领导力是领导者根据组织属性及其组织特有环境正确并高效开发利用组织资源为实现组织目标对组织及其成员实施的影响力，因此对大学领导力要素的提炼可以通过对影响大学治理效率且相关程度高的组织要素加以遴选；其二，大学领导者之领导力强弱绝非个人问题，其关系到大学组织的兴衰发展的命运；其三，大学领导力不只是大学领导者之领导特质、领导行为、领导情景单独以及相互作用产生的影响力，亦非领导者单纯之领导方法、领导技能及领导艺术运用产生的影响力，而是大学领导者或领导团队在领导过程中对大学组织诸多要素科学整合、配置、驾驭等所形成的领导力场，即大学领导力是覆盖领导全过程对大学组织管理全要素施加有目的、系统性影响所形成的结构性领导合力；其四，不能把大学领导力简单等同于大学领导者的个人影响力，更不能等同于大学领导者的职位权力，即大学领导力不只是大学领导者个人影响力的反映，很多时候也是一个组织影响力的反映；其五，大学领导力包含两个层面：第一，大学领导层作为一个整体存在对大学内部诸组织及其成员产生的领导力，这个层面的领导力涉及大学领导层对组织诸要素开发利用产生的影响力等；第二，领导者个人领导力即由大学领导者个人产生的领导力。基于此认识，笔者提出大学领导力是由如图2-15所示的"思想力""组织力""决策力""制度力""资源力""文化力"及"校长力"（泛指包括党委书记等大学领导者在内的个人素质产生的影响力）等多个领导力要素形成的结构性领导合力，大学治理能力的现代化必须通过对上述领导力要素质量的改善和提升来达成。限于篇幅，笔者仅对上述领导力要素进行框架性的基本解读，关于各领导力要素与领导力关系的深入讨论均留待后续研究单独成篇。

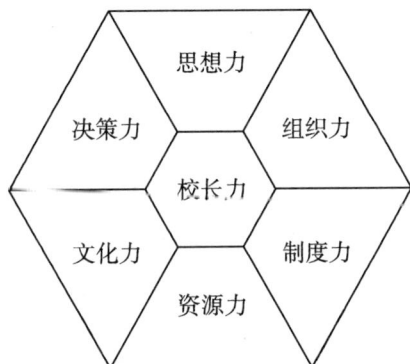

图2-15　大学领导力要素结构

1. 思想力

所谓思想力即"思想影响力"。为什么把思想力视为首要的大学领导力要素？笔者在《论大学的观念理性》一文中做了如下的阐述："成熟的社会组织及其成员的行动皆受制于观念，即观念通过决定组织行动的目的、目标以及如何行动，继而决定组织行动的效率和效果。这就是说组织的行动结果很大程度上是被组织及其成员所持的观念预先决定的。"①当人类社会进入一定的文明阶段，人们的观念是先于行动并影响行动的，即人们的行为是受观念支配和决定的。观念是人们对客观事物进行观察和认识的结果，认识主体的差异必然导致人们在认识过程中形成的观念难免附着了观念持有者个人的情感和价值判断。领导者观念的不同必然导致领导行为的不同，继而影响领导绩效。由于思想不同一般的观念，而是理性的观念，即理念的集成，是认识主体在对事物本质及其规律的一种全面的、完整的、深刻的认识后对事物的属性及价值做出的正确判断及其守持。由此可以得出结论：思想对领导做出符合组织规律的正确判断并对行动具有决定性，即思想是决定组织方向性的领导力要素。大学知识生产及其传播和运用的学术属性及由此衍生的高度复杂性决定了大学是最需要按其自身规律办学治学育人的理性组织，由于大学理念是人们对隐藏在复杂的大学组

---

① 眭依凡：《论大学的观念理性》，载《高等教育研究》2013年第1期。

织现象中关于大学本质及其规律细致观察研究后获得的正确认识、价值判断及其守持，所以理念治校是大学组织属性的内在规定做出的必然选择，演绎之即大学理念是决定大学组织行动的首要影响力。大学理念作为领导力要素，其为大学及其领导者确定了一个"好大学"的概念框架，并引导大学向这样一个"好大学"的发展方向努力，它引领和影响大学的治校实践，使大学的治校成为一项高度自觉的、有强烈意识的、有明确目的的社会活动。概而言之，大学理念一旦在大学及其领导者头脑中形成，对其办学治校起定向作用，此即大学领导力的发生。

2. 组织力

所谓组织力即"组织影响力"。就学术概念的严谨性而言，组织的有机结构是组织之所以成为组织并发挥组织应有作用（即影响力）的框架性基础。组织结构之于组织治理的重要性如约翰·加德纳所强调的："当今大多数领导者是通过庞大的组织体系来实现目标的……如果领导者不深入到整个体系的各个方面、各个层次当中，这样的体系就不能有效地运作。"[①]大学组织结构之所以是一种领导力要素可以从大学组织理论、大学组织生态理论、大学复杂组织理论及大学系统理论等多个视角加以解读。其一，大学是以人才培养和知识创新为使命、为目标的社会组织，大学以智力劳动为特征的组织属性使其不同于社会其他组织成为高度理性的组织，大学的目的及目标是理性选择的结果，为了达成其目的，实现其目标，大学内部的组织架构也必须是理性设计的结果。简单的组织架构及简单管理结构根本无法适应大学复杂社会组织的管理，更无法激发大学之学术活力，实现其高效治理目标。其二，大学作为以学科及专业为组织建构逻辑的学术共同体，具有根本不同于以行政效率最大化科层官僚组织及以经济利益最大化企业组织的强烈的学术生态组织性征，由此决定了大学必须处理好其内在规律驱动和外部需要及影响之间的复杂关系、学术权力与行政权力平衡

---

① ［英］约翰·加德纳著，李养龙译：《论领导力》，中信出版社2007年版，第115页。

的关系，即必须处理好决定大学组织运行效率的组织及其权力结构。由此可以推论，大学办学活力及竞争力很大程度上是大学组织治理结构适应其学术生态组织属性及规律的结果。其三，大学本质上是以知识和人才垄断并应用知识和人才推进社会进步及解决社会问题的智能化组织结构即复杂系统，其具有如下特征：一是人才培养和知识创新的劳动特点使大学成为一个目标复杂、活动复杂、人员复杂、组织复杂、关系复杂的智能性复杂系统；二是大学组织的复杂性决定了大学内部的组织结构及其权力结构既有利益诉求的统一性，又有多样性，从而导致其治理运行过程存在较大的不确定性；三是大学必须具有主动应对社会环境变化尤其是引领和推进社会发展需要与时俱进的自组织、自调整、自适应的动态性，又必须具有不受外界利益驱使、守持大学使命的稳定性。构建有利于大学自稳定、自组织、自调整、自适应的大学内部治理结构，关系到大学的创造力和竞争力的强弱；四是任何社会组织都是由若干或诸多要素即组成部分按一定的规则构建的有层次结构的并由此对外产生一定功能输出的系统，系统形成之后其产生的功能大于要素或其组成部分之和。根据系统理论的上述基本观点，组织运行效率的高低很大程度取决于组织系统的结构，大学亦然。由于大学不仅是以多学科、专业为基本单元的组织，而且是由学术权力与行政权力、学生与教师等诸多要素按一定规则构成的彼此高度关联的学术组织，所以其对外的功能不仅取决于大学内部诸多组织要素的基本素质，更取决于这些组织要素间依靠什么关系联结，由此决定了大学内部治理结构的重要性，即大学治理结构决定大学治理的效能。正是大学组织结构之于大学组织治理绩效的影响之大，所以将大学这样一个高度复杂的组织变为结构简单、内部协调、运行高效、适应变化的组织是提升大学治理能力的不可或缺的途径。

3. 决策力

所谓决策力即"决策影响力"。褒义的决策概念指组织及其领导者为实现组织目标而采用科学方法和手段，从多个为实现组织目标所预制的方案中进行分析、判断后，对最满意者做出决定的过程，即决策是通过分析、比较后在若干可供选择的方案中选定最优方案的过程。任何组织的领导过程都时常伴随着决策发生，决策尤其是重大决策的正误不仅直接导致组织目标设计是否得当或组织目标能否实现，甚至决定组织的兴衰成败。因此，从一般意义上说，领导就是决策，决策的质量是领导者领导力水平的最直接、最直观的反映。决策的重要性决定了决策必然成为领导力要素之不可失的构成。科学决策必须坚持两个基本原则：决策的科学性、决策的民主性。前者旨在强调决策的严谨性、准确性，后者旨在强调决策程序的合理性、合法性。大学组织的决策尤其是重大决策事务多为与学术关联密切的、其要素及其关系极为复杂的需要专业知识和专业人才参与的高度复杂的决策，由此决定了大学组织的决策过程既要强调决策程序的民主性，又要强调决策依据的科学性。大学系统是一个容易滋生和激化内部矛盾的多决策权力体系混为一体的组织，由于组织与组织及其个体的权责关系存在一定程度的边界模糊，尤其是存在以强调管理效率的行政权力与强调民主管理的学术权力的博弈，如何既防止大学行政权力的滥用，又确保大学决策的高效率，以最大程度地减少决策执行过程中影响决策目标达成的不确定性，是对大学领导者提升决策领导力水平提出的严峻挑战。当前我们大学的决策存在两大主要问题：其一，决策权力体系的内耗式矛盾导致"议而不决"或"决而不议"；其二，相对于行政权力而言学术权力式微。正如阿特巴赫所指出："行政控制削弱了传统上的教授的权力……教授们承认自己影响力的下降……这已成为高等学校中的一个普遍现象。"[1]学术权力话语权日渐式微和行政权力尤其是一把手个人权力的天马行空无疑会破坏大学决策的科学性和程序性，继而降低大学的决策质量，导致决策过程执行中的诸多不利于决策目标实现的不确定性。

---

① [美] 菲利浦·阿特巴赫著，蒋凯等译：《大众高等教育的逻辑》，载《高等教育研究》1999年第2期。

4. 制度力

所谓制度力即"制度影响力"。政治学作为关于国家和社会治理的学科有一条原理：执政能力与制度设计密切相关。大学的领导力，即大学的执政能力与制度设计的关系亦然。关于制度虽然有种种不同的界定，但制度是人为设计的且要求所有组织及其成员共同遵守的行动准则及博弈的规则，已成为毫无争议的社会共识。由于制度的存在，组织及其成员有了活动的依据及其活动的制约，组织也因此有了存在的意义价值及必要的秩序稳定。从制度的界定可以推演出制度是关于人的理性的产物，而组织的理性是通过组织制度得以体现的结论。大学的学术组织的基本属性决定了大学必须是一个高度理性的社会组织，其理性一方面来自大学文化的传统积淀，另一方面来自与时俱进的大学制度。大学必须重视自身制度建设和制度完善的原因可概括如下：其一，大学是需要有效管理的组织；其二，大学的有效管理依赖有效的大学制度。这就要求大学必须建立一个既能围绕着统一的目标运行，又能调动各级学术机构及其成员的积极性、主动性、创造性，确保大学目标实现的大学制度。①大学组织的治理始于好的目标，但是对大学施以有效治理则必须依据好的制度。大学经久不衰的发展有赖于大学领导者的办学治校理念，但再好的办学治校理念都必须转化为具有治校持久效力的制度法规才能对大学的进步产生根本作用，凡大学之进步无不是大学制度之进步使然。没有制度的保障，任何改革都是脆弱的、易变的、人迁治变的，且充满风险、不具有稳定性。同理，缺失良好的合乎大学发展和办学规律的制度保证，以及由此形成的有利大学发展运行的制度环境，大学即便一时拥有雄厚的人财物资源，也不能成为高质量的好大学。附着在大学组织知识属性之上的诸如学术自治、学术自由带来大学内部治理的高度复杂性，这就要求大学更应该是一个依法治校的组织，大学制度尤其是大学章程的重要性就在于为大学提供了办学治校的法律依据。这就是

① 眭依凡：《从宏观和微观结合上关注大学制度的创新》，载《中国高等教育》2003年第23期。

蔡元培先生从欧洲访学回国担任北京大学校长后立即主持制定《北京大学章程》的原因，其目的就是利用制度领导力指导和规范北京大学的办学治校。接着清华大学在1926年也制定了《清华学校组织大纲》。两所大学之所以成为中国历史上和现实中最好的大学，一个不能忽视的原因就是它们都严格按章程办学治校。大学完全可以做得比现在更好并发挥更大作用，但它需要对把制度建设和制度的完善视为大学治理能力提升的一个重要组成（即领导力要素）。

5. 资源力

所谓资源力即"资源影响力"。资源一般指社会经济活动中人力、物力、财力及信息等各种生产力要素的总称，是社会经济发展或组织正常运行的基本物质条件。而资源配置是根据一定原则合理分配各种资源到相关单位的过程，其目的是把有限的资源通过科学配置以实现用最少的资源投入获取最佳的资源利用效益。资源如果能够得到相对合理的配置，其组织管理就会充满活力，其组织管理效率就会显著提高。资源配置及其管理之所以是一种领导力要素可以从如下几方面加以解读：其一，任何组织都是开放系统且需要靠资源输入才能维持运行的组织；其二，组织获得的资源都是有限的，资源具有的稀缺性导致组织需要通过竞争的手段获取资源，所以任何组织都必须通过科学合理的资源配置以保证资源利用的高效率；其三，不少组织的资源使用存在开发利用配置不合理且管理不善导致的组织治理绩效不高的问题；其四，社会组织作为一个规范体系，其资源配置模式不仅反映了这个组织的管理质量和领导水平，而且关系组织能否在有限资源条件下实现目标最大化。一般而言，概念完整的资源配置必须包括人力资源和财力、物力资源的配置。由于人力资源的配置的复杂性及财力资源配置的极端重要性，笔者仅就大学的财力资源（以下笼统称为资源）配置问题加以讨论。大学属于必须依赖雄厚资源维持正常运行及参与激烈竞争的"贵族型"组织，因此大学在资源配置及其管理上应遵守如下原则：其一，在有限资源的约束条件下，大学的资源配置必须有利于实现大学之人才培养和知识创新的核心目标；其二，大学的基本属性决定了大学本质上是效率优先的组织，其资源配置必须通过竞争促进大学治理的高效率；其三，大学作为以人才开发和人力资本积累为目的的非营利性组织，其预算根本不同于以经济利益最大化的企业，具有风险性，以保持大学可持续发展的收入与支出的基本平衡是其预算应该遵循的法则。长期以来，我国大学的内部资源配置没有体现效率优先的原则，基本呈"大锅饭"模式，由此导致了大学资源配置的简单化、缺乏竞争性（平均主义），资源配置过程缺乏成本理性，以及资源配置的非学术组织本性的功利性等问题。除此之外，不少大学尚未建立健全包括预算管理、成本核算、审计决算、问责追究等一整套财务规范体系，因此，大学在资产和资源的开发与利用、分配与管理等方面的无成本意识等随意和混乱问题比较严重。相较而言，欧美大学在资源的分配上有一套完整的先评估再分配的科学制度，挥霍浪费资源或资源使用效率不高在欧美大学都是不能容忍的，在制度设计上也无此可能。

6. 文化力

所谓文化力即"文化影响力"。关于文化能否产生领导力的作用，具有组织文化理论先驱者之称的美国学者埃德加·沙因给予了如下一系列的肯定："虽然文化是一个抽象的概念，但源自文化的影响力，在社会和组织情境中产生的作用是巨大的。"[1]他认为："文化始于领导者，他们将自己的价值观和假设施加给一个团体。""领导力是这样一种能力，它能使领导者带领团体走出造就了这个领导者的旧文化，同时开始适应性更强的发展性变革进程。这种洞察旧有文化的局限性和发展使其更具适应性的能力，这就是领导力的本质和最大的挑战。"[2]"领导所做的唯一真正重要的事情就是创建和管理文化。领导独特的才能就是他们理解和运用文化的能力。"[3] 尽

---

[1]［美］埃德加·沙因著，马红宇译：《组织文化与领导力》，中国人民大学出版社2011年版，第3页。

[2]同上，第2页。

[3]同上，第9页。

管文化是个边界模糊且至今没有达成共识的概念，但作为大学文化的研究者，笔者一直在倡导人们接受"大学本质上是文化积淀的产物，是负有选择、批判、传承和创造人类文化职能且具有强烈文化属性的组织，是优秀文化传承的重要载体和思想文化创新的重要源泉"①的观念，并在2015年发表的《大学文化发展与建设历程研究》一文中强调："考察我国大学改革开放30多年来的发展历程，呈现在我们面前的其实也是一段大学文化发展建设不断成熟和完善的历程，其充分反映了我国大学文化发展建设伴随着高等教育和大学的改革发展日益成熟继而又引领推动着高等教育和大学发展进步的历史。"②大学文化不仅附着在大学组织的表面，且植根于大学精神的深层，其之于大学的影响是无时不有、无所不在的。若大学及其领导者有意识以文化营造影响大学及其成员，那么大学文化就起了主观有益的治校作用。大学文化治校主要循对应"精神文化营造"的"价值确定"、对应"制度文化营造"的"制度安排"和对应"环境文化营造"的"环境建设"这三条路径发生作用。关于大学文化的研究，笔者曾得到如下的结论：文化绝不仅是大学组织构成及其活动的一般要素，其极大影响并统领着大学办学治校育人过程中的价值选择、思维模式、制度安排、行为建构、活动方式以及环境营造。③大学文化作为领导力要素，其参与大学治校的影响还具有"目的深层性""要求隐蔽性""过程渗透性""影响持久性"等特点。

7. 校长力

所谓校长力即包括大学党政领导班子所有成员在办学治校中表现出来的领导力（为行文方便以下依旧用校长概念代表大学党政班子领导成员）。习近平总书记在关于国家治理能力现代化的问题上多次强调："国以人兴、政以才治。""治国之要，首在用人。"国家如此，领导者之于组织治理的重要性亦然。大学组织属性及规律的特殊性及其内生的高度复杂性，决定了

---

① 眭依凡：《大学文化学理性问题的再思考》，载《清华大学教育研究》2015年第6期。
② 眭依凡：《大学文化发展与建设历程研究》，载《中国高教研究》2015年第10期。
③ 同①。

大学必须用更高标准的德才素质能力体系遴选大学领导者及管理者，并不断加强高素质大学领导队伍的建设，以提升大学领导者及管理者的领导力水平，尤其是一流大学建设更需要依靠一流德才品质和有治理能力的大学领导者去引领和建设一流大学。作为拥有最多世界一流大学的国家，美国建设一流大学的成功经验应当引起我们的重视，其中美国大学校长对一流大学建设功不可没。他们不同凡响的教育信仰、远见卓识、办学理念、治校能力及其超人的改革魄力或力挽狂澜，或革故鼎新，不仅为自己执掌的大学带来了生机活力，而且向陈腐的教育理念勇敢挑战，为整个美国大学的改革带来了新鲜空气。比如哈佛大学一位前校长指出："大学要在现代社会的多种挑战面前取得成功和进步，最关键的一环就在于校长能发挥有效的领导作用。"美国一项关于"大学领导研究"的结果亦表明：大学教师把学校的发展进步归功于校长的领导。所以美国大学一位新校长的上任往往意味着该大学一个新时代的开始。为了说明大学校长应该具有的胜任即领导特征，笔者运用归纳法和演绎法研究提出了图2-16和表2-12所示的"大学领导胜任特征分析框架"和"大学组织及其校长胜任素质的关系分析框架"，由于篇幅原因，详细的讨论待另文专述。根据大学的核心使命是人才培养这一独有性质以及中外大学成功办学的经验，大学校长作为领导者的素质可以集中在教育家、学者和道德楷模三个方面，其中首推教育家。关于教育家的特质，笔者在《一流大学校长必须是教育家》一文中做了如下概括：富有教育思想（独到的教育理念和系统教育理论）、强烈的教育使命和责任意识（对教育有一种执着的爱和忠诚等）、高超的治校能力即领导力（按大学发展的规律办学，按人才培养的规律治教，按科学管理的规律治校）。[①]

　　大学领导力提升是推进大学治理能力现代化的必由之路，在大学治理能力现代化进程中，大学及其领导者必须遵循大学作为学术生态组织和复杂系统的基本属性和独特规律开发和提升大学领导力，中国大学富有国际竞争力的未来寄希望于大学治理体系和治理能力现代化及大学领导力的提升。

---

　　① 眭依凡：《一流大学校长必须是教育家》，载《求是》2001年第20期。

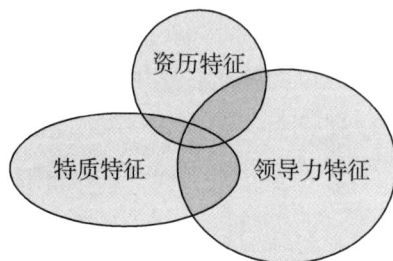

图2-16　大学领导胜任特征分析框架

表2-12　大学组织及其校长胜任素质的关系分析框架

大学属性	使命与责任	大学特征	校领导素质要求
人才培养机构	教书育人	大学是由富有思想自由、人格独立、批判精神的师生构成的学术共同体	校长必须受过高学历教育，是一个教育家，热爱学生，尊重教师，了解教育规律，为人师表
科学研究机构	知识创新	学科专业特征强烈，专业人才集中，智力劳动	校长是有学术成就的学者，具有强烈的科学精神，注重学术道德及理解学者的情怀，理解和掌握学科发展及学术研究的规律
文化传承系统	文化传承	文化影响无所不在	校长是文化领袖，是思想引领者，要儒雅，有感召力，要人格高尚
高度复杂组织	强调效率优先的竞争性	机构复杂，人员复杂，目标多样，矛盾交织	校长是领导权威，熟悉大学并有大学管理的经历，有高超的领导力，有成就感和组织驾驭能力，为好的协调者，并有强烈的效率意识

（本文发表于《中国高教研究》2021年第1期。原文有改动。）

第三章

人才培养模式改革创新

第一节　一流本科教育改革的重点与方向选择
——基于人才培养的视角

在以建设世界一流大学及一流学科为目的的"双一流"建设已经进入操作阶段，教育部发起的以加强本科教育、提升本科教育质量为目的"以本为本"教育理念全面落实的背景下，一流本科教育的问题毫无悬念地成为时下高等教育改革发展的热点。如果说"双一流"建设旨在缩小与世界高等教育强国在创新型人才培养及知识创新方面的差距，那么加强本科教育建设则旨在解决学术绩效主义影响下大学普遍存在的对本科教育忽视的问题。"双一流"建设已经成为高等教育的举国共识并已经进入实施轨道不必多议，后者还处在发动阶段，有必要通过理论讨论找到一流本科教育建设的重点和方向。

一、"一流本科教育"概念及其之于"双一流"大学建设的重要性

对"一流本科教育"概念加以厘清，这是不偏离主题的基础。首先可以确定本科教育是一个大学教育层级的概念，据相关资料对"本科教育"（undergraduate education）的界定：本科教育是高等教育中的中级层次教育；据联合国教科文组织《国际教育标准分类》的规定，本科教育属于第三级第二阶段的教育或总第六级教育，它与专科教育、研究生教育构成高等教育的三个层次，是高等教育的骨干力量。关于"本科教育"的这一界

定十分明确且无须更多讨论，而所谓"一流本科教育"无非就是在"本科教育"之前加上"一流"这一反映水平程度或质量要求的前缀，其"本科教育"的本质没有发生根本的改变。

关于"一流本科教育""一流本科"及"一流学科"的概念清晰后，三者间关系亦可分析如下：首先，"一流本科教育"是个完整的概念，而非"一流本科"，"一流本科教育"基础于"一流本科"，但逻辑上两者是上下位概念的关系，并非同一概念，"一流本科教育"是对有特别含义的"教育"的强调，由于"教育"概念具有很强的针对性或指向性，即特指"人才培养"活动，所以"一流本科教育"其内涵及意义更加具体，不仅是一个指向人才培养活动的概念，而且是针对一流人才培养或是以一流水平的本科教育培养人才的概念。其次，"一流本科教育"与"一流学科"不可割裂，但两者亦非等同的概念。"学科"概念相对复杂，其代表一个内涵丰富的知识领域，在西方学界"学科"不仅是知识体系的代名词，而且还有学术组织的含义，即人们对大学"是依据学科或以学科为基本单位而构建的旨在培养人才和知识创新的学术组织"，以及"学科的逻辑起点是对高深知识的探讨和研究"这一共识基本没有争议。[①]就词义解读而言，"一流本科教育"似乎是与"一流大学"或"一流学科"捆绑在一起的概念，然而"一流本科教育"并不仅是"双一流"大学的独属和专利。因为非一流大学同样可以努力于一流水平的本科教育并拥有高质量的本科教育，如果把高质量的本科教育与大学内涵式发展加以关联，上述结论则可以获得很好的解释和理解，因为一流本科教育建设本身就是大学内涵式发展的需要和目标，而落实和践行高等教育内涵式发展的使命是所有大学的责任，而非仅止于"双一流"大学。但"双一流"建设大学对一流本科教育应当予以更多的重视，因为缺失了一流本科教育的支持，"双一流"大学的建设既失之基础也失之意义，所以笔者主要讨论与"双一流"大学密切关联的"一流本科教育"问题。

---

① 眭依凡、李芳莹：《"学科"还是"领域"："双一流"建设背景下"一流学科"概念的理性解读》，载《高等教育研究》2018年第4期。

在关于"双一流"大学建设的理论研究中，我们已经确立了"一流学科是一流大学的基本要素"及"一流大学建设要以一流学科建设为着力点和突破口"，尤其是"一流学科是世界一流大学建设最为核心且最为紧要的基础，是支撑世界一流大学这座学术'大厦'的承重墙"这样一系列的认识理性。①事实亦然，凡一流大学尤其是世界一流大学无不是以"有所为、有所不为"的一流学科选择和建设以推进一流大学的发展进程和实现其目标的。然而，尽管笔者之前对一流大学作了"具有国际一流的学术实力、作出国际一流的知识贡献、获得国际一流的学术声誉"的定性，但笔者同时也给予世界一流大学如下的概念界定："拥有一些世界一流学科和一流专业，聚集了一群世界一流学者，吸引了一大群世界一流学生，以世界一流的大学办学治校育人理念和世界一流办学条件，构建了世界一流大学制度和世界一流大学文化，能够培养世界一流专业人才和研究创造世界一流水平新知识的大学。"②由此我们可以推断：尽管"学科水平是决定和影响一所大学之学术地位和学术声誉的关键所在"，但大学的本质属性是负有人才培养和知识创新双重使命的学术机构，人才培养和知识创新不仅是大学的基本职能，亦是衡量和评价学科水平的两个不可或缺的指标，对欲跻身一流大学的研究型大学更是如此。

以一流人才培养为目的的一流本科教育之于一流学科的重要性决定了其之于一流大学建设的重要性，这一重要性还可以从历史和现实两个维度加以确认。虽然现代大学以知识的传播和创造为目的，即以人才培养和学术研究为社会职能，但自中世纪早期欧洲大学肇始于哲学、医学、法律和神学四门学科知识的传播至今，专注于各级各类人才的培养始终是大学不离不弃的基本职能。放弃了人才培养，大学就不再是真正意义的大学，所以耶鲁大学的校长在新学期开学致辞时要对新生说："你们就是大学，你们

---

① 眭依凡、李芳莹：《"学科"还是"领域"："双一流"建设背景下"一流学科"概念的理性解读》，载《高等教育研究》2018年第4期。
② 眭依凡：《世界一流大学建设的六要素》，载《探索与争鸣》2016年第7期。

要做大学屋里的主人。"正由于耶鲁大学对本科教育的高度重视，其毕业生无不以母校为自豪，即便获得牛津大学、剑桥大学、哈佛大学等世界顶尖大学的博士学位，也仍说自己是耶鲁大学的毕业生。在知识及其创新决定胜负的时代，即便世界一流大学亦未敢忽视本科生的教育，而坚定地把本科教育视为立校之本及大学竞争力之根本。大凡世界一流大学尽管有诸多的原创性知识贡献，但它们引以为自豪的却是自己为国际社会培养了各行各界的领袖型人才，也正是它们培养了一批又一批改变了社会发展进程的卓杰人才而被社会所称颂，并被一代又一代学人所向往。

二、一流本科教育的问题何在？

笔者在《杰出人才培养：大学必须守持学术理性》一文中，对大学人才培养问题曾经做过"育人使命缺失，办学内在驱动力缺失，人才培养目标缺失，杰出教师的缺乏，优秀教材的缺失，自由创新文化缺失"[①]六个方面的归因分析。现在看来这六个方面的问题在我国大学仍然具有普遍性，"双一流"大学概莫能外。但相对而言，"育人使命守持不够""人才培养目标不高""培养方式落后""创新文化淡薄"恐怕是"双一流"建设大学更需要加以重视和亟待解决的问题，倘若无视或悬置这些问题，对一流本科教育建设及人才培养质量提高无疑是有害无益的，故有必要对上述问题再陈述及分析。

（一）缺乏对育人使命的守持理性

具有经典意义的大学自中世纪早期在欧洲创生始，大学的核心使命即人才培养，换言之，培养人才是大学的天职，大学天生就是为培养人才而创生并得以发展的社会组织。然而非常遗憾的是，自科学研究及社会服务等活动逐渐演进为大学的社会职能并成为社会评价大学的重要度衡之后，

---

① 眭依凡：《杰出人才培养：大学必须守持学术理性》，载《中国高教研究》2012年第12期。

大学出于学术竞争和物质利益的需要不再专一和单纯地致力于人才培养，大学办学目标及社会职能的多样性亦应运而生。继而随着高等教育层次的分化，尤其是研究生教育的出现及其快速发展，大学尤其是研究型大学的本科教育受到的冲击日益严峻，并且渐而成为研究型大学既首当其冲又习以为常的问题。在科学研究及研究生教育双重使命的挤压下，研究型大学对本科教育的忽视其实已经是一个在世界各国既有普遍性又由来已久的问题，对世界一流大学而言或许问题更突出。哈里·刘易斯（Harry Lewis）教授在哈佛大学专事本科生培养的哈佛学院任教30余年并任院长8年，在《没有灵魂的杰出》（*Excellence without A Soul*）一书中他严厉批评哈佛大学道："由于竞争，现在的哈佛大学只顾追求所谓的优秀，忘记了自己的一个基本使命，那就是对本科生的教育，教育这些年轻人如何担负起对社会的责任，从而也失去了灵魂。"①阅读该书时，我在加州大学伯克利分校的访学日记中写下如下一段话：大学什么事都可以不做，但绝不能不做培养学生的事，那样大学就不再是大学了；大学什么事都可以做，但唯独不能做在社会上司空见惯的庸俗化的事，那样大学也就不是大学了。

由于受诸如大学排名等导致的学术绩效主义影响，我国大学忽视本科教育的问题具有一定的普遍性，研究型大学过犹不及。正是此因，近20年来教育部对大学的本科教学工作予以了特别的重视。继1998年召开全国高等学校第一次教学工作会议后，2004年12月教育部在北京又组织召开了第二次全国普通高等学校本科教学工作会议，这次会议围绕"大力加强教学工作，切实提高教学质量"的主题，提出和讨论了有关加大教学投入、强化教学管理、深化教学改革、以更多的精力更大的财力进一步加强教学工作的政策和措施，并在此基础上研究制定了《关于进一步加强高等学校本科教学工作的若干意见》。2018年6月教育部再次召开了新时代全国高等学校本科教育工作会议，专门讨论本科教育工作。在这次会议上陈宝生同志

---

① 眭依凡：《理性地捍卫大学：高等教育理论的责任》，载《清华大学教育研究》2010年第1期。

代表教育部所作报告的主题就是建设具有中国特色的"世界水平的一流本科教育"。这次会议虽然仅从"理念滞后""投入不到位""评价标准和政策机制的导向"等三个方面提出了本科教育存在的问题，但是陈宝生同志关于"不抓本科教育的高校不是合格的高校""不重视本科教育的校长不是合格的校长""不参与本科教育的教授不是合格的教授"，以及"高校领导注意力要首先在本科聚焦，教师精力要首先在本科集中，学校资源要首先在本科配置，教学条件要首先在本科使用，教学方法和激励机制要首先在本科创新，核心竞争力和教学质量要首先在本科显现，发展战略和办学理念要首先在本科实践，核心价值体系要首先在本科确立"[①]的表述，足以说明我们的本科教育在坚持"以生为本"的育人使命方面还存在必须加以重视和改进的问题。从教育部痛下决心整顿本科教育已经受到社会的高度关注和大学的积极响应来看，我们的大学确实也到了需要认真反思本科教育问题的时候了。

（二）人才培养目标不高且缺乏操作性

大学的人才培养是一项涉及诸多要素且十分复杂的师生交流活动，为此笔者在早年竞聘上海交通大学主管教学副校长的演讲中提出，人才培养质量受制于由"培养目标""知识体系""培养模式""教学制度""大学文化"及"教师素质"等诸多要素构成的"人才培养体系"。由于"培养目标"是大学人才观在人才培养过程中的集中反映，是大学之人才培养的具体要求和规格标准，所以大学的人才培养工作既要以人才培养目标设计为起点，又要以人才培养目标是否得以实现为质量检验。所谓前者即大学之人才培养体系诸如知识体系安排、培养模式选择、教学制度设计及大学文化营造等均必须以培养目标提出的要求为依据，而所谓后者则强调明确的培养目标是人才培养质量得以确保的前提。一言以蔽之，培养目标是大学人才培养工作的出发点和归宿，人才培养质量首先取决于人才培养目标的

---

① 《新时代全国高等学校本科教育工作会议召开》，http://www.gov.cn/xinwen/2018−06/22/content_5300334.htm。

质量。由于育人是大学的核心使命，即大学之所有工作都是围绕着育人这一中心工作展开的，培养目标之重要因此不言而喻。基于对培养目标的这样一个基本认识，无论是旨在人才培养质量提高还是针对人才培养问题改善的大学教育改革均须对人才培养目标的科学性率先予以研究和诊断。

坦诚而言，尽管导致社会对大学人才培养质量之颇多批评的原因不少，但对大学之人才培养体系诸要素的考察不难发现，人才培养目标本身存在的如下问题是必须加以重视并解决的。其一，对人才培养目标之于人才培养的重要性认识不足。这是一个在我国大学具有普遍性的问题，很多大学似乎就没有关于人才培养目标之于人才培养及其质量具有引领性及其决定性这一理性认识。笔者从网上下载并研读了被称为"C9"的9所我国顶尖研究型大学近2—3年的《本科教学质量报告》，其中4所大学没有对培养目标进行专门表述，余者中虽然涉及人才培养目标，但从其对人才培养目标的表述，可以发现有些大学多少存在对人才培养目标的意义及其作用认识不足、重视不够的问题，甚至有大学在培养目标的标题下游离主题而言其他。其二，培养目标一般化，缺乏挑战性及高标准。在专门涉及了培养目标的5所"C9"大学的本科教学质量报告中，尽管有的大学明确了培养"创新人才"或"卓杰人才"的目标，但仅有一所大学强调培养能够"引领未来发展的拔尖创新人才"，这与我们旨在跻身于甚至挑战的世界一流大学之"改变世界的人""非同凡响的人"的培养目标有着明显的差距。"C9"人才培养目标若没有挑战性，其他大学则可想而知。举目世界，一流大学无不是以培养各行各业领袖精英为己任的大学，我们若甘于输在具有激发学生志趣和引领人才培养体系构建的培养目标设计上，那么我们就很难避免在具有国际比较优势的卓杰人才培养上也输掉的结局。其三，培养目标不明确，缺乏可操作性。整体而言，我们大学的人才培养目标缺乏根据社会对人才素质要求而提出的，对学生人格素质及知识、能力结构整体发展加以综合考虑的有利于人才培养体系设计的具体标准，必须承认或许正是人才培养目标的空洞及其不可操作导致了我们不少大学对人才培养目标的不重视。比如仅有"创新人才培养"这一笼统的目标概念，没有对创新人才人格素质、知识及能力结构的分解，之后的知识体系及培养模式、教学制度及大学文化的设计、选择、安排及营造就失去了依据。在一流本科教育的建设中，大学必须具有从一流人才培养目标率先抓起的敏感性，针对人才培养目标存在的问题，尤其是落后社会发展需要及世界一流大学的问题，创新人才培养目标体系使之既有挑战性、新高度，又有可操作价值。

（三）培养模式单一落后

如果说知识体系抑或课程体系主要决定学生的知识结构，那么培养模式亦即培养方式则主要对学生的能力结构具有决定性作用。由于受过于重视知识积累之传统文化的影响，我们大学的培养模式一直比较单一，长期停留在"课堂教学""教材教学""教师教学""群体教学"的阶段，所做的最大改变无不是从板书教学"进化"为多媒体技术的运用尤其是PPT教学。大学是最需要把人文社会科学及现代科学技术最新及最高水平的发展成果纳入人才培养体系以培养能够占据高新知识制高点的专业人才尤其是创新型人才之学术敏感性的且以人才培养为核心使命的学术组织，其人才培养模式单一本身即意味着落后，因为单一的培养模式不仅不能解决高层次人才培养模式的多样性及有效性问题，而且极大掣肘了与时俱进满足时代发展对培养新型人才尤其创新人才培养的需要。如笔者在《培养目标达成：关于大学教学原则重构的思考》一文中所指出，"在信息化时代，虽然学生的知识积累及能力发展，即获得学业进步的途径多样化，但大学的课堂教学是不可或缺的主要途径，课堂教学的重要性由此决定"，但是"由于大学的教学过程绝不止于知识的传授，还有人际情感的交流、科学态度的养成、思维方式的影响、学术文化的熏陶、专业兴趣的培养、问题敏感性及破解难题意识的形成、师生品性的展示等等诸多影响的附加"[1]。为了满足学生多样性发展及创新能力培养的

---

[1] 眭依凡：《培养目标达成：关于大学教学原则重构的思考》，载《西北工业大学学报（社会科学版）》2019年第1期。

需要，大学的人才培养模式就不能仅是单一的"课堂教学"，即便是"课堂教学"也不是单一的"教材教学""群体教学"及"教师教学"。

其实，缺失了教学模式的多样性亦即培养模式的多样性，尤其是缺失了科学研究、社会实践等培养模式的积极参与，学生之创新能力和动手解决问题能力的培养及提高几乎不可能。如剑桥大学三一学院的卡文迪许实验室之所以能一代接一代地培养出如此之多的诺贝尔奖得主，绝非满足于纸上谈兵课堂及理论教学的结果，而完全得益于实验室主任麦克斯韦教授多年来在人才培养过程中十分重视动手解决问题能力的培养并形成该实验室的人才培养之文化传统。卡文迪许实验室不仅为学生系统讲授物理学理论，同时还开设很多自制实验课程。麦克斯韦认为实验的教育价值与仪器的复杂性成反比，他认为鼓励学生用自制仪器进行实验，不仅有利于学生在不断修正失败的结果中更好地掌握实验仪器及实验过程，而且这种动手解决问题的实践本身就有利于学到更多的东西。与卡文迪许实验室注重自制仪器进行人才培养一样，麻省理工学院倡导"动手动脑"的人才培养模式亦成为该校培养人才的优良传统。在这样一种重在通过动手能力训练之培养模式的影响下，麻省理工学院的学生绝不会满足于一篇论文的发表，而更热衷于在动手解决问题的过程中发明发现一些属于自己的创新成果。

（四）创新文化氛围淡薄

大学是组织生态独特的学术组织，根据组织生态理论"几乎所有的集体行为都发生在组织的背景下"[1]的学术观点，大学的人才培养活动并非孤立的活动，亦是在特定的学术文化生态环境下发生的现象，所以创新文化氛围不浓是大学一流本科教育建设绝不能忽视的问题。何谓创新文化？即"一切创新活动及其活动方式和活动氛围的总和，是一种激发创新意识、

---

① ［美］迈克尔·T.汉南、约翰·弗里曼著，彭璧玉、李熙译：《组织生态学》，科学出版社2015年版，第3页。

崇尚创新精神、鼓励创新活动、促进创新发展的文化生态"①。在题为《创新文化：决定大学兴衰的文化之魂》一文中，笔者把创新文化要素提炼为"创新的价值追求""创新的思维方式""创新的传统风气""创新的心理氛围""创新的制度保证"等，其作用在于"倡导和弘扬敢于独创、敢为人先、敢于竞争、敢担风险的科学进取精神，营造和形成尊重知识、尊重人才，鼓励人才干事业、支持人才干成事业、帮助人才干好事业的社会环境"②。对照上述创新文化的要素及其作用，我们大学的创新文化是否到了需要振臂喊醒的时候了？这绝非危言耸听，而作为国家竞争实力重要组成的大学事实上确实需要有居安思危的警醒意识，尤其是在高新知识和科学技术之于国家兴衰成败已具有决定性的世界竞争日益激烈的时代。

在改革开放的初期和中期亦即高等教育尚处在精英教育的阶段，大学本科生就已经成为我国科学研究的生力军，并在促进科学技术发展的进程中发挥着积极的作用。曾几何时，随着高等教育规模尤其是研究生教育规模的日益扩大，本科生逐渐退出科学研究的舞台并被视为仅仅是来接受基础知识而不具有科学研究能力的群体，在人才培养过程中连接受科学研究训练的机会都日渐减少，更休言参与知识创新的科学研究活动了。在大学这样一种对待本科生的态度及忽视本科生科学研究训练的培养模式转变中，鼓励本科生积极于科学研究和知识创新的文化亦随之衰微。其实，在本科生、硕士生、博士生这样一条彼此高度关联的人才培养生态链中，忽视本科生科研创新能力的培养之于其后续的研究生培养是一种潜在的伤害。或许这就是陈宝生同志在新时代全国高等学校本科教育工作会议上强调"本科教育是研究生教育的重要基础。没有优秀的本科毕业生，研究生教育就没有高质量的毛坯和种子，就成了无源之水、无本之木，就无法培养出优秀的高层次人才""本科生培养质量直接影响到我国高层次人才培

---

① 眭依凡：《创新文化：决定大学兴衰的文化之魂》，载《中国高等教育》2007年第7期。

② 同上。

养质量的高低"的意义所在。耶鲁大学前校长理查德·雷文曾经总结耶鲁大学最大的特色就在于：帮助学生学会严肃认真地对待各种思想观念，学会如何思考和分析。他说耶鲁大学教授的使命是与学生一起接近和探索真理，不只是教学生思考什么，而是教学生如何思考。如果大学缺失了鼓励师生共同参与科学研究的创新文化组织生态，学生积极参与科学研究及教师主动带领学生共同进行科学研究的集体行为就不可能发生，大学知识创新的价值就会由于培养具有知识创新能力的后继者的缺位而锐减。

三、关于一流本科教育改革的重点和方向的讨论

"突出人才培养的核心地位"及"培养拔尖创新人才"[①]这是国务院在《统筹推进世界一流大学和一流学科建设总体方案》中提出的特别要求。习近平总书记在2016年12月召开的全国高校思想政治工作会议上也强调："只有培养出一流人才的高校，才能够成为世界一流大学。办好我国高校，办出世界一流大学，必须牢牢抓住全面提高人才培养能力这个核心点，并以此来带动高校其他工作。一流大学应立足新时代对卓越人才的需求，深化人才培养改革，提高人才培养能力。"[②]如果说本科教育的核心使命在于人才培养，那么一流本科教育的核心使命则在于拔尖创新人才的培养。拔尖创新人才培养不仅是建设创新型国家发展战略的需要，亦是检验"双一流"建设目标达成与否的重要指标。笔者针对一流本科教育存在的问题及其拔尖创新人才培养讨论一流本科教育改革的重点和方向。

（一）立德树人：回归人才培养使命的坚守

就大学组织的本质属性而言，人才培养是大学存在和发展的首要理由，是大学区别于其他社会组织的不变特征量即属性特征。由于人才培养是大学

---

① 《国务院关于印发统筹推进世界一流大学和一流学科建设总体方案的通知》，http:// www.moe. gov.cn/jyb_xxgk/moe_1777/moe_1778/201511/t20151105_217823.html。

② 习近平：《把思想政治工作贯穿教育教学全过程》，http://www.xinhuanet.com/politics/ 2016-12/08/c_1120082577.htm。

一切工作的出发点和立足点，因此大学的组织架构、制度体系、学科建设、文化营造等都是围绕如何高质量实施和完成人才培养这一根本任务的设计安排，脱离了人才培养，大学就不再是真正意义的大学。如前所述，举目世界一流大学无不以拔尖创新人才培养为其立身之本并以此享誉世界。所以一流本科教育必须以此为借鉴，在回归"立德树人"使命坚守的前提下，围绕拔尖创新人才培养这一根本任务选择改革重点和发展方向。

所谓"立德树人"，笔者认为其"不仅是坚持中国特色社会主义办学方向对培养什么人做出的选择，亦是大学对育人为本之使命的坚守"①。关于"立德树人"，笔者还有如下的理解："立德树人"是大学立身之本，是大学人才培养之职能所在；"立德树人"是大学办学治校的方向所在，"立德为先"是大学育人的价值之要；"立德树人"亦是基于为社会作出更大贡献对大学人才培养提出的高标准、高质量、高要求；"立德树人"既是大学人才培养之不可或缺的文化营造，亦是大学引领社会的文化之责。②由此可以说明，"立德树人"不仅是由中国社会主义特色所决定的，也是大学自创生以来旨在人才培养的核心使命的内在规定性所决定的。所以在一流本科教育建设中，我们不仅要以"立德树人"作为大学办学治校之方向引领，致力于培养社会主义的建设者、接班人，还必须以"立德树人"为思想认识引领回归人才培养使命的坚守。国际社会包括世界一流大学亦循此原则办学治校。如哈佛大学前校长萨默斯为坚持"学生培养高于一切"的治校理念而不惜得罪传统势力强大的哈佛大学教授的世家利益，他说："哈佛大学的伟大始终来自当世界和自身需要发生变化时的进化能力——以全新和创新的方法教育一代代的学生，并从每个成功的学生身上获得能量。"正是守持这样的治校理念，其担任校长的5年间取得的最大治校政绩即"积极重建本科生教育"，他因此也备受学生的喜爱和尊敬。哈佛大学的另一位前校长德雷

---

① 李芳莹、眭依凡：《"互联网+"时代大学如何守持育人使命》，载《清华大学教育研究》2018年第2期。
② 同上。

克·博克在《回归大学之道》中这样写道：除本科教育需要确立务实的目标外，"以学生发展为导向的本科教育需要依靠大学自身（特别是大学领导人）使命感的推动"[①]。博克所说的使命感即人才培养的使命坚守。毫无疑问，正是在坚定不移的育人使命感的驱使下，哈佛大学自埃利奥特校长后的历任校长无不把加强本科教育和提高本科教育质量视为办学之重中之重加以治校之顶层设计。此即哈佛大学在卓杰人才培养方面卓尔不群于世界的原因所在。

改革开放的40多年来，我们大学为推进国家的科技进步、经济繁荣发展作出了其他因素无以替代的巨大贡献，但是坦诚而言我们大学一度也出现过办学重心偏离诸如热衷于新校区建设、本科教学评估、为提升大学排名而办学的问题。一些大学尤其是研究型大学对本科教育的忽视，当然在一定程度上源于研究型大学既有人才培养的使命，又有知识创新责任带来的客观性，而知识创新的使命要求大学以效率优先为首要原则，加强具有排他性的竞争在研究型大学表现得尤其强烈；然而问题的出现更应该从不少研究型大学为了急功近利的学术绩效提升的需要而忽视甚至放弃了对本科生育人使命坚守的主观性找原因。所以笔者十分赞同陈宝生同志在新时代全国高等学校本科教育工作会议上关于"要回归大学的本质职能，把培养人作为根本任务""一定要把本科教育放在人才培养的核心地位，一定要把本科教育放在教育教学的基础地位，一定要把本科教育放在新时代教育发展的前沿地位"的强调。

（二）培养拔尖创新型人才：创新人才培养目标

培养目标在整个人才培养体系中具有统领性，因此提升一流本科教育质量必须从创新人才培养目标入手，唯有如此才能根本改变培养目标定位过低、培养目标同质化现象严重以及培养目标模糊等带来的人才培养体系诸要素质量不高且操作性不强的一系列问题。在《培养目标：人才培养模

[①]［美］德雷克·博克著，侯定凯、梁爽、陈琼琼译：《回归大学之道》，华东师范大学出版社2008年版，第5页。

式改革的价值引领》一文中，笔者基于使人才培养目标更具操作性的考虑，把培养目标分解为素质、知识、能力三维共12个二级指标，如表3-1所示。但这仅是基于一般大学的具有普适性的人才培养目标设计，一流本科教育的人才培养目标设计应该更富有个性特色和更高要求。一流本科教育的最重要标志是一流人才培养，缺失了一流人才培养目标，一流人才培养则失之方向引领和依据支撑。

表3-1 人才培养目标基本要素

一级指标		二级指标
素质	1	健康的身心素质
	2	爱国情操、社会责任感及职业道德
	3	国际视野及文化包容和合作精神
知识	4	扎实的专业理论基础
	5	广博的尤其是与专业相关学科的知识
	6	本领域开阔的理论视野及前沿发展
能力	7	应用专业理论解决实际问题的能力
	8	计算能力与实际应用能力
	9	语言能力和交际能力
	10	创新能力
	11	独立工作能力和管理能力
	12	不断学习的能力

较之世界一流大学，我国一流大学及一流本科教育应该学习借鉴的是它们无不以培养各行各业卓杰领导者为己任，如哈佛大学"培养社会各领域的领袖人才"、巴黎高师"培养改变世界的人"、麻省理工学院"为社会培养工程技术领域的领导人才"等。在卓杰人才培养、创新人才培养目标的问题上，以开环大学替代闭环大学为特征的《斯坦福大学2025计划》对我们一流本科教育尤其具有启发意义。该教改计划之于传统人才培养模式最具颠覆性的是其提出了旨在强调学生个性发展的"自定节奏的教育"、体现能力优先教育理念的"轴翻转"及"有使命的学习"三大改革措施。对

斯坦福大学这三大教改措施加以分析不难发现，其无非就是在人才培养目标创新价值引领下的一项对人才培养模式进行整体改革的顶层设计。尤其是"有使命的学习"具有更强烈的培养各行各业领袖型人才的针对性，其不仅要求大学生树立远大目标奋发向上，而且要求大学为大学生创造有利于他们形成社会担当意识并把他们培养成既有领导力又有行动力之专业领袖的学习和实践环境。可以说斯坦福大学这项紧紧围绕人才培养目标创新的人才培养模式改革之于我国的一流本科教育极具启示价值。

大学曾经是精英教育的机构，随着高等教育从精英教育向大众教育、普及教育的过渡，大学之精英教育机构的地位和作用亦成为过去并逐渐接近于大众化。然而这并不意味着社会失去了对精英教育的需要，因为面向更多人的大众高等教育和高等教育普及化并不是也不能取代精英教育。我国正处在高等教育大众化向高等教育普及化过渡的阶段，所以对于一流大学及一流本科教育而言，精英教育依旧是其使命所在。因此，在人才培养目标设计创新上，我们既要强调大学人才培养应有的共性，更要强调富有大学个性特色、旨在培养领袖型人才的精英教育目标。世界一流大学无不认为只有具备了专业领导才能的人，才能为人类社会的文明进步作出积极的贡献。我们的一流本科教育亦应该确立这样的人才培养理念。此外，世界一流大学十分注重根据时代发展需要和大学自身特点对人才培养目标加以与时俱进的调研和调整，从而保证人才培养目标既有时代性，又能满足大学个性发展的需要。

（三）能力发展优先：创新培养模式

在"互联网+教育"及"人工智能+教育"的时代，知识获取及知识积累的渠道和方式的多样化及便捷性彻底改变了大学先知识积累后能力发展的传统人才培养模式。如斯坦福大学在其"开环大学"计划中就提出了"能力优先于知识"的所谓"轴翻转"人才培养模式（见表3-2）。为了将能力优先的人才培养理念转变为具有操作性的人才培养模式，斯坦福大学甚至在教学组织及教学制度方面进行了诸如"改变传统大学按照知识来划分不同院系归属的方法，按照学生的不同能力进行划分重新建构院系"①
这一不惜"伤筋动骨"的改革选择。由此可见，在世界一流大学的治校理
念中培养模式之于人才培养是何等的重要。关于教学及培养方法的重要
性，耶鲁大学前校长雷文表明过如下观点：教学方法的问题是制约学生创
新能力发展的主要原因，因为不同的教学方法取得的效果是大不一样的。
对此，教育部主管高等教育的前副部长韦钰院士在接受一个访谈时亦发表
过一段富有远见的看法："未来人工智能和机器人依据海量的知识储存和快
速的算法，将会取代人类的许多工作"，我们的教育"到底是要培养什么样
的人，这将是教育面临的最核心的问题，我们已经无法单纯地沿袭旧有的
分科教学模式"。她认为，如果我们的教育依然按原有的方式对学生进行
填鸭式的知识教学，不鼓励学生去探索、去体验、去自信地解决遇到的问
题，那么他们未来连工作都可能找不到。所以现在学校教育着重要做的是
培养学生综合解决问题的能力。

表3-2　"轴翻转"前后比较

"轴翻转"之前	"轴翻转"之后
知识第一，能力第二	能力第一，知识第二
本科教育围绕学术主题展开	技能成为本科学习的基础
按照知识的不同来划分院系	按照学生不同能力划分院系，并由院长牵头
成绩与简历反映能力	技能展现能力与潜力

资料来源：佚名：《斯坦福大学发布2025计划，创立"开环大学"，彻底颠覆传统
高等教育！》，http://www.sohu.com/a/85980366_372406，访问日期：2018年2月6日。

　　笔者在人才培养问题上一直坚持这样的学术立场：大学生的知识结构
取决于课程体系设计及其内容选择，大学生的能力结构则主要取决于培养
模式。由于时代变迁对大学提出了能力培养较之知识传授更迫切、更重要

---

① 项璐、眭依凡：《培养目标：人才培养模式改革的价值引领——基于斯坦福大学
"开环大学"计划的启示》，载《现代大学教育》2018年第4期。

的人才培养要求，所以我们的本科教育尤其是一流本科教育必须强化如下的教学理性，即在"互联网+教育"及"人工智能+教育"的时代，必须积极应对现实和未来世界的变化和需要，通过创新培养模式改进教学方法以提高大学生的知识创新能力、动手解决问题能力、不断自我学习和发展能力。世界一流大学为满足于一流人才培养的要求，在不断挑战传统人才培养模式的基础上创造了许多个性特色鲜明的人才培养模式，如哈佛大学以"核心课程与通识教育为特色，注重学生个性发展与文化素质提升"的全面发展模式，剑桥大学以"模块课程和研讨教学为特色，注重质疑精神和理性思维培养"的自主探究模式，斯坦福大学以"校企合作和实践应用为特色，强调创造力培养和学以致用"的实践提升模式等等。①美国研究型大学之所以能成为世界各国青年求学深造最为向往的地方，绝非缘于其研究型大学的悠久历史，而关键在于其人才培养的高质量，尤其是其能够持续不断地批量化培养创新型人才。究其根因，其有利于创新型人才成长发展并脱颖而出的培养模式功不可没。比如他们对本科生创业能力训练的重视，对旨在加强师生思想交流以强化本科生个性发展、质疑批判精神培养、解决问题思维方法及其能力训练的小班化研讨式教学的重视、对本科生在教师指导下积极参与科学研究的重视等，如此这些教学方法不仅成为美国研究型大学确保本科教育质量的基本手段，更是他们培养创新型人才的法宝。有关研究资料表明，在美国"越是重视本科教育的大学越强调小班教学的重要性，在芝加哥大学和哥伦比亚大学的核心课程中，小班教学的比例甚至达到了70%"②。为此，斯坦福大学著名物理学家张首晟在谈及中美两国大学人才培养模式的不同时特别举例道："斯坦福大学认为教学

---

① 董泽芳、王晓辉：《国外一流大学人才培养模式的共同特点及启示——基于对国外八所一流大学培养杰出人才的经验分析》，载《国家教育行政学院学报》2014年第4期。

② 秦春华：《美国顶尖大学为什么特别重视本科教育》，http://view.inews.qq.com/a/20180608A079Y500。

需要创新，但如何创新首先必须听学生的意见。名牌大学绝不能像一般大学一样几百人聚在一起上大课，因此你就必须限定每个班不能超过18名学生，并安排诺贝尔奖得主等大师给本科生教学。"

如前所述，伴随着高等教育的大众化，我国大学的本科生早已淡出了科学研究的活动，甚至连参与系统的科学研究训练也鲜有机会，然而早已实现高等教育普及化的美国研究型大学却把鼓励本科生积极参与科学研究写进了教学制度，并专门设立了为本科生参与科学研究提供服务的管理机构。2006年我在美国加州大学伯克利分校做访学研究期间，应约赴斯坦福大学与该校前校长杰拉德·卡斯帕尔（Gerhard Casper）会谈，访谈结束后卡斯帕尔校长送了一份该校当日校报《斯坦福报告》（*Stanford Report*）给我，该报第二版头条题为《40名学生毕业离校前获得燧石奖章和罗伯特金奖章》的新闻立即吸引了我。所谓燧石奖章是斯坦福大学专门颁发给在工程和社会、物理和自然科学研究项目取得杰出成果的本科毕业生奖项，而罗伯特金奖章则是为本科毕业生杰出的人文科学成果和创造性美术作品设置的荣誉，这两个奖项都在本科生毕业前夕评选发放。为优秀毕业生建立奖励制度并不奇怪，但美国研究型大学把为本科生开设旨在鼓励本科生积极进行具有创造性价值的科学研究奖项视为一种开发本科生科学研究潜能的人才培养模式并纳入人才培养体系，这一培养模式的创新值得我们思考和学习，更何况他们在教学制度的设计上保证了本科生科研选题及其成果均有较高的学术水平和社会价值。这里不妨把当年斯坦福大学获燧石奖章的本科生及其项目实录如下：马子高·E.阿达奇（Maiko E. Adachi）的《芝加哥中产阶层与邻里关系的变迁》（*Gentrification & Neighborhood Change in Chicago*）（都市研究主题，社会学老师指导）、约翰·亚当斯（John Admas）的《动植物种类史的相互变化分析》（*Phylogenetic Bias in Correlated Mutation Analysis*）（生物科学主题，生物科学和分子药理学教师指导）、道格拉斯·艾伦（Douglass Allen）的《加州氢基础设施发展的路径分析》（*Developing a Hydrogen Infrastructure in California：A Pathway*

Analysis)（环境科学与政策研究中心主题，管理科学和工程、经济学老师指导）、伊丽莎白·阿尔马西（Elizabeth Almasi）的《针对消费者的医师处方药广告与处方药价格的关系研究》（*The Relationship Between Direct-to-Consumer Prescription Drug Advertising and Prescription Rates*）（经济学主题，经济学与医学老师指导）、迈克尔·伯恩斯坦（Michael Bernstein）的《工作姿态：一种基于任务指向的窗口管理的动力支持》（*Taskpose：A Dynamic Task-Based Window Management Aid*）（符号系统主题，植物生物学和计算机科学教师指导）、艾莉森·布鲁克斯（Alison Brooks）的《分子机制决定S啤酒色氨酸生物合成突变异种过程中科学数据系统的敏感性》（*Molecular Mechanisms Determining SDS Sensitivity in Tryptophan Biosynthesis Mutants of S.cerevisiae*）（生物学主题，生物学教师指导）、陈艾娃（Eva Chen）的《通过小说学习：发展儿童的想象力》（*Learning Through Storybooks：Development of Ideal Affect in Children*）（心理学主题，心理学教师指导）、乔纳森·周（Jonathan Chou）的《巨轴索神经病观察：Gigaxoning与SCG10的一种新相互作用参与轴突动力学中的微管突变因子的表征》（*Insight into Giant Axonal Neuropathy：Characterizing a New Interaction Between Gigaxoning and SCG10，a Microtubule-Catastrophe Factor Involved in Axonal Dynamics*）（生物科学主题，神经病学和神经科学教师指导）。坦诚而言，上述选题的难度及成果价值并不亚于甚至远超出了我们研究生仅出于获得学位的目的而完成的学位论文的水平。

鉴于世界一流大学在拔尖创新型人才培养方面确实积累了不少值得我国研究型大学学习借鉴的成功经验，我们的一流本科教育在人才培养模式创新上亦可以通过加强科学研究、科学实验及社会实践、小班化及个性化教学、创业训练，以及基于问题发现、讨论、解决及项目研究、能力发展的教学等一系列富有参与性、启发性、发展性的探究式、启发式、合作式与实践式等多样化教学方式，为本科生创造有利于调动他们学习积极性、自主性和激发批判性、创造性的宽松自由的学习环境，把本科生从传统培养模式的教师中心、教材中心、知识中心、课堂中心的被动学习状态中解放出来，从而促进本科生独立思考能力、获取并处理信息能力、分析判断能力、质疑批评能力、解决问题能力、创新创造能力的提高。

大学之所以经千年之久而不衰，根本得益于其对人才培养这一核心使命的坚守。同理，世界一流大学之所以对全球极具发展潜能的学术青年充满吸引力，就在于其为国际社会持续培养和输送了一代又一代为人类社会进步作出积极贡献的拔尖创新型人才。正如剑桥大学第344位副校长阿里森·理查德所说："剑桥大学之所以能成为世界一流大学，主要是因为其培养了无数的世界一流的学生。"[1]麻省理工学院之所以能够在战后很短的时间内迅速建成为世界一流大学，亦在于其为世界工程技术发展和经济社会发展培养了众多的领袖人才。所以我国的一流本科教育也必须在以拔尖创新型人才培养为坚定不移的价值引领下创新人才培养目标和人才培养模式，这就是一流本科教育改革发展的重点和方向所在。当然，大学创新文化的营造及一流教师队伍建设之于一流本科教育之拔尖创新型人才培养亦是不可或缺的要素，但限于本文篇幅的要求将另文专门讨论。

（本文发表于《现代教育管理》2019年第6期。原文有改动。）

---

① 刘永章：《剑桥大学学生培养与服务的经验及启示》，载《国家教育行政学院学报》2005年第9期。

第二节　培养目标达成：关于大学教学原则重构的思考

教育尤其是学校教育可以分为两类：一是良好的教育，二是不良的教育。两种教育其效果截然相反。换言之，教育是把双刃剑，其一面是造就人、塑造人格、发展才智的天使，另一面则可能是摧毁人性、扭曲心灵、扼杀智慧的恶魔。大学教育亦然。所以俄国著名作家契诃夫在其《笔记》中说："大学能培养一切能力，包括愚蠢。"但是作为一名大学理想主义者，笔者一直倡导并坚持"学校教育是人类历史上最伟大的发明""学校教育是一项以改善、提高、发展人的素质为旨要的伟大事业"[①]这一学术观点，由此可以得出结论：学校是一项绝不能出现"次品"的人的"生产"的社会活动。英国有位哲学家曾这样告诫教师："教育上的错误比别的错误更不能轻犯，教育上的错误如同配错了药一样，绝不能借第二次、第三次去补救，它们的影响是终生洗刷不掉的。"而台湾作家张晓风对学校教育的得与失亦有形象比喻："教学改革之可怕有如女人整形，整坏了连一张本来勉强可看的脸也没了。"

一、问题的提出

学校教育之重要决定了以实施教育为己任的教师极其重要。所以古人

---

① 眭依凡：《当代教育社会职能之我见》，载《江西教育科研》1989年第6期。

云："致天下之治者在人才，成天下之才者在教化，职教化者在师儒。"又云："国将兴，必贵师而重傅。"正是教师之于学校教育的得与失及成与败具有决定性作用，具体言之，即每个教师其言其行都可能对自己的学生造成终身的甚至是不可逆的影响，故教师必须具备优良的德才素质以根本避免不良教育在学校的发生，大学亦然！由于人才培养是大学的核心使命，而教学工作是大学人才培养过程中其他不能替代的基本途径，教学之于人才培养的重要性决定了担任教学工作的教师在人才培养活动中的重要性。正是基于此逻辑，法国著名教育社会学家涂尔干断言："教育的成功取决于教师，教育的不成功也归咎于教师。"由此可以进一步推断：好教师与好学校一样不可或缺。

大学老师从事的是通过与学生密切的思想和知识交流的教学活动从而被大学生认可或被否定的极富挑战的职业，由于大学教学绝非简单的知识传授的过程，而是涉及诸多教学要素共同参与且彼此交互影响的高度复杂的人际交往活动，如果教师不能富有成效地满足学生求学探知的需要即胜任教学，颇具质疑批判精神的学生则可能采取两种选择：不来甚至不再听你的课或来了也不听你的课。如同失去了学生的大学则不再是真正意义的大学一样，失去了听课学生的教师则不可能是称职或胜任的教师。

在信息化时代，虽然学生的知识积累及能力发展即获得学业进步的途径多样化，但大学的课堂教学是不可或缺的主要途径，课堂教学的重要性由此决定。由于大学的教学过程绝不止于知识的传授，还有人际情感的交流、科学态度的养成、思维方式的影响、学术文化的熏陶、专业兴趣的培养、问题敏感性及破解难题意识的形成、师生品性的展示等诸多影响的附加，由此可以推断，大学的教学活动之于大学生身心发展而言，其受到的影响并非单一的，而具有整体性。一个优秀教师的教学甚至一堂课的作用或许就改变了一个学生的人生。事实亦然。譬如笔者在早期关于科学家教育思想的研究中就发现，不少科学家就是在学校受到名师教学的启蒙和激发产生了影响其一生的学科兴趣，并对该学科有了经久不衰的热爱，进而成就了自己一生的事业。

以上讨论足以说明教学的意义及其作用之大。然而，大学的人才培养是既复杂又极富个性化的人际交往过程，其活动主体教学没有唯一的成功定式。民国时期的北京大学和清华大学其大师讲课的方式虽"千奇百怪"，但无不受学生的欢迎和喜爱。综合有关资料记载：辜鸿铭上课时要对学生约法三章，他进教室学生须起立，下课后他先离开学生方能离开；要求学生背诵课文，授课时若背不出要一直站到下课；讲到得意处，他还会忽然唱段小曲，或者从长袍里掏出几颗花生糖果大嚼。梁启超给清华学生上课，讲到紧要处便成为表演，手舞足蹈，情不自已，或掩面，或顿足，或狂笑，或叹息，讲到欢乐处则大笑而声震屋梁，而悲伤处则痛哭，涕泗滂沱，学生说听他的课是种享受。陈寅恪上课常常喜欢闭着眼睛，一只手放在膝头，另一只手放在椅背上，说到精彩处自个发出笑声。刘文典是个学广才高、倚才自傲的狷介狂生，自诩为全世界两个半《庄子》研究权威中的半个，他讲魏文帝曹丕的《典论·论文》，虽旁征博引，但一小时只讲了一句；他教《昭明文选》，一学期才讲了半篇内容玄虚的《海赋》。沈从文第一次上讲台竟一句话都说不出口，10分钟后才开始念稿子，一个小时的课程内容10分钟念完，然后望着大家无话，最后在黑板写道：今天第一次登台，人很多，我害怕了。闻一多喜欢把早晨的课调到黄昏上，说这样有气氛，他讲课好像说书，有声有色，比手画脚，眉飞色舞，讲到得意处声音愈来愈高，语速也愈来愈快。一阵热烈激昂的演讲之后，他会压低嗓音、两手一摊说："大师讲学就是这样。"黄侃是章太炎的弟子，学问渊博，为文古奥，然性情怪僻，教学方法亦有问题，因其湖北口音学生听不懂，故他从不布置作业，甚至还不肯批阅试卷，据说教务处急催时，则写一字条"每人80分"上交了事。金岳霖的课亦很有个性，有次被沈从文请去讲《小说与哲学》，大家颇为期待，不料他讲了半天，最后的结论却是：小说和哲学没有关系。北大的文字学由新派钱玄同和老派黄侃分别执教，听钱玄同讲课的学生不时会听到对面教室同时在讲课的黄侃大骂钱玄同，钱先生闻之并不在乎，照样讲自己的课。

大师的课堂教学虽然风格迥异，但均不失吸引学生的魅力及让学生从中受益的实效，其奥秘在于他们的教学均重视并遵循了教学的基本规律及恪守了必要纲领，而后者即教学原则。由此足见教学原则的重要性。遗憾的是，现在的有些大学教师似乎已经不在乎教学原则了，其后果是大学的教学活动的魅力似乎渐渐呈衰微之势，此即思考和讨论大学教学原则问题之必要性。笔者提出并讨论三个问题：大学教学原则为什么重要？培养目标及其达成与教学原则的关系何在？基于人才培养目标达成的教学原则重构应遵循哪些原则？

二、大学教学原则为什么重要？

大学专业教育的属性及教育对象是身心发展到一定成熟阶段且具有相对独立自主诉求及较强思辨判断能力的大学生这一事实，使大学的教学活动具有了多样性，并由此导致人们对从大量大学教学实践中提炼出来的有较强一致性要求的教学理论包括教学原则有所忽视。然而，大学的核心使命即大学存在和发展的首要理由就是人才培养，而教学活动是人才培养最不可或缺的途径，由此决定了教学活动是大学最为重要也是最为频繁的一种活动，是大学通过教师对学生发生影响从而达成人才培养目标的基本手段。教学的重要性由此凸显，而教学原则不仅是教学规律的反映，更是旨在人才培养目标达成的指导教学活动富有效率进行的理论基础。

（一）大学教学原则之重要的学理性分析

早期人们把大学的社会职能归纳为"教学、科研及社会服务"，现在多称为"人才培养、知识贡献与服务社会"。就概念的严谨性而言，教学与科研仅是大学的两类活动，而非社会职能，就"教学"与"人才培养"之间的逻辑而言，两者亦非等同的关系，而是从属关系。尽管笔者在早前的研究中就提出过"人才培养质量是人才培养体系诸如培养目标、知识体系、培养模式、教学制度、文化环境、教师素质等要素共同影响的结果"①这一结论，但教学是人才培养最为重要也是不可或缺的载体，其根本功能就是服务于人才培养并决定人才培养质量。由此笔者形成如下学术立场：其一，人才培养是大学的立身之本，大学之文明首先是主宰人才培养质量的教学文明；其二，人才培养是一项高度理性的智力活动，必须以理性尤其是教学理性来指导。何谓人才培养的理性？即对人才培养规律的认识、把握及其坚守，其操作意义就在于把对人才培养规律的认识上升到教育理论以指导人才培养实践，而教学原则即教育理论的重要组成部分，亦为教学理性的表达。强调大学的人才培养理性首先依赖于重视教学理性，唯有如此，大学的执教者及教学管理者才能全面、具体而深刻地把握大学的人才培养及教学的本质，并从大学人才培养体系这一整体框架的分析视角去认识并遵循大学的人才培养规律和教学原则。

1. 关于教学原则

所谓原则即人们之社会行为依据的准则或行动的规范，原则具有人为的定义性，是对行为者做什么及怎么做的具体规定。而所谓教学原则即教育者根据学校教育教学目的、反映教学规律而制定的指导教学工作的基本要求，它既指教师的教，也指学生的学，贯穿于教学过程的各个方面和始终。关于大学教学原则，潘懋元先生强调："教学原则既是教育和教学规律的反映，又是教学内容、教学组织、教学方法、考试考查以及教学工具的运用等一系列活动的准则。"②笔者在早期出版的《高等教育学》一书中对教学原则给予了如下的界定："教学原则是根据一定的教学规律和教学目的而提出的在教学过程中必须遵循的基本要求，是决定教师教学活动和学生认识活动性质、指导教与学实践的原理。""由于教学原则反映了教学过程

---

① 眭依凡：《大学：如何培养创新型人才——兼谈美国著名大学的成功经验》，载《中国高教研究》2006年第12期。
② 潘懋元主编：《高等教育学》，人民教育出版社、福建教育出版社1984年版，第168页。

的本质规律，是对教育工作者长期积累的教学经验的概括和总结，因此教学原则具有实践的可操作性和相对稳定性。"①随着对大学人才培养认识的深化，笔者把大学的教学原则进一步提升为：大学教学原则是大学教育者在对人才培养规律的深刻认识和正确把握的基础上，对教学活动有效实现人才培养目标进行科学引领和正确规范提出的要求，教学原则是指导教学实践不可或缺的教育基本理论，是教学理性的具体体现。

2. 关于教学原则的讨论

由于人才培养受制于三个教学要素，即人才培养规律（人才成长规律）、人才培养目标、人才培养过程（教学过程包括由谁教、如何教、教学评价等），教学原则不仅不能独立于这三个教学要素，而且由三者决定，故关于教学原则的讨论可以据此进行。

首先讨论教学原则与人才培养规律的关系问题。任何事物及社会的运动均有其规律。规律是事物及社会运动不以人的意志为转移的内在规定性，规律对事物及社会运动的发展具有决定性作用。人可以改造自然和社会，但绝不能改变自然和社会运动的规律。人才成长的内在逻辑决定了人才培养的基本规律，违背人才成长基本规律的教学不仅不利于人才素质改善、提高和发展，而且在一定程度上会遏制人才的成长、成熟和成才。人才培养活动因国家、地区、文化、大学、专业及受教育者的身心差异等不同而呈多样化的特点，但人才成长的基本规律具有不变的一致性，即遵循人才成长规律的人才培养具有不因国度、地区、大学、专业等而有所不同的统一性。譬如大学本科教育本质上是中等教育后的专业教育，但是就整体而言，未系统接受过中等教育者其既有的知识积累就很难适应高等教育（学校教育具有循序渐进性）；又如创新能力是各国大学人才培养的目标之一，若仅满足于知识积累及考试而无视学生个性发展和质疑、批判精神的培养及科学研究能力的训练，这样的大学教育就很难培养出充满创新活力

---

① 眭依凡：《高等教育学》，江西高校出版社1991年版，第102页。

的创造性人才；如果大学教师仅仅喜欢那些不如自己的或假装不如自己的学生，他们的教学就会把满脑子充满疑惑的学生教得不再有问题或不敢挑战书本和权威，如此大学就根本不可能培养出具有改变社会、改变世界的充满理想和有能力的人才。

综上讨论得出结论：人才培养有其独立的规律，由此决定了担负人才培养主要责任的教学必须遵循的教学原则亦然，是人才培养规律的具体反映。换言之，教学原则虽然具有人为规定的主观性，但其却是人才培养规律之内在客观性的反映，就教学原则提炼的逻辑程序而言，其是依附于人才培养规律的衍生物。由于人才培养规律不能无视，更不能逾越，由此决定了对教学活动具有引领性、指导性的教学原则也不能违逆人才培养的规律。所以教学原则本质上是对人才培养规律的一种阐明，是人们运用一系列的学术概念或命题对人才培养规律的表达。由于人才培养规律是一种客观存在且具有必然性和不变性，由此决定了贯穿于整个教学活动中的教学原则也必须具有稳定性。这是我们在教学原则讨论中必须建立和明确的认识。基于上述认识，如下观点就有待商榷：由于教学原则是人为规定的，所以教学原则可能符合人才培养规律，也可能不符合规律甚至完全与规律相悖，所以教学原则需要长期的教学实践的检验，即教学原则并非人才培养规律的直接反映，这种反映取决于人们对人才培养规律主观认识的程度，在同样的人才培养规律面前可以提出不同的教学原则，由于人们对人才培养规律的认识不同，因而提出的教学原则也不尽相同，教学原则与人才培养规律彼此之间不一定是单一的联系，由此便可以理解关于教学原则的"众说纷纭"。对此笔者欲表明的态度是：由于人才培养是一个关系到人身心发展及人际关系的复杂系统，人们对人才培养规律的认识是在不断深化的过程中发展的，由此决定了受人才培养规律影响的教学原则亦非一成不变、一劳永逸的，以及教学原则是随着人们对人才培养规律认识的深化而有所发展的。

关于教学原则需要讨论的第二个问题是其与人才培养目标的关系。笔者始终强调教学原则具有明确的针对性，这一针对性即引领和指导教学活动有效实现人才培养目标，脱离了人才培养目标的教学及其教学原则没有意义。这是笔者在后面专门讨论的问题。

关于教学原则与人才培养过程的关系是笔者讨论的第三个问题。所谓教学过程是个动态进行中的概念，指大学师生共同完成彼此密切关联的教与学任务的活动过程。根据教育学基本原理，教学过程包括教学活动的启动、发展、变化和结束，是上述要素在时间上连续展开的程序结构。教学过程不单纯是知识传播中的认识过程，也是师生人际交流中的心理活动过程及学生参与社会化的成长过程。因此，教学过程是认识过程、心理过程、社会化过程的复合，由此决定了教学过程的复杂性和多样性。人才培养目标也是通过一定的教学过程实现的，所以教学过程的质量对人才培养质量亦有不能轻视的影响。大学教学过程涉及诸多的活动要素参与且具有活动中的诸多不确定性，由此导致大学教学过程是一项极其复杂的智力交流和师生交互影响的活动，故此教学原则是大学教学过程中必须遵循的主要起引领和控制教学活动作用的基本要求，其不仅对教学过程中的各项活动具有规制的作用，更重要的是对提高教学过程的效率，进而确保人才培养质量具有教育理念引领和教学规范保障的意义。遵循教学原则的大学教学活动是成功教学的前提，反之就可能失败。

3. 大学教学的现实问题

关于教学原则的学理性清晰之后，需要再来看看大学教学的现实。据早些年前一项全国性的大学教学情况调查结果：当前大学生对整个教学"很满意"和"满意"的只有5%，"不满意"和"很不满意"的达53%；认为在大学苦读几年后，"能学到一点点"和"根本学不到有用的东西"占79%。而同期据一项美国全国范围的大学学情调查发现：超过80%的本科生对所在大学的教学状况感到满意，超过75%的校友对本科经历表示满意和非常满意，2/3的受询学生表示如果有机会再做选择，他们仍会选择母校就读。在美国还有一个很值得注意的现象是那些受批评越激烈的大学如哈佛大学、耶鲁大学、斯坦福大学、普林斯顿大学等著名高校，其学生的满意度越高。对此美国著名高等教育学者作出的解释是：美国大学生对母校教育满意度较高的原因就在于，通过大学教育大学生的批判性思维、知识面、道德推理能力、数理能力等都能取得长足的进步。尽管美国大学的人才培养质量无疑处在世界的最高水平，但是它们却在不断地反思自己本科教育在人才培养方面存在的不足。诸如美国著名高等教育家博克等人就在不断地告诫"美国大学的教育质量比任何时候都更重要"，必须"提醒自己用批判的眼光去看待美国大学课堂发生的一切"。相较而言，我国的大学包括一些进入世界一流大学建设群体的研究型大学都缺乏对大学人才培养质量不高及需要教学改革创新的危机意识。

如果说理科人才培养的目的在于发现，那么工科人才培养的目的更多在于发明，发明之于创新国家的建设更具现实意义。我国拥有国际上规模最大的工程教育，即接近1/3的大学生学的是工程专业，以技术立国的德国也只有20%的大学毕业生学工程技术。然而据近十多年来洛桑国际管理发展研究院的"国际竞争力报告"，在60个国家和地区中我国"科技研发人员的国际竞争力"徘徊于中游，但"合格工程师"排名居后甚至靠近末位，原因就在于我们的工程教育难以为市场提供具有胜任力的合格工程师。一项由中国工程院副院长杜祥琬院士主持的对全国5000名工程科技人员进行的调查结果表明：我国工程教育培养的人才远不能适应企业的实际需求，工程专业的学生普遍创新能力不强，重论文、轻设计、缺实践，存在到工程实践岗位上不适用、不能用的问题；58.8%的工程师认为"大学教育不完善"是当前工程科技人才开发中的突出问题，[1]甚至有21.8%的受询者认为，高校培养的学生完全不符合或基本不符合国家技术发展需要；52.4%的被调查者认为，我国高校培养的工程专业学生质量一般，大约只有10%的人具备从事所属行业的技能，这使得我们适合到跨国公司工作的年轻工程师比

---

[1] 孙锐、蔡学军、孙彦玲：《工程科技人才开发的问题与出路——基于职业化与国际化视角的调查与思考》，载《光明日报》2013年12月10日第15版。

例仅占供给的1/10。中国工程院原常务副院长潘云鹤先生在一次"新形势下工程教育的改革与发展"高层论坛上，同样分析指出了我国工程教育存在的上述问题。

当下大学教学存在的问题依然不容忽视。在我国日益强调"立德树人"的时代背景下，笔者指导博士生进行了一项针对高校思想政治理论课的调查研究，其结果表明大学生对思想政治理论课的总体评价还有很大的提升空间，其中对思想政治理论课总体评价持满意态度的约占65%，而其中对思想政治理论课非常满意的学生只占25.79%，约有35%的学生对思想政治理论课持不满意态度，其中5.36%的学生持"不满意"甚至"非常不满意"的态度。而在关于"对高校思想政治理论课教学效果是否满意"的问项中，亦有34.78%的学生选择了"一般"及以下的答项，其中4.63%的学生选择了"不满意"和"非常不满意"。①由此可见，大学生对高校思想政治理论课的教学满意程度并没有达到"立德树人"的目标要求和理想效果。

就大学教师而言，教学不受大学生欢迎既存在教师"不愿教"的问题，亦存在"教不好"的问题，前者属于教师的主观态度问题，但更具普遍性的是后者，即大学教师客观上存在不知道如何教好的教学问题，其中包括是否重视遵循人才培养规律和教学原则进行教学的问题。

三、人才培养目标与教学原则的关系何在？

哲学家杜威就教学问题表达过这样的观点："教之于学，犹如卖之于买。"道理很浅显，若没有学及其学的效果，教的意义何在？所以西方的教育理论常常把"教学"拆分为"教"与"学"两个彼此密切关联的概念进行讨论，其目的就在于强调教学不是教师单边地教，还要重视学的一端，即学生的学，尤其是学的兴趣培养、学的效果达成，后者才是教学的价值所在。大学教学亦然。所谓学生学的效果即教学质量，确切地说，即人才

---

① 梁纯雪、眭依凡：《课程体系重构：基于增强思政理论课针对性和亲和力的调查和思考》，载《中国高教研究》2018年第11期。

培养质量。由于人才培养质量不仅受制于人才培养目标，而且受制于在很大程度上受教学原则影响的人才培养过程，其间的逻辑即通过人才培养质量这个变量，不难建立起人才培养目标及其达成与教学原则的关系，究竟两者间有何关系及这种关系是否重要即为本节需要讨论的要点。

（一）人才培养目标与人才培养质量的关系

所谓人才培养目标即人才培养必须达到的基本标准及大学培养什么人的价值主张及具体要求，是人才培养活动得以发生的依据和人才培养制度安排等必须遵循的基本原则。人才培养目标既是大学人才培养工作的出发点和归宿，亦是衡量和检验大学人才培养质量的依据和标准所在。[①]何谓人才培养质量？如果把大学的人才培养活动视为一项组织管理活动，那我们不妨借用管理科学关于管理质量的一个基本观点，即任何组织管理活动均始于组织活动的目标设计并终于该目标的实现，管理质量即组织活动适切于管理目标并达成了管理目标，以界定人才培养质量即人才培养活动适切并达成了人才培养目标。基于这一界定可以明确，所谓人才培养质量是以人才培养目标的实现与否来检验的，缺失了人才培养目标，人才培养活动不仅无法开展，其效果及质量也无法衡量。由此说明，人才培养目标是检测和判断人才培养质量的逻辑前提，培养目标不明确，人才培养工作无所适从，其人才培养质量就会因失之标准而无法检验和判断。

关于人才培养质量，笔者在早前的研究中就提出，大学的人才培养质量是由包括人才培养目标、知识结构（即课程体系及其内容）、培养模式、教学制度、大学文化、教育者等诸多要素在内的人才培养体系决定的结果，而并非单一要素的产物。然而，由于诸如知识结构、培养模式、教学制度等均是依据人才培养目标的设计和安排，因此人才培养目标是人才培养体系中的第一要素。[②]由此可以得出的另一结论是：大学的人才培养质量

---

① 眭依凡：《高层次人才素质问题的研究》，载《江西师范大学学报（哲学社会科学版）》1997年第4期。

② 眭依凡：《大学：如何培养创新型人才——兼谈美国著名大学的成功经验》，载《中国高教研究》2006年第12期。

首先取决于人才培养目标设计的质量，明确人才培养目标是确保大学人才培养应有质量的逻辑前提，亦是人才培养质量提升的关键所在。

以上关于大学人才培养目标与人才培养质量的关系及人才培养目标在人才培养体系中的地位在理论上的清晰，有利于我们根本改变以往多从就事论事的视角去讨论及整改人才培养问题的做法，而是从人才培养体系之人才培养目标设计的前端去研究人才培养的问题。这样一种从碎片式的仅对单一人才培养要素讨论问题的思维方式向整体的顶层思维的诊断问题过渡，使我们不难发现我国大学人才培养质量不高的一个更重要且不被重视的原因在于人才培养目标设计的质量不好。坦率地说，在人才培养方面，欧美大学其实有许多值得学习借鉴的经验，其一就是它们的人才培养活动完全基于既有实现难度又有极强操作性的人才培养目标设计，比较而言我们大学的人才培养目标普遍存在诸如"对培养目标的期待太低""满足于书本知识而非知识创造、问题解决及能力培养""目标模糊笼统，缺乏能力素质结构分解""缺乏主动适应社会发展需要的与时俱进"等一系列问题。[①]而欧美大学在人才培养方面最成功的经验就在于它们具有既具体明确、要求又高、对人才培养体系诸要素如课程结构、培养模式、制度设计及文化营造具有价值引领且能够根据社会发展进步需要不断与时俱进的人才培养目标。

这里有必要特别强调的是人才培养目标设计的与时俱进。众所周知，大学负有强烈的创新知识及培养既掌握最新知识又具有创新知识能力之人才的使命。在科学技术发展速度已经远远超乎人类想象力的时代，具有知识垄断特征的大学若不能敏感于世界发展变化对人才培养提出的新要求，无异于大学放弃自己知识创新及具有知识创新能力之人才培养的使命，继而丧失竞争力。正是认识到人才培养目标的重要性，欧美研究型大学几乎每几年就要根据社会发展变化，并在调查研究的基础上对不同专业的人才培养目标加以调整，并以此引领和推动人才培养模式的改革。比如，自

---

① 眭依凡：《大学：如何培养创新型人才——兼谈美国著名大学的成功经验》，载《中国高教研究》2006年第12期。

2015年起在知识创新及卓杰人才培养方面具有世界领袖地位的斯坦福大学就不甘维持人才培养的现状，率先挑战了传统的人才培养模式，启动了以所谓"开环大学"取代"闭环大学"的《斯坦福大学2025计划》。笔者研究发现，该改革计划提出的对传统人才培养模式最具颠覆性意义的三大举措，如"强调学生个性发展的'自定节奏的教育'（Paced education）""体现能力优先教育理念的'轴翻转'（Axis flip）""旨在对人类社会负责的'有使命的学习'（Purpose learning）"，无不是以人才培养目标创新为引领的改革。[①]坦诚而言，我们大学的人才培养目标缺乏与时俱进的调整和创新，尤其缺乏针对国际竞争加剧带来社会发展变化后对专业人才提出更高要求做出的反映，由此导致我们的人才培养目标总体上滞后社会发展需要，其后果即人才培养质量滞后社会发展需要。

（二）人才培养目标与教学原则的逻辑关系

就概念严谨性而言，人才培养是一个内涵与外延丰富的概念，并非等同于教学，这亦是笔者不赞成把教学和科研视为大学社会职能的原因。但是教学是人才培养不可或缺的最重要途径，由此决定了人才培养质量在很大程度上取决于教学质量。上述讨论虽然使我们获得了人才培养目标之于人才培养质量之重要的认识，但如前所述，在关于教学原则的讨论中笔者基于人才培养主要途径即教学的视角还提出了人才培养质量不仅受制于决定教学目标的人才培养目标，还受制于决定教学规律的人才培养规律和决定教什么、由谁教、如何教及教学评价等的人才培养过程即教学过程，由此足见教学过程之于人才培养质量绝不能忽视。但教学过程作为决定人才培养质量的教学要素之一，并非随心所欲的活动，它不仅是需要遵循人才培养规律并依据于人才培养目标的理性设计，而且其全程及全要素都必须在一定的教学价值、教学规范的引领下进行，这一教学价值及规范就是教学原则。

教学是大学组织最为频繁也是不可或缺的重要活动，大学之人才培养

---

① 项璐、眭依凡：《培养目标：人才培养模式改革的价值引领——基于斯坦福大学"开环大学"计划的启示》，载《现代大学教育》2018年第4期。

活动之所以能够进行及其目标能够达成均得益于教学发挥的基础作用，所以失之教学大学便不再是以人才培养为核心使命的真正意义上的大学。那么一个好的教学的标准是什么？简言之，即有效实现了教学目标。那么怎样才能有效实现教学目标呢？答案是遵循基于人才培养规律及有利于人才培养目标实现的教学原则。教学原则是基于人才培养规律认识的产物，认识和守持人才培养规律的目的是有效实现人才培养目标，脱离人才培养目标的教学原则失之意义，所谓教学原则的针对性及引领性亦在确保人才培养目标的实现，否则，即便实施了教学，但其并不一定是好的教学。人才培养目标是通过教学原则贯穿于教学活动全要素及全过程的价值所在，失去教学原则对教学过程亦即人才培养过程的导向和规范，人才培养目标的实现既失之方向，亦会失去载体，人才培养目标的达成也难以确保。此即笔者何以将人才培养目标与教学原则这对看似关系并非紧密的概念加以专门讨论的原因所在。

四、基于人才培养目标达成的教学原则重构应遵循哪些原则？

大学作为一种学术共同体本身就是教育理性的产物，其人才培养亦是需要教育理性引领的活动，而教学原则是大学及其教师在对人才培养规律的认识基础上提炼并必须在教学活动中加以遵循的教学理性，由此决定了作为教学理性之客观反映的教学原则之于教学活动的重要性。掌握科学的教学原则并自觉运用于教学过程，这是大学教师必要的教学理性和专业素养，绝非无关紧要的可有可无。所以，凡高等教育学教材无不辟专门篇幅讨论大学教学原则。如潘懋元先生在《高等教育学》中就提出了如下十条教学原则：科学性与思想性相结合的原则，知识积累与智能发展相结合的原则，在教师主导下发挥学生自觉性、创造性与独立性原则，理论联系实际原则，专业性与综合性相结合原则，教学与科研相结合原则，系统性与循序渐进原则，少而精原则，量力性原则，统一要求与因材施教相结合原则。[①]之后，薛天祥先生在其主编的《高等教育学》中亦提出了六条大学教学原则，即科学性与思想性相结合原则、理论联系实际原则、教师的主导作用与学生的主动性相结合原则、统一要求与因材施教相结合原则、知识传授与能力培养相统一原则、教学与科研相结合原则。[②]可以肯定地说，在我国改革开放后高等教育百废待兴的初期乃至中期，无论是潘懋元先生提出的教学原则体系还是薛天祥先生总结的教学原则体系，在指导大学的人才培养及规范大学的教学秩序中均发挥了很好的作用。

　　大学教学是一项极为复杂的以知识传授和习得并由此积累知识、形成概念、发展能力等为旨要的，由师生共同参与且十分复杂的智力及情感交流活动；同时，大学教育的本质是专业教育，其所有教学活动均有专业教学的属性，且必须遵循不同学科专业教学应有的规律，由此决定了大学教学原则的多样性和复杂性。所以笔者早在1990年出版的《高等教育学》关于大学教学原则的章节中就强调：大学的教学原则必须客观地反映教学过程的本质、规律和特点，必须有高度的概括性、确定性和公理性，有利于教师通过教学原则的掌握很好地控制教学全过程并产生最好的教学效果；教学原则是需要与时代发展俱进的教学理论，而非僵化的、一成不变的教条；富有成效的教学活动是遵循一组既有所区别又彼此密切关联的教学原则共同作用的结果，而非单一教学原则的产物。[③]这段文字旨在阐明的观点是：尽管大学的教学活动是诸多教学要素共同参与的富有专业个性的复杂活动，但这并不意味对引领和规范大学教学活动的教学原则越多越好，教学原则的制定应该遵循数量适当、内涵丰富、可塑性大、既避免空洞又防止碎片化及一成不变的原则。基于此，笔者认为，在大学教学原则受到普遍轻视的当下，一方面我们必须唤醒大学及其教师对教学原则加以重视的意识，另一方面有必要针对当前人才培养存在的问题及新时代对大学人才

---

　　① 潘懋元主编：《高等教育学》，人民教育出版社、福建教育出版社1984年版，第168页。
　　② 薛天祥：《高等教育学》，广西师范大学出版社2001年版，第210-213页。
　　③ 眭依凡等：《高等教育学》，江西高校出版社1991年版，第116页。

培养提出的新要求讨论并重构大学的教学原则。

首先，就当前大学人才培养存在的问题而言，包括陈宝生同志关于大学教学有关"水课"的批评，教学原则自身不足的问题恐怕是不能忽视的原因之一。据笔者研究发现，现有的教学原则至少存在如下的问题：其一，缺乏针对人才培养目标有效实现的强调；其二，缺乏针对学生能力发展的强调；其三，缺乏针对学生职业道德养成的强调。因此，大学教学原则的重构需要引起学界的重视。作为引领和规范大学教学活动及其过程的有效工具，教学原则的重构其目的并非教学原则本身，而在于有利于人才培养目标的有效达成，即教学原则重构必须指向人才培养目标的有效实现及其质量的保证，这才是教学原则的价值。基于上述逻辑，笔者提出如下结论：大学教学原则的重构必须遵循问题意识和价值导向的原则，笔者主要讨论后者。

（一）教学原则重构必须基于人才培养目标的有效实现

前面笔者用了较大篇幅从学理上讨论和阐明了人才培养目标与人才培养质量、人才培养与教学，以及教学质量与教学原则之间的关系，教学原则与人才培养目标之间的逻辑关联因此已经明确。更重要的是通过上述讨论，我们认识到教学原则的意义作用不仅在于引领和规范教学活动，从而确保教学过程必要的稳定秩序，其根本价值在于针对并确保培养目标有效达成。教学原则若缺失了针对人才培养目标有效实现的鲜明指向，其很可能由于失之高屋建瓴的方向性及目的性继而流俗于就事论事的碎片化设计，不具有对整体教学活动进行顶层设计的引领价值。当然，就概念逻辑的严谨性及其之间的关系而言，教学原则是服从于并服务于人才培养目标的，然而这并不妨碍有强烈人才培养目标意识的教学原则对人才培养目标的完善产生反作用。不仅于此，如果教学原则具有了人才培养目标有效性的强烈意识和指向，我们还可以借助其去审视和发现诸如知识体系构建、培养模式、制度设计等其他要素是否有碍人才培养目标有效实现的问题。

以《斯坦福大学2025计划》为例，该计划对大学传统人才培养模式最具颠覆意义的就是其人才培养目标的重构。但是仅有人才培养目标的重构是不足以达成人才培养目标的，尤其对传统教育具有颠覆性的人才培养改革而言。所以，斯坦福大学为了实现强调"学生的个性发展""能力优先发展"及"具有领导力之社会领袖"的人才培养目标，其进行了必要的而且是大动作的教学改革，如实施"自定节奏的教育""体现能力优先教育理念的'轴翻转'""带有使命的学习"，而这些教学改革举措无不是为了实现创新的人才培养目标之相关教学原则引领的改革。如表3-3所示，"传统学习"和"带有使命的学习"的教育目的有着很大不同，若没有与"带有使命的学习"目的高度吻合的教学原则以引领教学活动的改革，并建构有利于这一人才培养目标实现的新的教学秩序，不把人才培养目标转换成行之有效的教学活动，上述创新的人才培养目标就难以实现。

表3-3　传统学习和带有使命的学习目的比较

传统学习	带有使命的学习
学生选择专业后，只围绕具体的标准进行学习	学生有长远的愿景和使命，将自己的兴趣融入问题的解决过程中
学生较为盲目地选择专业	学生通过学习和做项目来实现意义和影响
许多校友的工作领域与所学专业无关	校友通过使命来指导学生的职业发展
学生在人生后期才开始从事社会工作	有全球影响力的实验室，拓展了研究的平台

资料来源：佚名：《斯坦福大学发布2025计划，创立"开环大学"，彻底颠覆传统高等教育！》，http://www.sohu.com/a/85980366_372406，访问日期：2016年6月25日。

（二）教学原则重构必须基于学生创造能力和解决问题能力的培养

人工智能超乎人类想象力的快速发展及"互联网+"时代的到来，不仅极大地改变了人类的生产方式和生活方式，而且对大学传统的人才培养模式亦提出了严峻挑战，且有些挑战甚至极具颠覆性。譬如，随着人工智能技术的更新换代及"互联网+"技术的日益成熟和普及化，知识收集、存储、查询及运用的方式及获取各类知识包括最新知识的迅捷性把人类社会带入了知识高度共享的时代。这一时代具有两大特点：其一，知识创新成为时代的"新宠",由此导致人才概念的变化,学富五车的"学霸"地位被颇具创新能力的"极客"取代;其二,知识创新的模式发生根本变化,传统学科的知识体系让位于多学科交叉的新知识系统,任何人仅凭单一学科的思维方式和单一的知识体系已经无法完成知识创新的使命,仅凭个体的知识积累决定成败的时代一去不复返了。对此,大学的人才培养不得不积极做出如下应对,即以记忆为主的知识积累式教学向以知识创新能力培养为特征的教学转型。在知识共享的时代,"互联网+大学"甚至"互联网+人工智能+大学"已成为大学发展的新模式和不可阻挡的趋势,由此倒逼大学必须对传统人才培养的观念及模式做出自我创新的选择。仅就"互联网+"技术对高等教育的渗透而言,其不仅为大学之人才培养提供了获取途径十分便捷且极其丰富的优质知识资源,而且"打破了大学之间尤其是普通大学与研究型大学包括世界一流大学之间彼此封闭的堡垒,使优质教育资源通过网络跨越空间距离的限制得以更广泛地对外辐射,促成了大学之间教育资源的共享和联合开发,不同区域及国别的大学生可以通过'互联网+大学'新型模式下的资源平台比如'慕课'等,共享卓杰学者包括世界名校大师开设的优质课程,实现优质资源的最大化利用"[①],大学生获取知识尤其是最新知识方式的多样性和便捷性,导致以知识积累为目的的传统教学较之以培养知识创新能力的现代教学不再具有主导地位。

正是基于对知识共享时代大学人才培养模式发展趋势的这样一种判断,不仅斯坦福大学率先提出能力与知识翻转即能力优先发展的人才培养理念和大学教学模式,同时,诸如麻省理工学院为防止学生受时间精力限制"贪食"过多课程导致"食而不化"的问题,对学生选课数量进行了加以控制的教学改革;而芝加哥大学则要求有利于学生创造性思维训练的小班讨论课必须达到一定的比例。其实在美国,除了上述那些标榜旨在培养世界各领域精英人才的研究型大学基于能力培养的重要性而敏感地加快了

---

① 李芳莹、眭依凡:《"互联网+"时代大学如何守持育人使命》,载《清华大学教育研究》2018年第2期。

人才培养模式的改革，许多教学型大学也认识到新技术革命对人才培养带来的严峻挑战，从而加快了从"以知识为本"到"以能力为本"的人才培养模式转型。斯坦福大学终身教授、著名物理学家张首晟生前在多次讲座中都谈到美国大学关于人才培养这样一种教育理念：大学人才培养最重要者并不在于既有知识从10到100的存量增加，而在于从0到1之思维和创新能力的飞跃。因为只有获得从0到1思维和创新能力飞跃的人，才能产生自己的创新活动并为社会作出新知识增量的贡献。据斯坦福大学的统计，由该校师生们创建的所有公司创造的GDP占全球的第四位。[①]这无疑是一个惊人的数据，但由此应该引起我们重视的是斯坦福大学从0到1的人才培养理念及其教学模式创新之于人才培养质量提升的价值和意义，以及注重创新能力培养的教学活动需要教学与科研紧密结合且积极鼓励思想活跃、自由创新的制度和文化环境及与之吻合的教学原则在人才培养全过程发挥的引领作用。

此外，教学原则的重构亦特别需要强调教学过程对学生发现问题和解决问题能力的培养。在欧美大学有一种普遍运用的教学活动称为"基于问题的学习"（Problem-Based Learning），这种教学模式的逻辑起点及遵循的教学原则就是"基于问题解决"。当然，这种教学模式还可以衍生为基于项目研究、基于案例分析等其他类似于问题要素导向的教学。由于任何问题无论是自然科学、工程技术、人文社会科学等问题都有其复杂性，因此针对问题解决的教学，其实是一种对学生从获取必要知识到培养发现和把握问题本质的敏感性、研究分析问题的关键所在，最后找到有效解决问题的理论与方法的全面训练，其本质就是创新能力培养的过程。

我们的人才培养长期以来偏重既有知识的传授，而忽视学生创新知识和解决问题能力的培养，因此在教学原则的重构中必须针对培养目标及培养模式单一，教学模式长期"停留在'教材教学''课堂教学''教师教

---

① 姜澎、李斯嘉、张首晟：《用从0到1的思维来创新》，http://www.sohu.com/a/280112143_465915。

学''集中教学'且缺乏多样性、有效性等问题，通过加强科学实验、社会实践、科学研究、个性化教学、独立学习等富有参与性、启发性、发展性的多样化教学方法，创新人才培养模式，为学生创造宽松自由、独立思考，有利于调动学生学习积极性、主动性、批判性、创造性，以及分析问题和解决问题能力的学习环境，根本改变学生在教学过程中的被动学习地位，从单一的知识传授转而培养学生独立思考能力、获取并处理信息能力、分析判断能力、质疑批评能力、解决问题能力、创新创造能力"[①]。教学方法之于培养目标的有效达成有着密切的关系，因此基于能力培养的教学方法也必须加以改进。耶鲁大学校长雷文曾严厉批评教学方法的问题是制约学生创新能力发展的主要原因，因为不同的教学方法取得的效果是大不一样的。教学原则是人才培养全过程全要素（包括教学方法）必须守持的教学理性，如果教学原则都不能反映针对知识创新能力和解决问题能力培养的价值取向，那么我们的教学原则就不可能对人才培养的全过程及全要素产生基于人才培养目标实现的导向作用。

（三）教学原则重构必须基于学生职业道德的养成

　　早年，有位受聘于我国一所医学院任教的外籍教师应邀为大学生做一场讲座，他的开场白讲述的是一个感人的故事：在一个暴风雨后的清晨，一成年人来到海滩散步，远远看见一个小孩不断弯腰拾捡着什么，然后将之抛向大海。他好奇地向小孩走去，发现小孩是在把退潮后留在一个个水坑里的鱼抛回大海。于是该成年人对孩子说："你能把那么多的小鱼都抛回大海吗？谁在乎你这样做呢？"小孩一脸严肃地继续干着自己的事，他弯腰拾起一条鱼抛向大海说："这条鱼在乎我这样做。"然后又拾起另一条鱼说："这条鱼也在乎我把它抛回大海。"故事讲完后，这位演讲者对听众说："在座的都是医学院的学生，未来的白衣天使，你们虽然不能救治所有需要救治的人，但你们可以尽自己的努力救治一些人，这就是救死扶伤的精

---

　　① 眭依凡：《杰出人才培养：大学必须守持学术理性》，载《中国高教研究》2012年第12期。

神，也是你对社会必须给予的回报。""救死扶伤"其实就是医学人才必需的最基本职业道德。正是医学及其人才使命的神圣，自2400年前的古希腊时期至今，《希波克拉底誓言》成为医生就职前必须宣誓守持的道德准则。记得留美学者薛涌讲过一个故事：一位志在从事医生职业并以攻读哈佛大学医学院博士学位为理想的年轻人，首先选择了耶鲁大学念历史学本科，而不是医学。其理由不仅在于耶鲁大学有全世界最好的包括历史学在内的人文教育，更在于医生的职业是治病救人的职业，而人类文明发展的历史能给予他对人性的更好理解和予以病人更多的人文关怀。

由于大学教育是高度专业化的教育，因此与专业人才培养高度相关的职业道德或伦理养成的问题往往被忽视，在大学的教学原则中也几乎未得到很好的体现。然而问题在于，在知识之于社会和人类文明进步的作用日益重要以至于知识既可造福人类社会亦可损毁人类社会的今天，所谓人才的概念绝不仅是专业技术水平的反映，德才兼备已经成为当今社会衡量人才的基本要求。换言之，在人类进入知识经济或文化时代后，受过高等专业教育的人对自己所处的小到组织、大至社会、国家乃至人类有更多的责任担当，尤其在受技术至上主义影响的当下及史蒂芬·霍金等著名科学家已经发出"科学技术无限制的过度发展将会给人类社会带来毁灭性灾难"警告的人工智能和遗传基因技术可能出现超人类伦理发展的未来，我们的"大学不仅面临如何培养更具有创新精神和创造能力之'人才'的挑战，亦面对如何把大学生培养成自觉于社会责任担当之'好人'的挑战"[1]，这是技术社会赋予大学人才培养的新内涵，亦是人才培养质量提高必须面对的崭新而敏感尖锐的问题。

教育的最高目的是什么？育人也，大学亦概莫能外！而育人的概念并不仅在于把受教育者培养成有知识有能力的人，更在于他们能够具有利用自己的专业知识和能力为国家乃至人类的社会文明进步作出积极贡献的

---

① 李芳莹、眭依凡：《"互联网+"时代大学如何守持育人使命》，载《清华大学教育研究》2018年第2期。

道德担当和道德自律。所以古人云："人以德立，邦以德兴；德者才之帅也。"所以党和国家始终把"立德树人"明确为大学的立身之本及大学办学治校的首要任务，并且把"立德树人"写进高等教育改革发展的纲领性文件，在去年召开的全国教育工作大会上习近平总书记再次强调要"坚持把立德树人作为根本任务"①。

对道德教育的关心并非我国独有，西方教育同样予以了道德教育的高度重视。19世纪德国教育家赫尔巴特就指出："道德普遍地被认为是人类的最高目的，因此也是教育的最高目的。"20世纪最伟大的科学家爱因斯坦可以称其为自律于科学道德的楷模，他认为："人是人类社会的最高价值，而一切人类的价值的基础是道德。"苏联教育家苏霍姆林斯基强调："在全面发展教育的统一体中，德育是起决定性作用的主导成分。因为，在培养全面发展的个性过程中，人的所有各方面特征的和谐，都是由道德这一主导成分和首要因素来决定的。"②正是基于大学在科学技术知识创新及其人才培养具有垄断性的事实和认识，斯坦福大学提出了"有使命的学习"的人才培养目标。与其说"有使命的学习"旨在激励和鞭策学生立志和努力于奋发向上的成才目标，不如说这种要求"带着使命感去学习"的人才培养目的在于让学生在大学阶段就获得"他们职业生涯中指引方向的航标"③，在认识到自己必须有所担当的社会责任的前提下明确学习的意义并选择有意义的学习，从而使自己成为对人类社会负责及具有应对未来世界可能出现的经济、政治、社会和技术以及目前未知领域风险的领袖型人才。

职业道德虽然是一般伦理道德的组成部分，但对任何一个接受过高等专业教育并以自己的专业特长立足并影响于社会的职业人才而言，具有什

---

① 习近平：《坚持中国特色社会主义教育发展道路 培养德智体美劳全面发展的社会主义建设者和接班人》，http://www.cac.gov.cn/2018-09/10/c_1123408490.htm。

② 李芳莹、眭依凡：《"互联网+"时代大学如何守持育人使命》，载《清华大学教育研究》2018年第2期。

③ 项璐、眭依凡：《培养目标：人才培养模式改革的价值引领——基于斯坦福大学"开环大学"计划的启示》，载《现代大学教育》2018年第4期。

么样的职业道德决定着他的社会作为，所以接受过大学教育的人在处理问题时应该更具专业理性，在职业行为中以专业的道德自律判断及处理什么可为、什么不可为的是是非非，尤其是在影响社会的重大决策选择中，必要的职业道德之于有利于人类社会文明进步还是倒退具有决定性作用。

（本文发表于《西北工业大学学报（社会科学版）》2019年第1期。原文有改动。）

第三节　高等教育普及化时期博士生培养模式改革的思考

学位制度是国家有关学位的申请、授予与管理事项的法律制度，《中华人民共和国学位条例》（以下简称《学位条例》）自1981年施行以来，在促进我国高等教育事业的健康发展、规范高等教育机构的运行秩序、确保和提高人才培养和学科建设的质量水平，以及满足国家通过高层次人才培养和知识创新以提升国家竞争力等方面发挥了重要的保障和引领作用，对我国高等教育规模发展和质量提升作出了重大贡献。然而《学位条例》颁布实施至今已逾40年，其颁布之时我国高等教育尚处在精英教育阶段，现如今我国已进入高等教育普及化阶段，无论是高等教育所处之外部环境及其对高等教育的要求还是高等教育规模及其发展水平都发生了巨大而深刻的变化。古人道："时移而治，不易者乱。"《学位条例》亦有与时俱进的必要。2020年习近平总书记对研究生教育工作作出的重要指示及全国研究生教育会议的召开，是我国研究生教育史上的重要里程碑。我们应在总结经验的基础上反思当前研究生教育面临的新局面和新问题，适时做出针对性的战略改变和调整。由于高质量的博士生培养既是"双一流"建设高校的必然选择，也是高质量高等教育体系建设的目标所在。因此，本研究旨在讨论高等教育普及化时期基于博士生培养质量提升需要的博士生培养模式改革之必要性和紧迫性。

一、博士生培养模式改革的必要性和紧迫性

改革开放后，我国高等教育取得了长足发展，尤令世界瞩目的是在短时间内实现了从精英化向大众化再到普及化阶段的过渡。这一过渡无论对哪个国家而言，都意味着一个高等教育新时期的到来。在高等教育规模发展的问题解决后，高等教育高质量发展成为我国高等教育发展新时期的首要目标。大学的核心使命是人才培养，特别是以博士生为代表的拔尖创新型人才培养质量及其创新能力在很大程度上决定了一国的经济发展模式和其在国际竞争中的兴衰成败。[1]习近平总书记强调："高校立身之本在于立德树人。只有培养出一流人才的高校，才能够成为世界一流大学。办好我国高校，办出世界一流大学，必须牢牢抓住全面提高人才培养能力这个核心点，并以此来带动高校其他工作。"[2]因此，大学尤其是"双一流"建设高校必须对普及化时期博士生培养模式改革的必要性和紧迫性有所认识，在博士生培养质量提升及拔尖创新型人才培养上有所作为。

（一）关于"高等教育普及化"的理性认识

据马丁·特罗提出的以高等教育毛入学率5%、15%和50%划分高等教育发展阶段的标准，有关数据资料显示：美国用了30年成为世界第一个从精

---

① 眭依凡、李芳莹：《"学科"还是"领域"："双一流"建设背景下"一流学科"概念的理性解读》，载《高等教育研究》2018年第4期。

② 习近平：《高校立身之本在于立德树人》，http://www.xinhuanet.com/Mrdx/2016-12/09/c_135892530.htm，访问日期：2021年7月11日。

英高等教育阶段进入大众化阶段的国家，日本、韩国、巴西则分别用了13年、15年、25年才实现了高等教育毛入学率从5%到15%的飞跃。[1]相比较而言，我国1995年的高等教育毛入学率为5.7%，至2003年仅用了8年的时间突破15%，[2]2019年我国高等教育毛入学率突破50%，进入高等教育普及化阶段。对此，一方面我们要为国家高等教育的迅速发展感到欣喜，另一方面又需要保持足够清醒，因为普及化仅是对高等教育规模发展的一种数量表达，并不一定是高等教育质量的反映，尤其是人才培养质量的反映，更不一定是拔尖创新型人才培养质量的反映。这是步入高等教育普及化阶段首先需要的理性认识。

实际上马丁·特罗本人对其有关高等教育发展阶段的划分亦持谨慎态度。首先，他明确指出5%、15%和50%的高等教育发展阶段划分标准，是基于其个体经验以及美国高等教育发展事实而对世界高等教育发展形势进行的一种逻辑想象和推断，其符号和象征意义大于统计意义，且5%、15%和50%并不代表一个个精准的点，而是一些相对灵活的区间。[3]其次，他特别强调在高等教育发展阶段的不同区间内以及区间与区间之间的过渡过程中，高等教育内部活动所发生的质的变化更值得关注。随着高等教育之于个体、国家及人类社会的重要性日益凸显，高等教育普及化阶段所释放的"预警信号"尤其需要重视。[4]政府和实施高等教育的大学都应当对这些即将到来的质变有所准备。其三，"精英—大众—普及"的高等教育发展阶段划分只是一种"理念型"，现实中存在多元发展的实践逻辑。正如特罗所强

---

① 袁振国：《缩小差距——中国教育政策的重大命题》，载《北京师范大学学报（社会科学版）》2005年第3期。

② 眭依凡：《我国大学按规律办学的对策选择》，载《中国高等教育》2006年第Z3期。

③ 邬大光：《高等教育大众化理论的内涵与价值——与马丁·特罗教授的对话》，载《高等教育研究》2003年第6期。

④ 马丁·特罗著，徐丹、连进军译：《从精英到大众再到普及高等教育的反思：二战后现代社会高等教育的形态与阶段》，载《大学教育科学》2009年第3期。

调的，尽管"精英—大众—普及"三个阶段是按顺序发展的，后期阶段的到来并不会完全取代早期阶段，三个阶段可以共同存在，但以何种发展模式来应对这种共存的状态，各国（地区）面临不同的问题与挑战，应探索更具本土适用性的实践道路。因此，我们并不能把高等教育的精英化、大众化和普及化阶段作为衡量国家高等教育发展水平的唯一标准，而是要关注在进入高等教育普及化阶段及实现高等教育规模发展的目标后随之而来的问题及其对高等教育高质量发展提出的挑战。

（二）新时期我国博士生培养的战略意义及挑战

2021年3月，十三届全国人大四次会议通过《中华人民共和国国民经济和社会发展第十四个五年规划和2035年远景目标纲要》（以下简称"十四五"规划），标志着我国开启全面建设社会主义现代化国家的新征程，"十四五"规划开局与高等教育普及化起始的交汇，促使我国高等教育进入必须选择高质量发展的新时期，也赋予博士生培养质量提升以重要战略意义。所谓当今世界正经历百年未有之大变局，并不止于"以中国为代表的新兴国家群体性崛起"及"西方社会自工业革命以来的全面衰退已成定势"，还在于以高新知识和高新技术为引领的新一轮科技革命和产业革命不仅深刻改变着人类的生活方式和生产方式，同时极大改变着国与国之间的竞争方式及由竞争实力决定的国际地位。换言之，即国与国之间的激烈竞争归根结底是高新知识和高新技术的竞争。由于大学是高新知识及高新技术的主要创造者、传播者甚至是垄断者，因此可以说大学在很大程度上拥有决定国家前途命运的知识权力。凡现代化强国无不是高等教育强国。随着大学社会作用的日益增强，其介入社会的直接性及其责任亦日益增强，必须敏感于社会发展的需要并与时俱进。坦诚而言，在高新知识和高新技术的国际竞争中，我们在不少重点领域及关键技术上还存在由于拔尖创新型人才不足导致的被西方利益集团"卡脖子"的问题，由此决定了博士生培养质量提升的战略意义。笔者始终认为"大学应时刻自觉处在社会改革和国家发展进步前沿，必须认识到自己在现代化强国建设中的重要性，坚守知识创新及人才培养的核心价值观，尤其是对国家负责的价值观，正确处理好精英教育与普及教育的关系，优化人才培养模式，培养创新人才"[①]。博士生培养处于高等教育的最高层级，代表着拔尖创新型人才培养的最高水平，对国家科技水平与创新能力的提升发挥着不可替代的促进作用。博士生培养的高质量是衡量一个国家高等教育发达程度及知识与科技创新能力的重要标志，也是一个国家竞争实力的重要组成，此即新时期我国博士生培养质量提升的战略意义所在。

与此同时，新时期我国博士生培养质量提升也面临着严峻挑战。高等教育的规模扩张和数量增长背后，相较于特罗关于高等教育普及化时期的发展重点是教育民主化、终身学习以及把中等后教育融入社会日常生活的观点，[②]我国面临的更为紧迫的预警信号是以博士生为代表的拔尖创新型人才培养质量不高和科研创新能力的不足，以及由此导致的经济社会发展的要素驱动有余而高质量人才的创新驱动乏力。产业结构转型升级与知识生产模式发生不可逆转巨变的现时代对大学人才培养的高质量提出了新要求，特别是对博士生的高质量培养尤其是事关国家安全和发展全局的自主可控的如通信技术、人工智能、量子信息、生命健康、航天科技等基础性、前沿性核心领域的博士生创新能力培养提出了新挑战。因此，博士生不仅要掌握更加精深的专业知识，而且是否具有创新能力、合作素养以及解决问题的能力等也必须成为衡量博士生培养质量的根本依据。这是新时期我国博士生培养质量提升必须面对的严峻挑战。

二、我国博士生培养存在的主要问题

人才培养和知识创新是大学的核心使命和基本价值，若放弃这一核心

---

① 眭依凡：《"双循环"新发展格局下大学的国家使命与责任》，载《高校教育管理》2021年第5期。

② 马丁·特罗著，徐丹、连进军译：《从精英到大众再到普及高等教育的反思：二战后现代社会高等教育的形态与阶段》，载《大学教育科学》2009年第3期。

使命和基本价值，大学就不再是本真意义上的大学。因此，大学之谤或大学之誉都与其本质属性及核心使命是否得到守持和践行有关。改革开放以来，特别是《学位条例》颁布实施以来，我国在博士生培养方面取得的成就尤其是规模的发展速度是世界瞩目的。恢复高考后，教育部于1981年11月发布《关于做好1981年攻读博士学位研究生招生工作的通知》，决定从1981年开始招收博士研究生；1982年又发布《关于招收攻读博士学位研究生的暂行规定》，博士生培养单位开始招收第一批博士生；到2020年，教育部全国教育事业统计结果显示，我国普通本专科共招生967.45万人，招收研究生110.66万人，在学研究生有313.96万人。[①]相关研究预测，2025年高等教育在校生将达3930万人，其中在校研究生数（不含非全日制）将达到349万人。[②]坦诚而言，尽管博士研究生招生及毕业人数在不断增加，能够担负起国家创新驱动经济发展使命的高层次拔尖创新型人才数量却依旧不足，在博士生人才培养质量尤其是创新能力方面，我们与高等教育强国相比还不具有比较优势。究其原因，可从博士生培养的四个要素，即培养目标确定、培养对象选择、培养过程设计及导师遴选等方面加以概括。

首先，我们的博士生培养目标设计存在如下问题：一是培养目标模糊。尽管笔者始终坚持人才培养质量取决于人才培养体系诸要素而非单一要素，但人才培养目标是首要，人才培养始于人才培养目标。博士生培养亦然。作为博士生培养活动得以发生的依据，博士生培养目标设计的质量相当程度上影响着博士生的培养质量。提升博士生培养质量首先应根据社会发展对不同专业博士生提出的能力和素质要求，明确博士生培养目标。知识生产模式和工业生产模式的转变要求人才培养应更加强调基础化、综合化、个性化、实践化和创新性。尽管《学位条例》对博士生培养目标作

---

① 《2020年全国教育事业统计主要结果》，http://www.moe.gov.cn/ jyb_xwfb/gzdtgzdt/s5987/202103/t20210301_516062.html，访问日期：2021年8月1日。

② 王传毅、辜刘建等：《中国"十四五"教育规模的预测研究：基于系统动力学模型》，载《中国电化教育》2021年第5期。

了如"掌握坚实宽广的基础理论和系统深入的专门知识""具有独立从事科学研究工作的能力"等要求，[①]但未能对不同类型的博士培养目标进行细分，对博士培养的前瞻性布局规划不够充分。二是培养目标偏低，缺乏高要求而满足于最低要求。单就博士论文的质量而言，张楚廷先生对此提出过如图3-1所示的批评。为鼓励大学重视博士生学位论文质量，我国教育主管部门曾开展全国优秀博士论文年度评选工作。这个原本旨在激励极少数优秀博士学位论文产出的制度设计，其意外结果是导致了大学对绝大多数博士学位论文质量标准的降低。因为其表达的逻辑如下：当极少数的所谓优秀博士学位论文金榜题名后，余下数量庞大的博士学位论文充其量是合格者，且很可能混入一些勉强合格甚至不合格者。可以说这是一种最低标准的培养目标设计。而美国大学的博士学位论文遵循的是高标准评审原则：未达到质量要求的博士学位论文不能通过评审，而凡通过评审者均为有学术质量的学位论文。尽管这一对比不无绝对，但不得不承认我国大学在博士生培养中"严进宽出"的现象仍广泛存在。三是缺乏对知识创新和问题解决能力的要求。博士生教育是人才培养的最高层次，博士生培养的使命不是对既有知识的传承，而是在此基础上的知识创新以及运用创新知识解决现实问题。遗憾的是，很多大学衡量博士生培养质量的标准多是博士生期刊论文发表数量、课题参与数量以及博士学位论文能否通过"复制率检测"和"外审"，至于其是否具有学术创见和知识贡献则很少关注，既无学术创新的文化引领，也无学术创新的制度设计。如不致力解决博士生教育之培养目标模糊、低标准、缺乏对知识创新和问题解决能力的高要求等问题，提升博士生培养质量则不成其可能。

[①]《中华人民共和国学位条例》，http://www.gov.cn/ banshi/ 2005-05/25/content_940. htm，访问日期：2021年7月11日。

中国博士论文

合格与不合格论文　　　　　　　　　　　　　　优秀论文

不合格论文　　　　　　　　　　　　　　　优秀论文

美国博士论文

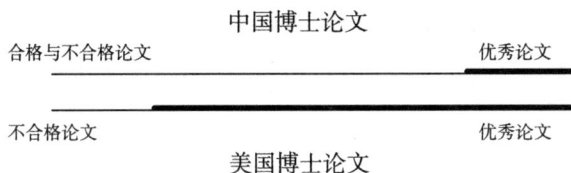

图3-1　中美博士论文质量比较

其次，博士招生方式缺乏选拔具有创新潜质者的灵活性。高等教育的层次越高，其人才培养的个性化特征越突出，这是由高层次人才培养的规律所决定的。博士生教育作为人才培养的最高层次，其人才培养的创新能力培养目标远高于其他人才培养的目标要求。一个博士生其未来能否有所创造性作为，既取决于其专业基础，也取决于其对专攻的学科领域或专业方向是否具有持久的热爱、问题敏锐性及攻克难题的意志力等心理特质。由于博士生极具个性特征的创造性资质对其未来能否做出创造性成果关系甚大，因此博士生的选拔方式就不能等同于过于偏重书本知识的入学考试，必须体现不拘一格选人才的特殊性和灵活性。近些年来，我国博士研究生招生已经由传统笔试、统考等"一刀切"的招生方式逐渐转变为由大学主导的"申请—考核制"方式，高水平大学还制定了"本科直博""硕博连读""免试推荐"等多样化的博士生选拔录取制度，院系及博士生指导教师亦落实了招生自主权。可以肯定，博士研究生招生录取方式的这一改革已取得很好的成效。但由于我们对博士生培养质量尤其是学位论文质量缺乏高标准要求，博士生教育与本科生、硕士生类似走的也是"严进宽出"路线。为了保证招生方式改革后博士生应有的质量，很多大学尽管实行了"申请—考核制"，但对报考者设计了诸如第一学历、论文成果及外语水平等不考虑考生及学科专业特殊性的、一刀切的、严苛的及刚性的资格条件，由此导致博士招生方式缺乏高层次人才培养的针对性及选拔具有创新潜质者的灵活性。

再次，在博士生培养过程中存在知识结构固守传统、课程设置不合理，包括过程考核和质量保障等在内的培养制度刻板等一系列问题。随着知识生产模式的转型，知识生产更加注重基于应用情境、异质性、跨学科、社会问责和更广泛的质量控制，这导致传统博士生培养模式受到诸多挑战。很多大学现有的博士生培养固守传统课程结构，或缺乏系统设计，或为达教学指标导致课程设置重复，甚至与硕士课程的无差别。2015年以来具有知识创新领袖地位的斯坦福大学率先对传统的大学人才培养模式提出挑战，在《斯坦福大学2025计划》中做出了以"开环大学"替代"闭环大学"的改革选择。其对人才培养模式最具颠覆性的是强调学生个性发展的"自定节奏的教育"，体现能力优先教育理念的"轴翻转"，以及旨在对人类社会负责的"有使命的学习"①。从国际高等教育发展潮流来看，"能力第一"的人才培养理念逐渐深入人心，更何况本来就是以培养创新型人才为目标的博士生教育。此外，在博士生培养过程中教师把大量自己主讲的教学任务分配给博士生完成，以及课程课业过多却无有效性反馈的做法不仅占用博士生的研学时间，更容易滋生敷衍课业的思维习惯。据李明磊等人关于博士生对培养过程满意度的调查：总体上博士生满意度水平从高到低依次为导师指导、科研训练、课程与教学、奖助体系、管理与服务，其中课程与教学、奖助体系、管理与服务三个指标是培养过程的短板和薄弱环节，特别是在课程与教学的满意度方面，博士生对课程体系、教学内容、教学方法等认可度低。②

最后，高水平导师的不足及对博士生培养的精力投入不足。大学教育的本质是人才培养，高质量的博士生培养不仅取决于学生的优秀，更取决于教师的优秀。因此，博士生培养既离不开有创新潜质的博士生，亦不能缺失高水平的教师。世界名校的共同经验无不证明：高素质的师资队伍既是决定一所大学核心竞争力的关键所在，也是培养创新型人才的关键所

---

① 项璐、眭依凡：《培养目标：人才培养模式改革的价值引领——基于斯坦福大学"开环大学"计划的启示》，载《现代大学教育》2018年第4期。

② 李明磊、周文辉、黄雨恒：《博士生对培养过程满意吗？——基于数据检测视角》，载《研究生教育研究》2017年第5期。

在。这也是最让耶鲁大学校长自豪，且凡开学典礼都会向新生陈述的事实："在耶鲁教导你们的教师都是各自研究领域中的国际级领先者，他们几十年如一日，为知识的发展作出了开创性的贡献。"①诺贝尔经济学奖获得者保罗·塞缪尔森发表获奖感言道："我可以告诉你们怎样才能获得诺贝尔奖，诀窍之一就是要有名师的指点。"哈里特·朱克曼在其博士学位论文《科学界的精英——美国的诺贝尔奖获得者》中研究了1901—1976年间313位获奖人，结果发现多数诺贝尔奖获得者具有师承关系。在她统计的1972年前在美国进行并因其研究获奖的92位获奖人中，有一半以上即48人曾在前辈获奖者手下当过学生、博士后或研究助手。②由此足以证明卓越导师之于高层次创新型人才培养的重要性。如何遴选德才兼备的高水平导师并营造有利于他们自觉于、热爱于和致力于博士生培养的制度及文化环境，是当前我国大学博士生培养面临的严峻挑战。博士生培养质量的保证及提高既取决于导师的高水平高素质，又取决于导师的教学投入，二者缺一不可。当前"非升即走"的教师聘任制度及难以根绝的学术绩效评价导向使得导师尤其是青年导师的科研压力骤增，不得不削减在博士生培养上的时间和精力投入，这也是导致博士生对课程体系、教学内容、教学方法等认可度低的直接原因。尽管不少大学尤其是研究型大学拥有年龄结构合理、研究特色突出、科研专长明显的导师队伍，但导师的优秀并不简单等同于博士生培养的高质量，因为博士生培养的过程是一个需要导师付出足够的时间和精力参与的艰苦智力劳动的过程。

三、一些著名大学之博士生培养模式特征

自20世纪90年代始，部分发达国家的一些学者、机构和团体对传统的

① 眭依凡：《大学：如何培养创新型人才——兼谈美国著名大学的成功经验》，载《中国高教研究》2006年第12期。
② 眭依凡：《杰出人才培养：大学必须守持学术理性》，载《中国高教究》2012年第12期。

博士生培养模式感到不满，并积极寻求创新性的博士生培养方案。有关调查表明：多数博士生认为自己只是从事教学和研究助理工作的廉价劳动力，在研究型大学谋职的希望越来越渺茫；而大学则不满于博士毕业生不具备基本的教学技能；工商业界的人士抱怨博士毕业生不能运用所学理论来解决实际问题。[①]为此，改革博士生传统培养模式的诉求日益强烈，并成为国际高等教育界的共识。为具体了解海外著名大学及受英国办学治校育人理念和模式影响的中国香港高校的博士研究生培养情况，笔者邀请了9位分别在美国哈佛大学、休斯顿大学清湖分校、英国牛津大学、爱丁堡大学、德国柏林自由大学、日本东京大学、澳大利亚麦考瑞大学、新西兰怀卡托大学以及中国香港中文大学获得博士学位，现在国内大学任教的教师对他们曾就读大学的博士生培养模式的相关要素进行了书面调查，主要调查要素如下：如何录取博士生；课程设置情况及其学分要求；学习年限；培养过程特别之处；对学位论文选题的要求及是否有开题环节；博士生与导师的主要交流方式；完成学位论文的时间要求及其如何评审；如何答辩及答辩委员会成员的组成；博士学位论文答辩前是否有论文发表的要求。调查结果归纳于表3-4。

---

① 陈洪捷：《知识生产模式的转变与博士质量的危机》，载《高等教育研究》2010年第1期。

表3—4 部分著名大学博士生培养特征

	博士生录取	课程及学分	学习年限	培养过程独特之处	学位论文选题要求及开题	师生交流	完成学位论文时间及评审	答辩及答辩委员组成	答辩前是否需要发表论文
美国哈佛大学等	申请审核（1万字写作样本等）、面试	2年16门课程（11门博士层次、主修辅修），每门课时3小时，每门课3学分	5—10年	对质量要求很高，学术讲座等交流频繁	2年后课程综合考试（不合格淘汰）、第3年末开题并要求通过	预约见面（导师课题组成员课题交流频繁）	通过博士生候选人考试（笔试、口试）后6个月到5年内，答辩委员为评审人	3—5人的答辩小组（主要由本校教师担任）	无硬性要求（"论文博士"发表3篇论文，将论文文装订在一起，加上前言构成博士学位论文）
英国牛津大学等	申请审核（要求有硕士学位）、面试	无课程硬性要求、无必修课，无学分要求	3—4年	学生有充分的独立性和自主性，鼓励学生结合专长与兴趣选题（博士生由基金会资助），培养注重过程性评价	对学位论文无特定选题要求，导师（一般是两位）认可即可	有面对面交流的最低要求（见面前将完成的工作发送给导师）	研究型哲学博士要求完成创作式研究	第4年结束前提交（8—10万字）学位论文（着装袍答辩），答辩委员2人，直接针对博士生论文提问，学生答辩	无发表要求

（续表）

博士生录取	课程及学分	学习年限	培养过程独特之处	学位论文选题要求及开题	师生交流	完成学位论文时间及评审	答辩及答辩委员组成	答辩前是否需要发表论文
英国爱丁堡大学 申请审核（研究计划、博士录取委员会决定是否录取，研究计划和科研情况在录取中占比重要，无面试）	鼓励选修感兴趣的课程但可不修，即便选修课程也不用考试且无学分	3—4.5年	学习资源非常丰富；为博士生出学术交流提供各种便利；重视不同学科间的交流合作	选题在研究计划预先确定（依个人兴趣和知识），一年后如通过开题，学生身份从博士研究生（PhD student）变成博士候选人（PhD candidate）	每月定期会面1—2次，每次约1—2小时	3年以上，和导师商量找1位校外审专家（国内外均可，答辩时给出意见）	论文外审专家及院内专家组成答辩委员会，校外专家任主席；答辩结果分为直接通过、小幅修改（1个月之内递交）、中幅修改（2个月之内递交）、大幅修改（6—12月重新递交）、不通过	无发表要求（鼓励博士论文写作和外出参加学术会议并作学术报告）

（续表）

	博士生录取	课程及学分	学习年限	培养过程独特之处	学位论文选题要求及开题	师生交流	完成学位论文时间及评审	答辩及答辩委员组成	答辩前是否需要发表论文
德国柏林自由大学	导师负责制（决定录取）	无特殊课程设置和学分要求，研究生参加每周一次的晚间讨论课	5年左右	教授对如何培养有决定权，博士生自主性强	从选题到谋篇布局都由博士生自己决定，一般要求大而空，不能大而空，个案研究居多；无仪式性的开题环节	通过预约每周一次固定交流时间，每次2小时	无具体时间要求，论文完成后由导师邀请1位同专业或相关专业教授进行评审	无完成学位论文的时间要求	学位论文答辩后有论文发表的要求，不发表无法获得学位证书
日本东京大学	申请审查通过者获入学考试资格者（笔试与面试，笔试考察专业知识与外语水平，面试关注毕业论文），通过考试者获入学资格	一贯制项目完成30学分的课程才有资格申请博士学位，区分制博士项目因校因学科而定，20学分上下	一贯制博士项目5年，区分制博士项目3年	有些专业专门开设博士论文指导课程进行论文辅导活动且纳入正式学分	师徒制色彩浓，导师研究兴趣对学生选题影响大；强调博士选题与硕士选题一致，有开题或类似开题环节	单独交流与辅导、讨论班是师生进行学习与研究交流的重要方式	无时间要求，延期是普遍现象	所属学院选定本院教师组成论文审查委员会，根据需要聘请校内外教师，通过审查进行论文答辩	无发表要求，亦有专业要求博士生在作博士论文写作前有一定量的论文发表

（续表）

博士生录取	课程及学分	学习年限	培养过程独特之处	学位论文选题要求及开题	师生交流	完成学位论文时间及评审	答辩及答辩委员组成	答辩前是否需要发表论文
澳大利亚麦考瑞大学	申请审核制（科研能力、导师威望、研究课题的紧迫性和重要性）	无学分要求，无须上课，毕业的唯一要求是博士论文	全职：3~4年；兼职：8—10年	强调学生独立研究能力，导师会默认录取的博士生具备独立科研能力，并把学生当作同事看待	由博士生依自己研究兴趣确定（强调有社会实际效用）；博士候选人入学半年后需上交研究计划，学校专门委员会审核，无须进行开题报告	澳大利亚高校规定导师和学生每两周需要沟通研究进展，交流方式是电子邮件和面对面开会	3~4年完成，延期取消奖学金并交延期费，学位论文需要3位盲审专家（至少两位外国知名专家）由导师和博士生协商提供6个审核人员，由博士学门委员会对评审人资质进行审核确定	3位评审通过博士论文就会授予学位，不必组织答辩	无发表要求，学生每年需要网上填写年度报告（与导师的合作情况、论文的进展等）

（续表）

	博士生录取	课程及学分	学习年限	培养过程独特之处	学位论文选题要求及开题	师生交流	完成学位论文时间及评审	答辩及答辩委员组成	答辩前是否需要发表论文
新西兰维托克大学	申请审核制	以做研究为主，无须选修课程	3—4年	学习期须做两次学术报告，要求参加国内和鼓励参加国际学术报告	题目可由学生选，但一般结合导师的研究课题；入学半年要交课题研究报告（介绍已做工作，未来研究计划及成果）；无须答辩（校学术委员会未批准，则需重交或退学）	无固定模式，主要由导师和学生商定	学习年限不固定，奖学金一般3年；论文评审要求国内和国外专家各1位	论文评审通过进行论文答辩；答辩由校学术委员会委员主持，评审专家和导师参加，可旁听，但只有评审专家可评论和提问	无硬性规定发表文章
中国香港中文大学	申请考核制，20—30分钟面试	课程学分要求很低，4门方法必修课（共6学分），其他选修课程看个人兴趣	3年	三年内要做两次田野调查，开题前和开题后，每次调查为期1—2个月，每生有3.5万港币的调查经费资助	选题无具体要求，基于学生研究兴趣确定，博一上半年确定选题	预约后1对1面谈，因导师而异每周或每月见面	博三上半年完成	由导师、论文指导委员会老师以及校外考官组成，答辩后1个月左右修改，导师审核、签字提交研究生院	毕业前不要求发表小论文，有些老师不鼓励学生发太多小论文

上述大学的博士生培养模式虽然不尽相同，但在以下方面反映了共同特征：其一，博士生的招生录取实行"申请—审核"制，特别重视报考者已具备的研究基础及由此反映出来的研究能力，以及考查报考者撰写的研究计划是否具有学术创新价值；其二，博士生培养以完成具有知识创新价值的高质量学位论文为目标及质量评价标准，培养体系各要素如课程设置、培养方式、制度设计、文化营造等均以此为目的，鼓励博士生挑战有学术创新意义的博士论文选题并为其提供必要的支持；其三，博士生培养过程注重导师与博士生的交流和指导，但特别强调学生的自主性；其四，博士生在申请博士学位论文答辩前没有相关论文发表的要求，但会严格把关博士学位论文是否有创新价值。

四、关于博士生培养模式改革的思考

由于人才培养质量并非培养体系某单一要素作用的结果，而是培养体系诸要素共同影响的结果，因此旨在提升人才培养质量的培养模式改革是一项涉及培养目标、培养过程、受教育者及教育者等要素的综合性改革，高等教育普及化时期旨在提升博士生培养质量的培养模式改革亦然，必须以培养拔尖创新型人才为价值理性，如果缺失了这一价值理性的引领，我们大学的博士生培养就会流于平庸，包括研究型大学的教育资源也难以专注和集中于拔尖创新型人才培养，由此导致的结果不仅是大学竞争力的衰微，更严重之后果是国家创新人才不足带来的创新国家建设乏力。博士生培养模式改革的基本逻辑是在清晰的培养目标指导下，通过完善招生录取方式，优化培养过程，建设高素质导师团队等举措形成科学合理的人才培养体系。

（一）确立博士生教育拔尖创新型人才培养的目标

进入高等教育普及化时期后，博士生教育的精英教育地位更加凸显。在高等教育数量规模发展的目标基本实现后，大学特别是研究型大学必须把人才培养的高质量视为改革发展的重点所在，博士生教育则必须以培养具有创新能力和社会责任担当的知识精英为己任。人才培养目标是大学应该培养什么人的一种价值主张和具体要求，是大学人才观的集中反映。人才培养目标设计是人才培养体系中的第一要素，也是大学理想和使命的具体体现，明确的人才培养目标是确保大学人才培养应有质量的逻辑前提。[①]《学位条例》第六条将博士生培养目标规定为：在本门学科上掌握坚实宽广的基础理论和系统深入的专门知识；具有独立从事科学研究工作的能力；在科学或专门技术上做出创造性的成果。[②]应在此基础上根据高等教育普及化时期对博士生培养的新要求做出适当的调整与补充。整体而言，应坚持专业型博士和学术型博士的分类培养目标，推进博士生培养供给侧结构改革，坚定服务国家社会需求和坚持"四个面向"——面向世界科技前沿，打破学科壁垒，促进学科交叉融合；面向国民经济主战场，促进产教融合；面向国家重大战略需求，促进研究生教育与社会的融合；面向国际社会，加强各国之间的交流与合作，构建人类命运共同体。[③]在具体培养目标上，坚持高质量培养专业性更强、掌握精深知识、具备问题意识、探索精神、创新能力、社会关怀和国家使命、在具有独立从事研究工作能力的基础上，学会多学科合作与共事的拔尖创新型人才。

（二）建立有利于遴选富有创新潜质博士生录取的招生考试制度

当博士生教育之创新型人才培养目标确立后，传统的以知识积累为考核和录取标准的博士生遴选原则和方法必须让位于有利于发现和遴选具有创新潜质博士生录取的招生考试制度。2020年《教育部 国家发展改革委 财政部关于加快新时代研究生教育改革发展的意见》指出，要健全博士研究生"申请—考核"选拔机制，扩大直博生招生比例，研究探索在"高精尖

---

① 眭依凡：《杰出人才培养：大学必须守持学术理性》，载《中国高教研究》2012年第12期。

② 《中华人民共和国学位条例》，http://www.gov.cn/banshi/ 2005-05/25/content_940. htm，访问日期：2021年7月11日。

③ 王战军、于妍、王晴：《研究生教育创新发展要深刻识辨五大变化》，载《学位与研究生教育》2021年第2期。

缺"领域招收优秀本科毕业生直接攻读博士学位的办法。[①]具有博士生培养权限的大学尤其是研究型大学必须根据上述意见加快符合时代发展要求的博士生招生考试制度改革进程，建立和完善有利于遴选富有创新潜质博士生录取的招生制度。在招生过程中，特别是在扩大直博生招生比例方案设计中，在充分考虑本校学科性质和学科特征差异及人才培养模式差异的基础上，坚持基于申请人学术经历、科研能力、研究计划质量及创新能力的高质量遴选标准，强化导师负责制及"宁缺毋滥"的录取原则，在严把博士生招收"入口关"的前提下，积极探索灵活多样的博士生考试录取方式。

（三）构建和完善以博士学位论文创新性为价值引领的全要素培养过程

博士生培养过程是围绕完成一篇有知识贡献、有创新价值的学位论文的目的，扩展、深化博士生相关专业知识及培养博士生创新能力的人才培养过程。在博士生培养过程中，应高度重视"多学科跨学科融合产生的具有全新意义及独特规律的新知识领域"[②]，使博士生在有限的修业年限内能够集中时间和精力于具有知识创新价值的学位论文研究；强化博士生课程选择及培养方式的针对性、灵活性和多样性，尤须满足博士生学术志趣发展和学位论文创新需要的有深度有特色的课程开设和培养方式选择。有关调查表明：课程学习与科研训练关系密切度对博士生学术兴趣、研究伦理、学科知识、方法技能、科学思维与学习能力、研究实施与呈现能力等具有显著正向预测作用，特别是课程学习与论文选题的密切度对博士生学术研究兴趣有较大影响。[③]在为学生提供资源支持、过程性评价与质量监督以及合理的分流与退出机制上，均应以支持博士生高质量完成博士学位

① 《教育部 国家发展改革委 财政部关于加快新时代研究生教育改革发展的意见》，http://www.moe.gov.cn/srcsite/A22/s7065/202009/t20200921_489271.html，访问日期：2020年9月20日。
② 眭依凡、李芳莹：《"学科"还是"领域"："双一流"建设背景下"一流学科"概念的理性解读》，载《高等教育研究》2018年第4期。
③ 包志梅：《博士生课程学习与科研活动关系密切度及其对科研能力的影响——基于对48所研究生院博士生的调查》，载《学位与研究生教育》2021年第1期。

论文为中心和落脚点。在资源支持方面，提供多样的支持资源类型和灵活的资源支持方式，重点强调对高质量完成学位论文提供的过程性支持；在过程性评价与质量监督方面，淡化论文发表数量的评价导向，摒弃以论文发表数量作为参加学位论文答辩和获得学位的前提条件的做法，减轻学生"为发表而发表"的压力，避免过程考核的形式主义，重视过程性评价对博士生高质量完成学位论文发挥的引导作用；在分流与退出机制方面，在确保培养质量的理念下适度加大分流力度，可以学习借鉴美国大学在博士生培养过程中实行的博士候选人资格考试制度（设置于博士生相关课程修读完成之后、博士学位论文写作之前），设计围绕明确博士学位论文选题和完善博士研究计划为目的以相关课程学习为主的博士候选人准备阶段和通过资格答辩后以博士论文研究撰写为目的的博士候选人阶段，在这一过程中进行合理分流。进入博士候选人阶段后必须集中精力于博士学位论文写作，以学位论文的完成质量与创新水平作为参加答辩和通过答辩的依据。此外，建议完善卓越人才申请论文博士的制度设计。

（四）加强德才兼备的高水平博士生导师队伍建设，充分发挥导师团队力量协同培养博士生

如前所述，博士生培养是师傅带徒弟的培养过程，所谓"名师出高徒"，导师必须担负起博士培养质量的责任。基于导师对博士生培养质量的重要性，大学必须重视对博士生导师遴选、考核制度的建立健全，绝不可让不具备博士生导师德才的人滥竽充数。人才培养质量的保障与提高，尤其是杰出人才的培养很大程度取决于教师的高水平高素质和辛勤的教学投入。教育者是大学教师最基本的社会角色，培养人才是大学教师的第一要务，大学教师作为"教育者"，担负着培养人才的重大社会责任与使命。[①]关于研究生导师之于研究生培养质量关系的研究比较丰富，在此不再赘述。在强调导师作用与导师责任的同时，应着力探索更为合理的考核评价

---

① 张应强：《大学教师的社会角色及责任与使命》，载《清华大学教育研究》2009年第1期。

标准和评价机制，将育人投入纳入对教师的考核中并增加占比，转变考核唯论文发表是重的局面。此外，随着交叉学科及跨学科博士生培养需要的日益增强及其招生规模的增加，大学必须着力构建专攻领域不同的博士生导师共同体，尤其是不同学科博士生导师共同体的构建，以满足交叉学科及跨学科博士生培养的需要。

（本文发表于《中国高教研究》2022年第1期，第二作者是李芳莹。原文有改动。）

第四节　关于完善我国博士学位论文匿名评审制度的思考与建议

博士生培养质量不仅是"衡量一个国家高等教育发达程度及知识与科技创新能力的重要标志"[①]，亦是考核国家"高质量高等教育体系"建设成效的重要判据。由于博士学位论文是反映博士生培养质量的基本依据，由此决定了关系博士学位论文质量评审的制度设计对博士生培养质量的保障具有决定性影响。这就是高等教育国际社会无不把博士学位论文质量视为评判博士生能否获得博士学位的必要条件及衡量博士生培养质量的重要标准。我国博士学位论文评审制度设计的历史依据源于西方博士生教育的悠久历史及成功实践，而法规依据则基于《中华人民共和国学位条例》及《中华人民共和国学位条例暂行实施办法》。基于促进博士学位论文质量提

[①] 眭依凡、李芳莹：《高等教育普及化时期博士生培养模式改革的思考》，载《中国高教研究》2022年第1期。

升之目的的学位论文匿名评审制度及其实施，历经从个别研究型高校的自我探索到全国博士生培养单位的全面推行已有近30年的历史。由于任何社会或组织制度都需要与时俱进，作为高等教育质量评价制度之组成部分的博士学位论文评审制度亦不能一劳永逸，必须顺应高等教育普及化和智能化时代背景下博士研究生教育规模日益增大及博士研究生创新能力培养日益重要的发展需要予以改造和完善。

一、关于我国博士学位论文评审制度变迁的回顾

1977年10月，国务院批准教育部《关于高等学校招收研究生的意见》，自此研究生教育得以恢复并于次年开始招收研究生。1980年《中华人民共和国学位条例》的颁布及1981年《中华人民共和国学位条例暂行实施办法》的出台，标志着新中国学士、硕士、博士三级学位制度的正式建立及其实施。上述两个法规文本为"促进我国高等教育事业的健康发展、规范高等教育机构的运行秩序、确保和提高人才培养和学科建设的质量水平以及满足国家通过高层次人才培养和知识创新以提升国家竞争力发挥了重要引领和保障作用，对我国高等教育规模发展和质量提升作出了重大贡献"[1]。1981年11月，教育部发布《关于做好1981年攻读博士学位研究生招生工作的通知》后，中国科学院、中国科技大学、复旦大学、华东师范大学作为试点单位率先从1978年招收的万名研究生中遴选出17位优秀者作为博士生继续培养。山东大学的78级研究生于秀源由于学业优异，于1980年就提前毕业了。但著名数学家王元院士评价他的毕业论文"能够达到博士水平"[2]，山东大学玉成此事，在他并未参加论文答辩的前提下，授予他博士学位，并与上述17位博士毕业生一道以我国自主培养的首批博士身份，

① 眭依凡、李芳莹：《高等教育普及化时期博士生培养模式改革的理性思考》，载《中国高教研究》2022年第1期。
② 《新中国首批18位博士》，https://baijiahao.baidu.com/s?id=1625861973838504678&wfr=spider&for=pc。

集体参加了1983年5月27日在北京举办的博士学位授予仪式。可以说1981年学位制度的建立实施，是改革开放后我国博士生培养的起点。为了规范招收博士生招生培养工作，1982年教育部又出台了《关于招收攻读博士学位研究生的暂行规定》。自此，我国博士生教育数量得以长足稳定发展，从1982年招收302位博士新生及数百名在校生，至2021年全国招收博士生12.58万人及在学博士生50.95万人。

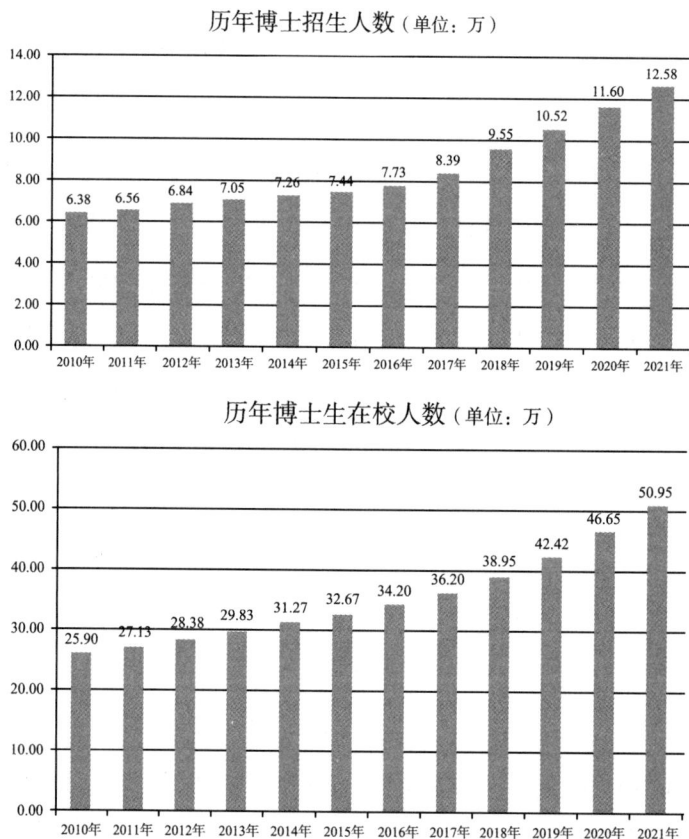

历年博士招生人数（单位：万）

历年博士生在校人数（单位：万）

图3-2　历年博士招生人数、历年博士生在校人数
资料来源：https://view.inews.qq.com/a/20220310A03GUQ00。

随着博士生培养授权单位及其博士生招生数量的日益增多，尤其是近10年来博士生招生数量规模快速增长，见图3-2，如何通过博士学位论文评审及学位论文抽查制度完善以确保博士生学位论文应有的学术水平，日益受到教育主管部门及博士生培养单位的高度重视。2014年1月，国务院学位委员会、教育部印发了《关于加强学位与研究生教育质量保证和监督体系建设的意见》及《学位授予单位研究生教育质量保证体系建设基本规范》，其不仅提出要"开展博士、硕士学位论文抽检工作"以"强化学位授予单位、导师和研究生的质量意识，加强学位授予管理，保证学位授予质量"，而且对"健全学位论文评阅制度"做了特别强调："论文评阅要保证有一定数量的外单位同行专家参与，加强匿名评阅等适合本单位实际的论文评阅制度建设。"①自此，大多数博士生培养单位均以这两个政策及制度文本为依据，开始推行博士学位论文匿名评审制度并接受来自中央教育主管部门同样是以匿名评审的形式对博士学位论文进行的抽查。近几年所有博士生培养单位的学位论文匿名评审已基本实现全覆盖。

在招收博士生的早期，所有博士生培养单位主要依据《中华人民共和国学位条例暂行实施办法》关于"博士学位论文或摘要，应当在答辩前三个月印送有关单位，并经同行评议。学位授予单位应当聘请两位与论文有关学科的专家评阅论文，其中一位应当是外单位的专家"②的规定，较长时间内主要采取公开评审方式对博士学位论文进行评阅。自20世纪90年代中期起，随着博士生培养规模扩大及非学术因素对博士学位论文评审的不良影响日渐增大，部分高校尤其是在国内具有引领性的研究型大学如清华大学及北京大学等名校，它们出于确保本校博士学位论文质量的考虑，主动开始探索博士学位论文匿名评审制度的建立及其实施。据有关文献，清华大学于1995年率先对申报校级优秀的博士学位论文进行同行专家匿名评审，之后演变为每年随机抽检10%左右的博士学位论文，2001年进一步将

---

① 《国务院学位委员会 教育部关于加强学位与研究生教育质量保证和监督体系建设的意见》，http://www.moe.gov.cn/srcsite/A22/s7065/201402/ t20140212_165554.html。

② 《中华人民共和国学位条例暂行实施办法》，http://www.moe.gov.cn/jyb_sjzl/sjzl_zcfg/zcfg_jyxzfg/202204/t20220422_620528.html。

该比例扩大到申请毕业博士生论文总数的40%。[1]北京大学中文系于2000年始就开展了博士论文匿名评审工作。[2]最具代表性的是《北京大学博士学位论文匿名评阅和导师在答辩中回避评议制度的实施原则》于2002年公布和实施，其要求在全校范围内实施博士学位论文匿名评审制度。[3]由于这是我国高校率先推出的对博士学位论文全面实施匿名评审的制度文本，所以高教界视其为开创博士学位论文匿名评审先河的制度设计。此后，一些高校也先后推出了博士论文匿名评审制度，但多数高校依旧还是以博士学位论文公开评审制度为主。直至2014年1月上文提及的来自国务院学位委员会、教育部《关于加强学位与研究生教育质量保证和监督体系建设的意见》及《学位授予单位研究生教育质量保证体系建设基本规范》的出台，这种以少数高水平研究型大学自觉理性主导的博士学位论文匿名评审制度的建设及实施，在中央政府主导下逐步实现了向全国性博士培养单位的过渡。归纳起来，我国博士学位论文评审制度经历了由公开评审到以公开评审为主及少数高校探索匿名评审制度再到全国性推行匿名评审的制度变迁过程，如表3-5所示。

表3-5　我国博士学位论文评审制度的演变

时间	博士论文评审制度	代表性文件或事例
1981年—20世纪90年代	以公开评审制度为主	"博士学位论文或摘要，应当在答辩前三个月印送有关单位，并经同行评议。学位授予单位应当聘请两位与论文有关学科的专家评阅论文，其中一位应当是外单位的专家。"（《中华人民共和国学位条例暂行实施办法》）

---

① 孙炘、高虹等：《谈博士学位论文评审方式改革》，载《学位与研究生教育》2003年第7期。

② 温儒敏：《从博士论文匿名评审说起》，https://www.gmw.cn/01gmrb/ 2000-07/02/ GB/06%5E 18469%5E0%5EGMA1-012.htm。

③ 眭依凡、李芳莹：《高等教育普及化时期博士生培养模式改革的理性思考》，载《中国高教研究》2022年第1期。

（续表）

时间	博士论文评审制度	代表性文件或事例
20世纪90年代—2013年	以公开评审制度为主，探索匿名评审制度	1. 1995年，清华大学对申报校级优秀的博士学位论文进行同行专家匿名评审，之后每年随机抽样10%左右的博士学位论文进行匿名评审，在此基础上于2001年起将该比例扩大到申请毕业博士生论文总数的40%。 2. 2000年，北京大学中文系开展博士论文匿名评审工作。 3. 2002年，北京大学颁布《北京大学博士学位论文匿名评阅和导师在答辩中回避评议制度的实施原则》，在全校范围内实施博士学位论文匿名评审制度。
2014年—至今	匿名评审制度全面展开	"健全学位论文开题及评阅制度。论文评阅要保证有一定数量的外单位同行专家参与，加强匿名评阅等适合本单位实际的论文评阅制度建设。"（《关于加强学位与研究生教育质量保证和监督体系建设的意见》）

二、关于博士学位论文匿名评审制度的调查及其利弊讨论

所谓博士学位论文匿名评审制度，又称"双盲"评审制度，即在学位论文送审和评审过程中，论文作者及其导师与论文评审专家个人信息相互保密的一种论文评审制度。该评审制度设计的工作流程大致相同：完成学位论文的博士生经导师审定同意，向学校研究生或学位主管部门提出论文送审要求，由学校主管部门隐去论文作者及其指导教师等信息后，将博士生的学位论文委托第三方组织即"学位论文送审平台"（通常为教育部学位与研究生教育发展中心即教育部"学位中心"或其他博士生培养授权单位等），再由第三方组织随机遴选若干相同学科或相关学科领域的评审专家评审论文，评审结论由第三方组织隐去评审专家个人信息后反馈给委托方。有些高校出于确保博士学位论文质量的慎重考虑，会出台辅以校内若干同行专家同时评审的规定，其评审意见与校外专家评审结论具有同等效力。

客观而言，该评审制度较好地避免了论文评审过程中的非学术因素干扰，在保障博士学位论文质量继而在保障博士生培养质量上发挥了积极作用，故而受到博士生培养单位的青睐，并成为我国主流的博士学位论文评审方式。但该制度并非完美无瑕，在其实施中亦暴露出了诸如不利于学术民主、不利于博士学位论文的创新，甚至"外行"评审"内行"等问题。为此，识别现行博士学位论文匿名评审制度的利与弊并分析讨论，是完善该制度的逻辑前提。

（一）关于博士学位论文匿名评审制度实施的调查

决策理论强调，理性的决策抑或一项好的决策在其出台前必须让受该决策影响的人们对其有所了解，以便尽可能减少甚至避免该决策执行时的不确定性。换言之，受决策影响的人最能体会到一项决策的好与坏，制度设计亦然。为了客观反映直接受学位论文匿名评审制度影响的博士生对该制度的真实看法，我们设计了如表3-6所示的11个题项，加上表3-7"如果学位论文被误判您作何选择"及表3-9"如何进一步完善我国的博士学位论文匿名评审制度（多选题）"，共13个题项构成的"关于博士生学位论文匿名评审制度的调查问卷"，以浙江大学、南京大学、上海交通大学、华东师范大学及苏州大学等为样本高校，运用线上调查为主、辅以线下调查的方法，对上述高校包括教育学、管理学、社会学、生物医学、农学等多个学科的部分在读博士生及毕业生进行了微小型的问卷调查。这项调查共收回有效问卷173份，其中在读博士生有122人，已毕业博士生有51人。

从表3-6所示的调查结果看，参加本调查的博士生和博士毕业生不仅对学位论文匿名评审制度总体上是满意的（见表3-6题1），其中"对当前博士学位论文匿名评审制度较满意"持认同及很认同态度的受询者占受询总人数的41.04%，若加上一般满意者高达86.13%；而且对该制度诸如"学位论文匿名评审制度能有效规避非学术要素对学位论文的干扰"（见表3-6题2）及"学位论文匿名评审制度有利于确保博士学位论文的基本质量"（见表3-6题3）亦予以了肯定及高度肯定的回答，分别占受询者总数的55.49%

和59.54%，若加上一般肯定者则分别高达80.35%和89.60%；即便对"匿名评审制度有利于促进博士生学位论文的创新"（见表3-6题4）的回答，持认同及很认同态度的受询者也占了受询总人数的41.04%，若加上一般认同者高达86.13%。作为学位论文匿名评审制度的亲历者，博士毕业生比在读博士生对学位论文匿名评审制度予以肯定的程度更高，尤其是高达64.71%的博士毕业生"对当前博士学位论文匿名评审制度"持认同及很认同的态度。尽管受微型调查样本高校及受询者数量有限性的影响，本调查所获数据虽不具权威性，但还是反映了博士生及博士毕业生对学位论文实行匿名评审制度予以肯定的基本事实。

但需要指出的是，本调查同时也反映出了一些不容忽视的问题，譬如：参加调查的博士生和博士毕业生对当前学位论文匿名评审制度的满意度不及预期，其中多达53.28%的受询者对此制度持既不肯定也不否定的保留态度，且有15.58%的受询者对此制度"不认同"及"很不认同"；对"匿名评审制度有利于促进博士生学位论文的创新"的认同度也不理想，其中45.08%的受询者对此问项亦持保留态度，17.34%的受询者对此问项直接回答"不认同"及"很不认同"。此外，如表3-6所示，认同题5"匿名评审过程中出现评审专家评审意见不一致的情况较普遍"者占受询人数的51.35%，认同题6"评审专家的时间精力和认真程度对评审结果的影响较大"者占86.70%，认同题7"评审专家对学位论文研究领域的熟悉程度对评审结果影响较大"者占89.01%，认同题8"评审专家的学术立场或主观偏好对评审结果影响较大"者占87.86%，认同题9"很担心博士论文在匿名评审过程中被误判"者占67.63%。参与调查的比例如此之高的博士生及博士毕业生对上述问题表现出来的担忧，在一定程度上证实了博士学位论文匿名评审制度尚有不足。亦是基于此因，高达91.33%的受询者高度认同"当前我国博士学位论文匿名评审制度有进一步完善的必要"，且有94.22%的受询者强调"面对学位论文评审争议时博士生的申辩权利需要受到尊重"（见表3-6题11和题10）。对"学位论文被误判"仅有5.78%选择沉默不予申诉，余下选择"想申诉"和"申诉"者分别占受询总人数的40.46%和53.76%（见表3-7）。将博士生和博士毕业生拆分后的调查结果如表3-7所示，虽略有变化，除反映在读博士生比博士毕业生评审制度完善的期待及其维权意识更为强烈外，并未改变所有受询者对上述诸问项所持态度的倾向性。

表3-6　关于博士学位论文匿名评审制度的调查结果（占受询者人数的比例%）

题序	题目	身份	很认同	认同	一般	不认同	很不认同
1	对当前博士学位论文匿名评审制度较满意	在读	10.65	20.49	53.28	9.02	6.56
		毕业	15.69	49.02	25.49	3.92	5.88
		全部	12.14	28.90	45.09	7.51	6.36
2	匿名评审制度能有效规避非学术因素对学位论文评审的干扰	在读	13.11	40.16	27.05	14.75	4.92
		毕业	17.65	43.14	19.61	13.72	5.88
		全部	14.45	41.04	24.86	14.45	5.20
3	匿名评审制度有利于确保博士学位论文的基本质量	在读	9.84	48.36	31.15	9.84	0.82
		毕业	15.69	47.06	27.45	5.88	3.92
		全部	11.56	47.98	30.06	8.67	1.73
4	匿名评审制度有利于促进博士生学位论文的创新	在读	9.84	27.87	45.08	13.93	3.28
		毕业	17.65	31.37	33.33	15.69	1.96
		全部	12.14	28.90	41.62	14.45	2.89
5	匿名评审过程中出现评审专家评审意见不一致的情况较普遍	在读	17.21	36.06	35.25	11.48	0
		毕业	19.61	27.45	35.29	17.65	0
		全部	17.92	33.53	35.26	13.29	0
6	评审专家的时间精力和认真程度对评审结果的影响较大	在读	47.54	40.98	10.66	0.82	0
		毕业	33.33	49.02	13.73	3.92	0
		全部	43.35	43.35	11.56	1.73	0

（续表）

题序	题目	身份	很认同	认同	一般	不认同	很不认同
7	评审专家对学位论文研究领域的熟悉程度对评审结果影响较大	在读	55.74	35.24	8.20	0.82	0
		毕业	31.37	52.94	13.73	1.96	0
		全部	48.55	40.46	9.83	1.16	0
8	评审专家的学术立场或主观偏好对评审结果影响较大	在读	44.26	45.90	9.84	0	0
		毕业	35.29	47.06	13.73	3.92	0
		全部	41.62	46.24	10.98	1.16	0
9	很担心博士论文在匿名评审过程中被误判	在读	30.33	41.80	23.77	4.10	0
		毕业	17.65	39.21	29.41	13.73	0
		全部	26.59	41.04	25.43	6.94	0
10	面对学位论文评审争议时博士生的申辩权利需要受到尊重	在读	71.31	24.59	1.64	0	2.46
		毕业	56.86	33.33	7.84	1.96	0
		全部	67.05	27.17	3.47	0.58	1.73
11	当前我国博士学位论文匿名评审制度有进一步完善的必要	在读	52.46	41.80	5.74	0	0
		毕业	43.14	41.18	13.72	0	1.96
		全部	49.71	41.62	8.09	0	0.58

表3-7 对学位论文被误判的选择（题项12）

选项	人数	比例（%）	身份	人数	比例（%）
申诉	93	53.76	在读博士	69	56.56
			毕业博士	24	47.06
想申诉	70	40.46	在读博士	50	40.98
			毕业博士	20	39.21
不申诉	10	5.78	在读博士	3	2.46
			毕业博士	7	13.73

（二）关于博士学位论文匿名评审制度的利弊分析

由于博士生及博士毕业生是受学位论文匿名评审制度直接影响的利益主体，我们一方面有必要重视来自他们的调查结果，另一方面亦有必要对学位论文匿名评审制度的利弊加以理性分析，这样我们才能对该制度予以客观的评价，继而在事实调查和理论分析的基础上有的放矢地提出制度完善的建议。

1. 关于博士学位论文匿名评审制度利之分析

自20世纪90年代中期我国个别研究型大学开始探索并试行学位论文匿名评审制度以来已近30年，自教育部印发《关于加强学位与研究生教育质量保证和监督体系建设的意见》在全国推行学位论文匿名评审制度以来也有10年之久，该制度持续至今足以证明其之于博士学位论文的质量保障及博士生培养的质量保障发挥了积极作用。博士学位论文匿名评审利之分析可以概括如下：

其一，有利于规避非学术因素对学位论文评审的干扰，确保博士学位论文的学术质量。自我国学位制度建立以来，最初采用如同表3-8所示的世界各国大学类似的公开评审制度对博士学位论文质量进行评价。具体做法是由博士学位授予单位或博士生导师推荐若干外单位相同学科领域内的博士研究生导师作为论文评审专家，再由本单位学位管理部门将博士学位论文发送至评审专家所在单位代为转交或直接寄达评审专家，评审专家在规定的时间内将评审意见反馈给委托单位或论文作者或导师。在博士生招生早期，由于博士生导师及博士生招生数量极其有限，无论是导师水平还是博士生质量都很高，所以评审专家与博士生导师及论文作者的信息公开并无碍于博士学位论文质量的客观评审。然而，随着博士生招生规模及博士生导师队伍的迅猛扩大，不仅导致这两个群体的水平和质量参差不齐，而且导致不少导师由于指导博士生数量过大而缺乏足够的时间和精力专注于博士生学业及学位论文的指导。据媒体披露，不少高校有些导师曾一度在读博士生达十几人甚至更多。在博士生学位论文质量呈下降之势而导师们

又有"护犊之情"的情况下，公开论文作者及其导师和评审专家双方身份
信息的学位论文评审制度，由于难以规避"关系社会"诸如碍于情面等非
学术因素影响带来的博士学位论文评审的非客观评价结果，甚至不公正、
流于形式的走过场等问题，学位论文匿名评审的制度设计保证了学位论文
是在评审者和作者及其导师互不知情的前提下完成评审的，从而有效规避
了导师之间（此校导师可能就是彼校评审专家）相互打招呼或担心彼此得
罪等非学术因素对评阅过程的干扰。

表3-8　国外研究型大学博士学位论文评审的主要特征

学校	评审方式	评审专家遴选程序及专家构成	专家回避制度	评审时限	争议处理	评审意见的作用
美国斯坦福大学	内部公开非匿名	博士生向专家发送评审邀请，获系主任同意后成立评审委员会；至少有3名评审专家，通常为博士生论文导师及两位对论文主题熟悉的校学术委员会成员	博士生可申请更换评审专家	答辩前完成评审，并提出评审意见		是答辩的重要条件，论文导师最终签名把关，决定能否参加答辩
英国爱丁堡大学	内部+外部非匿名	导师向学院推荐专家，学院研究生委员会确定最终人选；2名评审专家，论文研究领域的内、外部专家各1名	若对评审专家存在异议，可在评审前提出	答辩前完成评审，并提交评估报告	学院研究委员会向评审专家及导师作进一步求证后作出仲裁	作为论文表现及答辩能否通过的参考，研究生委员会根据建议作出集体决定，最终结果以多数意见为准

（续表）

学校	评审方式	评审专家遴选程序及专家构成	专家回避制度	评审时限	争议处理	评审意见的作用
德国柏林自由大学	内部公开非匿名	博士生向学院提议评审专家（需陈述理由），由学院院长批准；2名评审专家，通常是导师和本专业教授		收到论文6周内完成评审，并提交评价结果	博士委员会与博士生协商增聘一名外校专家，最终结果以多数意见为准	直接决定博士生能否顺利进入答辩
加拿大多伦多大学	外部评价	导师向学院提议专家名单，学院从中选择后，提交至研究生院批准；1名论文研究领域公认的专家		收到论文后4周内完成评审，并提交评价结果		仅作为博士生答辩结果的参考
澳大利亚墨尔本大学	内部+外部评价；结果公布前专家信息保密	导师向评审主席提议评审专家名单，由评审主席批准；3名论文研究领域具有良好学术水平和资历的专家（至少1名国际专家）	可向评审主席提交两名需回避的专家名单	收到论文6周内完成评审，并给出评审建议	与导师协商以确保没有不恰当评论，并增聘一名专家，最终结果以多数意见为准	直接决定博士生能否顺利进入答辩
新加坡国立大学	内部公开评价结果公布前专家信息保密	导师向研究生院提议评审专家，由研究生院批准；2名论文选题领域具有学术声誉的专家	若导师认为内部评审专家缺乏必要知识评审该论文，可指定一名外部评审专家	收到论文6周内完成评审，并提交评估报告	可以以书面形式回应评审专家提出的问题和批评，由研究生院传达给评审专家	直接决定博士生能否顺利进入答辩

资料来源：各有关高校官网。

其二，有利于博士生培养质量的保障。博士生培养质量取决于博士培养体系包括培养目标确定、知识体系构建、培养模式选择及导师学术水平等诸要素的共同作用，但博士生培养质量最终是通过其学位论文的质量体现的，这亦是各国学位制度无不规定凡修满必要学分者都必须通过博士学位论文答辩方可获得博士学位的原因。表面看来，匿名评审似乎仅是对学位论文送审程序的规范，其实不然。该制度设计的初衷是通过规避非学术因素对学位论文评审过程的干扰，有效保证学位论文评审的公正性及客观性，以确保学位论文的基本学术质量及博士生培养的基本质量。借此逻辑可以说，学位论文匿名评审制度是博士生培养质量保障体系中不可或缺的组成部分。由于匿名评审制度的影响，无论是博士生培养单位还是博士生及其导师都会更加重视博士生学位论文质量，在学位论文研撰过程中包括选题和开题论证，到学位论文写作的中期检查、预答辩及送审等各个环节，都会以必要的学术标准及严肃认真的态度待之，从而对博士学位论文的整体质量及博士生培养质量均产生保障作用。

其三，有利于学术敬畏和学术创新文化的营造。笔者在《高等教育普及化时期博士生培养模式改革的思考》一文中指出：自2019年我国已经进入高等教育普及化时代，"博士生教育必须以培养拔尖创新型人才为价值理性"。由于"博士生培养过程是围绕完成一篇有知识贡献有创新价值的学位论文的目的，扩展博士生相关知识、深化博士生相关专业理论及培养博士生创新能力的人才培养过程"，因此博士生教育必须在强化创新型人才培养理念和培养目标的基础上"坚持以博士学位论文具有创新价值为评判博士生培养质量的唯一判据和最高标准"①。学位论文匿名评审的制度设计，表面看来是对博士学位论文评审程序加以严肃严格规范的制度强制，殊不知其价值远非于此。制度和文化是一对可以相互转化的范畴，当具有管理工具价值作用的制度被受其影响的群体内心接受，制度就会转化为该群体文

---

① 眭依凡、李芳莹：《高等教育普及化时期博士生培养模式改革的理性思考》，载《中国高教研究》2022年第1期。

化层面的价值认同及坚守。由于学位论文匿名评审制从制度设计上阻断了论文研撰者及其指导者寄希望通过人情关系等取巧手段使学位论文侥幸过关的可能性，导致学位论文研撰者及其指导者都必须怀有对学位论文的敬畏心，从而潜心治学，做严肃认真、深入扎实的学位论文。由此可见，学位论文匿名评审制不仅有利于从组织治理上规避博士学位论文评审的非学术因素影响，保证评审过程中的客观、公平、公正性，同时有利于高校师生敬畏学术、敬畏学位及遵守学术规范、守持学术道德的文化理性，促进学术创新文化的建设。

2. 关于博士学位论文匿名评审制度弊之分析

尽管受托承担博士论文匿名评审任务最多的第三方机构教育部学位中心为"促进博士、硕士研究生学位论文质量提升，助力高质量研究生教育体系建设"，在博士学位论文质量监测和组织博士学位论文评审方面做了大量卓有成效的工作，然而遗憾的是由于匿名评审制度设计本身的缺陷，以及受托匿名评审学位论文数量剧增等原因，该制度多少暴露出了下述必须引起重视且亟待解决的问题。

（1）匿名评审专家的"好人"假设前提问题。在我国博士学位论文匿名评审制度设计中评审专家极具权威性，其评审意见不仅可以判博士学位论文之优劣等级，而且可以定学位论文是否需要修改及如何修改，甚至断学位论文能否参与答辩之生死。评审专家的身份一旦确定，他即成为一言九鼎的"德学双馨"的学术权威。这就是制度设计假设前提中的所谓"好人"假设。而问题在于从专家库抽选出来的评审人一定就是适合所评学位论文既有学术水平又学术严谨且会认真负责对待评审的专家吗？对此可以提出如下拷问：其一，评审人是否是受托评审论文所涉学科领域既有研究又有造诣的专家？尽管匿名评审制度有对评审人是否熟悉论文所涉学科的询问，然而受邀人一旦收到委托评审函及相关学位论文，是否担任评审专家就取决于受邀人自己。学位中心的入库评审专家每年都要接到不少来自学位中心的邀请函，但受托评审的学位论文常常包括不少并非评审人所属小学科或专攻学科领域的论文。面对收到的博士学位论文，我们专家真的有必要扪心自问是否适合担任该论文的评审人？其二，评审人是否有足够的时间精力严肃负责地评审学位论文？如果说上述是对评审人学术专长及学术水平是否适合评审受托学位论文的拷问，紧接着需要拷问评审人是否有充足的时间和精力投入受托学位论文的审阅且对其做出负责任的评价？博士学位论文是作者在导师指导下付出长达一年甚至数年艰苦智力劳动、专攻某一学术问题取得的研究成果。坦诚而言，没有多天严肃认真审阅博士学位论文的工作量，就难以对所评论文提出经得起辩论且对论文作者高度负责的评审意见。这亦是笔者每年仅能接受为数有限的若干篇博士学位论文予以评审的原因所在。据学界反映，现在不少学术造诣较高的学者尤其是学风严谨、年资又高的学者，由于精力有限等原因甚少接受很耗心力的学位论文评审，那么专家库中余者自然就要承担更多的评审任务，然他们同样工作繁重，何来足够的时间及精力评审过多的论文？评阅人若不能保证有足够的时间和精力投入学位论文评审和对学位论文作者高度负责的精神，其结果又会如何？事实上，确实有些既好为人师、责任意识淡薄且对受托评审论文又喜欢照单全收的评审专家，由于既不够审阅水平又不认真阅读所评论文，由此导致评审结论极不专业的诸如肯定意见与建议自相矛盾，甚至与论文真实情况不符的问题。

（2）匿名评审是否有利于鼓励博士学位论文的创新问题。众所周知，在学科高度融合又高度分化高新知识发展节奏加速的时代，不仅大学科同行绝非等同于小学科同行，即便小学科同行也不一定熟悉其中诸多不同的研究领域。进而言之，即便相同研究领域的专家亦非熟悉不同的研究方法。譬如，本人主攻高等教育理论与高等教育治理问题，在研究方法上多于思辨性的价值研究和定性研究，对需要获取大量数据并进行统计分析的定量研究并不熟悉。若本人接受超出自己研究领域及研究方法专长范围的学位论文予以评审，尽管该论文仍属于自己所在大学科甚至小学科的领域，但本人充其量只能从诸如选题是否有意义、核心概念及其关系是否清晰、研究框架是否逻辑严谨、支撑理论及研究方法是否契合所研究的问题等关系博士学位论文基本规范的方面去审读并评判之，绝难对其是否具有理论水平及创新价值做出客观准确的评价。由于匿名评审制度并未有小学科专家的强制要求，容易出现外行评内行的结果，其遵循的仅是教育评价程序公正的底线要求，体现的是一种注重评审程序和论文规范的技术评价逻辑，而非审查学位论文创新性的学术评价逻辑，评审的基本价值取向重在检查是否符合博士学位论文的基本规范，而对其是否有利于鼓励博士生挑战有创新价值和知识贡献的学位论文关切不足。这不仅与国家《学位条例》所规定的"在科学或专门技术上做出创造性的成果"的博士学位授予要求及追求知识创新与知识贡献的博士生培养目标契合度不高，且也难以为高等教育普及化时代有效提升博士学位论文的创新性营造必要的制度环境。事实上，我国具有原创性学术价值的博士学位论文成果不多，这与博士生在学位论文选题阶段就出现了一种所谓的"中间现象"相关。博士生及其导师为了规避风险，提高论文盲审的通过率，倾向于在成熟的研究领域选择易于研究的甚至是重复性研究的选题，而少于敢挑战有创新价值但难度大的学位论文选题。在每年产出博士学位论文越来越多的大环境下，具有学术创新、知识贡献的学位论文成果却不见增长，且不乏满足于顺利通过的平庸论文，难道与对博士生及其导师在学位论文选题一开始就放弃对具有挑战性的有难度的创新追求，而仅满足于学位论文达到学位申请基本要求的规范性的具有导向性的匿名评审制度没有必然关系？必须强调的是，不能鼓励学术创新的学位论文评审制度设计，是难以培养出敢于挑战学术权威、勇于学术创新的博士人才的，其结果是博士生培养之学术环境的僵化及具有原创性知识贡献的博士学位论文少之又少。

（3）匿名评审学位论文作者的权益保护问题。保护弱者权益是私法制定及执行中必须遵循的基本原则。由于匿名评审制度设计中评审专家与博士学位论文作者分别居于强势地位和弱势处境，因此论文作者的权益应当受到保护，然而情况并非如此。如前所述，除评审专家的学科领域、学术水平、责任意识及时间精力对评审结论的客观性产生不同程度的影响外，另一个更值得担心的是，若所评论文与评审专家的学术立场观点或思维方式或学术偏好相左，该论文的结局可想而知，被误判和"错杀"的可能性也随之增加。这也是同一篇学位论文常常导致几位评审专家盲审结论差别很大的原因。如某校一位博士生关于增强高校思想政治理论课实效性研究的博士学位论文分别送给5位专家盲审，其中两位给予优秀评审意见、两位给予良好评价，另一位则做出必须"大部修改、重新送审"的结论。其致命的理由是博士论文"不能只治标而忘了'治本'，要发现根源性的问题何在"，并建议作者进行纵横向的古今中外比较，就会发现"我们现在的高校德育做得如此差强人意、有效性很差"的"根源性的问题何在以及其背后所隐藏的答案"。这样的评审意见有没有评阅者用自己的学术立场甚至是具有倾向性的学术偏见去绑架被评审论文的学术权力滥用问题？此外，诸如评审专家并未认真研读受审论文，就凭主观臆断对受审论文吹毛求疵甚至做出与该论文实际不符的评价结论等问题也非鲜见。由于学位论文匿名评审制度对论文作者权益保护措施力度不到位，居于弱者身份的博士生在自己论文遭到不当评价甚至被评审专家误判、错判后多是忍气吞声，不敢据理力争。如此受害的不仅是学术民主氛围，更严重的是不利于敢于挑战质疑学术权威、勇于学术创新创造的高端人才培养。博士生教育是人才培养的最高层次，博士生培养的使命不仅是对既有知识的传承，更是在此基础上的知识创新以及运用创新知识解决现实问题。[①]

三、关于我国博士学位论文匿名评审制度完善的建议

新制度主义认为：当行为主体的利益诉求在现制度下得不到满足时，该制度均衡态的天平就会向制度非均衡态倾斜，受现制度影响的人们对新

---

① 眭依凡、李芳莹：《高等教育普及化时期博士生培养模式改革的理性思考》，载《中国高教研究》2022年第1期。

制度的需要就会日益强烈。另据管理学"倒浴盆规律",制度对社会或组织的治理有效性会随时间的推移呈现如图3-3所示的"倒浴盆"现象。由于制度很大程度上是受社会之时空影响的产物,既不可照搬照抄他人,亦不能一劳永逸,随着制度的执行主体和受其影响的对象及社会环境等因素的改变,任何制度在实施进程中的有效性都会呈现阶段性特征:早期"作用渐增"、中期"作用平稳"和后期"作用衰微"。博士学位论文匿名评审制度亦然。由于利益相关者及相关社会环境等因素的变化,该制度亟须解决随着社会发展带来的新问题。笔者结合表3-6所示的本研究调查结果,对博士生学位论文匿名评审制度的完善提出如下建议。

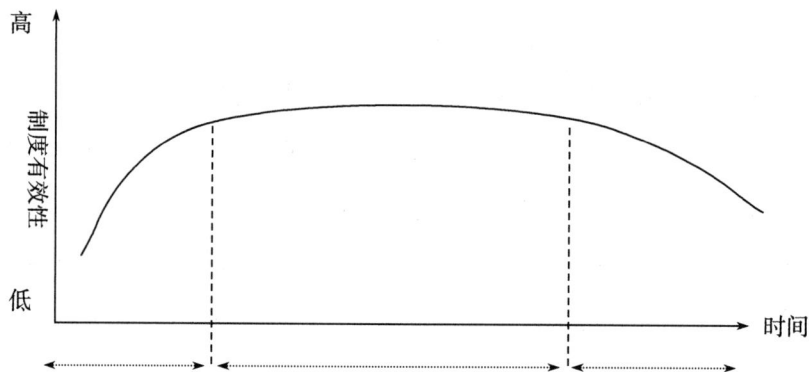

图3-3 制度有效性规律曲线

(一)博士学位论文评审制度设计完善的指导思想及原则

学位论文是检核博士生培养质量与学术创新能力的集中反映,其创新价值和知识贡献是衡量博士生培养质量最为重要的判据,尤其在高等教育普及化及高新知识国际竞争日益激烈的智能化时代。博士生教育处在高等教育人才培养的顶层,其价值绝不能仅停留在培养满足于"知识输入"的积累型人才,培养敢于创新且具有创新能力的"知识输出"型人才是博士生教育的目标所在,否则,我们的博士生教育就无法承负提升国家高新知识竞争力继而国家竞争实力之重担。基于此因,学位论文评审制度除必须发挥其规范博士学位论文评审过程以保证博士学位论文基本质量的作用外，更应在鼓励博士生培养单位重视知识创新及激励博士生及其导师挑战知识创新上发挥制度的引领和保障作用。有利于高质量及具有原创性知识贡献的博士学位论文产出及有利于鼓励博士生以敢为天下先的学术勇气去挑战学术权威、学术难题、学术填空的学位论文选题并有所建树，应当成为知识创新取胜时代博士学位论文评审制度设计的指导思想和原则。

完整的学位论文评审制度包括对如何送审、由谁评审、评审什么及其标准和评审意见及其处理等做出规定。作为一项学术评价制度，关于"评审什么"具有主体性。以接受学位论文匿名评审最多的受托方教育部学位中心为例，其最新修改后的"评议项目"包括"论文选题""创新性""科研能力""写作水平"及其对应的"评价要素"，以及"优秀""良好""一般""较差"等级和"是否同意答辩及如何修改后答辩"的设计及规定，其为学位论文评审的标准化、结构化提供了全面而统一的且具有可操作性的模板。笔者对此没有异议，问题在于评审专家如何对待"学位论文的学术评语""论文的不足之处和建议"这样两个最具个性化又极具权威性的意见栏。坦而言之，相对上述四个评议项目的等级评判，"评语"和"建议"不仅可以基本反映评审专家是否认真审读了受托评审的学位论文，更能判断评审专家的学术水平、学术立场、学术作风，包括其对待学术新人的态度及是否是评审本论文的内行。如果我们认同博士学位论文必须具有创新价值的学术观点，那么博士学位论文的送审单位及评审专家就必须高度重视"评语"和"建议"之于博士学位论文评判的重要性，并以博士学位论文的创新性及创新价值而非评议项目的优良等级定"生死"。换言之，在博士学位论文评审中，必须摒弃仅满足于"是否达到学位授予基本条件"的教育评价底线思维，要更加重视博士学位论文是否提出了新问题、发现了新领域、运用了新方法、推出了新思维、得出了新结论、创建了新理论，此即对学术发展作出新贡献。上述之诸"新"哪怕只具之一，就是博士学位论文的创新价值。

创新能力培养是博士生培养的价值追求、目标所在，与发达国家相比，我们存在诸如"博士学位论文选题的前沿性、创新性不足，博士生在开辟新研究领域、运用新视角新方法、提出独创性见解等原始创新方面"[①]存在较大差距等问题。基于鼓励和保护学术创新的指导思想，在博士学位论文评审过程中不能仅凭存在个别不同意见而对具有创新意义的博士学位论文轻易否决，即便对争议较大的博士学位论文也有必要从学术创新往往具有突破因循守旧的传统思维和理论的超前性和独创性的特征加以必要的学术包容和理解，否则博士生学术创新的思想和热情就会窒息，学术创新发展的生态环境就会枯萎，学术创新因此就会成为无源之水、无本之木。

（二）关于博士学位论文匿名评审专家遴选及监督制度完善的建议

博士学位论文匿名评审的质量取决于匿名评审专家的学术水平及学术态度。学术水平不仅包括匿名评审专家的专业能力，还包括其是否熟悉所评学位论文涉及的研究领域及其研究方法，匿名评审专家的学术水平决定评审意见的科学性；学术态度不仅包括匿名评审专家对待青年学人的学术包容，还包括能否付出较多的时间精力认真审读博士学位论文，匿名评审专家的学术态度决定评审意见的可信性。上述两个因素对博士学位论文的评审质量具有决定性作用，因此对博士学位论文匿名评审专家遴选及其行为规范制度完善提出如下建议：

其一，确保专家是受托评审学位论文研究领域内具有学术造诣的"小学科同行"。博士学位论文具有高深性与专门性的学术特征，确保评审意见科学性的前提，首先取决于所遴选的评审专家熟悉受托评审学位论文研究领域且具有较高的学术水平。一项针对30多所高校博士生的问卷调查结果显示，92%多的受询者对"评审专家对学位论文涉及的领域熟悉程度"持"比较重要"及以上的认同态度，而仅有43.3%的受询者接受"评审专家的学术称谓""比较重要"及以上的观点。[②]如表3-9所示，本调查中76.30%的

---

① 刘延东：《在全国研究生教育质量工作会议暨国务院学位委员会第三十一次会议上的讲话》，载《中国教育报》2015年1月5日第1版。

② 许丹东、吕林海：《知识生产模式视角下的博士学位论文评价理念及标准初探》，载《学位与研究生教育》2017年第2期。

受询者对"建立完善'小同行'评审专家遴选制度"持首肯态度。由此可见，博士生对评审专家的期望并不在于学术称谓和头衔，而更关心的是评审专家是否熟悉自己学位论文涉及的研究领域。另据吴丹等人的调查研究表明：匿名评审专家对博士学位论文的熟悉程度对评议结果不仅具有一定的影响，而且评审过程中确实存在着因评审专家对学科的熟悉程度不同等原因而产生的误判、错判现象。①为了强化并确保评审专家"小学科同行"的身份，建议教育部"学位中心"进一步完善"学位论文质量监测平台"的评审专家库，对入库专家进行一级学科、二级学科、研究领域或研究方向及擅长的研究方法的具体分类。通过细化评审专家的学术信息和研究领域及擅长研究方法的分类，以提高评审专家对受托评审论文在研究领域上的匹配度，确保评审的专业性。为了有利于遴选"小学科同行"专家及有利于专家做出是否接受评审的准确判断，同时建议改变对委托送审的学位论文仅注明一级学科（专业）的常规做法，要求论文作者与自己的导师明确其所属二级学科及其研究领域（方向）和主要研究方法。坦诚而言，在高水平学者尤其是学术态度严谨的资深学者普遍很忙难以有时间精力接受博士学位论文评审的当下，加之交叉学科新研究领域的出现，带来了高水平"小学科同行"评审专家的有限性问题及其遴选的难度。博士学位论文评审质量不仅对我国博士生培养质量具有决定性，而且对我国拔尖创新型高层次人才培养具有导向性。所以关于博士学位论文的评审制度设计及其执行，绝不能简单满足于有人愿意接受评审及满足于评审专家数量多，更应高度重视遴选合适的评审专家以确保评审意见的科学性。为此建议在制度设计确保高水平的"小学科同行"评审学位论文的基础上，将5个评审专家减少到3位，甚至更少。这样既可以减轻评审专家不足的压力，亦可提高学位论文评审的质量。

① 马玲：《博士学位论文同行评议的实证分析及探索性建议》，载《研究生教育研究》2011年第6期。

表3-9　如何进一步完善我国的博士学位论文匿名评审制度（多选题）

（占受询人总数的比例%）

选项	身份	人数	比例（%）
建立完善有关评审专家回避制度	在读博士	80	65.57
	毕业博士	31	60.78
	全部	111	64.16
建立完善"小同行"评审专家遴选制度	在读博士	99	81.15
	毕业博士	33	64.71
	全部	132	76.30
建立完善对评审专家的监督及问责制度	在读博士	100	81.97
	毕业博士	37	72.55
	全部	137	79.19
建立完善博士生与导师对有争议评审结论的申诉及公开申辩制度	在读博士	106	86.89
	毕业博士	41	80.39
	全部	147	84.97
限制评审专家年度评审博士学位论文上限	在读博士	67	54.92
	毕业博士	28	54.90
	全部	95	54.91
其他	在读博士	5	4.10
	毕业博士	2	3.92
	全部	7	4.05

其二，完善针对评审专家的监督约束制度。博士学位论文匿名评审制度的出台，对避免人情关系等非学术因素对评审客观性的影响，从而有利于保证评审过程的公平公正发挥了较好的作用。但是该制度设计本身的不足也导致如下不容忽视的问题：由于匿名评审为评审专家留下了可以对评审结论不担负责任的空间，有些受既成学术观点影响或学术水平有限或不熟悉评审论文研究领域的评审专家，如果其又缺乏严谨的学术态度及学术

敬畏心，就很可能对学位论文做出仅凭自己主观臆断的不科学、不客观的错判、误判结论；由于没有对专家评审论文数量的限制，有些评审专家来者不拒，根本没有足够的时间和精力认真审读论文作者用了一年以上时间和心力凝就的专业化程度高深、内容复杂的学术成果，而做出不负责任敷衍了事的评审结论。如前所述，匿名评审的依据是"好人假设"，但"好人假设"并不是好制度设计的前提。基于此，建议教育部"学位中心"进一步加强针对评审专家进行监督约束的制度完善：一是建立评审专家的信用档案，定期对所有专家的评审质量进行追踪评价，对认真评审及评审质量高的专家予以鼓励，对不认真评审且记录不良的评审专家予以淘汰；二是鼓励评审专家具名评审。据吴丹等人的调查研究，博士生学位论文匿名评审中盲审专家对论文研究领域的熟悉程度明显低于实名评审专家。[1]坦诚而言，具名评审有利于评审专家端正对学位论文评审的态度，继而强化其对评审结论的责任担当。所以，国际高等教育学界其博士学位论文评审专家的信息多是公开的；三是对评审专家每年评审学位论文的篇数加以必要限制。能够进入博士学位论文评审专家库的学者大多是"学术忙人"，尤其是高水平的知名学者，基于认真审读一篇博士学位论文是需要耗费数天工作量的学术研读过程，且他们的学术时间及精力有限，因此，在相对短暂而集中的学位论文评审时段审读多篇十几万字甚至更多的博士学位论文并做出准确的研判是难乎其难的。

（三）关于强化博士学位论文作者及其导师学术权益之制度完善的建议

一项好的制度设计必须遵循与制度相关的各方利益主体共同受益的原则。基于这个原则审视博士学位论文匿名评审制度，评审专家是单方面具有学位论文"生杀大权"的强者，而学位论文作者包括其导师则为"在强者面前永远是有罪"的弱者，两者的学术地位显然是非均衡的。正是缘于此因，赋予博士学位论文作者及其导师必要的学术权益的制度完善，不仅

① 吴丹、靳冬欢等：《优化博士学位论文评阅制度 改革博士学位授予管理模式》，载《学位与研究生教育》2021年第4期。

是营造学术争鸣、学术民主生态的需要，更是维护论文作者及其导师应有基本学术权益及保护学术创新的需要。为此，建议博士学位论文评审制度做如下改进。

其一，建立和完善博士学位论文作者及其导师对有争议评审结论的申诉及公开申辩制度。博士学位论文的研撰者在导师的指导下从搜集研读大量文献到确定学位论文选题开始，经历了漫长时间，甚至炼狱般的精神和体力的煎熬，还经历了培养单位及其诸多专家参与的开题、中期检查、预答辩等论文质量保障环节，对选题的价值、研究框架的逻辑性、理论基础的适切性、研究方法的科学性、研究结论的创新性等进行了反复甚至痛苦的打磨，所以博士学位论文的写作者和指导者对论文的得与失、优与劣最具话语权。一篇博士学位论文是作者对某一问题从选题到完成长达数年深入研究的十几万字以上之巨的思想结晶、理论成果，任何评审专家在极其有限的几天内可能难以把握其精髓、洞悉其要害，尤其是超乎常规思维、继成知识的具有创新价值的学位论文。公允地说，就博士学位论文而言，其作者才是该研究领域真正意义的专家，而评审专家不是。所以一旦论文作者及其指导者对评审专家的评审结论不能苟同，在评审制度设计上赋予论文作者及其导师对有不能接受的评审结论予以申诉乃至公开申辩的权利是必要的，尤其是在数个评审结论意见相左、评审级差甚大时，学术公正的天平更应该倒向被评审的弱者。这亦是何以有高达84.97%参与本调查研究的博士生和毕业博士赞同"建立完善博士生与导师对有争议评审结论的申诉及公开申辩制度"的原因，见表3-9。对完善博士学位论文评审结论的申诉制度和建立公开申辩制度进一步说明如下。

由于评审专家在学术倾向、评审标准、学术水平及对论文研究领域的熟悉程度和评审认真态度等方面可能存在的差异，匿名评审专家之间的评审结论产生重大异议亦属正常。对此，诸多博士生培养单位亦有在论文作者提出申诉后新增评审专家再审的制度规定。本研究讨论的重点在于：由于匿名评审专家与学位论文作者对存有异议的评审结论根本没有面对面平等学术交流的机会，因此对于评审专家提出的"修改后答辩"评审结论是不是必须遵循其提出的具体"修改意见"加以修改？笔者的观点是：当博士学位论文作者及其导师对评审专家的修改意见有不同看法时，只要作者能逐条予以逻辑严谨、言之有理的说明、解释甚至反驳，并经培养单位之学位委员会或主管部门组织的专家审定，就不必强迫其按评审专家意见修改。这就是完善申诉制度的意义所在。在知识生产创新的过程中，真理并不总是站在学术权威的一方。如果学位论文作者及其导师不能苟同评审专家的"修改意见"，甚至知道"修改意见"的不当，还要委曲求全被迫按评审专家的意见修改论文，这不仅是对论文作者及其导师的不公，还是对学术民主的伤害。在这样的制度和文化环境下，岂能培养出敢于挑战、勇于创新、胸怀知识、贡献理想的高层次人才？笔者认为，即便学位论文有这样或那样的瑕疵和不足，若其主体具有学术独创的价值，强迫作者做大部修改再度送审的评审结论也是不能让人信服和接受的。霍金的博士学位论文的评审结果就是一个鼓励创新的典范。

当学位论文作者及其导师对评审专家否定学位论文的评审结论坚决不予接受时，应该允许他们向培养单位的学位委员会或主管部门提交与评审专家公开辩论的请求。这种公开辩论的前提是评审专家公开身份或以书面辩论的方式或以面对面争辩的方式进行。建立对博士学位论文评审结论公开申辩的制度有如下的作用：一是有利于营造尊重知识、尊重博士生的包容性的文化氛围。有质疑才有学术的生气、活力和创新，一所期待培养创新性人才的大学首先应该有一种能容忍并鼓励学生质疑和批判精神的人文环境。[1]大学文化建设如此，学位论文评审制度建设亦如此。不改变博士学位论文评审"一票否决"的制度环境，营造有利于建立学术包容性的制度生态，就难以培养出能够坚持真理、敢于挑战权威的具有拔尖创新能力的博士人才。二是有利于保障博士生与评审专家平等交流的学术权益。公开

---

① 眭依凡：《大学：如何培养创新型人才——兼谈美国著名大学的成功经验》，载《中国高教研究》2006年第12期。

申辩制度为改善博士学位论文评审过程中"强者"与"弱者"的非均衡关系，为博士生创造和提供了充分阐发自己学术观点并与评审专家平等交流的机会和制度保障。三是有利于强化评审专家的评审责任感。公开申辩制度的建立，意味着评审专家多了论文作者及其导师对其评审结论的同行监督。由于评审专家随时都要面对来自论文作者及导师对其评审意见的公开质疑及挑战，这一制度设计无疑有利于强化评审专家对学位论文评审认真负责的态度和对学术评审的敬畏心，对评审专家在评审过程中的滥用学术权力、情绪化评审、结论的随意性及接受超出自己学术能力和时间精力范围的论文具有一定的制衡作用。

其二，建立和完善博士学位论文评审专家回避制度。为避免因学术派系及学术观点分歧及学科"圈子文化"等造成的不公正评审，有必要在评审制度设计上，鼓励导师和博士生在学位论文送审前提交要求回避的若干专家名单。参与本调查的博士生与毕业博士有64.16%之多亦对"建立完善有关评审专家回避制度"提出了积极诉求。而目前国内仅有清华大学、北京大学、浙江大学等为代表的大学，在博士学位论文匿名评审过程中推行了该项举措，但并未在全国博士生培养单位加以普及。

博士学位论文匿名评审制度作为通过保障博士学位论文质量继而保障博士生培养质量的教育评价制度，对其加以不断改进和完善的意义并非仅止于规避其施行过程中业已出现的诸多问题，更应关切其具有引领博士生教育体系创新和高质量发展的价值，此即重视博士学位论文匿名评审制度完善的目的所在。

（本文发表于《学位与研究生教育》2022年第11期，第二作者是毛智辉。原文有改动。）

第五节　基于创新能力提升目的的博士生培养模式改革

由于"高等教育体系主要是由支撑高等教育事业和实施高等教育活动的大学集群及治理高等教育的政府系统构成的金字塔"[1]，换言之，高等教育体系是政府宏观治理框架下以实施高等教育为己任的大学集群概念，由此决定了高质量高等教育体系建设必须具体落实到大学能否高质量发展尤其是大学教育质量能否提升上。基于人才培养是大学的核心使命及上述逻辑，可以说评判高质量高等教育体系建设成效的关键要素是"大学人才培养质量"。[2]基于此，笔者做出如下推断：评判大学人才培养质量的关键要素是创新能力，而评判大学培养的人才是否具有创新能力，首先必须评判博士生是否具有创新能力。因为博士生教育是高等教育最高层次的人才培养阶段，其人才培养的目的不是只会吸收存量旧知识的积累型人才，而是具有对增量新知识输出能力的创新型人才。尤其是高等教育普及化时代的到来，对博士生人才培养提出了知识贡献的新要求，这是时代赋予博士生培养的历史使命。[3]如果作为高等教育最高层次人才培养阶段的博士生教育

---

[1] 眭依凡：《大学内涵式发展：关于高质量高等教育体系建设路径选择的思考》，载《江苏高教》2021年第10期。

[2] 眭依凡：《一流本科教育改革的重点与方向选择——基于人才培养的视角》，载《现代教育管理》2019年第6期。

[3] 眭依凡、李芳莹：《高等教育普及化时期博士生培养模式改革的理性思考》，载《中国高教研究》2022年第1期。

都不能自觉、积极、致力于博士生创新能力的提升，国家基于高端专业人才创新能力支撑的高水平科技自立自强就会由于后继无人而难以可持续发展，继而国家高新知识和高新技术竞争力的衰微亦就难以避免。强化对博士生创新能力培养的要求既是国家竞争力提升赋予的重要性，亦是我们能否在世界百年未有之大变局中掌控发展主动权赋予的时代紧迫性。提升博士生的创新能力，传统的博士生培养模式面对亟待改革的挑战。

一、创新型博士生培养的重要性何在？

回答创新型博士生培养之重要性何在的问题，首先需要明确大学存在和发展的逻辑起点。笔者认为，大学存在和发展基于如下两个逻辑：一是满足大学探索和传播高深学问内在需要的学术逻辑，二是满足大学引领和推动社会发展的外部需求的现实逻辑。两个逻辑起点是相互高度关联而非彼此独立存在的，但学术逻辑主要决定了大学的人才培养和知识创新的核心使命，而现实逻辑则决定了大学利用人才和知识优势服务社会的基本职能。创新型人才培养既符合大学的学术逻辑及核心使命，也符合大学的现实逻辑及基本职能。大学的上述属性决定了大学具有强烈的国家和社会担当的责任。以上从学理上回答了人才培养之于大学的重要性，由此不难推断大学之高层次拔尖人才培养尤其是创新型博士生培养的重要性。

由于大学之大规模知识传承与知识创新及其物化生产力的组织属性和功能，大学已经成为国家高新知识及高新技术竞争且其他组织无法替代的实力所在，尤其是在"科技是第一生产力、人才是第一资源、创新是第一动力"[①]的知识经济和智能化时代，大学以其最具世界开放性和国际竞争性的组织特征，决定了我们不能继续以传统封闭的认识方式去看待大学之于国家发展强盛的价值作用，而必须把大学置于国与国竞争日趋激烈及世界

---

① 习近平：《高举中国特色社会主义伟大旗帜 为全面建设社会主义现代化国家而团结奋斗——在中国共产党第二十次全国代表大会上的报告》，http://www.news.cn/ politics/cpc20/2022-10/25/c_1129079429.htm，访问日期：2022年10月25日。

正处在百年未有之大变局的国际大背景下，亦即从图3-4所示的国家竞争要素逻辑关系中，建立并强化"国与国的竞争归根结底是大学的竞争"的认识。基于此，笔者认为我国的"双一流"建设及高质量高等教育体系建设，有必要置于所处国际环境亦即世界百年未有之大变局的背景框架下解读其重要性及紧迫性。

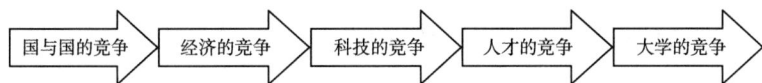

国与国的竞争 ⟹ 经济的竞争 ⟹ 科技的竞争 ⟹ 人才的竞争 ⟹ 大学的竞争

图3-4　国家竞争要素之逻辑关系

对世界百年未有之大变局加以分析，可以提炼其如下两大特征：其一，以世界政治和经济为主导的国际关系发生了巨变，以中国为代表的新型国际力量的崛起，以美国为核心的西方利益集团唯恐丧失霸权地位而全面打压中国；其二，在高新知识和高新技术引领下的，以人工智能为主导的第四次工业革命兴起，已经彻底改变了传统的产业结构和生产方式，导致了全球经济的新一轮大变革、大调整、大发展。在这样两大特征凸显的国际背景下，我国大学尤其研究型大学必须自觉纳入加速实现国家高水平科技自立自强之战略框架下，强化自身作为国家高新知识和高新技术创新主力军、生力军的办学定位，充分发挥高端专业人才及高新科技资源集中的优势，致力为攻克我国高新科技薄弱领域和提升我国国际竞争力发挥领跑作用。据经济学新分支创新经济学：未来的高新知识及高新技术是推动全球经济高速发展甚至超常规发展的最重要力量。换言之，高新知识及高新技术必将决定全球经济的未来走向，尤其是高新知识及高新技术指数级的发展不仅会孕育出创新经济体，而且能够通过以人工智能为核心的互联网、遗传学、纳米技术、神经科学、新材料技术、分子工程、虚拟现实、量子信息技术、可控核聚变、清洁能源以及生物技术等为突破口的工业革命，从而根本改变人类社会的基本文明并创造人类未来新经济，到2030年创新产业将贡献超过70%的全球经济增长。^①由此可见，高新知识与高新技术作为智能化时代的一种其他任何无法取代的权力，其不仅对国家兴衰成败具有决定性作用，而且作为一种国家竞争实力所在，对新型国际关系的形成与发展亦具有决定性作用。由于大学对高新知识及高新技术的产出、传播及运用及其相关高层次专门人才的培养，尤其是对具有高新知识及高新技术创新能力人才的培养具有很大程度的垄断性，由此决定了大学之于国家兴衰成败具有极端的重要性甚至决定性。基于上述讨论及其形成的逻辑，我们不难推断出如图3-5所示的结论：国与国竞争的本质即创新型人才培养的竞争，创新能力是大学创新型人才培养必须具备的核心竞争力。

国与国大学竞争的本质 → 知识创新的竞争 → 创新型人才培养的竞争

图3-5　国家竞争本质

当关系大学教育公平的规模发展和速度发展的问题解决后，大学教育的高质量发展和竞争效率提升，尤其是作为高等教育最高层次人才博士生之创新能力的培养等问题，自然上升为国家的紧迫议题。事实亦然。如果我们的大学承认与世界一流大学尚存在一定差距，其最大差距不在于排名先后，而在于我们的大学作出的被世界认可的知识贡献还不足，尤其是我们培养的为世界作出原创性知识和颠覆传统技术之贡献而卓杰于世的国际精英还太少。一国之大学尤其是一流研究型大学，如果其博士生教育失之创新型人才培养的竞争力，且不说其高新知识和高新技术难以雄于世界，甚至可能连影响世界的政治话语权亦会衰微。或许这就是时任西安交通大学校长王树国院士呼吁"中国高等教育应跑出创新人才培养的'加速度'"^②的原因所在。在一个日益被高新知识和高新技术所决定、国与国竞

① 《技术创新带来了经济的指数型增长，将在未来成为全球性力量》，https://baijiahao.baidu.com/s?id=1716121160657235483&wfr=spider&for=pc，访问日期：2022年11月24日。
② 王树国：《中国高等教育应跑出创新人才培养"加速度"》，载《教育家》2022年第31期。

争日益激烈智能化的时代，唯有极具知识创新及技术创新优势的高等教育强国方可造就具有强大科技竞争力及经济竞争力的现代化强国，培养创新型博士生的重要性、紧迫性就在于此。这亦是新一届党中央高屋建瓴把必须"全面提高人才自主培养质量，着力造就拔尖创新人才，聚天下英才而用之"[①]写进党的二十大报告并加以强调的长远战略意义。

二、博士生的创新能力有哪些要素？

人才培养是大学的核心使命，是大学得以发生和发展的出发点和立足点，所以我们说人才培养质量是高校必须守住的生命线。博士生教育作为高等教育人才培养的最高层次，衡量其培养质量的唯一标准就是创新能力。换言之，创新型博士并不是一个空洞的抽象概念，它是具体可视能测的、以创新能力为基本依据的人才评价指标。研究型大学尤其是"双一流"建设高校是国家提升科技竞争实力的战略组成，更应以推进国家高水平科技自立自强的使命自觉，致力于为国家培养和输送拔尖创新人才，而绝不能把自己等于普通高校仅满足于一般人才培养，或把自己等于研究机构仅注重于科学研究，必须承担好"提高人才自主培养质量""造就拔尖创新人才""聚天下英才"的历史使命。[②]在2016年12月召开的全国高校思想政治工作会议上，习近平总书记特别强调："只有培养出一流人才的高校，才能够成为世界一流大学。"[③]《统筹推进世界一流大学和一流学科建设总体方案》对"双一流"高校也明确提出：必须"突出人才培养的核心地位"及"培养拔尖创新人才"[④]。由此足见，注重并致力于培养具有创新能

---

① 习近平：《高举中国特色社会主义伟大旗帜 为全面建设社会主义现代化国家而团结奋斗——在中国共产党第二十次全国代表大会上的报告》，http://www.news.cn/politics/cpc20/ 2022-10/25/c_1129079429.htm，访问日期：2022年10月25日。

② 眭依凡、富阳丽：《科技自立自强：对"双一流"建设及其成效评价的系统性再思考》，载《中国高教研究》2022年第12期。

③ 全国高校思想政治工作会议12月7日至8日在北京召开，http:// www.gov.cn/xinwen/2016-12/08/content_5145253.htm#1，访问日期：2022年12月5日。

④ 《国务院关于印发统筹推进世界一流大学和一流学科建设总体方案的通知》，http:// www.moe. gov.cn/jyb_xxgk/moe_1777/moe_1778/201511/ t20151105_217823.html。

力的博士生是具有博士生培养权限之研究型大学尤其是"双一流"高校的必须坚持的办学育人理性。

基于上述立场，提出并回答我们是否重视创新型人才培养这一设问是必要的。据有关文献，我国从20世纪80年代中期就开始倡导培养创新型人才。若以"创新型人才（培养）"为关键词或主题在知网平台检索，可获得数千篇甚至一万多篇相关研究文献，由此可以推断学者们对创新型人才培养研究的重视。为创新型国家建设需要，党和国家几代领导人对创新及其创新人才培养的重要性都予以了特别强调。1998年提出"创建若干世界一流大学"，2015年强调"加快推进世界一流大学和一流学科建设"，党的十九届五中全会提出"高质量高等教育体系建设"，尤其是党的二十大关于"完善科技创新体系，坚持创新在我国现代化建设全局中的核心地位""提升国家创新体系整体效能，形成具有全球竞争力的开放创新生态""加快实施创新驱动发展战略""增强自主创新能力""深入实施人才强国战略……加快建设世界重要人才中心和创新高地……着力形成人才国际竞争的比较优势，把各方面优秀人才集聚到党和人民事业中来"[①]等等一系列表述，无不说明我国对创新发展及创新人才及其创新人才培养的高度重视。

由于所有的创新活动及其创新成果都是由具有创新能力的人去实现、去完成的，因此担负人才培养职能的大学包括"双一流"建设高校对创新型人才的培养亦是重视的。现在需要提出并深入思考回答的问题是：我们大学重视了创新型人才培养，但是否培养好了创新型人才？回到本研究主题，可以把问题进一步聚焦为：我们研究型大学尤其是"双一流"建设高校的博士生培养是否具有创新型博士生培养的针对性且成效是否显著？对该问题的回答，即便对不少近些年来博士学位论文抽查全部通过的大学，也未必会轻松和肯定。不必忌讳，关于创新型博士生培养，是我们研究型

---

① 习近平：《高举中国特色社会主义伟大旗帜 为全面建设社会主义现代化国家而团结奋斗——在中国共产党第二十次全国代表大会上的报告》，http://www.news.cn/politics/cpc20/ 2022-10/25/c_1129079429.htm，访问日期：2022年10月25日。

大学包括"双一流"建设高校具有普遍性的"短板"。原因何在？据笔者的长期观察获得的结论是：不是我们的大学不重视，而是培养不得法。

　　不知人们是否注意到，创新型人才是一个在人才培养过程中缺乏操作性的既抽象又笼统的概念。用笔者早年前提出的如图3-6所示的人才培养体系要素模型去分析，创新型人才是大学人才培养的总目标，若要将其落实于人才培养的实践，必须将其解构为若干具体的可操作目标，而前提是对创新型人才做出正确的解读。那么何谓创新型人才？据相关资料，关于创新人才是"具有创新意识、创新精神、创新能力并能够取得创新成果的人才"的界定，似乎是相对完整且在学界可以达成基本共识的一种解释。但笔者认为，凡创新都是基于创新能力进行创新实践并产生可测量成效的活动过程。基于这一认识，笔者更倾向于把创新型人才界定为：具有创新能力并能针对创新的目的积极开展富有成效的创新行动的拔尖人才。依据创新型人才的这一界定，不难提炼出创新型人才评价的如下判据：其一，具有创新能力；其二，能针对创新目的开展富有成效的创新活动。笔者主要讨论前者，即创新能力问题，而针对博士生创新能力的讨论，有必要对能力、创新能力及博士生创新能力的概念加以厘清和区别。

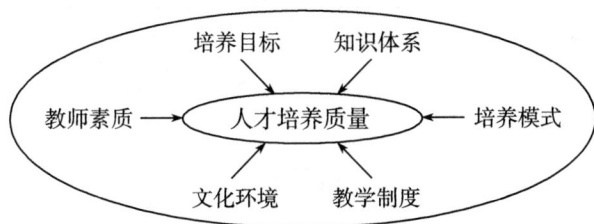

图3-6　人才培养体系要素模型

　　英文中与能力相关的概念有ability、capability、competency等，它们均为人的综合素质或心理特征的反映，但含义略有不同。如ability多指人具备完成某项工作包括智力和体力上的能力，这种能力可能是先天的，亦可能是通过后天的学习锻炼等获得的；capability主要指完成有一定难度工作的能力；competency多指主体顺利完成一般人不易完成某项工作的卓越能力。

而中文的能力概念总体上也是完成某项工作所体现出的综合素质或心理特征，但它是个很宽泛的概念，如表3-10所示，可以根据不同的分类标准，将能力分解为多种不同类型的能力。关于创新能力，据相关资料有不同的观点：其一，所谓创新能力并非某种单一的能力（如智商、情商），而是一些心理和思维能力的综合，包括系统性思维能力、创造性思维能力和实践能力。其二，创新能力是指在技术和各种实践活动领域中不断提供具有经济价值、社会价值、生态价值的新思想、新理论、新方法和新发明的能力，是以现有的思维模式提出有别于常规或常人思路的见解为导向，在特定的环境中改进或创造新的事物（包括产品、方法、元素、路径、环境）并获得一定效果的行为能力。另据其他资料的解释：创新能力是创新与能力两个名词的合成概念，是人类各种能力中的最高级别，是一种"能改变已有资源的财富创新能力的行为"能力。笔者以为，在"能力"这个上位概念已经清晰的前提下，所谓创新能力可以简单界定为：特指与创新活动相关并获得创新成效的一种特殊能力。根据创新的过程、主体、客体、层次、目的等分类，可以把创新能力分解为如表3-11的创新能力类型。

表3-10 能力分类

分类	能力
根据能力的基本属性	一般能力、专门能力、特殊能力、超能力……
根据能力的认知形态	观察能力、记忆能力、想象能力、注意能力……
根据认知主体个性能力差异	语言智能、数学逻辑智能、空间智能、身体运动智能、音乐智能、人际智能、自我认知智能、自然认知智能（霍华德·加德纳）
根据能力的行为目的	学习能力、解决问题能力、创新能力……
根据能力的思维形式	形象思维能力、抽象思维能力、逆向思维能力、批判思维能力……
根据能力依托的专业技术	数学能力、工程技术能力、建筑设计能力……
根据能力的职业类别	教学能力、科研能力、管理能力、文学创作能力……

表3-11　创新能力分类

分 类	创新能力
根据创新过程	创新学习能力、创新信息获取及处理能力、创新分析能力、创新综合能力、创新想象能力、创新批判能力……
根据创新主体	国家创新能力、区域创新能力、企业创新能力、大学创新能力、机构创新能力、个体创新能力……
根据创新客体	理论创新能力（概念创新、原理创新等）、方法创新能力（研究方法创新、思维方式创新等）、技术创新能力……
根据创新层次	跟进式创新能力、原创性创新能力、颠覆性创新能力……
根据创新目的	体制创新能力、制度创新能力、治理创新能力、科技创新能力、产业（结构）创新能力、文化创新能力……

　　在能力及创新能力概念之内涵和外延明确的基础上，讨论辨析博士生创新能力是本主题的重点所在。关于博士生创新能力的讨论，首先需要强调的是：博士生创新能力是针对博士生特殊人群的创新能力概念。由于博士生创新能力概念的内涵更为丰富，所以其外延则更为有限，以此方能体现此创新能力非彼创新能力与众不同的特殊性。依据概念内涵与概念外延必须自洽的逻辑原则，我们不能把属于一般概念的创新能力要素赋予博士生的创新能力。由此推论：博士生的（此）创新能力非同于一般人才的（彼）创新能力，前者的创新能力较之后者的创新能力具有如下特点：层次标准更高、构成要素更少、目的性更聚焦、能量更集中、成效及贡献更大等等，否则培养或提升博士生的创新能力就会失去意义。为有利于博士生创新能力概念的厘定，有必要对创新做如下进一步的解读：所谓创新，即前无古人，亦即前端的无，创新的目的就在于改变前端的无，亦即通过创新主体的创造性努力，无中生有。就科学研究而言，与创新对应的概念包括：学术填空、学术突破、知识贡献、理论丰富、理论建树……基于此，博士生创新能力即博士生作出知识创新贡献必须具备的特殊能力，其包括如下三大要素：敏锐发现并提出具有学术创新和突破价值之问题的敏感性（发现新问题的能力）；高屋建瓴地抓住问题本质并准确提炼其要素

及把握要素间有机联系的宏阔的学术视野（把握新问题的能力）；运用多学科理论和研究方法非常规攻克难题的知识和能力结构（解决新问题的能力）。

21世纪声誉仅次于爱因斯坦的伟大物理学家史蒂芬·霍金，其之所以在博士生阶段就被公认为富有创新能力的年轻学者，就在于他24岁完成的博士学位论文《宇宙膨胀的性质》（1966）表现出来的创造力。基于对早期的摄动星系无法形成的疑问，以及在量子物理的框架里黑洞并非越变越大而是相反，黑洞因辐射而越变越小，大爆炸的奇点不断被量子效应所抹平的发现，霍金由此得出整个宇宙空间正是起始于大爆炸的结论。他把罗杰·彭斯的奇点理论运用到整个宇宙并利用自己构建的引力辐射和宇宙膨胀模型挑战了现有的引力理论，从而创造性地提出并解释了时空奇点是不可避免的研究结论。霍金在其博士学位论文中表现出来的创新能力同时具备了发现新问题、把握新问题及解决新问题的三大能力要素。

三、创新能力提升：博士生培养模式如何改革

博士生培养质量不仅是衡量一个国家高等教育发达程度及知识与科技创新能力的重要标志，亦是考核国家高质量高等教育体系建设成效的重要判据，[①]创新能力培养必须是博士生培养的价值追求、目标所在。然而遗憾的是，相较于高等教育强国的研究型大学尤其是世界一流大学，必须坦诚承认我们多少还存在诸如"博士学位论文选题的前沿性、创新性不足，博士生在开辟新研究领域、运用新视角新方法、提出独创性见解等原始创新方面不足"[②]的问题。由此也完全可以理解，王树国为何要发出"中国高等教育应跑出创新人才培养的'加速度'"的呼吁，以及提出大学教育必须与

---

① 眭依凡、毛智辉：《关于完善我国博士学位论文匿名评审制度的思考与建议》，载《学位与研究生教育》2022年第11期。
② 眭依凡、李芳莹：《高等教育普及化时期博士生培养模式改革的理性思考》，载《中国高教研究》2022年第1期。

"社会发展同频共振"，改变以往早已不适应时代发展需求的"先进行通识教育再进入专业课学习、毕业实习、毕业设计的传统人才培养模式"，在加强专业融合、学科融合、导师队伍融合的同时，更要注重大学与企业、社会进行深度融合，"在科教一体、产教融合中提升大学内涵建设和应用型人才培养质量，在创新实践中不断培养创新人才"的人才培养方案。[①]在王树国看来，大学教育的上述改革是21世纪大学深刻变革的必由之路。

笔者同意王树国的上述观点，但有必要指出的是：无论是强调专业教育的与时俱进，还是强调专业教育对各种融合必须予以高度重视，这都仅只是触及了专业教育改革的手段问题，尚未深及决定大学人才培养质量的本质。据笔者建构的人才培养体系要素模型得出的人才培养质量取决于人才培养体系的诸要素及其有机的联系而非其单一要素的结论，亦即对人才培养是一项涉及诸多要素且十分复杂的师生交往活动，其质量受制于培养目标、知识体系、培养模式、教学制度、大学文化及教师素质等诸多要素构成的人才培养体系做出的解释，我们不难发现：无论是旨在博士培养质量提升还是创新型博士生培养的博士生培养模式改革，都是涉及人才培养体系诸多要素的综合改革，但该项改革的逻辑必须是对涉及博士生培养体系所有要素存在的问题加以整体诊断，尤其是必须对改革的顶层设计的价值目的亦即博士生培养目标先予以明确，而对博士生培养模式改革具有引领性的价值目的或培养目标，即本研究的目的所在——博士生创新能力的培养及提升。博士生是否有创新能力，这既是评判博士生培养质量的主要依据，更是衡量创新型博士生培养成效的根本判据。以下基于创新能力提升的价值统领及决定创新能力的敏感发现新问题、多学科视角把握新问题及超常规创造性解决新问题的三大能力要素，概略性地讨论博士生培养模式的改革重点和方向性问题，全面深入的研究有待继续开展。

---

① 王树国：《中国高等教育应跑出创新人才培养"加速度"》，载《教育家》2022年第31期。

1. 博士生培养目标的问题及其调整

培养目标是大学人才观或人才培养标准在人才培养方案及人才培养过程中的集中反映，其既是大学人才培养方案整体设计的价值追求，亦是人才培养操作过程的具体要求。如同管理始于目标且又依据目标检验管理的成效，大学的人才培养亦始于人才培养目标，又以人才培养目标是否得以实现作为质量检验的依据。大学人才培养体系诸如知识结构的设计、培养模式的选择、教学制度的安排及大学文化的营造等，无不受制于人才培养目标提出的要求。由此逻辑可以推断，人才培养质量首先取决于人才培养目标的质量，此即笔者始终坚持人才培养目标这一前端设计对人才培养的全过程及其最终质量具有决定性的学理基础。

据笔者对博士生教育的长期考察，我们大学的博士生培养目标主要存在如下问题：其一，虽然确定了创新型人才培养的总体目标，但缺乏对创新型人才应该具备什么样的知识结构、能力结构及素质结构具体目标的分解，由此导致创新型人才培养目标空洞模糊，在博士生培养过程中缺乏操作性；其二，人才培养目标缺乏创新能力培养的高标准，过于强调知识输入式的积累，忽视对有利于创新能力培养和提升的诸如批判思维、逆向思维、质疑思维、演绎思维等超常规思维能力的训练，满足于运用既有专业知识解决既有的专业问题，缺乏对鼓励运用学科新理论包括跨学科理论思考和发现新问题、解决新问题能力培养提出的要求；其三，就博士生教育而言，体现及检验博士生培养质量尤其是创新能力强弱的主要依据即博士学位论文，如果经过最高层次高等教育训练的博士生其学位论文没有一定的知识贡献，这样的博士生教育需要评估其价值何在。为了提高研究生培养质量，国务院学位委员会与教育部于2020年9月28日联合下发了《关于进一步严格规范学位与研究生教育质量管理的若干意见》，有关主管部门据此对高达10%比例的博士学位论文抽检发现，在判定为"存在问题的学位论文"中，其中"选题陈旧，不够前沿"及"创新性不足"具有普遍性，这些问题导致了学位论文学术价值的锐减和学术创新的缺失。事实如此，我们不少大学对博士学位论文的要求仅满足于诸如写作规范无硬伤、查重率符合标准、能够顺利通过盲审等最低要求，而对学位论文的选题挑战性、观点新颖性、学术突破性、结论创新性、理论建树等均缺乏规定。

据著名天体物理学家霍金前妻编剧的纪实电影《万物理论》（*The Theory of Everything*），专家对霍金博士学位论文有如下的评价：第一章漏洞百出，缺乏数学支持；第二章不是很原创，引用了很多罗杰的观点；第三章太多未解问题；第四章关于在时间之处的黑洞，这个时间奇点非常精彩。最后的结论是：干得漂亮。[①]若不以学位论文的创新价值为主要评审依据，霍金这篇极具学术填补空白价值的博士学位论文恐怕难逃被错杀的命运。基于上述关于人才培养目标的引领价值及博士生培养目标存在问题的分析，笔者提出的改革建议是：以创新能力提升为核心培养目标，并以此为价值引领重构博士生培养体系及培养方案。

2. 博士生知识体系（课程结构）的问题及其重构

"轴翻转"是斯坦福大学"开环大学"计划即《斯坦福大学2025计划》在人才培养模式上率先提出的出乎人们意料的一种颠覆性创新。传统大学教育理念一直强调知识积累必须先于能力发展，两者的逻辑关系是前者对后者具有奠基性，多少年来这被遵为人才培养过程中不能违逆的基本原则。然而如表3-12所示，斯坦福大学提出的"轴翻转"理念完全颠覆了传统的"先知识后能力"的大学人才培养逻辑，反转为"先能力后知识"，即强调能力培养是大学本科学习的基础。为此，斯坦福大学在教学组织及教学制度方面进行了诸如改变传统大学按照知识来划分不同院系归属的方法，按照学生的不同能力进行划分、重新建构院系的改革选择。[②]斯坦福大学的这一改革是不是对基础理论及知识积累的一种忽视？非也！笔者以为

---

① 《剑桥大学首次公开了霍金的博士论文》，https://baijiahao.baidu.com/s？id=1582128119243016005&wfr=spider&for=pc。

② 项璐、眭依凡：《培养目标：人才培养模式改革的价值引领——基于斯坦福"开环大学"计划的启示》，载《现代大学教育》2018年第4期。

知识和能力关系的这样一种翻转，之所以必须受到大学的高度重视，是因为在互联网+高等教育及人工智能+高等教育的时代，知识获取的渠道及知识积累、知识处理方式的多样化及快捷性，已经为"先知识积累后能力发展"的传统人才培养模式改变既创造了实践层面的手段条件，亦提供了学理层面的理论支撑。这就是大学人才培养模式必须与时俱进做出的选择。既然本科生如此，博士生培养又当如何？

表3-12　《斯坦福大学2025计划》"轴翻转"前后比较

"轴翻转"之前	"轴翻转"之后
知识第一，能力第二	能力第一，知识第二
本科教育围绕学术主题展开	技能成为本科学习的基础
按照知识的不同来划分院系	按照学生不同能力划分院系，并由院长牵头
成绩与简历反映能力	技能展现能力与潜力

据笔者对我国大学博士生培养方案的关注，发现博士生课程体系存在如下具有普遍性问题：一是过于强调课程结构的系统性、课程体系庞大，有些大学还开设课时量大课业负担重的、在中学及本科阶段就必须解决听说读写能力的英语课程，由此导致博士生疲于应付大量的课程学习及其作业，缺乏足够的时间精力挑战具有难度的有创新价值的学位论文；二是课程内容及课程结构过于传统，专业基础性及方法类课程不仅冗杂，甚至不少课程及其内容与硕士研究生阶段既重叠又缺乏深度，缺乏有利于博士生形成跨学科知识结构、掌握与时俱进的新知识和避免学科视野狭隘以挑战新研究领域及勇于学术创新的具有强烈时代性、新颖性、探索性、前沿性、突破性及交叉性的课程设计。基于此，笔者提出的改革方案是：以创新能力发展优先，以培养博士生发现新问题的能力、把握新问题的能力及解决新问题的能力为价值引领，创新博士生课程体系，尤其是应该为博士生专门开设高质量完成具有学术创新挑战意义的学位论文，有利于开阔他们的学术视野及扩充和深化与他们学位论文高度相关的新理论新突破的极

小众课程。我们只有让博士生从繁重的课程学习负担中解放出来，从陈旧落后的课程体系中腾跃出来，他们才有可能获得挑战有学术创新意义和知识贡献价值之学位论文的时间及精力，以及开阔的学术视野、无畏的专业勇气和自信的理论底蕴。

3. 其他培养要素的问题及其改革

如前所述，人才培养质量取决于人才培养体系诸要素及其关联，而非单一要素，这是笔者一以贯之的学术观点。培养具有创新能力的创新型博士生亦然，除了上述的培养目标及知识体系等核心要素，其余要素亦不能忽视。

首先，讨论博士生的招生录取存在的问题及其改革。（1）关于问题。为什么首先要谈博士生的招生录取问题？因为博士生教育是高等教育最具挑战性的人才培养阶段，尤其把博士生培养目标定位为拔尖创新型人才培养后，我们就不得不以"效率优先"而非"公平优先"的择优原则来遴选既具有专业理论基础又富有创新潜质的博士生。博士生教育是受教育者个体心智差异性充分展现且对博士生学业之成败具有决定性作用的人才培养阶段，如果承认这是极小众人群才能完成登顶的"高处不胜寒"的学术境域，那我们只有通过采取特殊的招生录取方法才能实现"择天下英才而教之"的目的。这亦是笔者在《高等教育普及化时期博士生培养模式改革的理性思考》一文中强调必须"建立有利于遴选富有创新潜质博士生录取的招生考试制度"[①]的原因所在。当前我们博士生招生录取存在的主要问题是，尽管很多大学尤其是研究型大学已经放弃了以考核知识积累情况为录取标准的博士生遴选原则和方法，实行了申请—审核制以面试为主的招生录取新制度，但是考试形式的变化并不等于真正意义的招生录取改革。至少是对2020年9月由教育部、国家发展改革委、财政部关于加快新时代研究生教育改革发展的意见提出的，除必须健全博士研究生"申请—考核"选

---

① 眭依凡、李芳莹：《高等教育普及化时期博士生培养模式改革的理性思考》，载《中国高教研究》2022年第1期。

拔机制，还要"扩大直博生招生比例"及"研究探索'高精尖缺'领域招收优秀本科毕业生直接攻读博士学位的办法"[①]等，这些措施积极落实的进展及其效果还不明显。（2）关于改革。必须建立和完善"基本条件+导师负责制的申请—审核制"。"基本条件"重点通过申请人的学术背景、硕士学位论文、已取得的科研成果及攻博研究计划等考察申请人的学术能力及创新潜质；"导师负责制"的建立和完善包括两个方面：一是扩大导师的录取自主权，二是加强对导师培养质量的评估和考核。通过严把博士生培养的出口质量以确保博士生招生录取的高水平入口标准，建立并强化录取过程的严谨严肃性及宁缺毋滥的招生录取原则；在充分考虑学科属性、专业特征差异及博士生培养模式差异及严把博士生招收"入口关"的前提下，积极探索灵活多元的博士生招生录取方式，尤其是直博生招生录取比例如何扩大等问题需要认真研究。

其次，博士生培养过程及培养制度的问题及其改革。（1）关于培养过程的问题。我们的本科教学模式单一落后，长期停留在"课堂教学""教材教学""教师教学""群体教学"的阶段，培养过程及模式陈旧，缺乏多样性、灵活性，过于强调课程学习等。非常遗憾的是，虽然博士生的培养过程增加了诸如师生讨论课及基本科研训练的环节，但本科教育的上述问题在博士生培养过程中也具有一定的普遍性，例如课堂教学过多，培养和提升博士生创新能力的教学安排及其实践活动严重不足等问题比较突出。（2）关于培养制度的问题。制度有两个基本作用：一是通过建章立制规范组织及其成员的行为以保证必要的组织秩序；二是引导、鼓励和激励组织及其成员积极向上进取的意愿及行动。相较于西方一流研究型大学的博士生培养制度设计，我们大学的博士生培养制度不仅刻板且不利于拔尖创新人才脱颖而出，尤其是缺乏有利于引导、鼓励及激励博士生敢于挑战学术

[①] 《教育部 国家发展改革委 财政部关于加快新时代研究生教育改革发展的意见》，http://www.moe.gov.cn/ srcsite/A22/s7065/202009/ t20200921_489271.html，访问日期：2021年8月1日。

前沿且能够专注于知识创新的具体相关条文及保障措施。（3）关于改革。一是在培养过程中必须高度重视博士生学术创新能力的培养，强化博士生参与导师课题的研究，鼓励并为博士生提供参与高水平学术讲座及学术研讨会的机会与条件；二是在制度设计上，建立博士生候选人制度，使进入博士候选人阶段的博士生从繁重的学业负担中解脱出来，有足够的时间和精力专注于有学术创新意义和知识贡献价值博士学位论文的攻坚克难。

其三，博士学位论文及博士生阶段论文发表的问题及其改革。博士学位论文是评估博士生培养质量的基本依据，更是评定博士生学术水平及创新能力的重要依据。世界各国把博士学位论文质量视为决定博士生能否获得学位的必要条件即基于此因。（1）关于问题。据国家及省级学位办对已授博士与硕士学位的学位论文抽检情况，存在诸如"选题范围过大难以驾驭、选题陈旧不够前沿、主题模糊缺少聚焦""参考文献数量少、质量低""论文结构不严谨、缺乏内在逻辑，创新性不足，结论不可靠""分析问题和解决问题的能力不足，学科基础知识的系统性和扎实性不足"及"研究方法科学性不足"甚至"写作和引证不规范"等诸多问题，但笔者以为当前我们博士学位论文最具普遍性也是最为突出且亟待解决的问题是：不少大学的博士生包括其导师在学位论文的选题阶段就有满足于"论文符合规范"、容易通过"专家盲审"、能够达到"学位授予基本条件"及顺利通过"学位论文答辩"的求稳思维定式。由于在学位论文选题的前端设计就缺乏"前沿性、创新性"的价值导向，岂能奢望其后期成果——博士论文在"开辟研究新领域、运用新理论新方法、提出独创性见解、做出原始知识创新"等方面有所作为？此外，绝大多数大学包括不少"双一流"建设高校基于追求所谓学术绩效和学术排名的需要，把必须在规定等级的学术刊物上发表若干篇小论文作为博士生参加学位论文答辩的刚性条件，这不仅带来了博士生学业焦虑压力，也助长了博士生不能潜心治学、急功近利的学术心态。（2）关于改革。博士生培养单位必须根据党的二十大报告关于"全面提高人才自主培养质量，着力造就拔尖创新人才"[①]的精神，把创新型博士生培养纳入"加快建设世界重要人才中心和创新高地，着力形成人才国际竞争的比较优势"[②]之国家提升人才竞争实力的战略框架，通过博士生培养理念和制度创新，对博士学位论文必须"提出新问题、发现新领域、运用新方法、推出新思维、做出新结论、创建新理论"做出具体规定，哪怕博士生学位论文只具之一，我们就有理由相信，具有创新价值的博士学位论文就会普遍增加，博士生的创新能力亦会得到普遍的提升。其次必须废除要求发表小论文才能参与学位论文答辩的规定，建议建立和完善优秀学位论文的免审制度及完善严进宽出的博士生质量评价制度，以博士生学位论文的创新水平或与学位论文高度相关的研究成果（包括小论文）的创新性为免于答辩或参加答辩的依据。据东南大学青年首席教授孙文文称，其在澳大利亚莫纳什大学材料科学与工程系攻读博士学位期间，一篇论文也没发表过就毕业了，与她同组的大部分博士在读博期间也没有发过论文，然而这并未影响他们顺利获得博士学位及日后成为作出杰出贡献的科学家。[③]西方研究型大学成功的博士生培养经验对我国博士生培养模式改革亦有启示意义。

（本文发表于《江苏高教》2023年第2期。原文有改动。）

---

① 习近平：《高举中国特色社会主义伟大旗帜 为全面建设社会主义现代化国家而团结奋斗——在中国共产党第二十次全国代表大会上的报告》，http://www.news.cn/ politics/ cpc20/ 2022–10/25/c_1129079429.htm，访问日期：2022年10月25日。

② 习近平：《高举中国特色社会主义伟大旗帜 为全面建设社会主义现代化国家而团结奋斗——在中国共产党第二十次全国代表大会上的报告》，http://www.news.cn/ politics/ cpc20/ 2022–10/25/c_1129079429.htm，访问日期：2022年10月25日。

③ 赵广立：《青年首席教授》，载《中国科学报》2022年8月18日。

第六节　全面提高人才自主培养质量：大学人才培养模式创新行动的逻辑

国之命脉，系于人才。在以人工智能为引领的科技革命时代及国际政治关系日益复杂及科技竞争日益激烈的世界大变局背景下尤是如此。习近平总书记在党的二十大报告中旗帜鲜明地提出："全面提高人才自主培养质量，着力造就拔尖创新人才，聚天下英才而用之。"[①]如果说人才培养是大学立足社会并服务社会的根本任务，而人才培养质量则是衡量高等教育高质量发展及大学竞争力的根本标准。亦是基于此因，党的二十大报告中把"全面提高人才自主培养质量，着力造就拔尖创新人才"与"加快实现高水平科技自立自强，增强自主创新能力"[②]并列，作为提升国家竞争力战略的"两个自主"之一加以特别强调。以人才培养为核心使命的大学，如何才能在提高人才自主培养质量上有所作为，这既是大学之人才培养模式必须直面的紧迫课题，亦是大学为实施人才强国战略、坚持为党育人与为国育才作出积极贡献的责任所在。

---

① 习近平：《高举中国特色社会主义伟大旗帜 为全面建设社会主义现代化国家而团结奋斗——在中国共产党第二十次全国代表大会上的报告》，人民出版社2022年版，第33-34页。

②同上，第35页。

一、为何强调全面提高人才自主培养质量

通常而言，大凡本土大学之人才培养无不是自主培养，尤其是在强调扎根中国大地办大学的特殊时期，我国大学的人才均为自主培养更是自然。但是这里我们需要加以说明的是，"自主培养"与"全面提高人才自主培养质量"是两个不同的概念，党的二十大报告中强调的是提高人才自主培养质量这一结果，而非自主培养这一活动。那么为何要强调全面提高人才自主培养质量，这是首先需要讨论的认识问题。

（一）高等教育高质量发展的需要

美国著名高等教育专家布鲁贝克曾提出过两种高等教育哲学观：其一，以认识论为基础，强调大学的存在和发展纯粹是为了满足人们闲逸的好奇心去探讨学问、追求知识。这种认识论背后的学术逻辑既是探索和传播高深学问，这也是大学人才培养与知识创新核心使命的体现；其二，以政治论为基础，强调探索深奥的知识不只是出于对知识的好奇和知识本身，而是知识对国家及人类社会有着深远的影响，这种认识论哲学背后的现实逻辑即高等教育必须顺应时代的需要、引领推动社会发展。这两种高等教育哲学观，其一要求大学必须在遵循自身的发展规律的基础上追求体现崇尚科学、追求真理、大学自治、学术自由的精神；其二则要求大学重视国家发展的使命责任与担当社会重任。表面看来它们是一对彼此矛盾的悖论，其实不然，它们反映了以实施高等教育为己任的大学既要按自身规律办学治校育人，又要积极服务于国家社会发展的、看似对立实则高度统一的关系。就时下而言，强调高等教育高质量发展，既是我国推进高等教育系统内部内涵式发展的需要，更是提升国家高新知识和高新技术竞争力的需要。尤其是在智能化时代，高等教育的强与弱之于国家竞争力的强与弱具有决定性作用，缺失了高等教育的率先高质量发展，中国式现代化及高等教育强国建设的战略目标就难以实现。

何谓高等教育高质量发展？笔者据高等教育之人才培养、知识创新的

本质属性及其服务社会的职能，定义其为：人才培养高质量、知识创新高水平、大学治理高效率、推进社会进步贡献大的高等教育发展模式。[①]由于人才培养不仅是大学的核心使命，而且人才培养质量尤其拔尖创新人才培养是大学的核心竞争力之所在。故此，全面提高人才自主培养质量是高等教育高质量发展的首要目标及根本任务。尤其是作为拔尖创新人才自主培养的重要基地，"双一流"建设高校更应该致力于"全面提高人才自主培养质量，着力造就拔尖创新人才"，把自己自觉纳入提升国家人才竞争力的人才强国战略框架中，积极探索"中国特色、世界一流"的人才自主培养模式，为"培养造就大批德才兼备的高素质人才""加快建设国家战略人才力量，努力培养造就更多大师、战略科学家、一流科技领军人才和创新团队、青年科技人才、卓越工程师、大国工匠、高技能人才"[②]作出无愧于时代使命的突出贡献。

（二）高等教育普及化时代的需要

促进教育公平和提升教育质量是教育事业永恒的主题和目标。由于基础教育关系到全民族成员的基本文明素质，更要体现公平优先的原则；而高等教育在实施科教兴国、人才强国、创新驱动发展战略中具有极端的重要性，故决定了其必须以效率优先即质量提升为根本原则。近五年我国高等教育毛入学率从45.7%提高到了59.6%，[③]我国的高等教育整体上已经成为世界上最大的且发展最快的高等教育体系。与此同时，我国的教育财政性支出也不断增长，国家财政性教育经费支出占GDP的比例连续10年保持在

---

① 眭依凡：《一流本科教育改革的重点与方向选择——基于人才培养的视角》，载《现代教育管理》2019年第6期。

② 习近平：《高举中国特色社会主义伟大旗帜 为全面建设社会主义现代化国家而团结奋斗——在中国共产党第二十次全国代表大会上的报告》，人民出版社2022年版，第36页。

③ 《我国高等教育毛入学率达59.6%》，http://www.moe. gov.cn/fbh/live/2023/55167/mtbd/202303/t20230323_1052379.html，访问日期：2023年3月24日。

4%以上。①由此表明，通过高等教育规模和速度发展的努力，我国基本解决了高等教育公平问题并已经进入高等教育普及化时代。在高等教育的公平问题解决之后，提升高等教育质量尤其是人才培养质量就成为新时期我国大学建设的主要目标和紧迫任务。

以人工智能为引领的第四次科技革命时代的到来，国与国之间的竞争已是人才的竞争，而人才竞争不仅集中体现为大学人才培养的竞争，更是大学人才培养质量竞争的集中体现。所以习近平总书记在主持中央政治局第五次集体学习并发表"加快建设教育强国"为主题的重要讲话中特别强调："建设教育强国，龙头是高等教育"，要"瞄准世界科技前沿和国家重大战略需求推进科研创新，不断提升原始创新能力和人才培养质量"②。基于习近平总书记的这一论断和要求，笔者以为，在我国已经进入高等教育普及化的阶段，高等教育要在教育强国建设中发挥好龙头作用，大学尤其是"双一流"建设高校必须致力于人才自主培养质量的提升及加强拔尖创新人才自主培养，从而为解决我国关键核心技术攻关及促进高等教育的高质量发展提供更多的富有创造力的人才支撑作出积极贡献。这里需要强调的是，在本科教育日趋素质教育及研究生教育的专业化程度日益强化的高等教育普及化时代，大学必须对研究生尤其是博士生的培养质量予以更高的要求，把培养拔尖创新人才作为衡量研究生尤其是博士生培养质量的基本依据和根本标准。这既是高等教育普及化时代对我国研究生尤其是博士生培养质量提升提出的新挑战，亦是新要求。日益激烈的科技竞争告诉我们，缺少拔尖创新人才支撑的国家是没有竞争力的国家，不能培养高质量

---

① 《国家财政性教育经费支出占GDP比例连续10年保持在4%以上》，http://www.moe.gov.cn/fbh/live/2022/54875/mtbd/202209/t20220927_665350.html，访问日期：2023年3月24日。

② 《习近平主持中央政治局第五次集体学习并发表重要讲话》，https://www.gov.cn/govweb/yaowen/liebiao/202305/content_6883632.htm？eqid=c1f64ea500001c3300000004647b32aa，访问日期：2023年5月29日。

人才的国家绝非高等教育强国，继而根本不能成为现代化强国。①基于此，我们必须对高等教育普及化阶段的研究生尤其是博士生培养模式改革的必要性和紧迫性予以高度重视。

（三）应对国际形势巨变、国家高新科技竞争日益激烈的需要

当今世界正处在百年未有之大变局时期，其特征是：其一，以人工智能为引领的新一轮科技革命，以超乎人类想象力的发展速度且不可逆转的态势彻底改变着人类社会的生活方式和生产方式，国与国之间的竞争已成为高新知识和高新技术的竞争，由于大学在很大程度上对高新知识及高新技术及其人才培养具有垄断性，故高等教育及其大学的强与弱之于国家的兴衰成败具有决定性作用。其二，由于我国的全面发展，美国出于维护其世界霸主地位的目的，以美国为首的西方利益集团不仅大肆破坏经济全球化的国际秩序，并且用极其恶劣的手段对我国高新知识的发展及其高端人才的合作交流实行了最大化的遏制，以及对我国诸如芯片等高新技术实行了全方位的封锁甚至断供。我国虽然在一些关键核心技术实现了突破，并在不少战略性新兴产业领域获得了发展壮大，尤其在"载人航天、探月探火、深海深地探测、超级计算机、卫星导航、量子信息、核电技术、新能源技术、大飞机制造、生物医药等取得重大成果，进入创新型国家行列"②，但我们必须清醒地认识到，我国还面临不少诸如"推进高质量发展还有许多卡点瓶颈，科技创新能力还不强"③等问题。此即习近平总书记何以在党的二十大报告中特别强调我们必须"加快实现高水平科技自立自强，增强自主创新能力"的原因所在。

高等教育及其实施机构即大学集群作为国家知识及科技创新的源泉，

① 眭依凡、李芳莹：《高等教育普及化时期博士生培养模式改革的理性思考》，载《中国高教研究》2022年第1期。
② 习近平：《高举中国特色社会主义伟大旗帜 为全面建设社会主义现代化国家而团结奋斗——在中国共产党第二十次全国代表大会上的报告》，人民出版社2022年版，第8页。
③ 同上，第14页。

在国家—经济—科技—人才这条竞争生态链中具有基础性作用，而其中大学人才培养质量对国家竞争力提升最具决定性。基于此，习近平总书记在党的二十大报告主题为"实施科教兴国战略，强化现代化建设人才支撑"的第五部分，提出"科技是第一生产力、人才是第一资源、创新是第一动力"的论断并阐明必须"坚持教育优先发展、科技自立自强、人才引领驱动，加快建设教育强国、科技强国、人才强国，坚持为党育人、为国育才，全面提高人才自主培养质量，着力造就拔尖创新人才，聚天下英才而用之"①的鲜明立场后，又从"国家和民族长远发展大计"的战略高度，用了一大段独立的篇幅为如何"深入实施人才强国战略"及"培养造就大批德才兼备的高素质人才"指明了方向、明确了路径。由此足以说明中央决策高层在应对国际形势巨变及国家高新科技竞争日益残酷大背景下，对人才强国战略予以置顶布局的重视。大学具有人才培养和知识创新的双重使命和责任，但是所有的知识创新、科技进步都是人才作为的结果，由此决定了大学尤其是研究型大学全面提高人才自主培养质量及拔尖创新人才培养的首要性。没有大学人才自主培养的高质量及拔尖创新的人才辈出，我们的高水平科技自立自强亦会失去高水平创新型人才的支撑而不成为可能。所以大学尤其是研究型大学要自觉把提高人才自主培养质量和拔尖创新人才培养纳入提升国家科技竞争力的战略框架中，服从并服务于中国式现代化强国建设的需要，通过培养具有独立思考能力、实践能力、创新能力和批判性思维的高素质拔尖创新人才，致力于解决以美国为首的西方利益集团在诸多卡我国高新知识脖子及高新科技脖子领域人才不足的问题，并积极应对世界范围内新一轮科技革命的挑战，为提升我国高校知识和高新技术的人才竞争的比较优势，为全面建成社会主义现代化强国提供强大的人才支撑作出不可替代的贡献。

---

① 习近平：《高举中国特色社会主义伟大旗帜 为全面建设社会主义现代化国家而团结奋斗——在中国共产党第二十次全国代表大会上的报告》，人民出版社2022年版，第33-34页。

二、大学人才自主培养质量和人才培养模式的内涵及其关系逻辑

由于认识支配行为，人们是根据持有的认识决定如何行动的，不同的认识导致行动的不同，认识正确与否直接影响甚至决定行动结果。大学组织亦然，其行动的选择及其结果很大程度上是被大学及其成员所持的认识预先决定的，有多少大学认识就有多少大学行动，此即大学理性认识先于大学行动并指导大学行动的作用。此即讨论大学人才自主培养质量及其提升与人才培养模式及其创新的内涵及逻辑关系的必要性。

（一）关于大学人才自主培养质量及其全面提高的内涵解读

何谓质量？据管理学的基本观点，质量即实现管理目标。人才培养质量亦然，人才培养质量即人才培养目标的实现。人才自主培养是针对培养主体的强调，指依靠我们自己实施的人才培养。尽管具有近现代意义的大学是西方文化和制度的产物，但其一旦落户于某个国家，该国的制度及文化等就必须对大学施加影响及施以本土化改造，包括人才培养的本土化。而所谓人才自主培养质量不仅强调在人才培养过程中充分发挥我们自己作为培养主体的作用，更在于强调我们必须设计自己的人才培养目标并致力于培养目标的实现。故"全面提高人才自主培养质量"作为一个人才培养目标概念，可以理解为是对自主培养目标及其手段的特别强调。《马斯洛人本哲学》中有个基本观点："人并不完全是被决定或被限定的，人可以决定自己的命运。"[1]大学是高度理性的组织，其不仅具有自我决定的个性发展需要，更必须强化为国家和社会培养人才的理性自觉，在人才自主培养及其质量提升中发挥更大的作用。之于"全面提升"的解读，我们可以从人才培养过程涉及的全要素加以理解，而这是与人才培养模式高度关切的问题，下面专门讨论。在此有必要重点强调的是，立德树人作为最能体现扎根中国大地办大学的价值理性，必须在全面提高人才自主培养质量的顶层设计及其实践中发挥其思想引领的作用。全面提高人才自主培养质量是我

---

① ［美］马斯洛著，成明译：《马斯洛人本哲学》，九州出版社2003年版，第132页。

国新时代高等教育一个具有重大理论前沿和实践价值的课题，无论从满足中国式现代化强国建设的需要还是适应国际形势发展变化去判断，这既是我国高等教育发展进程中的必然选项，也是我国大学为根本提升国家人才竞争力作出贡献的明智选择。

（二）关于大学人才培养模式及其创新的内涵解读

高教界关于人才培养模式已经形成如下共识，即培养目标、实现目标的手段、对目标进行评价的方法以及相应的管理制度的总和。如王伟廉提出的人才培养模式包括培养目标、课程、教学方式方法、评价手段；[①]史静寰则将人才培养目标、课程体系、教学方式方法、资源配置等作为人才培养模式的主要要素，[②]等等。但笔者早年提出的关于人才培养质量并非取决于人才培养过程的单一要素，而是取决于人才培养体系包括培养目标、知识结构、培养方式、教学制度、大学文化及教师素质等诸要素的共同作用，[③]这一结论之于大学人才培养及其质量提升的实践具有指导意义。培养体系与培养模式具有高度相关性，并对人才培养质量具有决定性。关于培养体系，笔者强调其必须解决"培养什么人"与"如何培养人"两大基本问题，而培养模式则是在明确"培养什么人"即人才培养目标的前提下，重点在于解决如何培养人即实现人才培养目标的问题。人才培养是一个涉及诸多要素的复杂工程，人才培养模式的任务就在于根据人才培养目标达成的要求，将人才培养全过程及全要素整合为一个有机整体，以此避免人才培养过程中就事论事的碎片化。由于人才培养是大学的核心使命，所以培养什么人是大学之首要问题，而培养模式就在于完成培养什么人的任务。相对而言，培养模式具有系统性、稳定性及多样性等特征。但是，人

---

① 王伟廉：《提高教育质量的关键：深化人才培养模式改革》，载《教育研究》2009年第12期。

② 陆一、史静寰、何雪冰：《封闭与开放之间：中国特色大学拔尖创新人才培养模式分类体系与特征研究》，载《教育研究》2018年第3期。

③ 眭依凡：《基于创新能力提升目的的博士生培养模式改革》，载《江苏高教》2023年第2期。

才培养模式是为实现人才培养目标服务的、对人才培养诸要素及其过程予以整合的设计及运用，而人才培养目标是根据时代对人才需求不断与时俱进的产物，由此决定了人才培养模式亦必须与时俱进并不断创新。

（三）大学人才自主培养质量提高与人才培养模式创新的逻辑关系

基于上述对大学人才自主培养及人才培养模式内涵的解读，关于"人才培养质量是人才培养体系诸要素如培养目标、知识体系、培养模式、文化环境、教师素质等要素共同影响的结果"[①]的结论毋庸置疑。换言之，我们可以对大学人才自主培养质量提高与人才培养模式创新两者的逻辑关系进一步阐明如下：大学人才自主培养质量提高是人才培养模式创新的目标前提，而人才培养模式创新是大学人才自主培养质量提高的必要手段。只有高质量高等教育体系才能担负起中国式现代化及教育强国建设的龙头作用，而高质量高等教育体系的核心要素即大学人才培养的高质量，而大学人才培养的高质量是唯有通过人才培养模式的改革创新才能达成的目的。这就是大学人才培养模式创新行动的逻辑所在，亦表明大学人才培养模式创新是提高人才自主培养质量绕不过去的改革路向。改革创新是国家发展的根本动力，亦是高等教育高质量发展的根本动力。正是基于此因，教育部明确2023年我国高等教育工作的主线即全面提高人才自主培养质量。[②]作为提高人才自主培养质量的主要依托，大学尤其研究型大学在人才培养上必须重新定位，以创新人才培养模式为逻辑起点，根本改变以往过于注重办学条件改善和科研绩效排名的目标定位及急功近利的行动选择，把更多的人力、物力、财力等资源投入人才自主培养质量提升的努力中，把拔尖创新人才培养作为自己的使命和初心，充分发挥自己高端人才培养的优势，为提升我国高新知识和高新科技的人才竞争力发挥更突出的作用。

---

① 眭依凡：《大学：如何培养创新型人才——兼谈美国著名大学的成功经验》，载《中国高教研究》2006年第12期。

② 教育部：《高等教育司2023年工作要点》，http://www.moe.gov.cn/s78/A08/tongzhi/202303/t20230329_1053339.html，访问日期：2023年3月29日。

三、大学人才培养模式创新的行动逻辑

如前所述，大学的人才培养是一项涉及培养目标、课程体系、培养方式、教学制度、文化环境等诸多要素且师生学术交互影响的复杂活动，如图3-7所示，由此决定了人才自主培养质量的提升必须以人才培养模式创新为行动逻辑。

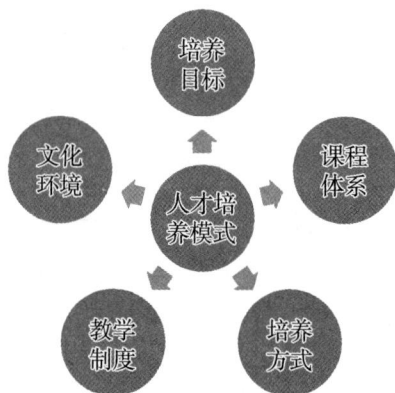

图3-7　大学人才培养模式要素图

（一）回归立德树人育人使命坚守的逻辑

在长期从事高等教育研究和大学生工作的实践中，笔者形成了如下认识：就大学组织的本质属性而言，人才培养是大学存在和发展的首要理由，是大学区别于其他社会组织的不变特征量即属性特征。人才培养是大学一切工作的出发点和立足点，大学的组织架构、制度安排、学科建设、文化营造等无不是围绕如何高质量实现人才培养这一根本任务的顶层设计，忽视人才培养的大学绝非真正意义的大学，更不能成为对优秀青年学生具有吸引力且为社会输送优秀人才的大学。举目世界，凡一流大学无不以人才培养的高质量尤其是拔尖创新人才培养为价值使命及目标追求并以此享誉世界。

由于立德树人是我国社会主义大学办学治校的方向性规定，所以立德树人既是我国大学的立身之本和根本任务，也是人才培养的价值追求和根

本标准。又由于大学教育的首要问题是明确培养什么人的问题，故立德树人之于人才培养及其人才培养模式的整体设计具有价值引领的极端重要性。立德树人并非一个空洞的政治口号，其是"大学为实现理想的目标，以培养具有坚定的科学信仰、高雅的文化修养、高尚的道德操守及有高度社会担当的卓越人才为己任，进而对其人才培养提出的具有思想性、指导性与针对性的价值标准及根本要求"[①]。基于对立德树人的上述认识，我们不难得出如下结论：立德树人不仅是坚持中国特色社会主义办学方向对培养什么人做出的选择，也是由大学自创生以来以人才培养为核心使命的内在规定性所决定的；立德树人既是大学办学治校的方向所在，也是大学人才培养之天职所致；立德树人既是基于为社会作出更大贡献、对大学人才培养提出的高标准高质量要求，也是大学价值存在之依据。强调立德树人育人使命坚守的回归，是以提高人才自主培养质量致力于拔尖创新培养实效的大学人才培养模式创新行动的首要逻辑。

（二）人才培养目标创新的逻辑

关于人才培养目标，潘懋元先生明确提出："人才培养目标是把人塑造成什么样的人的一种预期和规定，体现着一系列思想观念，它规定着教育活动的性质和方向，且贯穿于整个教育活动的始终。"[②]依据"管理始于目标也终于目标"及"管理质量即目标达成"这一组织管理理论的基本观点和结论，大学人才培养目标亦然，其人才培养始于人才培养目标，又以人才培养目标是否得以实现为质量评价标准。关于人才培养目标还可以深入讨论如下：人才培养目标既是大学人才培养模式顶层设计的价值逻辑起点，亦是人才培养体系诸要素安排的基本依据。具体言之，大学人才培养的知识体系设计、培养方法选择、教学制度安排及大学文化营造、高水平教师遴选等等，无不受制于人才培养目标。作为在构建人才培养模式及支

---

① 李芳莹、眭依凡：《"互联网＋"时代大学如何守持育人使命》，载《清华大学教育研究》2018年第2期。

② 潘懋元主编：《应用型人才培养的理论与实践》，厦门大学出版社2011年版，第44页。

撑人才培养全要素及全程的核心价值，人才培养质量包括拔尖创新人才培养是预先由人才培养目标决定的，此即大学人才培养质量首先取决于人才培养目标设计的质量。

上述关于人才培养目标的讨论，我们不难把创新人才培养目标确定为人才培养模式创新行动的逻辑依据之二。人才培养目标是确保大学人才培养质量的逻辑前提，具有价值引领性。我国大学包括研究型大学在人才培养目标设计上，尚普遍存在诸如培养目标模糊，缺乏知识、能力、素质目标的分解，偏重存量知识的系统性及其积累，对解决问题能力尤其是创新能力重视不够等问题。一言以蔽之，即人才培养目标设计尚处在低要求而非高标准的阶段，全面提高人才自主培养质量和拔尖创新人才培养，都必须以创新人才培养目标为切入口，尤其是研究生培养更应该"以创新能力的培养为核心培养目标，并以此为价值引领重组人才体系各要素及培养方案"[1]。人才培养目标的创新有必要在指导思想上达成如下的统一并采取积极的行动：放弃人才培养目标设计的低要求，并坚持以解决问题能力尤其是创新能力培养为目标的高标准；在强调人才培养的基本素养基础上，更要重视精英教育的人才培养目标；根据国内外形势发展变化及适应以人工智能为引领的科技革命需要，人才培养目标必须与时俱进以体现其强烈的时代性。最后必须加以强调的是，由于人才培养目标是为人才培养服务的，因此其必须有利于满足学生的主动性、积极性、独立性、批判性和创造性等方面的发展需要，在引导促进学生个性发展的基础上，进而实现人才培养中共性与个性和谐共生的理想。[2]

---

[1] 眭依凡：《基于创新能力提升目的的博士生培养模式改革》，载《江苏高教》2023年第2期。

[2] 俞婷婕、眭依凡：《大学课程与人才培养——基于大学教学理性的思考》，载《清华大学教育研究》2013年第6期。

（三）课程体系和培养方式创新的逻辑

大学之课程体系及其内容与培养途径及其方式分别决定大学生的知识结构及能力结构。一般而言，课程体系及其内容决定教什么，培养途径及其方式决定怎么教，两者共同构成大学人才培养活动的基础，并确保大学的人才培养活动成为可能。两者缺失抑或缺失其一，大学之人才培养活动都将不能发生，但两者并非独立的存在，它们之间相互依存及相互转换的联系对人才培养及其质量的影响具有极端的重要性。故此，薛天祥教授很早就提出坚持知识传授和能力发展相统一的课程体系建设模式。[①]基于上述认识，我们把课程体系及其内容与培养途径及其方式捆绑为不能割裂的整体，并视其为实现提高人才自主培养质量及拔尖创新人才培养必须采取人才培养模式创新行动的逻辑之三。

作为人才培养模式的重要组成，我国大学的课程体系和培养方式之所以需要创新，就在于它们均存在需要通过创新予以解决的不少问题。下面分别讨论之。课程体系存在的主要问题可以归纳为：其一，由于受传统人才观强调知识系统性的影响，大学的课程体系过于庞大并导致大学生几乎没有时间和精力进行个性化学习；其二，课程结构及课程内容陈旧不适合人工智能快速发展的时代要求，不仅缺乏前沿性，且不利于形成大学生交叉学科的知识结构及其学术视野，而学科的交叉融合不期而遇已经成为课程体系改革的趋势所在。比利时科学家普里戈金等早就预言："21世纪是综合科学或交叉科学的世纪。"[②]大学人才培养方式存在的主要问题可以概括为：教学方式长期停留在课堂教学、教材教学、教师教学、群体教学的阶段，培养方法陈旧、单一、落后，既缺乏多样性，又缺乏灵活性。随着互联网+高等教育与人工智能+高等教育时代的来临，知识获取、知识积累及知识处理等多样化及快捷化等已经彻底改变大学之知识积累与能力发展的

---

① 薛天祥：《高等教育学》，广西师范大学出版社2001年版，第210-213页。

② ［比］伊·普里戈金、［法］伊·斯唐热著，曾庆宏、沈小峰译：《从混沌到有序：人与自然的新对话》，上海译文出版社2005年版，第5页。

逻辑关系。如何通过课程体系及培养方式的创新以激发大学生的学习积极性、自主性、批判性、创造性，把大学生从传统的教师中心、教材中心、知识中心、课堂中心等被动学习的人才培养模式中解放出来，以根本提高他们独立思考的能力、获取并处理信息的能力、分析判断的能力、解决问题的能力，尤其创新创造的能力，这是我们人才培养模式创新行动必须达成的目的。由于"每个学生对自己学习情景的认知都是十分独特的"①，在智能化社会为大学人才培养模式创新创造了无限可能性的时代，为大学生提供更多个性化的课程体系及培养方式的选择机会，或许这是我们人才培养模式创新的一个方向所在。

（四）教学制度与大学文化创新的逻辑

教学制度是大学规范教学管理的制度文本，其关系到学习主体学的规定及教学主体教的要求，具有整合教学资源、规范教学行为、保障教学正常秩序的作用，教学制度使大学的人才培养活动具有合法性。②富有成效的教学制度设计不仅应该具有规范人才培养单位及其成员的言行以维持应有组织秩序的作用，也应该具有引导和鼓励人才培养单位及其成员致力于人才培养成效提升的作用。因此，教学制度作为人才培养模式中依法育人的要素，其既要有利于大学生的全面发展，又要有利于大学生的个性发展。由于育人并非课堂教学独属的功能，大学文化作为一种潜在的课程，通过育人环境的营造，以润物无声、如沐春风的非强制性方式参与大学人才培养的全过程，对大学生的情感陶冶、思想感化、价值认同、行为养成产生其他因素不能替代的教育影响。总而言之，大学文化是通过把具有强制特征的教育外化为带有教育意图，却以学生自我教育的形式完成的大学环境营造而体现其育人价值的。③教学制度与大学文化具有刚柔并济的育人作

---

① ［澳］迈克尔·普洛瑟、基思·特里格维尔著，潘红、陈锵明译：《理解教与学：高校教学策略》，北京大学出版社2007年版，第21页。

② 眭依凡、王贤娴：《再论素质教育》，载《中国高教研究》2017年第8期。

③ 眭依凡：《大学文化理性与文化育人之责》，载《中国高等教育》2012年第12期。

用，为我们把教学制度与大学文化创新视为人才培养模式创新行动的逻辑提供依据。

基于全面提高人才自主培养质量及拔尖创新人才培养的要求，当前大学的教学制度及大学文化存在的以下问题必须引起我们的重视。在教学制度设计方面：其一，忽视了学生个性发展的自我需要；其二，忽视了学生作为学习主体的自我诉求；其三，既不利于学生学习积极性、主动性、创造性的调动，又缺乏引导、鼓励及激励学生对知识创新的参与，不利于拔尖创新人才脱颖而出。为此，笔者认为教学制度有必要从以下几方面加以创新：一是完善学分制，以根本解决学生在教学全过程中的参与问题；二是建立荣誉学分制及假期学制，为有富有发展潜质大学生的个性发展创造必要的条件；三是设立鼓励和支持大学生积极参与科学研究的专门机构及健全学生参与教师课题研究的相关制度；四是建立跨学科选课制度，以丰富课程资源，为大学生创造不受限制进行跨学科学习的制度环境；五是推行导师制和宿舍学习组织制度，加强课堂外师生间更多时间的思想及学术交流；六是建立一流教师新生指导制度，以使学生在很高的起点上领悟科学、宇宙、人类社会和人生的真谛并充满信心找到自己未来的人生目标。[①]在大学文化方面：其一，在市场个人主义和竞争性精英主义盛行的影响下，当前大学生群体存在学术加速"内卷"与部分"躺平"的两个极端，处于中间层次的被戏称为45°人生，这也是近些年大学生群体中出现各种心理问题人数逐年增加的主要原因。其二，大学生刻苦向学文化及大学生创新文化和教师包容文化缺失日渐严重的问题。由于大学文化营造具有不可替代的教育影响作用，且大学营造的文化环境品位会极大影响大学人才培养的品位即人才培养质量，为此，我们对大学文化创新提出如下建议：一是回归大学本真，营造追求科学、崇尚真理、对国家负责的使命文化；二是回归以人为本，营造重视尊重知识、尊重人才尊重学者学生的包容文

---

① 眭依凡：《素质教育：高校人才培养体系的重构》，载《中国高等教育》2010年第9期。

化；三是回归大学精神，营造大学的竞争和创新文化。

习近平总书记在主持中央政治局第五次集体学习时强调："培养什么人、怎样培养人、为谁培养人是教育的根本问题，也是建设教育强国的核心课题。"[①]大学作为人才培养的主阵地，必须通过人才培养模式创新的实践，努力实现党的二十大提出的全面提高人才自主培养质量和拔尖创新人才培养的战略任务，才能创造性地回答好和完成好习近平总书记提出的根本问题及教育强国建设的核心课题。

（本文发表于《江苏高教》2023年第9期，第二作者是王改改。原文有改动。）

----

① 《习近平主持中央政治局第五次集体学习并发表重要讲话》，https://www.gov.cn/govweb/yaowen/liebiao/202305/content_6883632.htm？eqid=c1f64ea500001c3300000004647b32aa，访问日期：2023年5月29日。

第四章

校长致辞

第一节 做德才兼备、又红又专的人

亲爱的新同学们:

今天,我们在这里隆重举行2007级新生开学典礼,毫无疑问这是江西师范大学的一个盛大的节日。一年一度的开学典礼,对大学来说是一个必须载入史册的日子。对同学们而言,则是你们一个新的人生阶段的开始,是你们每个人生命中的里程碑。我们师生聚集在这里,就是为了永久地记录这个特殊的日子。在这里,我们要祝贺你们经过艰辛和勤奋在中学阶段学业上获得的成就,在这里我们要对你们的到来并成为江西师范大学大家庭中光荣的一员表示热烈的欢迎。这个盛大的典礼是为你们专门举办的。同学们,当你们跨进学校的大门并注册为江西师范大学的学生起,你们已经属于这所大学,同时大学也已经属于你们,你们已经成为这所大学里的主人。

哈佛大学第25任校长博克(Derek Bok)在一次毕业典礼上说过这样一句话:"学生一代接着一代,如同海水一浪接着一浪地冲击着陆地。有时是静静的,有时则带着狂风暴雨的怒吼。不论我们认为人的历史是单调的还是狂骤的,有两件事物总是新鲜的,这就是青春和对知识的追求,这也是一所大学所关心的。我们学校的年纪已经可以用世纪来计算,但只要它热切地追求这两件事,它就永远不会衰老。"大学何以能经几百年甚至上千年之久而不衰?就在于它新人不断、文化常新的人文日新。水涓涓而不息,木才欣欣以向荣。江西师范大学无不如是。我们学校之所以有生机勃勃、生意盎然的今天,也在于我们一代又一代充满青春活力的学子像新鲜血液一样不断注入大学的母体。作为这所大学的校长，请允许我代表全校教师员工感谢同学们以及你们的父母和亲人，你们不仅为我们这所江西名校提供了不可或缺的优质生源，而且你们以自己特有的智慧、好奇、清纯、美丽、青春和朝气为这所历史老校焕发了勃勃的生气，是你们使学校永葆了青春活力，你们的到来使我们对学校的未来充满了信心！我们为拥有你们感到自豪和骄傲。

蔡元培先生在1917年任北大校长时对北大学生发表讲话："诸君来此求学，必有一定宗旨，欲求宗旨正大与否，必先知大学之性质。"我非常赞同蔡元培先生的观点，我以为同学们若要接受大学，继而融入大学、热爱大学，最后要求大学，首先必须了解大学。那么什么是大学呢？大学是传授知识、研究学问、训练技能、培养精神的教育和学术机构。如果大家认为这种解释还稍欠深度，那好，请大家来分享我对大学的思考：大学是以探索、追求、捍卫、传播真理和知识为目的，负有引导社会价值观、规范社会行为之使命，对社会成员素质的改善和提高、人类社会文明的发展和进步具有不可替代之重大公共影响力、推动力的教育机构和学术组织，是研究和传授科学的殿堂，是教育新人成长的世界；大学是社会文明的一面旗帜，是人类社会的科学脊梁、人类社会的道德良心、人类社会的文化希望。大学的这一使命和责任本身决定了大学的基本逻辑：它必须是一个充满理想主义的所在，在这里师生享有可以充分追求真理、激发思想、探索知识、发展能力的自由和空间；在这里，大学以自己天然的庄重、理性、自律、智慧和社会担当教人以庄重、理性、自律、智慧和社会担当；在这里，大学以理想主义的崇真、向善、求美、务实，教人并引导社会崇真、向善、求美、务实。大学之所以为大学，就在于它代表着科学知识和人文精神的高度，这个高度就是大学追求、遵循、守护和坚持科学真理的理想主义。理想主义使大学与众不同。正因如此，大学才能成为胡适先生所说的"心灵中的圣殿"。

现在，我想告诉同学们我们这所学校是一所什么样的大学。江西师范大学创办于1940年，前身为国立中正大学，是江西高等教育史上第一所综合性大学，1949年学校更名为国立南昌大学。学校曾经七次迁址、六易其名、四度调整，既饱含沧桑又富有优良办学传统，是江西省历史上最悠久的大学。这所学校虽诞生于国家内忧外患、民族灾难深重的抗战时期，但我们曾拥有一大批学贯中西、闻名遐迩的人文大师如陈鹤琴等，以及科学巨匠，像首任校长胡先骕、杨惟义、蔡方荫院士等。1952年全国高校院系调整时，学校服从国家需要，将主要学科整建制以及一大批享有盛誉的学术大家调整支援到全国14所高校，这些高校绝大多数都成了今天的"985工程""211工程"重点大学，如华中科技大学、中南大学、中山大学等。以师范部为主体组建的江西师范学院，经过近70年师大人艰苦卓绝、百折不挠的创业努力和"爱国荣校、自强不息、科学民主、开放创新"精神的薪火传承，学校现已发展成为拥有20个专业及综合性学院、4个博士点、80个硕士点、62个本科专业，包括专科、本科、硕士、博士和博士后流动站各级人才培养层次，除医学、农学、军事学以外，覆盖9大学科门类，4万多名本专科生和研究生、近2800名在职教职工，具有教师教育鲜明特色的省属重点综合性教学研究型大学。2005年我们通过教育部本科教学评估，成为国家优秀的本科人才培养大学，是在全国同类院校具有较大社会影响和较高学术地位的大学。学校先后培养输送了十万之巨的优秀毕业生，其中不乏为祖国发展、为民族振兴业绩卓绝的突出人才，如两院院士黄克智、曾庆元，重点大学校长解沛基、刘振群、林增平、尹长民、贝效良，著名诗人公刘，著名画家彭友善等。他们在各自的岗位上为教育事业、科学研究和经济社会发展作出了重要贡献，他们代表着母校的形象，是母校的光荣和骄傲。

再过三年，也就是在座的同学们三年级时，学校将迎来70年校庆，那时的江西师范大学又会是一番怎样的景象？让我们一起来憧憬，一起来期待，一起来创造。我坚信三年后的江西师范大学将是一个更加富有文化魅力、学术实力、青春活力且环境美丽和前景美好的大学。

同学们，人生有些阶段是生命中特别重要的阶段，大学时代就是这样一个重要阶段。从你们迈入校门的第一天起，人生新的一页就已经掀开，你们将在这里度过四年或三年人生最宝贵、最难忘的青春时光。在大学生涯即将开始的时候，我们每个人都要立足于未来思考现在。

《走向封闭的美国精神》的作者艾伦·布卢姆（Allan Bloom）对大学有这样一种感悟，他说：大学"它指向一条路，这条路通向与伟人会面的地方。在那里，你可以见到你平时很少见到的一类人，没有他们，你既不能认识自己的能力，也不会明白作为人类的一分子是多么的美好"。我很喜欢这段话，我想这段话无论是对办学者、教育者还是求学者都是极富启示的，是关于大学是什么、大学及其师生应该做什么的经典。得天下英才而教之，这是大学的最大期待。然而，得英才不易，教英才更不易，把人培养成英才尤其不易。大学应当有责任为青年朋友指明并铺设成为英才的道路，这就是大学的使命责任。同样，把自己培养成英才也是大学生自己的使命。同学们来到大学不仅求学问，还要找人生的楷模；不仅学知识，还要培养高尚的人格；不仅要有立身之本的真才实学，还要有把知识和能力奉献给养育自己的社会和人民的本领。

首任校长胡先骕先生曾告诫同学们，在学校要"增进其智能，修养其德性，以适应一切生活环境"。蔡元培先生也指出："教育就是帮助被教育的人，给他们发展自己的能力，完成他的人格，于人类文化上能尽一分子的责任。"德才兼备、又红又专这就是你们来到大学的目的，也是党和国家对我们大学提出的"立德树人"要求。为了把自己造就为"德才兼备、又红又专"的人才，我们希望同学们在如下方面努力践行：

第一，"唯求真知"，做一个追求真理、崇尚学术的人。大学是一个求知求真的社会中心，是一个关心世界观、人生观、价值观并影响学生世界观、人生观、价值观的场所，它有着"追求真理、崇尚学术"的科学信仰，有科学信仰之大学才会有坚持科学真理和追求科学的崇高目标。真正意义的知识分子，不只是一个读书多的书生，还必须有自己的观念、自己的精神，希望同学们任何时候都以崇高真理的追求，做坚持真理、守护真理、传播真理的人。

第二，"玉汝于成"，做一个勤奋进取、奋发有为的人。天道酬勤，勤奋是成功的基本要素，行动比心动更为重要，毅力比理想更重要。希望同学们尽快适应大学学习的节奏变化，及时转变过去的学习方法，培养自主学习的能力，养成自我学习的习惯，以如饥似渴、只争朝夕的精神，以滴水穿石、磨杵成针的毅力，以永不满足、攀登不止的追求，以优异的成绩圆满地完成学业，为今后的发展打下坚实的基础。

第三，"君子不器"，做一个敢为人先、善于创新的人。创新既是国家赋予大学的责任，也是大学服务国家和社会的立身之本。孔子说过："君子不器"，是说任何一个有志气的青年，都不应该一成不变，成为一个墨守成规、没有灵气的器皿，而是应该学会勇敢地面对挑战，开创不同的事业。希望同学们，不唯书，不唯上，只唯真，只唯实。要敢于从实际出发，敢于向传统挑战，敢于向权威挑战，敢于向思维定式挑战，敢于在不断的探索与否定中寻找正确的答案。

爱因斯坦说："青年人离开学校时，是作为一个和谐的人，而不是作为一个专家。"师范生要懂得两点：一要有爱心，二要有知识。有爱心，首先必须有正确的人生观、世界观，要关心他人、关心社会、关心国家、关心民族，要做精神高尚、有志为祖国为社会担当的人。江西师范大学自建校之日起就与民族崛起、国家兴亡紧密联系在一起。首任校长胡先骕先生于抗战烽火中奠定学校基业，文史系姚名达教授率战地服务团抗日壮烈殉国。同学们既然选择了师大，凡师大学子均应铭记学校的爱国主义传统，为中华崛起而发愤读书。希望同学们力求志存高远，树立报效祖国、服务人民的远大理想，做一个心系祖国、抱负远大的人。在座的不少同学将来毕业后将从事教师的工作，希望同学们立志高远，发奋图强，做一位热爱教育事业、忠于党的教育事业、关注教学、关爱学生的优秀教师。

希望同学们从现在开始以爱国、成才、奉献为动力，以有为之身展鸿

鹄之志，用青春与汗水、知识与毅力谱写绚丽多彩、充实而有意义的大学
生活，与学校共成长、同发展、齐进步，早日成长、成熟、成才。同学
们，为了祖国的强大，为了民族的振兴，为了家乡的发展，为了父老乡亲
的期望，为了学校的声誉，让我们宣誓：我们一定不辜负党和国家的期
望，发愤努力把自己造就成对国家、对社会有所作为的建设者和接班人，
成为构建社会主义和谐社会、建设创新型国家的栋梁之才！同学们，衷心
地祝福你们！

　　（本文为作者于2007年9月27日在江西师范大学2007级新生开学典礼上的
讲话。原文有改动。）

第二节　闪亮的日子

亲爱的同学们、老师们，研究生的亲属们：

　　上午好！今天，我们欢聚一堂，隆重举行2007届研究生毕业典礼暨学
位授予仪式。

　　同学们，我们知道人生有些阶段是生命中特别重要的阶段，研究生生涯
对于一个求学上进的知识青年来说就是这样一个阶段。今天是你们值得记住
的时刻，因为今天意味着你们一个重要人生阶段的结束和新的人生阶段的
开始，是你们每个人生命中的里程碑。今天我们师生聚集在这里的目的，
就是为了永久地记录你们的这个特殊的日子，并且庆贺你们经过艰辛和勤
奋在学业上获得的成就。作为你们的师长，我们为你们获得的学术成就感
到欣喜和骄傲。基于此，我特别高兴参加这次盛大的毕业典礼，并代表学

校及校学位委员会全体委员授予学校给予你们学业成就的最高奖励，即博士学位和硕士学位，这是一所有近70年办学历史的江西省最好大学之一的教学研究型大学的学位。所以在这里我还要特别代表学校党委和行政，向今天毕业并获得学位的博士、硕士研究生表示最热烈的祝贺！向悉心指导和培养研究生的全体导师，向为学位与研究生教育工作作出贡献的全体教职工，向鼓励和支持研究生们刻苦学习的亲属们表示衷心的感谢和亲切的问候！

三年前，在座的各位同学，带着强烈的求知欲望，怀着对学术殿堂的憧憬，从全国各地跨入江西师范大学，开始了自己的研究学习生涯。你们紧跟时代步伐，勤奋刻苦求学，勇攀科学高峰，通过自己的努力，在各自的专业领域里取得了骄人的成绩，从典雅凝重的教学楼到书香浓郁的图书馆，从井井有条的实验室到绿意葱葱的运动场，到处都留下了同学们挥洒的汗水，留下了同学们青春的足迹。

我们知道一所教学研究型大学应当为同学们提供最好的教育，作为一名以参与科学研究为求知手段的研究生，在求学阶段没有什么能比获得一个富有学术造诣导师的指导并在自己研究领域取得富有创造性的学术成果更令人兴奋的事了。尽管我们目前还没有能力为所有研究生做到这一点，但我相信在座的诸位同学已经见证了母校所做的一切努力和变化。学校和你们一起在成长。

三年来，在同学们不断进步的同时，母校也取得了突飞猛进的发展。在2005年教育部本科教学工作水平评估中，我校获得了优秀成绩。在全国第十批学位点审核工作中，我校新增了3个博士点、10个一级学科硕士点和17个二级学科硕士点，学位点数量翻了一番。就在前两周进行的全国教育硕士专业学位合格评估工作中，我校的教育硕士培养工作又获得了教育部评估专家的高度评价。不少省委省政府和教育主管部门的领导先后到学校来视察指导，他们在与学校领导的谈话，与学校的科研人员、老师的沟通，特别是在学生食堂与莘莘学子共进晚餐时促膝交谈中，对学校的各项工作无不予以了充分的肯定，给全校师生带来了极大的鼓舞和信心。这些来之不易的荣誉和成绩，正如你们手捧的毕业证和学位证一样，既是母校的荣耀，也是各位同学的骄傲。在同学们对母校从憧憬到融入、从陌生到熟悉的同时，在你们心中，也一定建立了一座用大半个世纪的文化积淀和时代激情构筑的精神校园，这座校园高尚、圣洁，也会成为一道独一无二的亮丽风景，定格在拥有浓厚文化底蕴的母校历史上。

同学们，转眼三个365天匆匆走过，此时毕业的歌声即将响起。离别之时，我想以一名母校师长的身份提几点希望，与同学们共勉：

崇真：追求坚定的科学信仰。教育须有信仰，没有信仰就不成为教育，而只是教学的技术。耶鲁大学源于10位神职人员对40本书的捐赠，当他们相聚在一个小镇把各自带来的书放在桌上，并庄严地宣誓"我为大学的创建而捐上这些书"时，一所大学诞生了。之后的岁月耶鲁大学始终建立在书亦即知识的基础上，书籍比任何东西更重要，对知识的尊重是美国这所最古老大学的光荣所在。耶鲁大学的校训是"光明和真理"，耶鲁大学相信光明来自真理，真理来自知识。书本至上、知识至上、科学至上、真理至上、精神至上，这就是耶鲁的大学理念、文化传统、价值取向和精神追求，是耶鲁永远高扬的理想主义。大学是一个求知求真的社会中心，求知求真的社会是不能放弃价值关心和价值选择的，大学的与众不同之一就在于它是一个关心世界观、人生观、价值观并影响学生世界观、人生观、价值观的场所。这就决定了大学不可放弃"追求真理、崇尚学术"这一科学信仰，而以"崇真"为特征的科学信仰就是大学的理想主义。大学既是青年人追求知识的场所，也是培育信仰的殿堂，大学不仅传播科学知识，而且灌输科学信仰。大学绝不能满足于传授知识和技能予学生，那只是学生获得生存能力的手段。学生还应当在精神层面上，获得对生存意义、生存目的的理解以及生存的精神动力。真正意义的知识分子，不只是一个读书多的书生，他还必须有自己的观念，有自己的精神，做追求真理的人。于是他必须有信仰，尤其是忠诚科学的信仰。有科学信仰之大学才会有坚持科学真理和追求科学的崇高目标。大学如此，受过大学教育的人亦然。任何时候，希望同学以崇高真理的追求，做坚持真理、守护真理、传播真理的人。

向善：追求高雅的文化修养。博雅教育的一个基本思想是：大学首先应该把普通人培养成有"文化修养"的人，使他们处于时代要求的高度。培养有文化修养的人，这是大学自文艺复兴以来形成的自觉为人类社会、为受教育者负责的人文主义的理性传统。"造就有教养和有用的公民"是许多世界著名研究型大学的人才培养目标。修养何以重要？古人曰：齐家、治国、平天下，先修其身。就当今社会而言，一个人的成功与否或对社会的价值大小，并非仅决定于他的专业能力，更重要的是他受教育后而获得的文化修养。有文化修养者，其思、其言、其行、其举止无不透射出高雅。是故古人说："腹有诗书气自华。"修养是人们追求美的思想、美的言行、美的品性而衍生的反映人之素质的产物。希望同学们离开学校以后，以向善的要求作为自己未来生活中崇尚和追求美好、纯洁、健康、向上的参照，并以此时刻召唤自己脱离低俗，永远坚持自我完善、自我完美的追求。

求美：追求高尚的道德操守。《左传》解说"何为不朽"，即"太上有立德，其次有立功，其次有立言。虽久不废，此之谓不朽"。大学本质上担负的是探索真理和传播知识，亦即"立言"，并通过"立言"服务社会，亦即"立功"的责任和使命。大学何以能经千年而不衰，亦即"不朽"？就在于大学坚持阐释正义、主张公平、传承人类文明的薪火，始终自觉扮演着社会道德良心的角色。因此，"立德"使大学伟大而不朽。科学是无向量的，但被人掌握后就有了向量，这就是说科学可以造福人类，同样也可以损害甚至毁灭人类。近代以来科学技术的发展及其应用实践已经证明：道德决定科学知识的运用方向，为此也就决定了科学知识对人类的祸福。康德说他有两个敬畏：头上的星空和心中的道德。如果把"头上的星空"理解为自然的规律亦即科学，那么康德与苏格拉底提出的"知识即美德，美德即知识"是同样的命题，即道德与科学对人类而言同样重要并无孰重孰轻。事实亦然。科学和道德是构建人类和谐社会之最基本的两个高度相关要素。科学和科学运用的不可割裂，决定了科学需要道德的约束，也决定了大学在科学的发展和传播过程中必须担负起自己庄严而神圣的道德责任。希望同学们以求美要求获得不断向善的道德力量。同学们，作为一个有使命感的知识分子，我们既需要依靠崇真的理想主义以激发创造力，依靠求美的理想主义培养文化力，以及依靠务实的理想主义唤起凝聚力，同样也需要向善的理想主义产生约束力。

务实：追求高度的社会担当。从某种意义上说，学位尤其是研究生学位不仅代表着荣誉，而且还代表着拥有知识的"特权"，在知识经济的时代，知识"特权"还意味着责任。所以作为师长我们期待，当你们完成学业走出校门以后，要以一个知识分子的名义，自觉担负起自己应当担负的社会责任和使命，用你们的聪明才智和所学的知识及专业能力为我们所处社会的文明进步，为帮助我们完成学业的所有人的幸福美满，为我们祖国和民族的发展强盛作出你们应有的贡献。作为党和国家培养的有高学历高学位的青年知识分子，我们发挥才华的舞台在自己的祖国，要以务实的作风和社会担当的精神为中华民族的伟大复兴作出自己的贡献。

罗大佑先生早年唱过由自己作词作曲的一首歌《闪亮的日子》，歌中写道："我来唱一首歌，古老的那首歌，我轻轻地唱，你慢慢地和。是否你还记得，过去的梦想，那充满灿烂的岁月。你我为理想，历经了艰苦，我们曾经哭泣，也曾共同欢笑，但愿你会记得，永远地记得，我们曾经拥有，闪亮的日子。"如果同学们此时此刻与这首歌产生了共鸣，我想和大家一起来分享这首歌带给我们的灵魂的颤动。（现场播放《闪亮的日子》，现场的研究生大多流下了感动的泪花）

如果我想为自己的这篇讲话设一个题目，那么这个题目就是《闪亮的日子》。我真诚地希望同学们无论你哭泣过还是欢笑过，无论你成功过还是失败过，无论你拥有过还是失去过，都不要忘记母校的三年求知向学的时间是你一生中最闪亮的日子，你的老师、你的同学都是你此生永远不能忘记并且是你最弥足珍贵的记忆，无论你走到哪里，都把母校视为你们永远不能释怀、追忆不止的心灵的故乡。

最后，我提四个"不要放弃"，我们一起共勉：不要放弃社会责任，那是一个知识分子报效祖国的使命；不要放弃理想，那是你心中照光前程的阳光；不要放弃学问，那是我们的立身之本；不要放弃努力，凡耕耘者都会有收获。如果我们这样做了，今天我们微不足道，明天我们就举足轻重。

衷心地祝福同学们有美好的前程，永远拥有亲情之真、友情之善、爱情之美！

（本文为作者于2007年6月28日在江西师范大学2007届研究生毕业典礼暨学位授予仪式上的讲话。原文有改动。）

第三节　不要放弃

亲爱的同学们，尊敬的老师们：

下午好！对我们江西师范大学的师生而言，今天是一个盛大而不能忘记的日子。首先，感谢大家来参加我们在实验剧场举行的2008届本科生毕业典礼和学位授予仪式。

很多年前，在我担任主管学生工作的副校长的时候，我就萌发了一个很强烈的愿望：我们应该为大学生毕业时举办全校性的、正式的、热烈而又神圣的毕业和学位授予典礼。因为毕业典礼的意义不仅在于通过这种形式体现和强调知识的尊严、学位的尊严、学府的尊严，还在于给我们学生一个完整意义的大学生活。虽然这个愿望在我的心中停留了太长的时间，但今天它毕竟成了现实。此时此刻置身于此情此景，我禁不住生出许多的感动和感怀。我相信举办这样的典礼，也是你们所有同学的强烈愿望，如果我没有说错，我想同学们会为今天的盛典发出来自你们心底的掌声！同时，我还想邀请同学们用热烈的掌声感谢为这次毕业典礼付出许多智慧和辛劳的所有学院和所有部门的老师们！在这里，我还要特别感谢学校领导班子的同志们，因为对毕业典礼意义的共识，班子成员为实现毕业生同学们的这次期盼做了大量富有成效的组织与领导工作。谢谢大家！谢谢同学们！

同学们，今天你们亲自参与并见证了江西师范大学自改革开放以来不曾有过而且必将载入历史的一次重大事件和一段特别的时刻：这是一场全校性的隆重而庄严的毕业和学位授发典礼，同学们身着象征知识和学位尊严的学袍，在庄严的主席台上端坐着同样象征着知识和学府尊严并身着导师袍的你们的师长——校学位评定委员会委员和各学院院长，你们将从校长的手中接过学位证书，你们的导师和学校领导将拨正你们学位帽上的流苏，由此证明你们已经功成学就，宣告你们的大学本科时代已经圆满结束。这也是我为什么要你们发出热烈的掌声的原因。因为大学是知识的殿堂、教育青年人成长的世界，我们希望今天的毕业和学位授予典礼，能让同学们在离校前更强烈地体感到大学之敬畏、大学之神圣、大学之庄严以及大学的使命和大学的责任，体会到四年寒窗苦读、今日终于金榜题名的成功和喜悦。我们唯一遗憾的是囿于场地，来到毕业典礼现场的只能是全校毕业生的代表。

为了分享你们的喜悦，我们七七级数学系校友、国家教学名师、南昌大学数学系主任朱传喜教授，在今晚要赶往美国参加第五届世界非线性分析家大会并作45分钟报告的时间紧张之际特地赶来参加我们的庆典。我们为校友取得的巨大成就表示祝贺！人生需要榜样力量的激励，学校希望并且坚信十年之后，你们中也会有像朱传喜等校友一样甚至超过他们的杰出人物。请允许我在这样一种庄重而特殊的场合，再一次感谢省工商联主席、泰豪集团总裁黄代放先生，他不仅是我省极为成功的企业家，而且是极富社会责任感的文化人，他关心教育、情系学子，他130万元人民币的慷慨捐赠，不仅连续5年支持我们学校的大学生合唱团，而且连续5年奖励我们的杰出本科毕业生。得诸社会，回报社会，这就是黄代放先生给同学们的榜样的启示。感谢他们百忙中不辞辛劳赶来参加我们的盛典！

同学们，在你们毕业生特别节日的今天，作为校长和学位评定委员会主席，我要代表学校、代表校学位评定委员会授予你们江西师范大学对你们学业成就的最高奖励——学士学位，借此机会向全校毕业生和学士学位获得者表示最热烈的祝贺！向精心培育你们的老师以及为教学管理和服务作出贡献的全体教职工，向含辛茹苦养育你们的父母亲人以及关心支持你们完成学业的所有善良的人们，表示衷心的感谢和亲切的问候！

"大学它指向一条路，这条路通向与伟人会面的地方。在这里，你可以见到你平时很少见到的一类人，没有他们，你既不能认识自己的能力，也不会明白作为人类的一分子是多么的美好。"4年前，2004级的同学们正是怀着这样一种梦想和希望，从祖国的四面八方汇聚于美丽的瑶湖之畔，将自己的青春岁月和理想激情交付给了我们学校。于是，学校处处都留下了你们寒窗苦读的身影，留下了你们的意气风发；于是，学校的一草一木都渗透着你们青春的气息，一砖一瓦见证了你们成熟、成长、成才的足迹。

4年来，你们与学校朝夕相处，休戚与共，共同成长。学校的每一个重大事件和重要历史时刻都有你们的参与，并因为你们的参与显得更加完美。2004年以来，是你们和我们一起建设了这座全新的校园；2005年，是你们和我们一起迎接了教育部本科教学工作水平评估，并为学校获得优秀的评估结果作出了贡献；2006年，你们和我们一起收获了在全国第十批学位点审核工作中新增3个博士点、10个一级学科硕士点和17个二级学科硕士点的喜悦；2007年，在学校"以生为本"的办学理念的鼓舞下，你们前所未有地以大学屋里主人的精神参与到我们办学治校中，为学校各项事业的发展奠定了民主治校的文化基础；2008年，在国家屡次遭受地震等自然灾害的时刻，你们坚信"多难兴邦"，表现出了中华民族特有的团结和刚毅，胸怀对他人、对社会、对国家的关心和热爱，以各种方式为抗震救灾尽道义作奉献，你们热情为迎接北京奥运圣火和北京奥运会欢呼和祝福，你们以国家利益为重，以大学生应有的理性和智慧应对了错综复杂的国际政治形势……

同学们，大学是依靠梦想和希望生存的地方，正是一代又一代学生的到来并成长为有益于国家和社会的人才，学校才不断守望和延续着大学必须薪火相传的探索和传播知识的梦想、追求和坚守真理的希望。水涓涓不息，木方能欣欣向荣。因为你们，大学生命之树常青，大学永远充满生机、活力、激情和智慧。

当我们为拥有你们感到骄傲和自豪的时候，作为校长，我也要向同学们表达我的内疚和不安。尽管我们一直在尽最大的努力为大家创造优良的学习和生活环境，但是由于学校办学条件和管理存在的问题，同学们还有不少良好的期待和愿望没有实现。我知道，你们并不是没有抱怨，可是你们却以博大的胸怀和大度包容，谅解和理解了学校。同学们，你们可知道，正是你们的理解包容以及你们的学业成就，使我们有了更坚定的信念和信心：我们有责任也一定会把你们的母校建设得更加美好，我们要让所有的校友无论走到哪里，都会因为自己曾经是这所大学的学子感到自豪和骄傲。

同学们，明天你们将以校友的身份告别母校走向社会，在这离别之时、惜别之日，请允许我以一名母校师长的身份最后给你们提如下希望，我们一起共勉：

一、不要放弃理想。柏拉图的老师苏格拉底曾留给后人这样一句话："人人心中都有一个太阳，我们的任务就是帮助每个人，让这太阳升起来，发出其本有的光芒。"理想是什么？它是我们心中永远充满光芒的太阳，是茫茫黑夜不让我们被眼前萤火虫的点点光亮所迷惑，照亮我们远行方向的灯塔；理想是什么？理想是信仰追求，它是我们坚定不移的价值选择和人生守望；理想是什么？是目标志向，古人云"志不强者智不达"，是指引我们战胜懦弱和困难不断前行的精神力量；理想是什么？是仰望天空。何谓仰望天空？仰望天空就是高瞻远瞩、胸怀远大，仰望天空就是胸怀宽广、无私无畏，仰望天空就是追求美好纯洁、积极向上。一个人如果被迫只顾眼前的目标，他就没有时间去展望整个生命。从不仰望天空的人会怎么样？他虽然不会掉进坑里，但他只会永远躺在坑底，眼前永远只有急功近利。作为社会的一名高层次人才，我希望你们具有更宏阔的视野、更敏锐的领悟力和更崇高的精神。让我们一起仰望星空，做一个胸怀世界、胸怀祖国、胸怀大局、胸怀大事的有理想的人。因为理想，我们就有"从绝望的大山上砍下一块希望的石头"的勇气、信心和机会。"非学无以广才，非志无以成学"，同学们在以后的人生道路上包括今天我们人生的启程，不管遇到什么情况，都一定要坚持自己的人生理想，青年人只有树立和坚持了崇高的理想，才能具有永不枯竭的奋斗之源，才能自我实现，继而自我超越。年轻人没有老年人的资深、中年人的丰厚，但你们有理想、有激情，如果我们青年人连理想和激情都没有了，我们还能成就什么？

二、不要放弃努力。努力是实现理想、通往成功的阶梯，记住：凡耕耘者都有收获。英语典故"Rome was not built in a day"（罗马不是一天建成的）充分地说明了任何成就都不是简单达成的，而是经由很多的努力累计完成的。《荀子·劝学》在强调"学不可以已"的同时，同样表达了对坚持的推崇，这就是"故不积跬步，无以至千里；不积小流，无以成江海。骐骥一跃，不能十步；驽马十驾，功在不舍。锲而舍之，朽木不折；锲而不舍，金石可镂。蚓无爪牙之利，筋骨之强，上食埃土，下饮黄泉，用心一也。蟹六跪而二螯，非蛇、鳝之穴无可寄托者，用心躁也"。不放弃努力，简单的一句话，包含的意义和隐藏在这意义之后的艰辛和曲折的过程足以使我们每个人感慨万千。确实，有的人在走向目标的过程中停歇了，有的人在暂时的失败前止步不前了，有的人功亏一篑，事后后悔不已，但是只要我们能够再坚持一点，再努力一些，以足够的精神、勇气和智慧面对碰到的一切，是可以到达理想的彼岸，实现自己的人生目标的。不放弃努力就是不放弃自强自立，不放弃自强自立就是不放弃对自己负责的责任。

三、不要放弃学问。学问，即学习，即知识，即真理，学问是我们的立身之本，是我们之所以能够不断自我完善、实现自我超越的精神和物质前提。大学生是做学问的人，任何时候记住"追求真理、崇尚学问"既是我们应有的定守，也是自我身份的一种标示。耶鲁大学的校训是"光明和真理"，其意义在于告诫师生：光明来自真理，真理来自知识。人只有不断地学习，才能拨开思想迷雾，成为真正具有主体性的人。"毕业"的英文"graduation"的词根不是"完成""结束"之意，而是蕴含开始、进步的意义。因此，同学们以后要保持和发扬在大学中养成的求知向上的文化传统，以自己在大学中受到的庄重、理性、自律、智慧等教化，来固守自身对于知识和真理的追求，来影响和感化身边的人们，把对知识和真理的孜孜追求融入为我们内在的精神信仰。不放弃学问，就是知识至上、科学至上、真理至上、精神至上的价值坚守。真正意义的知识分子，不只是一个读书多的书生，更重要的是通过探索学问，做坚持真理、守护真理、传播真理的人。

四、不要放弃社会责任。大学文凭既象征着一种权力，更意味着一种社会责任。社会责任是知识分子回报社会、报效祖国的使命。中国一向讲究知识分子的责任担当，北宋大儒张载对知识分子的这种责任担当有相当精辟和理想性的论述，那就是"为天地立心，为生民立命，为往圣继绝学，为万世开太平"。应该说，在工具理性和价值理性的比较层面，我们之所以学远比我们如何学更重要，我们之所以花费人生中最美好的时光用来学习，就在于我们希望将来能够凭借自己的聪明才智和所学知识，为个人的人生完满，为我们社会的文明和谐，为我们国家和民族的兴旺富强作出自己应有的贡献。这是我们可以承担的责任，更是我们应该承担的责任。

同学们，这"四个不要放弃"不是什么大话，而是我与你们分享的人生感悟。在今天这个特殊的场合，作为地方师范大学的校长，我还要对即将走出大学校门又要走进中学校门的未来教师们说几句话。古人云："根本之图，教育为亟。兴衰在于人，得失在于教。"中外古今建国之策，无不选择教育为先。为此，党和国家把教育放在优先发展的地位，并确定科教兴国的战略。事实上，我们回溯中国改革开放30年社会经济高速发展的历史，教育功大莫焉，功不可没！发展振兴教育离不开教师的作为，有言道："致天下之治者在人才，成天下之才者在教化，职教化者在师儒。国将兴，必贵师而重傅。"正是教师在教育事业中有着不可替代的重要性，党和国家不仅高度重视教师在社会主义教育事业发展进步中的作用，并且为极大提高教师的社会地位和政治地位创造了优越的制度环境和经济环境，给予了广大教师极高的社会荣誉。为此，我们希望同学们自尊自励，胸怀祖国，热爱人民，学为人师，行为世范，默默耕耘，无私奉献，为全社会树立光辉榜样，努力成为无愧于党和人民的人类灵魂工程师。

同学们，你们是承前启后、继往开来的重要一代。你们的理想、知识、能力，对于祖国和民族的未来关系重大。我国波澜壮阔的改革开放和现代化建设，为年轻人施展才华、实现志向提供了广阔的舞台。海阔凭鱼跃，天高任鸟飞，希望你们牢记报效祖国、振兴中华的神圣职责，担负起历史的重任，做一个无愧于时代的社会主义事业的建设者和接班人。

几天前，有同学在学校的网页上留言：今天我们流泪了，可那不是忧伤，是歌唱；今天我们分别了，可那不是遗失，是珍藏。昨天我们风雨同舟，今天我们依依惜别，明天我们成就辉煌。说实话，我被这个同学的留言感动了。这让我不得不再一次把罗大佑先生的《闪光的日子》在这里播放一遍。我真诚地希望同学们无论你哭泣过还是欢笑过，无论你成功过还是失败过，无论你拥有过还是失去过，都不要忘记母校的四年求知向学的时间是你一生中最闪亮的日子，你们的老师和同学都是你们此生永远不能忘记并且是最弥足珍贵的记忆，无论你走到哪里，都把母校视为你们永远不能释怀、追忆不止的心灵的故乡。

同学们，最后我把昨天在研究生毕业典礼上说过的话同样送给你们："学校永远爱你们，永远支持你们，永远牵挂你们！母校期待并祝福你们拥有灿烂的前程、美好的生活！"

（本文为作者于2008年6月30日在江西师范大学2008届本科生毕业典礼暨学位授予仪式上的讲话。原文有改动。）

第四节　追求博大

亲爱的同学们、老师们，研究生亲属朋友们：

　　哲人说："一个梦想可以把你带往任何你所向往的地方。"三年前，正是求知深造、成才成长的美好梦想把你们从全国各地引领到瑶湖之畔——江西师范大学。我清晰地记得，因为你们的到来，学校增添了那么多的活力、激情和欢乐；三年后的今天，你们同样怀着一展才华、有所作为的美好梦想，带着江西师范大学给予你们学业的最高奖励和象征着你们智慧与辛勤之结晶的研究生学位将走出这所大学。为了梦想，我们在大学这所知识的圣殿相聚相识；同样为了梦想，我们又必须在大学这个心灵的故乡依依惜别。因此对我们师生而言，今天虽然是一场喜庆的毕业盛典，但我们都无法回避那份离别的感伤。

　　记得在去年研究生毕业典礼上，我把罗大佑先生的"我来唱一首歌，古老的那首歌，我轻轻地唱，你慢慢地和。是否你还记得，过去的梦想，那充满灿烂的岁月。你我为理想，历经了艰苦，我们曾经哭泣，也曾共同欢笑，但愿你会记得，永远地记得，我们曾经拥有，闪亮的日子"这首《闪亮的日子》播放给大家听时，不仅女同学流泪了，不少男同学也眼噙泪花。我知道那是因为毕业生心中充满了对母校、对师长、对同学的爱和分别的不舍。正是对同学们这份深沉感情的理解，今年的毕业典礼学校做了很大的改变。我们把校学位评定委员会委员和所有学院的院长，他们也都是你们的导师，请上象征知识和学位尊严的学位颁授台就座，就是要让他们一起见证和分享你们在人生特殊时刻的幸福。我相信所有的导师一定会像你们的父母和亲友一样，为你们获得的学位感到欣喜和骄傲。

基于此，在这标志着你们人生里程碑的特别时刻，请允许我代表学校向今天毕业并获得博士、硕士学位的同学们表示最热烈的祝贺、最衷心的祝福，向悉心指导和培养你们的导师，以及为你们成长付出智慧和辛勤的所有教师员工和支持你们完成学业的亲属们表示诚挚的感谢和亲切的问候！

同学们，回首过去三年的岁月，你们在大学文化的熏陶和导师智慧的引领下，吸收着真理的光明和热量，汲取着知识的露水和阳光，你们学到的不仅是专业知识和技能，还有坚定的知识至上、科学至上、精神至上的信仰。没有对科学的坚定信仰，我们就不会有敬畏科学、忠诚科学、信服科学、遵循科学、探索科学、发展科学、维护科学的坚守，就难以抵制并可能屈服于外界各种利益的诱惑；没有对科学的坚定信仰，我们就难以自觉坚持和守护大学的学术属性，也不能很好地履行热爱科学、探索科学、坚持真理并对科学、对社会、对未来负责的知识分子的使命。在大学这个充满理想主义的"研究和传授科学的殿堂，教育新人成长的世界"里，你们充分享受着追求真理、激发思想、探索知识、发展能力的自由和快乐；在大学天然的庄重、理性、自律、智慧和负责的品质影响下，你们无不打上了庄重、理性、自律、智慧和负责的文化烙印。

三年中，你们见证了江西师范大学的变迁，目睹了学校向国内同类学校先进行列的勇敢迈进。在"以生为本、以师为尊、以学为要、以法为治"办学治校理念的引领下，学校实施教学质量工程，大力改善教学条件，落实教学中心地位，人才培养质量不断提高；推进学科专业建设，加强人才队伍建设，学校办学实力和水平进一步提升；加强制度建设，规范各项管理，依法治校、民主治校和科学治校得到进一步体现；深化素质教育，加强学生管理服务，学生成长成才的环境得到进一步优化。全校上下正在为把我校建成学科专业比较齐全、教师教育办学特色鲜明、人才培养质量优良、师资队伍结构合理实力比较雄厚、制度健全管理规范、办学基本条件完善、大学文化浓郁的综合性、有特色、水平高、声誉好的教学研究型大学而努力奋斗。我们所做的努力，就是希望在你们这一张张质量良好的白纸上留下一道大学的水痕。我们相信这些水痕是勾画你们未来美好蓝图的最不可或缺的基础，而留下的那些空白正是需要你们自己用激情和想象、理性和智慧去创造去填充的空间。

在毕业的钟声已经敲响，当明天你们即将离开学校而身份也将改换为校友的时候，请允许我以一名师长和母校校长的身份送你们一句话：追求博大。大学之大，在于博大；伟人之大，在于博大；成就之大，亦在于博大。

一、追求博大，做有精神支柱的人。就人的躯体而言，人是很脆弱的，脆弱得形如一根苇草；但人又是最坚强的，坚强得连钢铁都难撼动。原因很简单，人是有意志、有思想的，而意志和思想构建了精神，精神是不可战胜的。于是，人之最重要的是精神。在汶川地震的特大自然灾害面前，我们看到了人之躯体的脆弱和人之精神的刚强。人是要有精神的，有了精神我们才会有支撑自己的坚不可摧的斗志和力量。国家的坚不可摧也需要精神，国家的精神源自其民族所有成员之精神的聚集。大学是人类社会的道德良心、人类社会的文化希望、人类社会的科学脊梁，作为接受过大学教育的青年知识分子，我们一定要勇敢地担负起一个青年知识分子必须担负的崇真、向善、求美和社会担当的使命和责任。每代人有每代人的使命和责任，当前我们正处在一个需要每个知识分子有所作为，并且国家也为每个知识分子的有所作为提供了舞台的最好时期。同学们，现在是你们上台的时候。

二、追求博大，做能够仰望天空的人。何谓仰望天空？仰望天空就是高瞻远瞩、理想远大，仰望天空就是胸怀宽广、无私无畏，仰望天空就是追求美好纯洁、积极向上。德国哲学家雅斯贝尔斯曾说过，如果一个人被迫只顾眼前的目标，他就没有时间去展望整个生命。如果在茫茫黑夜我们能够看到灯塔的光芒，就不会被眼前萤火虫的点点光亮所迷惑。从不仰望天空的人会怎么样？他虽然不会掉进坑里，但他只会永远躺在坑底，眼前永远只有急功近利。作为社会的一名高层次人才，我希望你们具有更宏阔的视野、更敏锐的领悟力和更崇高的精神，你们会关注世界的和平与发展，关心国家的建设和振兴，关爱社会的和谐与进步。让我们一起仰望星空，做一个胸怀世界、胸怀祖国、胸怀大局、胸怀大志的高尚的人。

三、追求博大，做永不放弃学问的人。荀子言："凡百事之成也，必在敬之。"作为一个知识分子，任何时候我们都必须敬畏学问，都不能放弃学问。学问即真理也，学问是书生安身立命之根本也，学问乃学者效力国家有为社会之本领也。在清华大学人文社会科学学院成立10周年的纪念大会上，北京大学美学家叶朗先生说，有人曾问国学大师季羡林先生，为什么年高体弱还求学著述不断，他答曰："知识真火何以不灭，就是一代代那么多崇尚真理学问的人，在把自己的心肝脑汁都掏出来不断地添加于知识之火中，从而使之薪火传存。"研究生乃研究学问者，我们不研究学问，我们如何探索和传播真理？我们不探索和传播真理，我们又怎能坚持和守护真理？虽然你们的研究生学习生涯已经告一段落，但这仅仅是一个新的启程，路漫漫其修远兮，吾将上下而求索。我希望无论什么时候，你们仍然守持积极进取的态度，不断学习不断提高。我真的很希望看到，也一定能够看到，你们中间一定会出不少引为母校骄傲的大学者。

四、追求博大，做自强自立的人。美国心理学家亚伯拉罕·马斯洛（A.H. Maslow）认为，人并不完全是被决定或被限定的，人可以决定自己的命运。换言之，人最终是自我决定的，人不是简单地存在着，人总是决定他的存在是什么以及未来他会成为什么。无论我们的生存环境如何，我们总是保留人的自由的最后仅存的东西——在既定的环境中选择个人态度的能力。我想这就是自我实现者与环境决定论者最大的差别。同学们，任何时候当你们遇到困难，即便是人生巨大的挫折时，都不要退缩，不要气馁，更不要抱怨生活有多么的不公，要学会从自身寻找问题的根源。因为，困难并不能打倒我们，打倒你的恰恰是你自己。抱怨生活的人，客观上也是在逃避自己的责任。十几年前，我写过一本《走出精神沼泽——与大学生谈苦恼》的思想读物，在封底我写了这样一段话："理想与现实的碰撞，你困惑过；变迁与竞争的加剧，你失落过；不再向生活诉苦，那是你已经成熟的证明。"实际上，有不少苦恼来自我们过于关注自己的权利，这个时候如果我们能多想想自己的责任，那才意味着我们已经在成熟和在成长。我希望你们从这所大学获得的不仅是知识，更多的是自强自立这种生命的成熟和精神的成长，而后者是你们最为珍贵的永久的财富。

五、追求博大，做有爱心有情怀的人。第一，心存大爱。大爱是什么？就是对社会的爱、对世界的爱、对人民的爱、对环境的爱。在今年5月12日汶川大地震中，研究生心系灾区，踊跃为灾区捐钱捐物，对灾区人民表现出积极的关爱，这一点充分反映了研究生的大爱之心。所谓"齐家治国平天下必先修其身"，心存大爱为修身之要。第二，多一些友爱，把善良的友爱播撒给你们身边的人。对待亲人、朋友、同学、同事，甚至是陌生人，多一份友爱，少一份隔膜；多一份温暖，少一份冷漠；多一份给予，少一份计较。我希望友爱的温暖能帮助你们快乐地生活。你们的友爱也许只是一缕缕小小的光芒，但友爱的星星之火，一定能够感染和带动周围的人，让更多的人都加入友好互助的队伍中来，为建设和谐社会贡献出自己的力量。第三，对自己多一些关爱，即爱自己并敬畏生命。爱自己就是要正确地认识自己。苏格拉底在几千年前就呼吁要认识你自己。第四，心怀更多的热爱和激情。热爱你的家庭，热爱你的工作，热爱你的生活。很多人工作了几年便觉得很倦怠，这是必须及时"止损"的消极情绪。有位作家告诫过我们：人常常不是失败而放弃，而是因为疲倦而放弃。最糟糕的境遇不是贫困，不是厄运，而是精神心境处于一种无知无觉的疲惫状态。感动过你的一切不能再感动你，吸引你的一切不能再吸引你，甚至激怒过你的一切也不能再激怒你，这种疲惫会让人止不住地滑向虚无。我希望在座的各位，在工作几年、十几年甚至几十年后，能够依然保持对工作的热爱、生活的激情。理性和激情是推动社会前进不可或缺的两个车轮，人亦然。我希望若干年后我们再相聚时，在座的各位一如今天这般热情喷涌、激情澎湃。

同学们，作为校长，在这里我要衷心地感谢你们，感谢你们为学校的各项发展做出的种种努力，感谢你们在学术花园里留下的深深浅浅的足印，这些努力和印痕也是推动我校研究生教育发展的一种不可替代的力量。我还要感谢你们的大度包容，我们知道你们还有很多的期待和愿望，由于学校办学条件和管理存在问题而没有实现。正是你们的成就和包容，使我们有了更坚定的信念和信心，我们会把你们的母校建设得更加美好。我心中有一个心愿和奋斗的目标：我们要让所有的校友无论走到哪里，都会因为自己曾经是这所大学的学生而感到自豪和骄傲。

同学们，在这即将告别的时候，相信你们能够适应社会、适应时代，期待你们无愧于社会、无愧于时代。几年、十几年、几十年以后，母校在茫茫人海中能将你们重新辨认出来，那是由于你们对社会作出了杰出贡献。

同学们，我最后要告诉你们：我永远爱你们，学校永远支持你们，你们的师长永远牵挂你们！祝福你们拥有灿烂的前程、美好的生活！母校期待着你们！

（本文为作者于2008年6月28日在江西师范大学2008届研究生毕业典礼暨学位授予仪式上的讲话。原文有改动。）

第五节　知识的圣殿，心灵的故乡

亲爱的新同学们：

　　今年是我国改革开放30周年，同学们是分享着30年改革开放的巨大成就开始你们的大学生活的，所以你们是很幸运的一代。30年前也就是1978年，我作为"文革"后恢复高考的第一届大学新生踏进了这所大学，30年后我却以这所大学校长的身份在这里给新同学们致辞。作为这所大学1978—2008这30年沧桑巨变的见证者，我经历了这所从一个只有9个系科不到2000人在校生规模的师范学院，逐步发展成为一个拥有62个本科专业，88个博士、硕士学位授予点，23个学院和3.74万在校生规模的师范大学的全过程。当同学们带着家乡父老的叮咛嘱托和对美好未来的期待和憧憬走进这所大学的时候，也许你们已经被宏大的花园般的校园所陶醉，然而我还想告诉同学们的是这所创建于1940年的大学，以其近70年深厚的文化底蕴和历史积淀，拥有并培养过诸如全国人大常委会原副委员长、著名社会学家雷洁琼，著名教育家陈鹤琴，著名刑法学家蔡枢衡，著名史学家谷霁光，著名古典文学家胡守仁、余心乐，著名画家、著名作家江作绍，著名管理学家邱菀华，著名诗人公刘，著名政治学家刘大椿，中国科学院首批学部委员蔡方荫、杨惟义，两院院士黄克智、曾庆元，著名化学家郭庆菜，著名结构学家张肇骞，著名土壤学家黄野萝，著名数学家王福春、胡克等一大批人文大师和科学巨匠，以及重点大学校长解沛基、刘振群、林增平、蒋建平、尹长明、贝效良、刘正群和一批高级领导干部等。大学以其厚重的历史和杰出的人物而骄傲，江西师范大学的伟大和荣光亦来源于此。

在这里我要特别提及两个堪为我们后来人纪念的人物：其一，我们的首任校长、哈佛大学博士胡先骕先生，他是"中国植物学之父"，为我国的植物分类作出了卓绝贡献。先骕先生也是一位率真执拗、个性鲜明的知识分子，他曾经对学生讲："我是国际国内都有名的科学家，我的名字早已在历史上注定了。诸生今天能够听到我的讲演，这是你们莫大的荣幸！"正是这个不乏傲气但却埋头苦干的大科学家，和一群志同道合者经过艰苦卓绝的努力，克服了抗日战争期间的极度困苦，在荒凉的吉安泰和的山野里创建了一座传奇般的大学——江西师范大学的前身国立中正大学。先骕校长求贤若渴，在物质条件极为艰苦的情况下，却吸引延聘了众多国内外一流学者来校执教。这所大学的开创者们，在距离抗日前线仅仅一百多公里的山区校园为国育人，把中国知识分子应当救亡图存、兴国富民的思考写进了校史的扉页。这就是我们大学初创时的风骨，也是天下大学少有的传奇。其二，抗日英雄教授姚名达先生。姚名达先生，号显微，江西兴国人，为国学大师梁公启超先生的弟子，是国际知名的史学家、目录学家。1942年，姚名达先生率领战地服务团宣传抗日，遭遇日本侵略军，经顽强抵抗不幸牺牲。作为在抗日战场上英勇献身的一位教授，他的勇气震动了整个中国。这位以学问影响学界的大学者，用自己的热血捍卫了民族的尊严，用自己的壮举诠释了知识分子敢担道义的铮铮铁骨。当某一天你们游览我们青山湖老校区时，请同学们一定要到宁静的小湖旁，去拜谒那座安息着姚名达教授英魂的"显微亭"。

如果说最初的传奇是因了厚重历史背景的映衬，那么往后的数十年，一代又一代的知识分子书写了"爱国荣校、民主和谐、求真务实、开放创新"的师大精神。一批批有志青年来到学校，在这里求知成才，把青春和热情挥洒在这方美丽而神圣的土地上，形成了学校浓厚而独特的校园文化和大学精神。水涓涓而不息，木方能欣欣以向荣。我们学校之所以有生机勃勃、生意盎然的今天，也在于你们一代又一代充满青春活力的学子像新鲜血液一样不断地注入大学的母体。在学校发展进程中，你们的历届学长，心系祖国、刻苦求学、挑战自我、贡献社会，无不展示出师大学子为国争光、为校增辉及青年知识分子当有的风采与智慧。仅在近两年，我们的学生就获得世界自然基金会组织的"湿地使者行动"竞标第一名和"世界生命湖泊最佳保护实践奖"，获得"广茂达"杯全国智能机器人大赛金、银两项大奖，获得"亚星杯"全国演讲大赛团体特等奖及个人一、二等奖等；在刚刚结束的北京奥运会上，江西省共有10名运动员代表中国奥运军团参赛，其中7人是我们的在校生和校友，江西共获得3金2银5块奖牌以及一个第五和第七，其中两名金牌得主杨文军、金紫薇和两位银奖得主高玉兰、吴优，以及中国奥运史上突破性的一个第五和一个第七获得者，都是我校的校友和在校生；我们的健美操队代表国家队参加诸多重大国际比赛，多次在赛场上升起五星红旗，奏响中国国歌。

在没有竞赛的地方，师大学子也在"家事国事天下事事事关心"的大学环境中成熟成长成才。汶川地震后，我们有一大批优秀的毕业生积极申请参与灾后重建工作，有6名同学被团中央派往条件非常艰苦的四川阿坝藏族羌族自治州小金县开展志愿者服务。在"红土地支教工程"中，每年有近250名同学自愿前往偏远落后的农村，为那里的中小学生带去了生命中最快乐的回忆。最值得我们自豪的是，在江西等祖国各地有近十万师大学子扎根在基础教育等各条战线，为祖国的教育大厦守护着根基，在他们教诲和影响下成长起来的人才，又何止百万千万？

每每开学典礼，我们都会像今天这样检索校史。而每一次的回望，都让我们更加清晰地看见，从1940—2008年近70年的时代跌宕起伏中，一代又一代师大人编织出了师大发展的历史脉络，创造和延续了这所大学的梦想和光荣。这就是高尔基所说的"历史是知识分子文化活动的结果"。大学是应该不断沉淀故事的地方，但今天你们已经成为丰富大学故事的主人，大学历史传承的接力棒已经交到你们的手中。正是这样的原因，请允许我代表全校教职员工衷心祝贺和欢迎同学们成为江西师范大学的一员，从今天开始，这里就是你们的新家，你们是这个家里的主人，属于你们的一个崭新的追求知识实现梦想的人生大幕已经徐徐拉启。也正是这样的原因，作为校长我还要特别感谢同学们选择了江西师范大学，是你们以自己青年人特有的智慧、好奇、清纯、美丽、青春和朝气给这所历史老校带来了勃勃的生机、青春的活力，你们使我们对学校的未来充满了信心，我们为拥有你们而感到自豪和骄傲。

无论作为校长还是师长，此时此刻我都有责任帮助同学们认识什么是大学，你们考入大学应该做什么？

大学是以探索、追求、捍卫、传播真理和知识为目的，继而负有引导社会价值观、规范社会行为之使命，对人类素质改善和提高、社会文明发展和进步具有不可替代之重大公共影响力、推动力的教育机构和学术组织，是研究和传授科学的知识圣殿，抚育新人成长的心灵故乡；大学是社会文明的一面旗帜，是人类社会的科学脊梁，是人类社会的道德良心，是人类社会的文化希望。大学的这一使命和功能本身就决定了大学这样的基本逻辑：它必须是一个充满理想主义的所在，在这里师生享有可以充分追求真理、激发思想、探索知识、发展能力的自由和空间；在这里，大学以自己天然的庄重、理性、自律、智慧和负责教人以庄重、理性、自律、智慧和负责；在这里，大学以理想主义的崇真、向善、求美、担当，教人并引导社会崇真、向善、求美、担当。大学之所以为大学，就是它代表着社会人文精神的高度，这个高度就是大学的理想主义，这使得大学与众不同，必须对国家民族、人类社会高度负责，大学生务必自觉地把自己造就成有科学信仰、文化修养、道德操守、责任担当的知识分子。此时"智士者，国之器"也。

今天，看着坐在这片充满希望的绿色草地上的7300多位有着一切未来发展潜能的同学们，让我想起著名作家老舍先生说过的一段话："人生最值得纪念的是大学生活那一段，它是清醒的、意识的、自动的、努力向上的生活，而且是后半世生活的根基。"正是这段话让我感到一个教育者责任的沉重和伟大。作为校长，我知道对一名学子而言，著名学府对你们成长的意义有多重要。正是对大学作用的这样一种理解，我们的使命就是把江西师大建设成你们心目中"知识的圣殿、心灵的故乡"，一所值得你们永远追忆和骄傲的著名学府。我知道通往著名学府的路有多难，因为我知道这所大学离著名学府的距离有多远。但是，我坚信如果它成为我们师生共同的目标，总有一天理想就会变为现实。因为理想是成功的开始。古语云："坐而论道，不如起而行之。"为了实现我们的共同理想，我想借开学典礼这样的机会，向同学们提出几点希望：

一是孜孜不倦地探索真理。大学是传播和探索的场所，是社会求知求真的中心。马克思曾对自己女儿说过："我在追求真理的时候，哪怕撞到头破血流，我也不回头。"探索真理是大学生的天职。首先，在探索真理的道路上不应该迷信权威、害怕权威。古希腊著名哲学家亚里士多德非常尊敬他的老师柏拉图，他虽是柏拉图的高足，但并不墨守成规于柏拉图的体系。相反，他对柏拉图的理论进行了激烈的批评。他说："吾爱吾师，吾更爱真理。"探索的人是善于学习、独立思考、具有批判性思维的人。唯有如此，求知者才是一个适应大学生活、敢于诘疑问难、勇于突破传统、具有创新精神的人。此外，我们要珍惜宝贵时光，成为自觉学习、奋发进取的求学者。大学四年的积累是受益一生的积累，同学们应当敏锐地注意到，每一天每一位大学同窗都在迅速变化和成长，这使时间的流逝显得更为急促。所以古之学者无不感叹："逝者如斯夫"，"白驹过隙"。如是，从进入大学的第一天起，你们应当制定符合自己人生发展的生涯规划并笃行之，这将使你们与众不同。大学有着丰富的人文和科学资源，你们要善于和充分地利用这里的知识资源，包括深入感悟这所大学悠久的历史和富有学术成就老师的及人生阅历。

二是不断完善人格。人格的力量是巨大的。康德有句名言："有两样东西，我对它们的盯凝愈深沉，它们在我心里唤起的敬畏与赞叹就愈强烈，这就是头顶上的星空和心中的道德律！"光芒璀璨的星空可以解释为对真理的珍惜、求索，而道德律表征的就是一种做人做事的原则。理想的人格是可以自我塑造的。自塑为何等人格，关键在于自己的选择。古人曰："一德立而百善从。"一个人只有树立了正确的世界观、人生观、价值观，自觉按照道德规范要求自己，丰富自己的精神世界，亲近善友，服务社会，利乐民众，才能自塑为高尚的人格并形成独特的人格魅力。决定人格高下的关键，在于不断完善和自我塑造。我希望大家把学习过程既视为知识增长的过程，也将其视为自我人格不断砥砺、不断完善的过程。

三是奋勇于人生目标。人的生命是有限的，但是人生目标应该是超越人的自身局限的追求。天行健，君子以自强不息。意思是说，君子应该像天宇一样运行不息，即使颠沛流离也不屈不挠。如果你是君子，接物度量就应该像大地一样，没有任何东西不能承载。确实，在人生目标的追求过程中，只要我们选定了目标和方向，就应该一路奋勇向前，不拒艰难、永不停息。中华民族伟大复兴之路还很漫长，国家急切需要创新开拓、全力奉献的知识人群，需要艰苦奋斗、堪当大任的青年知识分子群体。

四是勇于承担责任。中国一向讲究知识分子的责任担当，那就是"为天地立心，为生民立命，为往圣继绝学，为万世开太平"。正是在这种责任要求之下，中国传统知识分子的人生路径就是修身、齐家、治国、平天下。我始终坚信："我们之所以学"远比"我们如何学"更为重要。因为我们之所以花费人生中最美好的时光用于学习把握真理，就是希望将来能够凭借自己的聪明才智和所学知识，为我们社会的文明和谐，为我们国家和民族的兴旺富强作出自己应有的贡献。这是我们可以承担的责任，更是我们应该承担的责任。西方学界对"知识分子"则有这样的理解：他们除受过较多的教育和献身于专业外，还必须深切地关怀国家、社会以至人类的一切利害。德国大哲学家费希特曾经讲过，一个社会的知识精英，"他的进步决定着人类发展的一切其他领域的进步；他应该永远走在其他领域的前头，以便为他们开辟道路，研究这条道路，引导他们沿着这条道路前进。"希望同学们能够成为引领社会不断前进"知识精英"。

亲爱的2008级新同学们，学校有责任为每个同学的梦想成真竭尽所能，让所有的学子都拥有自由飞翔的天空。江西师范大学将塑造你们的人生，而你们则将塑造江西师范大学的未来，因此你们也必将会是师大的光荣与骄傲！今天，我们用这样一个隆重而庄严的开学仪式为你们庆祝，就在于希望大家珍惜光阴，刻苦钻研，努力拼搏，积极求索，不断自我完善，不断自我超越，为祖国的强大和民族的复兴开发和积淀一个青年知识分子的力量。同学们，我们一起努力！我们一起加油！

（本文为作者于2008年9月20日在江西师范大学2008级新生开学典礼上的讲话。原文有改动。）

第六节　本科生导师制及其意义与作用

尊敬的各位老师：

在庆祝第24个教师节的新学期伊始，我们又在这里隆重举行本科生导师的聘任仪式，这是学校坚持"以生为本，以师为尊，以学为要，以法为治"的办学理念，进一步落实教学工作中心地位，切实提高人才培养质量的重要举措。在我眼里，今天是应该载入江西师范大学史册的一天，因为我们在这里举行本校历史上第一次本科生导师聘任仪式。我个人以为，这个仪式是很神圣的。为什么？我们知道人才培养不单是怎样培养的一个过程问题，更重要的是谁来培养的问题。大学的优秀既取决于学生的优秀，但更取决于教师的优秀，这就是大学教育的作用。法国教育社会学家埃米尔·涂尔干指出，教育的成功取决于教师，然而教育的不成功也取决于教师。由于教师对人才培养的极其重要性，自然决定了导师的重要性。何谓导师？品学兼优、德才兼备，既是经师，亦是人师者也。所以，我们对担任导师的教师有一个很高的要求。在座各位老师既是学有造诣的学者，又是可为师表的人生楷模，故此，你们是学校当之无愧的精英和脊梁，是学校最宝贵的财富。借此机会，首先，我要代表学校向你们表示祝贺，因为使命的神圣决定了担任导师既是一种责任，亦是一种荣光，是学校对你们教书育人工作的一种高度肯定和高度信任；其次，我也要特别感谢你们接受学校召唤，勇于并乐于肩负起导师这副关乎大学生能否在我们学校更好地成熟、成长、成才的重担。

一、导师制的意义

如果说本科生导师制度的建立有什么意义的话，可以从如下三方面来理解：

其一，导师制是大学目标追求和使命坚守的体现。作为大学的教育者，我们都知道对一名学子而言，著名学府对他成长成才的意义有多大。正是对大学的这样一种认识，我以为任何一所大学都应当有这样一个办学理想，就是把自己的大学建设成大学生心目中真正的知识圣殿，一所学生心目中永远值得追忆和骄傲的著名学府。我们当然知道通往著名学府的道路有多难，而且那也许是需要几代人不懈努力的理想。可是大学就是依靠梦想和希望生存的组织，如果我们大学里的每代人连这样的理想和梦想都没有，或者有了理想和梦想却又不去行动，我们的大学可能就永远停留于平庸。本科生导师制的建立和实施，就是我校向著名学府这样一个理想的高度攀登的一个努力和尝试。凡大学都应该有这样一个目标和追求。

大学的天职是人才培养，因此大学天然就是一个人才培养的教育组织，这是大学不能改变的组织属性，否则大学就不再是大学了。这样我们的大学就必须坚持"以生为本，以师为尊，以学为基，以法为治"的办学理念。导师制既是体现大学这样一种办学理念组织的制度建构，更是大学要素间基本逻辑关系的一种反映。大学如果没有学生则无所谓大学，所以一所优秀的成功的大学的最重要的标志是，学生是这所大学的最主要受益者。但是，如果大学没有了教师就无所谓教育，如果没有大学组织是教学和研究组织的属性坚守，大学就可能无视学生和教师这两个构成大学组织的主体的存在，为了防止这类情况发生，我们需要通过建构必要的制度以保证大学守持其人才培养的组织属性。导师制就是通过重视并发挥教师的作用，以体现学生为本的办学理念，更好地履行人才培养之大学使命坚守的举措。

其二，导师制是大学教书育人文化属性的体现。哈佛大学有项调查：学生称大学对自己的影响仅有20%来自课堂，80%来自课堂之外的大学文化。大学生绝非仅在课堂里或说教中成长，更重要的是在特殊的大学文化环境、文化氛围的影响中成长。受教育者所要形成的道德修养和人格境界，也只有在大学健康的崇真向善求美的文化环境中养成和陶冶，这就是大学文化的力量。普林斯顿大学本科生院院长格尔格斯说："教育不仅仅是知识的传授，更重要的是人格的培养，过分实用的教育不可能产生高层次的人才。自信心、责任心、组织能力和献身精神这样的素质，只有在良好的大环境中长期潜移默化才能逐渐形成。"大学既是青年人追求知识的殿堂，也是培育信仰的地方；大学不仅传播科学知识，而且灌输科学信仰。大学绝不能满足于传授知识和技能予学生，那只是学生获得生存能力的手段；学生还应当在精神层面上，获得对生存意义、生存目的的理解以及生存的精神动力。真正意义的知识分子，不只是一个读书多的书生，他还必须有自己的观念，有自己的精神，做追求真理的人。对学生影响最大的是教师文化，而导师制就是一种大学教师文化的体现，是保证大学生与优秀教师有充分的思想交流和精神交往，促成大学生尽早找到良师益友的有效途径。

《走向封闭的美国精神》的作者艾伦·布卢姆对大学有这样一种感悟，他说：大学"它指向一条路，这条路通向与伟人会面的地方。在那里，你可以见到你平时很少见到的一类人，没有他们，你既不能认识自己的能力，也不会明白作为人类的一分子是多么的美好"。我很喜欢这段话，因此，在去年的开学典礼上我与新生一起分享了这句话潜在的精神。今天，我还想请今年我校首次聘任的新生导师们一起来分享这段话的深刻意义。为什么？因为这段话无论是对办学者、教育者还是求学者都是极富启示的"关于大学是什么，大学及其师生应该做什么"的经典。其实，大学生在走进大学之初就四处瞭望，他们瞭望什么呢？不就是寻觅可为自己良师益友的人生榜样和楷模吗？得天下英才而教之，这是大学的最大期待。然而，得英才不易，教英才更不易，把人培养为英才尤其不易。大学有责任为青年学生一进校就找到能帮助他们指明成为英才道路的导师。

世界各国著名大学的共同经验证明，高素质的师资队伍既是决定一所大学核心竞争力的关键因素，也是培养创新型人才的关键所在。正因如此，耶鲁大学的校长在开学典礼都要骄傲地告诉新生这样的事实：在耶鲁，教导你们的教师都是各自研究领域中的国际级领先者，他们几十年如一日，为知识的发展作出了开创性的贡献。斯坦福大学亦特别强调创新型人才培养中教师的作用，他们认为一所大学只有具有高瞻远瞩的战略眼光、能够迅速捕捉到科学进步将会带来的新机遇、有自己的发展远景并有策略实现自己梦想的理想家，才能够在自己从事的专业领域不断创造机会、善于并且不懈努力使自己的研究产生革新性变化的探索家，才能培养出在理想家和探索家领导和影响下，不受任何经验、行业、市场限制，没有任何束缚，敢于自由突破和实践的优秀学生。而麻省理工学院等名校坚持让如诺贝尔物理学奖得主霍夫曼、著名宇航员等一流的教授为一年级新生上课。这些大学并不期待大师级的教授立即给学生传授他们一时不能理解的高深学问，更为重要的是让学生在进校之初就能在与大师巨匠的零距离沟通中，在很高的起点上领悟科学、宇宙、人生的真谛，并充满信心地找到自己未来的人生目标。优秀教授对学生影响不仅体现在学科专业的指导方面，更在于由他们带给学生的追求科学、献身科学、严谨做学问的精神和思考、研究问题的方法影响，以及由他们形成的知识至上、真理至上的优良教风和学风。

其三，导师制是改革传统人才培养模式、提高人才培养质量的需要。高等教育由精英教育向大众教育的迅速过渡，人才培养质量问题越来越成为全社会关注的焦点。美国用了30年成为世界上第一个从精英高等教育阶段进入大众化阶段的国家，日本、韩国、巴西则分别用了13年、15年、25年，二战后英国用了25年的积累才使高等教育入学率从1950年的5%上升到1985年的21.8%，德国也花了10年左右的时间使高等教育入学率从1960年的10%升至70年代初期的20%。我国1995年的高等教育入学率为5.7%，2003年为15%，至2005年达21%，只用了不到10年的时间增长15%。学校规模扩张造成教学资源紧张，尤其是生师比居高不下（有的高达40∶1），班级规模越来越大，一两百个学生同时上课的大班教学已经不是什么新鲜事。另外，新校区的建设，使得教师忙于往返学校的路途之中。在这种情况下，过高生师比造成教师工作量过重，教师无暇接触学生；过大的班级规模造成课堂教学效果下降。传统人才培养模式由于自身存在的制度缺陷已越来越不能适应形势发展的需要，主要表现在以下三方面：一是"止于课堂教学，缺少课余辅导"。实际上，在大学学习中，课外学习时间更多、空间更大，因此，大学的人才培养是课内与课外的统一，有着不可或缺的重要意义。二是"止于集体授课，忽视个别指导"。集体教学有其优点，个别指导亦有其长处。大学教育尤其强调学生个性化发展，因此个别指导有着特殊的意义。三是"止于教书，忽视育人"。教书育人是大学不能割裂的使命。但是，一方面，在本科教育大众化、班级人数增多（任课班级甚至超过百人）的情况下，如何切实做到既教书又育人，确实已经成为一个大问题。另一方面，在实际工作中，由于认识的不足和缺少制度化保证，专业教师普遍认同的工作职责就是完成教学任务，课堂内的育人任务不能有效落实，课外的育人工作更是无法有所作为，思想政治教育工作几乎全部成为辅导员的职责，专业教育和思想政治教育事实上存在严重脱节。因此，如何从制度上建立第一课堂和第二课堂、集体教学与个别指导、教书与育人的协调沟通机制，将两者有机结合起来并实现优势互补，以及如何密切原本疏远的师生关系，营造更富人情味、学术味的大学学习生活环境，是一个有现实意义的迫切课题。

二、关于导师的作用问题

谈到导师制，我们绕不过牛津大学和剑桥大学，这是它们的首创。牛津大学以培养政治家而著称，剑桥大学则以造就科学家而闻名。由于牛津大学培养出了爱德礼、依登、麦克米伦、道格拉斯–霍姆、威尔逊、希思、撒切尔夫人、布莱尔等诸多的首相，人们说好像牛津大学在唐宁街10号开设了一所分校似的；而剑桥大学并不在乎这个，他们为自己产生了牛顿、达尔文、罗素以及如汤姆森、卢瑟福、布拉格等诸多诺贝尔奖得主而自豪。

有位加拿大教授多次考察牛津大学后发出了如下的感叹：牛津大学的方法是陈旧的。它轻视科学，它的讲课很糟。它有从不上课的教授和从不听课的学生。它没有秩序，没有安排，没有制度，它的课程表令人看不懂……房屋破旧，没有防火安全梯，没有通风设施，没有卫生设备，没有现代厨房设备。我想说的是：尽管如此，然而它成功了，无论我们喜欢与否，牛津大学给了学生某种东西，一种生活和一种思想方法。其成功的秘诀就在于导师在起作用，学生所知道的一切都是从导师那里，或者说是与导师一起学到的。对大学生真正有价值的东西，是他周围的生活和环境。导师的作用就是发现的学生潜在的天分，帮助他们点燃心中的理想的火苗。大学生不仅在教室里学知识，更多的是在大学的文化环境中受熏陶。

我们的大学怎样才能让学子们把自己的学校视为心灵的故乡并且热爱及对它追忆不止呢？我以为，以学生为中心的大学首先要营造关爱学生的人文环境，这是大学之善。因为，大学天然是由"爱"维系的不可分割的组织，与其他任何组织相比，大学的情感联系更为强烈。这种爱不仅表现在学生之间的情感联系方面，更应体现在学校及教育者、治校者对学生的关爱方面。大学生虽属于生理、心理发展已至一定成熟的群体，且所受的教育更具有专业性、职业性，受教育的途径和过程亦更具有自主性、独立性。但他们毕竟还是未走出大学校门且身心不甚成熟的群体。梅贻琦先生认为教育的出发点是爱，因此，他要求清华的教育者应当使人悦服，而不在乎使人慑服，并且自己身体力行地爱校爱生。没有爱就没有关心，更没有教育，有关爱的教育才会教人以自信、自尊、自强、自律。

其次，以学生为中心的大学应该给学生生活本领，这是大学之真。英国人斯诺（C.P.Snow）写了一部神奇的书《大师》（*the Master*），书中论述了12世纪的年轻人是怎样来到剑桥大学，与聚集在小河边的一群教士在一起学习的。当时，许多学生非常贫困，睡的是稻草铺，经常忍饥挨饿，过着凄凉的生活。那么这些年轻人为什么要忍受艰苦的生活而不懈奋斗呢？根本的原因就是他们希望得到工作，一个能够实现他们理想的工作。由此可见，从中世纪大学起大学教育的一个基本目的就是满足青年学生职业发展的需要，帮助他们获得生活必需的职业能力，为学生过一种独立自主、自力更生的生活做准备。

由于职业能力的获得或知识的获取并不意味人格素质的完善，因此，以学生为中心的大学人文环境，还应有把学生培养成对人类、对国家、对社会都具有人文责任感的知识分子的自觉性，这是大学之美。早期清华大学的教务长潘光旦先生就强调：大学的宗旨不只是教人做人、做专家，而且要做"士"，即承当社会教化和转移风气之责任的知识分子。除有纯理性的思考外，还要有对社会状况更直接的关心，对社会和现实人生有一种道德的承担，有政治和文化批判的职责。下面我想就发挥好导师作用提几点建议。

其一，从大学生实际出发提高大学生思想教育的效果。当代大学生群体与以前相比出现了许多显著的特点。一是独生子女越来越多。他们固然有天资聪颖、反应敏锐等优点，但接触社会少，缺少锻炼，还有些人或者自以为是，或者自闭、自卑、自弃等，这些都是时常可以见到的独生子女的弱点。这对本科教育的德育和智育都提出了新的课题。二是社会价值观多元化、就业竞争压力日益增大等，使高校思想政治工作面临的环境更为复杂、任务更加艰巨。这几年大学里的各种群体性和个体性事件频频发生，如"自杀性"事件、非法传销事件、"马加爵"事件等。这些事件的不幸发生不能说仅仅是学生自身的原因，其根源很复杂，但纵然有千万条理由，大学教育方式存在的弊端也难脱干系。蔡元培先生说过："教育是帮助被教育的人，给他发展自己的能力，完成他的人格，于人类文化上能尽一分子的责任；不是把被教育的人，造成一种特别的器具，给抱有他种目的的人去应用的。"教育首先是致力于人性的生成、扩展和人性境界的提升，致力于引导学生通过多种途径讨论与反思人生的意义。通过本科生导师制加强师生个别、深入的交流互动，加深师生之间互相理解，形成联系紧密、民主平等、坦诚融洽的师生关系，从而形成一个充满爱心、富有激励、优雅和谐的教育环境，促进高素质创新人才的成长。

哈佛大学是所什么样的大学？它对大学生有什么要求？亨利·希金森（Henry L. Higginson）1901年在介绍哈佛学生联谊会时说，请记住："我们的大学是为了公共利益而建立的，它拥有辉煌的历史。发展道德和智力是我们的主旋律。大学的发展和真正福祉从来都是与我们国家的命运紧密相连的，这所大学取得的所有伟大成就都需要我们发扬光大。"1916年担任哈佛大学校长的劳伦斯·洛厄尔（A. Lawrence Lowell）在给耶鲁大学新生讲话中强调："我们需要通过享用自由来考验这个自由的文明社会。但是如果我们以自由之名不务正业，或碌碌无为，或汲汲于一己之力，那就是文明社会的失败——我们的国家如此，美国的大学更是如此……建立文明社会的斗争不仅发生在战场上，也发生在车间、课堂、实验室、图书馆里……建立文明社会最关键的，是把青年培养成为能造福于世界的人——他们不仅需要创造富庶的物质世界，更需要成为精神世界的楷模，需要通过让他们达到至真至善的境界。"

其二，帮助大学生尽快适应大学学习与生活，为他们走向社会做好充分准备。大学阶段是大学生学习知识、培养能力、发展智力、丰富阅历、积累经验、准备承担成人责任的过渡期，也是大学生步入社会的准备期。

对每一个大学生来说，大学阶段都是一生中最重要的时期之一。大学生既要适应前所未有的生活，扮演新的角色，又要面对新的环境排除困惑，确立发展方向，并通过努力找到实现理想的正确途径。因此，学生急需老师在学习、生活、职业方面予以正确、及时的指导。通过指导使学生了解自己的学习潜能和特点，掌握学习方法，培养学习能力；使大学生适应大学生活，顺利实现从中学到大学阶段的转变，明确生活目标，树立积极、健康、向上的生活态度；使学生了解自己的能力倾向和职业兴趣，学会正确地选择职业，提高自己的职业适应能力，为以后就业做好充分准备。

其三，保障学分制顺利实施。学分制之于学年制，是包括教育理念在内的整个教育制度的系统性、革命性的转变。选课制和导师制普遍被视为学分制最具标志意义的两项核心制度，其中选课制是灵魂，导师制是保障。2003年，我校开始实施学分制，总体上取得了一定成效，也存在着许许多多问题。学分制之所以没有取得理想的成效，我看很大的原因就是导师制没有跟上及没有做实。积极探索和实践符合学分制本质要求的导师制运行模式，对保障学校学分制推进、充分发挥学分制在优化教学资源配置等方面具有重要的意义。学分制不仅只是一种教学管理的制度，它还集中体现了"以学生为中心"、给学生以充分学习自由的办学理念。我们要真正发挥学分制在人才培养问题上所具有的优点和作用，不仅要解决好课程体系如何科学建构，学分如何积累和互换，课程、学时、学分如何结构等教学管理的技术问题，更应在制度上解决学生在教学过程中的参与问题，从而调动学生在学习中的独立性、积极性、主动性、批判性和创造性，充分扩展他们的个人发展空间。

著名作家管桦的儿子鲍河杨写了一篇纪念父亲的获奖散文《走进思想的竹林》。管桦原名叫鲍化普，他更名后的意思是管理一片桦林。1995年，鲍河杨回到故乡女过庄，在后院种了40棵杨树以取悦父亲。为了整齐，他把其间自然生长的小树苗通通铲除。管桦得知后很气愤，他说："生命本身就是杂乱的，生命的美就在这杂乱之中。"这使我联想到大学的生命之活力、之美，不也就是大学里许许多多青春个性的非划一性吗？耶鲁大学是常春藤盟校中最注重本科教育的学校之一，本科生是大学的"重心"，耶鲁大学没有任何必修课，课表怎样全由学生自己决定。这给了学生不少的自由，但也下放了不少学校的责任。

在牛津大学要培养的不是绵羊，而是具有负责精神的人。这样的人无论在什么时候都能做出正确的选择。我们的教育要培养学生自学、独立思考、触类旁通，成为全面发展的人。我希望通过导师的影响，培养一些有个性的学生。每个学生天生的爱好和特殊的才能，都应该在教育的过程中受到尊重。比如，牛津大学的表达更精彩，剑桥大学的思维更严谨；剑桥人喜欢向圣人看齐，牛津人却有很强的质疑精神。大家知道，从今年起我们面对的一个很大的挑战就是生源的巨大变化。我们70%以上是一本线录取的学生，这对学校人才培养质量的提高无疑是好事。但这一招生改革给我们带来了什么挑战呢？高考分的学生对学校有高期待由之而来的高要求。

三、如何做好本科生导师工作

对教师而言，我们一定要切记："师者，人之模范也""师者，所以正礼也""师道立，则善人多""教之有道，则人才济济"的古训，我们希望各位导师一定要严格要求自己，自尊自励，胸怀祖国，热爱人民，学为人师，行为世范，默默耕耘，无私奉献，为全社会树立光辉榜样，努力成为无愧于党和人民的人类灵魂工程师。

（一）以德立身、以身立教，做一个"师德高尚"的导师

古话说："其身正，不令而行；其身不正，虽令不从。"导师是学生大学四年中接触最多的教师。导师不仅是文化知识的传授者，而且是学生生活的指导者、思想的启发者、心理的调试者和道德的示范者。导师的一言一行、一举一动都会对学生产生潜移默化的影响。师德，不是简单地说教，而是一种精神体现，是一种深厚的知识内涵和文化品位的体现。导师在生活和工作中一定要注意严格要求自己，以德立身、以身立教，忠于职守，

为人师表，静下心来教书，潜下心来育人，不断加强师德修养，树立高尚的道德情操和精神追求，以严谨的教风、务实的作风和人格感召力去感染学生、带动学生、教育学生，引导学生勤勤恳恳学习、认认真真做事、堂堂正正做人。

（二）以生为本、关爱学生，做一个"师爱深沉"的导师

苏联教育家赞科夫认为，当教师必不可少的甚至几乎是最重要的品质就是热爱学生。爱与责任是师德之魂，没有责任就办不好教育，而没有爱就没有教育。教师对学生真心的关爱能够产生巨大的力量，并赋予教师教育以特有的穿透力，使学生热爱教师职业，热爱他所教的知识和学科。此所谓"亲其师，信其道"也。面对繁重的科研和教学任务，面对众多的有这样或那样焦虑和不足的学生，只有心中有"大爱"的导师，才会不分课内外，不分白天黑夜，不计寒暑假，无视劳苦与得失，捧着一颗心来，甘为孺子牛。

（三）严守职责，大胆创新，做一个"博学善导"的导师

关于导师应怎样开展工作，学校有一些规定，也会陆续出台一些措施，但学校的规定和措施大多是原则性、程序性和刚性的，也是最基本的要求，需要大家严格遵守。实际工作中还需要大家积极探索，大胆创新。我们在适当时候还会召开导师工作研讨会，让大家来发言讨论，进一步总结交流工作经验。这里我想谈谈有关导师工作的两点个人体会：

第一，要根据学生成长的阶段性特点，有针对性地开展工作。前期导师要做到四个"帮助"：帮助学生迅速转换学习心态与习惯，尽快熟悉并适应高校环境；帮助学生树立崇高的人生观和价值观，按照学校教学和培养的方案，实现培养目标；帮助学生培养独立阅读、体悟思考的能力，以及掌握学业积累与表达的技能和方法；帮助学生逐步具备当代大学生所应具备的敬业精神与专业气质，并根据自己的特点设计今后的发展方向。后期要着重做好下述工作：一是指导学生进行专业、学科方向起步性学习与研究，包括开列书单、组织读书报告、举办研究性质的沙龙等；二是对学生的课程论文或毕业论文进行指导；三是帮助学生树立正确的就业观，引导学生以健康的心理和健全的人格走向社会。

第二，要持之以恒地坚持三项制度。一是读书制。在读什么书及怎样读书等方面，导师应该进行有针对性的辅导，这是加快学生成长的有效手段。在前期阶段，导师应规定必读书目，在导师主持下进行定期交流，还可以几位导师共同策划，举办相同专业及跨专业的读书报告会、讨论会。这项工作的重点应该放在着意培养学生的读书习惯上，帮助他们掌握读书与做读书笔记的方法。在后期阶段，导师要开列相关学科专业的书目，辅导重点是帮助学生学习学科专业内容，领会研究的思想与方法，养成严谨与规范的习惯。二是参与制。应该创造条件让学生参与导师的科研活动，培养他们的科研兴趣和能力，激励他们较快地进入专业研究状态。如让高年级学生旁听一些导师开设的研究生课程，参加一些研究生的专题讨论，或者直接让学生参与导师的科研活动，承担一些基础性、辅助性研究任务。通过学术参与，加强师生间的专业交流，提高学生专业学习的能力与自信心，在此基础上学习撰写论文。三是讲座制。要逐渐探索并建立起一些系列独具特色的讲座。比如：新生"大学入门讲座"，专门介绍学院的历史、传统和大学学习的特点等；"专业入门讲座"，介绍本专业的特点、学科轮廓、研究方法和研究思路，为学生进入专业学习和研究做好准备；"学术前沿讲座"，介绍本学科重要研究课题及其成果、发展趋势，讨论研究方法，传递学术信息，使学生开阔眼界，提升学术品位。

（四）协调处理好导师、班主任、任课教师的关系

各位导师，本科生导师最重要的一个职责就是担负好全面指导和引导本科生成长的指导者和引路者的角色，学校希望通过你们创造性的工作，在思想上引导他们，提高他们的思想政治觉悟和法律品德修养，让他们做爱党爱国、遵纪守法的好公民；在专业上辅导他们，增强他们的专业知识和能力，让他们成为有能力服务社会和国家的高级专门人才；在生活上指导他们，训练他们的生活技能，让每一个人做懂得生活、热爱生活、享受生活的"常人"；在心理上疏导他们，提高他们的交往能力，发展他们的优

良人格和个性，使他们成为心理健康、积极向上、意志坚强的健康的人。希望你们以高度的责任感，热爱本科生导师这项工作，关心爱护学生，以满腔热忱育人，开启学生智慧，陶冶学生情操，挖掘学生潜质，鼓励学生创造，努力做学生人生道路上的导师和良师益友，像一盏明灯，温暖学生的心灵，照亮他们前进的道路。

最后，祝大家在本科生导师的工作中心情愉快并取得成效！

（本文为作者于2008年9月19日在江西师范大学本科生导师聘任仪式上的讲话。原文有改动。）

后　记

2022年12月初，曾任临沂大学校长的著名高教研究学者、山东好友韩延明教授私信予我，称山东教育出版社与山东师范大学基于"站在高等教育学科前沿，以专题探索与体系构建为根基，以传承、改革、发展为主线，以国内外高等教育理论研究和实践经验探索为主题，整合汇集国内高等教育学界领航专家和全国知名高校教授的高水平、有影响力、有代表性的学术成果"的出版选题策划需要，拟推出《中国高教研究名家论丛》，并邀请全国知名高等教育研究专家自选公开发表的高水平学术论文结集出版，我有幸忝列其中。旋即，延明君就把山东教育出版社的正式征稿邀请函和合同先后发了过来，并由山东教育出版社杜启朕编辑与我保持有关著作选编出版的联系。

在此之前，人民教育出版社把我105万余字的《论大学》收入了该社《中国教育学家文库》并于2017年9月出版，北京师范大学出版社把我38余万字的《大学理想主义及其实践研究》收入了该社《当代中国教育学家文库》并于2019年12月出版。作为一名专注于高等教育研究的学者，闻悉自己被山东教育出版社和山东师范大学联袂推出的《中国高教研究名家论丛》选中，当然也是十分感激且欣喜的。亦是对参与《中国高教研究名家论丛》出版机会的珍惜，我集中了半年多的时间和精力编辑完善并提交了本著。

考虑到自己先后在国内两家教育学科最具权威和声誉的出版社已经出版过两本文集，于是在为《中国高教研究名家论丛》的论文遴选及书名确定的过程中，我明确了如下原则：其一，以近几年发表的且未收入上述两部教育学家文库的论文为主；其二，必须充分反映高等教育与时俱进改革发展的时代性；其三，体现自己一以贯之的重视大学理性及其引领大学办学治校育人实践研究的学术风格。基于这些原则，我确定了《大学创新发展的理性与行动》的书名及"大学创新发展的理性思考""大学内部治理创新""人才培养模式改革创新"的逻辑框架。由于考虑到大学领导人是理性办学治校育人的践行者，故此，把自己担任大学校长期间充分体现自己办学治校育人理念的讲话和致辞，选编若干作为第四章纳入本著。我坚信早年的这些大学讲话和致辞，会引起读者尤其是担任大学领导之读者的兴趣。最后，感谢我的学生何志伟、浦琳琳、李芳莹三位博士主动帮助我校稿。

由于本后记构思于除夕之夜并动笔于元宵节后，故把写于这两个特殊日子的两首小诗附上，以此留下对往日时光的怀念。

甲辰龙年元日赋

2024年春节期间，托当地博士生联系安排，我独自到武义唐风温泉度假村边疗养边写作。当地气候寒冷，但金湖堤上数株梅花盛开，让我感念甚多。故以"唐风温泉"作藏头诗一首，是为纪念。

唐韵浓时夜不眠，

风寒无奈梅花艳。

温情往事烟云过，

泉暖灯红送旧年。

元宵节写怀

2024年正月十五，孤家寡人全无节日概念，连汤圆亦未准备。下午申时多位省内外已毕业和在读博士生突然先后而至，自备佳肴美酒称与我共度佳节。作此篇感怀师生情深。

上元始为家团圆，

灯节唯我孤盏寒。

但喜本师学生在，

一壶酒香谈笑间。